军事密码

中央王朝的地理、战争与兴亡

郭建龙 著

中信出版集团│北京

图书在版编目（CIP）数据

军事密码：中央王朝的地理、战争与兴亡 / 郭建龙著 . -- 北京：中信出版社，2024.8
ISBN 978-7-5217-6516-8

I. ①军… II. ①郭… III. ①中国历史—古代史 IV. ① K22

中国国家版本馆 CIP 数据核字（2024）第 078032 号

军事密码——中央王朝的地理、战争与兴亡
著者：　　郭建龙
出版发行：中信出版集团股份有限公司
　　　　　（北京市朝阳区东三环北路 27 号嘉铭中心　邮编　100020）
承印者：　河北鹏润印刷有限公司

开本：880mm×1230mm 1/32　印张：17.75　　字数：405 千字
版次：2024 年 8 月第 1 版　　　 印次：2024 年 8 月第 1 次印刷
书号：ISBN 978-7-5217-6516-8
定价：98.00 元

版权所有·侵权必究
如有印刷、装订问题，本公司负责调换。
服务热线：400-600-8099
投稿邮箱：author@citicpub.com

四川：天下之砝码　//051
赵武灵王：河套大迂回　//057
统一的代价：长平枯骨与郢都赤地　//061

第二章　西楚霸王：不懂地理之困

秦末起义：制度之失　//079
战略地理：楚汉战争的决定要素　//083
中央王朝在军事上的形成　//090

第三章　汉王朝的塞上曲

北方长战线　//102
一将功成万骨枯　//104
老将之死与新星联欢　//106
战争的财政陷阱　//110
汉匈战争的尾声　//113

第四章　光武帝：中原反击关中

新莽：改革导致的军事大崩盘　//118
光武帝：寻找战略点　//125
借助三晋，跃进两京　//127
关中时代的落幕　//131

目 录

前　言　缔造王朝的军事密码

　　统一战争与衰亡战争　//001
　　战争的地理逻辑　//003

楔　子　蒙古攻宋：中国古代最大规模的协同作战

　　最顽强的对手　//014
　　蒙古人的第二战场　//018
　　"天路"行军　//022
　　功败垂成　//030
　　地理是战争的基础　//033

第一部　关中时代
（公元前771—公元189年）

第一章　得关中者得天下

　　四面皆险的关中平原　//039
　　秦国：从化外到关中　//045

第二部 分裂时代
（公元189—589年）

第五章 "隆中对"：开创分裂时代的大战略

东汉末年的老军阀与新军阀　//145

张纮与孙策：一代霸主的江东战略　//153

粉面书生的千年之对　//157

赤壁之战：长江防线进入历史　//163

四川不再是附庸　//168

第六章 "隆中对"战略的失败：武侯伐岐山的是是非非

蜀吴战略冲突与东线崩溃　//178

汉中战争与祁山通道　//182

寻找古街亭　//187

秦岭：无法击破的屏障　//191

"隆中对"战略的最终失败　//194

第七章 西晋：北方反击战

魏国政治斗争中的伐蜀议题　//202

邓艾：被低估的军事天才　//205

击穿金牛道　//207

进军东吴：最完美的战略进攻　//212

第八章　东晋时期的南北争霸

想巩固政权，却导致皇族内乱　//223
两赵之役：从山西统一北方　//225
前秦：从关中到北方　//233
淝水之战：淮河防线成关键　//237
尴尬的北伐　//243

第九章　南朝：长江混沌战

荆州与建康的两极争霸　//254
王敦："皇帝—权臣"模式的开创者　//257
陶侃：力挽狂澜　//260
颠覆东晋的权臣父子　//262
赣江、湘江变奏曲　//267
南方王朝的衰落　//271
侯景之乱与南朝末日　//274

第三部　失衡时代
（公元 384—907 年）

第十章　北朝：从黄河到长江

定都洛阳的利弊　//287
最后一次东西对峙　//291
统一与失衡　//297

第十一章　唐朝建国：关中的最后辉煌

隋朝崩溃于"大跃进"　//307
李唐：低调示人的黄雀　//311
清理后院的战争　//317
关中的最后辉煌　//321

第十二章　安史之乱：缺乏制高点的叛乱

都是藩镇惹的祸　//331
安禄山的智慧与失误　//336
唐军的"关门打狗"战略　//341
李泌奇谋空叹息　//344

第十三章　藩镇的群狼谋略

割据，是为了自保　//353
唐德宗：失衡的关中与高昂的军费　//357
泾原兵变：回到原点　//360
中央王朝的回光返照　//364

第十四章　黄巢：最漫长的征途

前奏：思乡武士反叛记　//375
王仙芝：失控社会的流窜作战　//379
黄巢：最漫长的征途　//382
缩短的分裂期　//386

第四部 中原时代
（公元 907—1279 年）

第十五章　后周世宗：新王朝的奠基人

五代时期的军阀整合　//396
周世宗的命题作文　//400
赵匡胤的军事变革　//405
柴规赵随，统一全国　//408

第十六章　十六州忧思

东京汴梁的功与过　//415
宋太宗：失败的收复战　//419
买来的百年和平　//424
无险可守的边境线　//428

第十七章　西北争夺战

宋夏的四条进攻路线　//434
引发改革的惨败　//437
失败的协同战　//442

第十八章　变换的北方防线

是是非非海上盟　//449

目 录

靖康之变：物质文明遭遇部落战争　//454
逃往海洋的皇帝　//459
又到尴尬北伐时　//465

第五部　元明清时代
（公元1179—1911年）

第十九章　成吉思汗眼中的世界

从流亡者到蒙古之主　//476
蒙古的帝国时代　//482
西藏、大理与蒙宋战争　//491
元朝分崩离析时　//495
土木堡：蒙古人旁支的逆袭　//500

第二十章　清朝的新疆域

黄金家族的黄昏　//514
准噶尔：最后的蒙古汗国　//518
西藏归入王朝疆域　//521
南疆的臣服　//524
大、小金川：疆土的极限到了　//526
海权时代的来临　//529

附　录　**全国战略要地简述**　//533

后　　记　//543

再版后记　//549

　　特种兵旅行路线　//549
　　一本书的延展性　//553

前言

缔造王朝的军事密码

统一战争与衰亡战争

所有战争都是典型的零和游戏，一方的所得必然意味着另一方的所失。战争的损耗使得即便是获胜的一方也要遭受巨大损失。在整体上，战争对整个人类造成的是破坏和伤痛。人类不得不通过战争重新分配利益，这本身就是一种悲剧的博弈。

对于人类社会而言，战争有一个好处：将国家统一起来，形成统一的市场。在这里，国家统一是市场统一的前提，市场统一是人类的福祉。

在世界上，中国之所以一直作为大国存在，就在于其地理天然形成了一个巨大的疆域，在这个疆域内的人们倾向于成为一个整体。在统一的国家中，人力、物资、资金这三种最重要的要素都可以较为自由地流动。在国界之内，人们也不用过多地担忧人身和资金的安全。不管生活在古代盛世还是现代盛世，人们都是幸福的，他们安居乐业，形成了大规模的社会协作，共同创造了财富的黄金时代。

但是，历史上不是所有的战争都是统一战争，还有许多战争导致国家的分裂。由此，我们不妨通过简化，把战争分成统一战争和衰亡战争两类。

也因为这种划分，中国古代的战争就有了第一个密码：在乱世，战争促进了统一，统一又结束了战争；随着战争的结束和经济的发展，人们的生活变得富裕，但人口激增、社会矛盾激化等各种因素，会在和平时期再次点燃战争的导火索。后一种战争就带有巨大的破坏性，即便打胜了，也会给社会留下不可磨灭的伤痕。

这就是为什么在朝代初期，人们总是讴歌那些缔造了国家统一的战争，因为通过战争，他们得到了长久的和平，能够在稳定的大市场中过上好日子。

当日子开始变好时，人们更加珍惜这得来不易的机会，害怕和平被新的战争打断，这时对战争的看法非常负面，更倾向于从个人遭遇的角度去解剖战争的残酷。

可社会发展到更富足的程度时，一旦社会矛盾激化，战争的阴影会再次笼罩，整个社会就面临着巨大的威胁，很可能要进入衰落期了。

朝代中后期的战争对经济的影响也是致命的。为了战争，政府必然要加税，而加税又必然导致社会凋敝。在中国古代社会里，经济进入下行周期时，官僚集团的膨胀速度反而会加快。所以，社会下行时，养官成本不仅不会减少，反而会增加。这种增加最终会拖垮经济，到了这一步，社会就可能进入下一个改朝换代的周期。

如果我们把朝代之初的战争视为统一战争，那么朝代中后期发生的战争则可以称为衰亡战争，它导致了社会的分裂和衰落。

但衰亡战争又是很难避免的。当社会发展到一定程度，民众情绪的积累必然失控，到这时，不是皇帝领导社会去打仗，而是社会自发地向战争方向前进。

战争既然无法避免，就来到了本书探讨的最主要问题：历次战争的胜利者是怎么胜利的？失败者为什么会失败？其中有什么秘密可言？

战争的地理逻辑

古代中国的战争最关键的因素是地理。

中国人对于战争的认知大都来自那句古话："天时不如地利，地利不如人和。"只有地理是长久不变的：如果论山脉，从人类出现后就基本上没有变化；如果说水域，在几十年里也是相对固定的。

中国古代的任何一个军事战略家，首先都是一个精通地理的人。当刘邦进入咸阳时，萧何首先想到的是进入秦官室将天下图籍搜走，就是为了了解地理关隘之所在，为后来的楚汉战争指明战略方向。诸葛亮的"隆中对"之所以著名，在于他率先将南方的地理纳入战略考量，制定了从南方反制北方甚至统一北方的战略。在他之前，人们普遍认为，只有从关中和中原出发才能得到天下。诸葛亮的策略虽然最后没有成功，却极大地丰富了南方战略。

本书所考察的，就是以地理为基础的军事战略，并试图总结其中规律性的因素。本系列的另外两本《财政密码》和《哲学密码》都能区分出明确的历史大循环，比如秦汉以来的财政大周期只有三次，而哲学大周期只有两次。但在军事上，战争的逻辑却并不能区分出如此明确的周期。

实际上，军事规律是随着人们地理视界的打开而变化的。秦汉时期的战略家在统一战争中很少考虑南方，因为当时的地理中心在北方，南方微不足道。到了三国时期，南方的长江成了战略重点。在秦汉时期，关中是全国最重要的地理要素，唐朝之后的关中地区虽然还很重要，却再也不是战略地理中心了。这是因为秦汉时期的中原和长江都还不够富裕，到了唐朝，东部的财富远超西部，王朝对于东部的地理也已经探索完毕。

不同时代的发展，决定了军事战略的演化。

中国古代的军事战略演化可以分为五个时代：关中时代、

分裂时代（长江时代）、失衡时代（第二次关中时代）、中原时代以及元明清时代。

第一个时代即关中时代，包括从春秋战国到秦汉的近千年时间。这个时代的地理基础是以关中和中原两地为中心的，唯一的例外是占据了江淮地带的楚国以及刚刚进入统治者视野的四川。

除了关中之外的其他地区没有形成可以防御的封闭式结构，比如中原虽然足够富裕，却没有足够的天险以抵挡来自外界的攻击。只有关中是一个四塞之地，四面环山，有函谷关、武关、大散关、萧关四大关口保护，从其中任何一面进攻关中都是极其困难的。

即便在秦汉时期，仅仅靠关中仍然不足以与中原及江淮对抗。关中的优势在于，还有两个富裕的盆地成了其附属，那就是汉中盆地和四川盆地。一旦关中的政权同时掌握了汉中和四川，就拥有了足以与整个中原对抗的资源。同时由于关中、汉中、四川都地处上游，打击中原更加占有形胜。

秦国正是借着这个战略实施了统一。秦朝崩溃后，汉高祖又几乎按照同样的方式，利用关中、汉中和四川反攻中原成功。

但关中模式也有弱点，这个弱点随着时间的延续和江淮的经济发展变得越来越明显，那就是：关中、汉中和四川三地中的任何单独一个所拥有的资源都无法与中原抗衡，只有三者统一在一个政权之下才可以应对中原。东汉光武帝就利用这个弱点，趁关中、汉中、四川等地四分五裂时，以中原为基地反击关中得手。这次反击，也预示着关中优势已经成为过去。

关中时代虽然结束了，但人们探索关中地理战略所留下的经验，还会在以后的战争中屡屡使用。从这个意义上讲，任何一个时代的落幕都不意味着前人探索经验的失效，它只会以更高级的形式出现在新的战略框架之中。

第二个时代即分裂时代，是长江成为战略主角的时代。关中时代是围绕着黄河制定终极目标的，长江地区由于发展较晚，处于附属性地位。随着长江地区经济的发展，这里逐渐拥有了与北方抗衡的资本。特别是汉光武帝刘秀沿长江三峡进攻四川，将四川与湖北打通。在这之前，通往四川的主道是从关中出发的蜀道，这使得四川一直是关中的附属地；自从四川通过长江与湖北直联之后，四川逐渐加入南方阵营，与关中的关系疏远了。

分裂时代的开篇，是两个划时代的军事战略，分别是（东吴）张纮提出的江东战略与（蜀汉）诸葛亮的"隆中对"。两个战略的共同点是：长江不再是北方的附属，而是足以与北方对抗的基地。张纮指出江东地区的重要性，认为首先占领江东，再顺长江而上，将赣江谷地（江西）、湘江谷地（湖南）收入囊中，最后进攻荆州乃至四川，这些地区加起来足以和中原对抗。诸葛亮则认为，只要占据荆州和四川，就拥有了两条北上的道路。南北之间沟通的主要通道本来只有三条，占据了其中两条，就足以借助四川粮仓，向中原发动钳形攻势，甚至统一。

张纮和诸葛亮的战略虽然都没有完成统一，却是对长江流域最好的战略探索，为日后的战争增加了足够的深度。

东晋南北朝更是进一步对长江进行探索，特别是中下游区域探索出了"建康（现江苏南京）—荆州"轴心，这两个超级城市成了南方军事和政治的中心。一个轴心、两个重点区域（南京和荆州）、三个湖（洞庭湖、鄱阳湖、巢湖）、四条江（长江、汉江、湘江、赣江）、五座城市（镇江、马鞍山、九江、岳阳、武汉），构成了南方的军事战略基础。

此时，南方虽然足以称霸，却很难统一全国。这和南方战略纵深不足有关。北方由于有太行山和山西高地，构成了足够的纵深，使得南方对北方的攻击不可能毕其功于一役，必然在某一个点被迫停滞。而北方对南方的进攻，却只要攻克长江就行，再往南的地方缺乏足够的纵深空间和富庶的粮仓，构不成对北方的有效抵抗。

南方的这种缺陷，导致它可以丰富军事战略，却很难颠覆北方的优势。于是，北方借助地理优势最终统一了南方，结束分裂时代。

第三个时代即失衡时代，战略重心又回到了北方的关中地区，但这时的关中已不足以支撑整个庞大国家的战略，于是唐朝的战略一直处于失衡状态。

由于关中不够富裕，为了保卫和养活关中，唐朝花费了大量的财富，却仍然无法解决失衡问题。加之无法解决养兵难题，唐朝皇帝发明了节度使这种制度，却将国家送上了不归路。

安史之乱中，叛军由于战略错误并没有占上风。这时山西的作用突显出来。唐朝就是从山西太原起家统一全国的，安史之乱中又是唐军守住山西，并防住了襄阳、商丘一线，使得安禄山的军队被压缩在华北平原一个倒 L 形区域。这个区域由于缺乏制高点，安禄山如同风箱中的老鼠一般四处挨打。如果唐王朝完全采取李泌的"关门打狗"战略（详见本书第十二章），安史之乱将更快被平定且后遗症较少。可惜的是，唐朝没有采取这种战略，虽然平定了叛乱，却造成了藩镇割据的局面。

失衡时代，另一个战略浮出水面，成了后世的反叛者们经常使用且屡屡奏效的战略，这就是黄巢的游击战和运动战。当一个国家处于不稳定状态时，起事者最好的方式不是建立基地，而是以运动的形式进行征战，击打最虚弱的地方，直到引起中央的财政和行政崩塌，甚至将其灭亡。黄巢作为中国古代历史上最能远征的人，给后来的李自成等提供了范本。

失衡时代表明长安再也无力主导全国的战略发展，于是中国古代军事战略史进入第四个阶段：中原时代。这个时代以北宋为代表，甚至可以延续到明清时期。

中原时代的关键是在中原地区找到一个足够富裕又拥有战略优势的中心。不幸的是，宋太祖赵匡胤虽然看上了洛阳，却由于过早去世，让开封成了北宋国都。这个失误造成了宋朝指挥中心处于无法防守的大平原上，加上燕云十六州的丢失，游牧民族可以长驱直下，直捣龙庭。北宋的战略失误到了明朝被弥补，明成祖将国都选在最具有防守优势的北京。

在中原时代继续的同时，另一个时代也到来了，那就是从元朝到清朝的时代。中原、长江已经合为一体，皇帝要做的是将边缘地带——整合进入中央王朝。

本书将叙述中国古代历史上军事战略的详细演化过程，探讨每一个时代的军事关键点，寻找那些成功者和失败者的秘密。

本书与传统的军事史书有以下两大区别。

第一，本书既不探讨三十六计，也不强调民心可用，而是从技术化的角度出发，聚焦最不易变的地理因素，旁及其他，来叙述两千年的军事战略演化史。这样做，是想让读者在读历史时不光是看热闹，而是知道每一场战争背后的逻辑所在。

第二，阅读本书，实际上是理解中国地理的一个过程，从关中出发，直到新疆、西藏。随着阅读的深入，读者会更加理解中国大地上发生的一幕幕悲喜剧，并在谈论现状时也更能理解其演化和逻辑所在。

楔　子　蒙古攻宋：中国古代最大规模的协同作战[1]

为了进攻南宋国都临安（现浙江杭州），蒙古人选择现在甘肃境内的达拉沟作为出兵起点，以云南大理为中间点，实现了上万里的大迂回，这在世界战争史上都是最有想象力的进攻之一。

宋元时期，沟通南北的主要通道有三条，分别是长安（汉中）四川道、南襄隘道以及淮河平原交通网。北方进攻南方，通常选择上述三条道路中的一条或者几条。

蒙古人在传统的三条道路上都遭到南宋军队的顽强抵抗，从机动战变成攻坚战。他们必须重新掌握机动性，才有可能击败南宋。

蒙古人重新获取机动性的方法，是首先进攻云南，再以云南为基地，从南方包抄打击重庆与湖北地区，形成大迂回。

为了进攻云南，蒙古人在西部开辟了几条前无古人的进军通道，完成了这个上万里的大迂回。

---

[1] 复旦大学历史系温海清教授在2016年的一篇文章《再论蒙古进征大理国之缘起及蒙哥与忽必烈间的争斗问题》中，借助伊朗的《史集》推断出忽必烈这次行动并非全程主动谋划，而是迫于蒙哥汗的压力而攻大理。但即使如此，客观上这仍是一次惊人的军事行动。

得到云南后，蒙古人在数千里的战线上组织了一次规模巨大的协同作战，却由于一个人的死亡而功败垂成。

甘肃与四川交界的一个小山沟，成了中国古代历史上一场伟大奇袭的起点。

达拉沟位于白龙江的上游地区。现代人想从内陆去往这个偏僻的山沟，必须从西安出发，跨越巨大的陇山山脉，去往三百五十公里外的甘肃天水，再从天水向南，到达二百三十公里外的陇南市。从天水到陇南同样要翻越好几座山谷，才能进入迭山山脉以南的一个河谷盆地，陇南就坐落在这个小盆地上。这里看上去相当偏僻，除了市区，四处都是高山大壑，在古代已经属于极偏远的地区。但陇南仍然不是故事的起点。

陇南所在的河谷叫白龙江谷地，是由白龙江冲刷而成的。从陇南开始，白龙江继续向东南方奔流几百公里，汇入嘉陵江。而要想到达本书提到的现场，不是沿河向下，而是向着河流上游方向再西行两百多公里。

这两百多公里都是沿着白龙江所在的峡谷前行，谷地极端狭窄，最宽处只有几百米。在峡谷的南北两岸，是两列高耸入云的山脉。这两列山脉近在咫尺却截然不同，南侧是著名的岷山山脉，北侧是迭山山脉。

在河谷靠近迭山山脉的一侧，有一座小城叫舟曲。在舟曲附近，河谷越发狭窄，由于山太高，这里是滑坡、落石、泥石流的高发地带。

从舟曲继续向前，到达迭部县。在这里，白龙江已经缩成了一条季节性的小水沟，抬头可以望见岷山山脉巨大的雪峰，已经是河流的极上游，再往西走，地势突然变平坦，由此进入青藏高原的边缘地带。从陇南到迭部虽然只有两百多公里，却路途艰难，开车往往需要一整天时间。

从迭部县城出发,向东走三十公里,从白龙江的北岸过到南岸,就会看到一条湍急的小河(也是白龙江的主要支流)在岷山山脉上劈开了一座山谷。顺着小河走到山谷的尽头,形成了一片山间小盆地。这个小盆地才是达拉沟的所在。

达拉沟如此偏僻,但在南宋宝祐元年(公元1253年),这里却驻扎着一支远征的大军,在如今荒芜的树下和草甸中,曾经人声鼎沸、马嘶刀鸣。当时,达拉沟还不叫现在的名字,而是被称为"忒刺"。[2]

在来到这里之前,远征军已经走过了千山万水。他们从现在的蒙古国境内赶来,经过我国内蒙古、陕西北部、宁夏,到达甘肃境内,又从兰州附近的临洮穿越迭山山脉,才到达达拉沟,[3] 光集结就花费了整整一年。

这支大军的统领叫忽必烈,当时他的身份是蒙古大汗蒙哥的弟弟。副统帅则是刚从俄国回来的大将兀良合台——骁勇善战的速不台之子。

蒙古人如此大动干戈,他们攻击的最终目标竟然是南宋国都临安。

从达拉沟到临安的距离在两千二百公里以上,蒙古人在这里集结重兵,到底如何才能打到目的地?

当时蒙古人已经占领了现在山东、河南、江苏的许多地方,距离目的地最近的不过只有三四百公里,为什么蒙古人不直接从更近的地方发起攻击,反而要找数千里之外、隔着重重高大山脉的西部小山沟作为出发点呢?

解读这次战争,我们能充分领略作为世界战争大师的蒙古人的谋略。

---

2 见《元史·世祖本纪一》。
3 《元世祖平云南碑》:"秋九月出师,冬十二月济河,明年春历盐、夏,夏四月出萧关、驻六盘,八月绝洮逾吐蕃,分军为三道,禁杀掠焚庐舍。"

最顽强的对手

南宋端平元年（公元 1234 年），蒙古人与南宋联合灭金。从这时开始，失去屏障的南宋直接与蒙古人对垒了，双方开始了连年的战争。

最先进攻的是南宋。南宋的目的是收复被金国占据的三大京城："东京"汴梁（现河南开封）、"西京"洛阳和"南京"应天（现河南商丘）。这三大京城都在黄河以南，借助收复"三京"，可以巩固黄河南岸的防御系统，将北方游牧民族限制在黄河以北。

事与愿违，南宋收复三京之战不仅以失败告终，还激发了蒙古人的好战性，于是战争就演变到了下一个阶段：蒙古人进攻，南宋防守。

不过战争也并非一面倒：蒙古人在进攻南宋时，发现南宋也并没有看上去那么不堪一击。实际上，南宋可能是蒙古人自从离开蒙古高原后遇到的最顽强的对手。

在宋蒙对峙时期，双方的分界线大致以秦岭、淮河为界，从东面靠海的海州（现江苏连云港海州区）出发，直到西面的西和州（现甘肃陇南西和县）。南方与北方有数千里的分界线，因山脉阻隔，沟通南北方的传统通道只有三条，北方的军队若想占领南方，必须从这三条通道经过。

这三条通道中的西道，是从长安（现陕西西安）——当时已经被蒙古人控制——出发，翻越秦岭，到达南宋控制的汉中地区，再从汉中地区走古代的蜀道进入四川，这也是三国时期魏国灭蜀的主线路。如果能够控制四川，便可再从四川顺长江而下横扫湖北、湖南，甚至直达长江中下游地区，这是西晋灭吴之战的主线路之一。

西道是三条通道中绕得最远的一条。从南宋朝廷视角来看，这条路过于迂回，且必须通过两个最艰难的关口——从汉中到成都的蜀道，及连接湖北和四川的长江三峡，蒙古人几乎不可能在短期内打通这些关口。

从西道往东，就遇上了巍峨连绵的秦岭山脉。在中国古代，秦岭就是天险，几乎是不可通过的，只有绕过秦岭寻找进攻机会。在秦岭东侧有一系列小山脉，如熊耳山、外方山、伏牛山、桐柏山、大别山，这些山脉从河南西部一直延伸到安徽，将北方与南方隔开，也不易通过。

但是，这一连串小山脉之间却有一个空隙。这个空隙位于伏牛山和桐柏山之间，在历史上称为南（阳）襄（阳）隘道，也叫方城隘道。宋蒙对峙时期的中道就位于这条隘道上。

南襄隘道从现在河南的方城县，经过河南的南阳市到达湖北的襄阳市，从襄阳可以继续向南走陆路，到达长江边的荆州，也可以在襄阳顺汉江而下，走水路到达湖北武汉（宋朝时叫鄂州）。

从荆州和武汉，可过江去往湖南，也可顺江而下进攻江西和江苏。

在中国古代历史的大部分时间里，中道都是最主要的南北通道，宋蒙对峙时期，蒙古人占领了中道北端的唐州（现河南唐河县及其周边区域）和邓州（现河南邓州），也就是将南襄隘道的南阳部分占领了，而宋朝则占据了襄阳，双方形成对峙。

从中道再往东，又是连绵的桐柏山和大别山，这些山脉向东南方延伸。在两山的东侧，终于到达了位于现在江苏、安徽两省的淮河平原地区。淮河就是从桐柏山发端向东流入大海的。

按常理讲，既然到达了平原地区，那么这里的道路系统就应该是四通八达的，也是最利于进攻的。淮河平原却是个例外。这里河湖纵横，布满沼泽，非常不利于行军。蒙古人擅长骑马，无法适应在河湖地区作战，不容易发挥其机动性。

在淮河平原上，人们经过数千年的交通实践，利用这里丰富的河网系统，也能找到几条比较容易行军的水陆交通线路。而这一系列的水道和陆路的综合通道就名为东道。

其中最著名的通道是：从曾经的北宋国都开封出发，附近有数条淮河的支流，分别是东面的汴河、中间的涡水及西面的颍水。北方的军队可以从这几条水路出发，进入淮河。再从淮河转入陆路，或者仍旧走水路，进入长江。

在长江北岸又有两个著名的战略要地，分别是扬州（位于现江苏）与和州（现安徽马鞍山和县）。在扬州的江对岸，是另一个著名重镇京口（位于现江苏镇江），当年宋高宗逃避金军追杀，就是从这里渡江。而在和州的对岸有一个城市叫当涂（现安徽马鞍山），这里拥有长江上著名的江岸礁石采石矶，驻兵采石矶附近，就可以封锁长江水道，防止北兵前来。

既然从北方攻打南方的传统通道只有三条，那么蒙古人选择哪一条为主攻方向呢？世界上的大部分军事行动往往会采取以一路主攻，其余方向佯动（牵制敌人兵力）的策略。

但蒙古人很少采取"一路主攻，其余佯动"的做法，而是习惯数路大军并进。由于他们的机动性太强，在每一个方向都配备了实力雄厚的大将，几路大军是竞争关系，他们争先恐后，谁能够先突破谁就是主攻方向。这种做法在北亚、中亚和西亚都取得了巨大的成功，敌方根本无法配置兵力在广阔的战线上做出有效抵抗。在某一处被突破后，蒙古人就蜂拥而入，整条战线一溃千里。

在最初的宋蒙战争中，蒙古人也采取了同样的做法，三路并进进攻南宋。蒙古人陷入巨大的困境：南宋的疆域太庞大了，地形也过于复杂，超过了蒙古之前并吞的任何国家。要想在如此庞大的战线上进行机动作战是非常困难的。

比如，在中亚，两路大军之间往往只隔两三天行程，通过快马传递消息就可做到各路军之间的协调与协作。而宋蒙之战中的这三条通道之间却隔着十几天甚至几十天的行程，三路大军之间很难协调，更无法取得联系，在进攻中纷纷变成了局部的孤军奋战，从机动战变成了阵地战。

在西道，如果要从西安进攻四川，首先要拿下的是汉中地区。汉中是秦岭以南、巴山以北的一块小盆地，是入蜀道路的中点，当年刘邦被项羽封为汉王，根据地就在这里。南宋端平三年（公元1236年），蒙古人顺利地攻克汉中，获取了进入四川的跳板。

此后，蒙古人数次进入四川盆地，甚至攻陷成都，但他们接下来碰到了困难。他们试图从成都平原沿长江三峡进入湖北的宜昌、荆州地区，一旦过了三峡，就可以乘胜攻克湖南、湖北，但南宋守将孟珙在三峡部位扎住了口子。蒙古人经过数次尝试，不仅无法突破三峡，甚至连四川都守不住。他们每次攻克城池后，都因为后勤以及当地人反抗等问题，无法久守，最终不得不撤出四川盆地。

与此同时，南宋蜀地守将余玠也找到了抗击蒙古人的正确做法。四川盆地内部和边缘分布着许多小山，他在各地的山上建起一系列城堡进行死守，将蒙古人擅长的机动战变成了攻坚战。蒙古人在西道的进攻虽然让四川成了废墟，却无法取得更大的进展。

在中道，蒙古人曾短暂地占领襄阳，但随后南宋建立了完善的防护体系，让蒙古人在中道也丧失了机动性，双方开始持久战。

而在东道，蒙古马队不熟悉水战，骚扰后也无法形成稳固的进攻点。

传统的三条通道都无法取得突破，罕有对手的蒙古人第一次尝到僵持的滋味。善于快速作战的他们被迫进入农耕文化区的战争模式，双方围绕着一城一池展开了争夺，蒙古人被困在南宋广袤的土地上。

要想打破这种僵持，就必须重新机动起来，回归蒙古人习惯的作战模式。

这时，蒙古人想到一位将领曾经提出的极其大胆的主张，正是他的奇谋让一场千里跃进式的奇袭载入史册……

蒙古人的第二战场

站在滔滔金沙江边时，我心中想的是一位名叫郭宝玉的元朝将领。

郭宝玉，字玉臣，自称是唐朝著名将领郭子仪的后代。他曾经在金国为官，后投降蒙古。当时，蒙古人还没有灭金，成吉思汗向他询问如何才能夺取中原时，郭宝玉提出了大胆的主张：开辟第二战场。

他认为，金和南宋对于中原的山川地理都很熟悉，要想奇袭非常困难，只要对方不犯错，蒙古人就必须付出极大的代价才能赢得胜利。

蒙古人最大的优势是机动性，因此，必须开辟新的进攻路线，出其不意，才能更快速地灭金，乃至灭宋。

郭宝玉看中的进攻区域在西南。在南宋、金的西南方，是位于现西藏的吐蕃和位于现云南的大理。西面是中原的上水方向，一旦蒙古人将吐蕃、大理收入囊中，再顺流直下，夺取中原会方便得多。[4]

郭宝玉提出建议时，蒙古还没有灭金，因此他主要针对的是金。当时蒙古人并没有采纳他的建议。反而是金灭亡之后，蒙古人在对南宋作战的三条战线上都碰了钉子，才终于想起当年郭宝玉的提议。于是，进攻西南的战略终于上了台面，大理进入蒙古人的视野。

蒙古人决定先拿下大理，再以此为跳板合围南宋。

大理与临安的距离在 2 500 公里以上，比从达拉沟到临安还要遥远。在宋朝，云南并不属于宋朝版图。当年宋太祖赵匡胤用玉斧在地图上划界，将云南划在界外，宣布宋朝不谋求并吞云南。即便蒙古人能够打下云南，又如何千里跃进去打击南宋呢？

这就要从蒙古的另一个战略与云南的地理位置谈起。

历史上，北方游牧民族的骑兵是最会机动作战的军队。与其他游牧民族不同，为了获得机动性，蒙古人还是最会打迂回战的民族。

所谓迂回，包括战术与战略两个方面，二者的区别是规模的大小。在战场上，面对敌人的正面进攻，派遣骑兵绕到敌后夹击，这是战术方面。许多军事家也都擅长战术迂回，但在战略上能够做到迂回的统帅就不多了。战略迂回要求在更广大的范围内开辟另一条行军路线，迂回数百乃至数千里，以求达到奇兵的效果。

比如，在攻打金时，蒙古人包抄其后路（主要位于现河南），就从现在的陕西转战汉中，顺着汉江绕到湖北境内，出现在金的后方，与北

---

4 《元史·郭宝玉传》："中原势大，不可忽也。西南诸蕃勇悍可用，宜先取之，借以图金，必得志焉。"

面的军队配合，形成包围圈，最终灭金。那次迂回的直线距离达数百里。

在宋蒙战争中，当从北方进攻南宋的三条路线都演化成持久战之后，蒙古人想到的也是在南方开辟一条新的战线，与北方形成夹击之势，快速将宋军击败。

可是，与迂回夹击金相比，迂回夹击南宋的难度要大得多。迂回夹击金只不过数百里，要想迂回夹击南宋却必须达到数千里才有可能。

南宋的南方疆域包括现在的广东、广西和四川南部。广东的南面是大海，无法迂回。广西的南面是一个叫安南的国家，安南是南宋的属国，保持着独立性。南宋面向安南的重镇是老苍关（现广西南宁附近），如果能够从南路攻破老苍关，就可以继续北上桂林。

在桂林附近有一条古代著名的通道。南流的漓江和北流的湘江两个源头近在咫尺，秦朝开辟了一条人工运河叫灵渠，将两个源头连在一起，这里就成了古代沟通岭南与中原的首选。人们从湖北进入湖南，沿着湘江向南，到达源头附近，再通过灵渠进入漓江水系，也就进入两广地区。

蒙古人可以反其道而行，从漓江北上湘江，顺湘江而下，经过潭州（现湖南长沙）直达鄂州，在鄂州附近与北路军南北夹攻，将两湖地区（湖南和湖北）收入囊中。一旦失去两湖地区，南宋也就距离灭亡不远了。

安南比南宋弱小，容易攻取。因此，只要蒙古人先得到安南，就可以借助安南进攻南宋。

问题是当时安南距离蒙古人控制区域达数千里之遥，中间隔着南宋，蒙古人又从哪条路去攻克安南呢？

除了南宋可以通往安南之外，第二个可以通往安南的地区叫大理国

（位于现云南）。

蒙古人如果能够拿下大理国，就可以顺红河而下前往安南。

云南的战略重要性不只是通往安南的中间站。实际上，大理国除了绕道安南之外，还有着其他数条通道可以共同压迫南宋。

宋朝通往云南的道路，在四川境内与现在的成昆铁路基本吻合，从成都出发，经过雅安、凉山，再经过攀枝花之后进入云南。但进入云南后，并没有沿现在的铁路向东拐往昆明，而是直接向楚雄方向延伸，经过大姚、姚安，最终到达大理。

也就是说，蒙古人得到大理，就可以反向走这条路进入四川盆地和成都地区，对四川形成压力。

不过，蒙古人最感兴趣的还不是利用云南压迫成都，而是想突破长江三峡和两湖地区。从云南出发还有另外几条路，除了通向安南和成都之外，在云南东部，另一条古代经常使用的道路，是从云南的昆明和曲靖经贵州的六盘水、毕节到达四川宜宾（南宋时称叙州）和泸州的道路。到泸州后，可以顺长江继续去往重庆府。

在南宋末年，重庆以及北面的合州钓鱼城已经成了余玠防卫体系中最坚固的堡垒，蒙古人从北方进攻合州，一直无法攻克。如果能从云南出发，截断钓鱼城的后方，再南北合击，那么重庆地区就可能落入蒙古人手中。有了重庆，就可以继续顺江而下进攻三峡。

从云南出发还有两条路也非常重要：一是从云南曲靖，横穿贵州，到达湖南怀化，进入两湖盆地；另一条是从云南直接进入广西，与从安南进入广西的道路相会合，再顺着漓江、湘江进入两湖。这两条路绕过三峡，直接出现在两湖盆地，威胁性更大。

不管是进攻重庆，还是借道广西、贵州进攻两湖，蒙古人的选择都很多，几条路线都提供了充分的机动性以包抄和夹击。一旦得到两湖和重庆，蒙古人就可以从东西两面夹击宜昌和长江三峡一带，将荆州、襄阳地区收入囊中。

总结起来，如果蒙古人能够拿下大理，进而拿下云南甚至安南，就可以获得更广阔的战略空间，并至少开辟两条新的进攻线路：第一条是经过宜宾、泸州，从重庆南部打击重庆；第二条是经过贵州、安南或者广西进入湖南，从南方夹击湖南、湖北地区。

两条进攻线路都在南方，将牵制南宋一半的兵力，使得原本已经捉襟见肘的南宋军事力量更加分散，也利于蒙古人的快速打击。这样做比一味从北方三线进攻，层次要丰富得多，也更符合蒙古人的性格。

在蒙古人的战略中，云南已经提上日程。但云南与蒙古人控制的陕西、甘肃之间，仍然隔着广阔的四川地区，南宋在四川的守卫力量并不弱。那么他们到底怎样越过四川，去打击云南呢？

这难不倒被称为"战争之王"的蒙古人。

"天路"行军

在蒙古人之前，云南曾与来自中原的军队发生数次冲突。中原军队大都采取了两条进攻路线。

在战国时期，楚国人庄蹻进入云南，成为一代滇王。之后秦朝开发出一条五尺道，从四川的宜宾，经过云南的昭通或者贵州的毕节，再从曲靖进入昆明附近。

秦朝和汉初，由于云南的中心在昆明，道路的终点大都在滇池，古滇国的国都也在滇池附近。古滇国的历史直到现代随着滇王墓葬的发掘，以及当年汉朝皇帝赐给滇王的金印出土，才从重重迷雾中浮现。

汉武帝时，由于张骞在西域听说有一条从四川经过云南进入印度再去往中亚的道路（现在称作"丝路南道"），汉朝开始加大对昆明以西的开发，大理和洱海逐渐进入人们的视野。这时，人们又找到了另一条路（称为新道）：从成都经过西昌、姚安，直接去往大理。

唐朝时，五尺道已经衰落，新道反而成了最常用的道路。

南宋时期，大理已经成了云南地区的中心。不管是走老道，还是新道，如果要去往大理，在进入大理盆地（也叫洱海坝子[5]）之前，都必须经过一个小盆地，也就是现在的弥渡坝子。

在弥渡坝子和洱海坝子之间有一座小山岭叫定西岭。越过定西岭，就可以进入洱海盆地。

古代大理地区的统治者都知道定西岭的重要性，于是在定西岭下建了一座城池叫白崖城。所以，要想进入洱海坝子，必须翻越定西岭；要翻越定西岭，又要先拿下白崖城。

就算翻越了定西岭，进了洱海坝子，仍然不见得能够打下大理。

从定西岭方向进入坝子之后，首先到达的是洱海南岸的东侧。在宋朝时，洱海南岸还是一片荒地，大理真正的繁华位于洱海西岸的平地上。

洱海坝子是一座不平坦的盆地，在盆地中间是叫洱海的湖泊。洱海

---

[5] 云南习惯于将山间小盆地称为坝子。

周长一百二十八公里，是一个形似耳朵的湖泊，南北长，东西短，东西两岸间距只有几公里。出于形状的原因，南北两岸地方很狭窄，且布满了沼泽地。在洱海的东面，也没有平坦的土地，而是直接与山地相接。只有在洱海的西侧才有大片的平地。

宋元时期的大理都城位于现在的大理古城，就在洱海西侧的平地上。由于战略需要，古城的位置选得特别有利于防守的一方。首先，古城的东面是洱海，西面是巨大的苍山山脉，这两面被山水阻断，无法进攻。只有南北两面有两条通道可以到达大理城。要想进攻大理，必须首先绕到洱海南面或者北面，再利用这两条通道进城。

但大理国在通道的两端各设立了一个关口：在北方的叫龙首关，也叫上关；在南方的叫龙尾关，也叫下关。

如果从白崖城和定西岭方向进入洱海盆地，人们一般会选择南面的龙尾关。但龙尾关并不好攻打，因为从洱海流出一条河（西洱河），把洱海南岸和西岸隔开，龙尾关就在西洱河的北侧，要想攻打龙尾关，首先必须渡过西洱河。

西洱河与苍山交界的地方，是巨大的悬崖绝壁。从地形上，龙尾关被夹在东面的洱海、南面的西洱河与西面的苍山之间，很难攻克。

唐天宝年间，大将李宓越过定西岭进入洱海盆地后，在攻打龙尾关时，大败于西洱河边。至今，大理的下关区域还有两座巨大的坟茔，分别称作千人冢和万人冢，就是当年唐朝将士战死之后尸骨所埋之地。天宝年间的战争让人们认识到大理是一个非常难以攻打的地方。

如果蒙古人还是按照唐军的线路进攻大理，那么必须克服好几个障碍：首先，李宓是走从成都出发的新道进入云南前往大理的，而成都还掌握在南宋手中；其次，经过白崖城和定西岭时必须与大理军队鏖战；最后，突破大理在苍山洱海之间的防御工事（龙首关或者龙尾关）也是个难题。

这三个障碍中的任何一个都可能决定蒙古人的成败。

但如果仅仅从前人的路线去揣测蒙古人，那就大错特错了。蒙古人并没有选择传统的线路，而是走了一条令人瞠目结舌的"天路"。

南宋宝祐元年（公元1253年）八月，忽必烈大军来到了现甘肃南部的临洮。之前，为了准备这次远征，忽必烈调动了一切资源。蒙古人把各个征服的地方分给不同的宗王治理，忽必烈治理的土地在现陕西、山西一带。由于山西解州产优质盐，忽必烈把盐当作报酬付给商人，让他们把粮食输送到嘉陵江上游的军队。为了更充分保证军需，还在陕西凤翔一带屯田积攒粮食。最后，为了筹措经费，他还模仿南宋和金发行了纸币，"又立交钞提举司，印钞以佐经用"。[6]

蒙古人打仗习惯于奇袭，但绝不是偷袭。在临洮，忽必烈派遣三位使者前往大理劝降。但由于山重水复，三位使者都没有到达目的地。

大军从临洮出发后，顺着洮水向南，到达洮州（现甘肃临潭）。这里的南部有两座平行的大山，分别是迭山和岷山，两山中间部位是白龙江，这两山一河阻断了蒙古人的去路。

在崇山峻岭间，却有一条羊肠小道穿过两山一河。在迭山的西部，有一条叫车坝沟的山沟穿过迭山，顺着这条山沟就可以进入白龙江河谷。

---

6 忽必烈南征过程参见《元史·世祖本纪》。

图 1　蒙古人新辟的进军路线

过了江，忽必烈的大军在岷山的达拉沟中做最后一次集结。

如果顺着这条山沟继续南走，越过岷山山脉，就会到达川北地区著名关口黄胜关，过了黄胜关，有一条小路通往四川西北部的松潘地区。[7] 对于现代人来说，松潘地区意味着风景名胜九寨沟，但对古代人则意味着这是一条通往四川盆地的道路。

这条路大致与今天人们去往九寨沟和松潘的公路重合。从成都去往九寨沟旅行的人们如果坐汽车前往，会从成都经过都江堰市，再北行经过汶川、茂县、松潘、川主寺，就到了九寨沟附近。成都平原最重要的一条河叫岷江，都江堰水利工程就建在岷江上。古代从四川通往川北、甘肃的道路就是顺岷江直上。如果蒙古人想要攻打云南，把这条路反过来走——顺着岷江向南进入四川盆地，应该是人们最容易想到的道路。

但蒙古人却并不满足于这条路。实际上，就在达拉沟，忽必烈突然决定，将大军分为三路，向着数千里外的云南进发。

三路大军中，只有最不重要的抄合、也只烈率领的东路军选择了岷江道。在达拉沟与其他两路分开后，东路军从达拉沟翻越岷山，经过黄胜关到达川主寺，沿着这条路到达成都的西面，在都江堰附近，擦过成都和四川盆地的西边缘前往雅安，再顺着如今的成昆铁路线方向行走，沿着人们常用的新道到达云南边境，渡过金沙江后，从云南姚安县去往大理。这条路虽然是最普通、最好走的路线，但由于许多地段经过宋朝国境，并不容易通过。蒙古的东路军看上去更像是一支牵制部队——为了吸引南宋军队的火力，而不是主攻方向。

---

7 参见严耕望的《唐代交通图考》。

东路军之外，忽必烈亲自率领的中路军以及大将兀良合台的西路军，才真正展现了蒙古人的想象力。他们选择了两条对于当时的人来说不可思议的道路。在当时的人看来，岷江以西横亘着无数的高大山脉，这些山终年积雪，处处是悬崖峭壁，是人们无法逾越的障碍。蒙古人到底从哪里通过，才能不经过四川盆地，直插云南呢？

在现在的四川阿坝藏族羌族自治州西部，以及甘孜藏族自治州境内，有数条巨大的南北流向的河流，除了已经被开发的岷江之外，在西面还有大渡河（以及上游支流大金川）、雅砻江（及其复杂的支流系统）、金沙江。这几条河流在宋朝还较少被注意到，但对于早已居住在那里的羌族和藏族人而言，却并不是不可跨越的天险。特别是大渡河与雅砻江通道，只要顺着河两岸的高山一直向南，就可以与金沙江最终汇合，越过金沙江，进入云南。

忽必烈的两路大军就利用了这两条通道，在崇山峻岭间穿越，在山高谷深的川西大地上纵横驰骋，超越了当时人们能够想象的极限。

其中兀良合台率领的西路军在翻越岷山后向西疾行，经过晏当（现四川壤塘县），利用雅砻江河谷向南到达金沙江。如今的人们虽然无法完全复原当时的线路，但整个路线极有可能是经过阿坝县、壤塘县、炉霍县、新龙县、理塘县，再擦过稻城北部，进入乡城，翻越大雪山进入云南的中甸（如今被称为香格里拉），从中甸南下丽江，到达大理北郊的龙首关。

忽必烈亲自率领的中路军是主力军，则可能选择了大金川—大渡河河谷向南，经过现若尔盖县、红原县、马尔康市，沿着大渡河直下金川、丹巴、康定、泸定一带，到达南面大渡河边的满陀城（又称盘陀寨，在现四川汉源县附近）。从这里渡过大渡河后，沿着安宁河谷的青溪古道一路前行，经过现在的西昌、盐源，进入云南的宁蒗县境内，此时距离丽江和大理都不远了。

在现在云南境内，还有一支保留了走婚传统的族群，叫摩梭人，《元史》中称之为"摩婆蛮人"。摩梭人现在主要分布在泸沽湖地区，而在宋、元时期分布更加广泛，他们在金沙江流域也有活动。当蒙古大军经过时，摩梭人没有抵抗，而是迅速归顺，成了蒙军的帮手。

蒙古大军利用北方常用的羊皮筏子迅速渡过金沙江。南宋宝祐元年（公元1253年）十二月，这两路（中路和西路）大军神不知鬼不觉地绕过南宋控制区域，进入云南，完成了对大理的进攻集结。

此时的大理已经处于衰落之中。蒙古人渡过金沙江后，忽必烈按照蒙古传统，不搞偷袭，再次派人前往要求大理投降，结果使者被杀。忽必烈来到龙首关，大理国王段兴智和权臣高泰祥仓促出战，被击败，只好退回龙首关和龙尾关之间的大理城，借助地理优势死守。

此刻，蒙古的东路军也赶到了。忽必烈与兀良合台可能驻扎在龙首关，而东路军可能从龙尾关前来。就算三路大军集结完毕，忽必烈仍然没有直接攻打大理，继续采取震慑策略。他派人从北面绕到苍山之后，在现大理漾濞县境内的苍山西坡，有一条小道可以直上苍山山顶。在现苍山玉局峰和龙泉峰之间，还有一个叫洗马潭的小池塘，据说就是当年忽必烈翻越苍山洗马之所在。

蒙古人把旗帜立在苍山顶上，在山顶可以俯瞰大理全城，这也意味着蒙古人只要冲下苍山，就突破了龙首关和龙尾关防线，直达大理城下。

眼见大理失去了苍山天险，大理国王段兴智与权臣高泰祥只好逃跑，大理城被攻占。[8]

接下来的两年，蒙古人在大将兀良合台的指挥下，以大理为基地，向东、向南横扫整个云南地区，完成了对云南的直接控制。

南宋宝祐五年（公元1257年），兀良合台进攻安南，于第二年逼迫安南国王向蒙古人请降。安南一直没有像云南一样受蒙古人的直接管辖，只是属国。蒙古人由此也就可以借道安南进攻南宋了。蒙古人第一阶段的战争以全部实现目标而结束。

在得到云南之后，蒙古人如何利用云南攻打南宋呢？这就进入了战争的第二部分。

功败垂成

南宋宝祐六年（公元1258年），平定云南和安南后，蒙古人获得了西南方的交通要道，蒙哥开始了他即位以来对南宋的首次重大军事行动。

这次行动是中国古代历史上在最广阔疆域内同时发动的最大规模的联合作战，进军路线和战场涉及现在的宁夏、甘肃、陕西、四川、重庆、河南、湖南、湖北、江苏、安徽、云南、广西、贵州等地。总结起来，可以称为"三大战场"和"五大方向"。

所谓"三大战场"，仍然以南北交界的三条通道而言，也就是西面的四川战场、中间的两湖战场以及东面的江淮战场。但与之前攻击不同的是，为了进入这三大战场，除了北方的三大方向之外，又增加了两个从南方进攻的方向，这两个新的方向是由于蒙古人得到了云南才打通的。

---

[8] 也需要注意，甘肃的十万蒙古军，到达大理时只剩两万，此胜代价惨烈。

具体来说，针对四川战场，有两个方向。北方，蒙哥大汗亲自率领大军从陕西进入汉中地区，再利用汉中通往四川的道路，从北面进攻四川。同时，在南方，镇守云南的兀良合台也派出人马，从云南经过泸州直趋重庆，与蒙哥大汗在重庆附近会合，扫平四川。之后，两支大军再一起从长江向湖北地区扫荡。

针对两湖战场，蒙古人也采取两个方向共同攻击。忽必烈和大将张柔率军从北方进攻鄂州。南方，则由兀良合台率领人马，带着云南的部队进入广西，再从广西进入湖南，与北方的忽必烈形成合围。

淮河战场离临安最近，由大将塔察尔率领，进攻方向在荆山（位于现安徽蚌埠怀远县境内），是淮河与数条支流的交汇处。蒙古人不习水战，所以这条线路更多是牵制性的，让南宋不得不分兵防御。

在四川战场，南路军迅速打通了云南东北通道，将前来防卫的三万人击溃之后，夺取了两百多艘船顺金沙江而下，直趋重庆与合州。

与此同时，北方大军也迅速行动，经过汉中向四川前进。从汉中进入四川一般有两条道路，第一条是走剑阁的金牛道，这条路主要通往成都地区；而另一条更少人走的道路被称为米仓道，汉中正南方有一座米仓山，翻越了这座山就进入四川盆地的东部，古人常常翻越米仓山前往重庆。

蒙哥大汗同时利用这两条道路，与南路军会兵于合州钓鱼城下。只要攻克了这座城，南宋在四川的抵抗就基本瓦解了。

与前几次进攻不同的是，此次蒙古人占领四川不是以扫荡为主，而是要长久占领，并与进攻湖北的军队合力向临安进军。

蒙古人在四川接近成功时，进攻两湖的部队也取得了重大进展。

在湖南地区，最重要的据点是潭州。兀良合台的云南方面军接到的命令就是从云南跃进到湖南，占领潭州。他招募了上万当地人，加上三千骑兵，从云南进入广西，在现在南宁附近的老苍关击溃六万宋军。之后乘胜追击，进入桂林，经现在的怀化地区进入湖南，直抵潭州城下。在潭州，他击溃了南宋二十万守军，围城月余，也基本完成了任务。云南方面军的战绩是：大小打了十三次战役，杀敌四十余万，从未败北。

从北面进攻鄂州的忽必烈和张柔方面军在渡过淮河后，也在三个月内扫平江淮地区，并顺利渡过长江，将长江南岸的鄂州重重围困。一旦攻克鄂州和潭州，湖南、湖北的两大据点就都掌握在蒙古人手中了。

如果再与重庆的西路军会合，湖北西部的荆州、襄阳地区也就保不住了。一旦湖南、湖北失守，再加上江苏和安徽的长江北岸地区易手，那么南宋的江东（江南）部分就很难维持。

就在此时，局势却出现了戏剧性的反转。

南宋开庆元年（公元1259年）八月，蒙哥死于钓鱼城下。蒙哥可能死于疾病，但对于宋人来说，他们更愿意认为他死于南宋的炮火。

大汗的死亡，让几乎没有弱点的蒙古人突然显现出一个最大的破绽：大汗死后，蒙古各路诸侯必须集结到漠北的斡难河边举行新汗的选举。诸侯之间的钩心斗角，导致他们纷纷撤军，集中力量争夺汗位。

忽必烈是蒙哥之后最有权势的人，也最有可能继承大汗之位。他试图继续进攻鄂州，为争夺汗位留下可以称道的成果，但随着政治斗争形势的恶化，他不得不与南宋签订合约，迅速北返。

南宋在接近崩溃时突然间获救。蒙古人这次撤兵，让赵氏江山又延续了二十年时光。

中国古代历史上最具想象力的一次军事行动竟然因为一个人的死亡而以失败告终。

不过，蒙古人远征云南并非毫无成果。在此，我们不去总结蒙古人获得了什么，而是看它给中国历史带来了什么。

蒙古人最大的贡献就是在云南首次设立了行省。在秦汉时期，云南部分地区属于朝廷；唐朝中原政权与少数民族政权并存；到了宋朝，大理虽受册封，但相对独立。是蒙古人的军事行动，在云南实现了直接管辖。

在现湖南桑植县境内，有一支白族人。他们的祖先就是跟随兀良合台征战湖南的云南士兵。据说，当蒙古人决定撤军时，兀良合台就地解散了云南部队，让他们自行回家。大部分人归入云南，还有一小部分留在湖南，在深山里披荆斩棘，开辟出另一片天地。

地理是战争的基础

我们常说，在战争中，天时不如地利，地利不如人和。就像蒙古人的奇袭，最终却败于一个人的意外死亡，这就是人和因素。

实际上，战争是有规律可循的，最基础的要素就是地理。

地理之所以重要，是因为其他因素都是变化的，只有地理是相对固定的。天时是不固定的，虽然季节有规律，但天气每天都在变。所谓人和，也充满了偶然性，不容易把握。只有山川是近乎静止的，只要掌握了地理规律，就可以计划一场战争，至于人和、天时，都是人们在根据地理制订了作战计划之后才去考虑的因素。

中国历史上的军事家都是很好的地理学家。以蒙古人为例，许多蒙古将领在从蒙古汗国到俄国，再到西亚、高加索、东欧以及东南亚的巨大范围内调兵遣将，他们的活动空间比徐霞客不知道大了多少倍，出行也并不是游山玩水，而是必须在短时间内摸透已知世界的地理特征，才能准确地设计出大战略。

蒙古人最常用的战术是分兵迂回、出其不意地快速打击，至于其他起到心理震慑作用的残酷手段，却并不是战场上的决定因素。

蒙古人如此，其他历次战争的胜利者也都必然对地理有清晰的认识。也只有这样，才能理解自古及今战争的逻辑。

人类对于地理的认识是逐渐升级的。比如中华文明的扩张从三代时期的陕西、河南开始，地图逐渐打开；到战国时期，加入了华北、四川、西北；再到秦汉时期，珠江三角洲也进入人们的视野。至于长江成为战争中的一极，已经是三国时期的事了。宋元时期，西南、东北也进入战争考量，现代的疆域才逐渐形成。

在每一个时代，地理规模的不同，导致其地理特征也有区别。而这些地理特征，就决定了战争的走向。

总而言之，地理是讨论战争逻辑的基础。

本书试图分析的，不是人们早已经熟知的《孙子兵法》，而是利用具体的战争，引导人们熟悉中国的战争地理，理解在秦汉时期为什么得关中者得天下，三国时期诸葛亮的"隆中对"为什么那么高瞻远瞩，南北朝时期的长江争夺战，安史之乱的睢阳坚守，这些战争之所以如此发生，其背后的逻辑都在于地理所带来的大战略。

于是，让我们回到两千多年前中央王朝形成之初的一场战争……

第一部
关中时代
（公元前771—公元189年）

第一章　得关中者得天下[1]

秦汉时期，中国的核心区域集中在函谷关两侧的关中与中原地区，关中平原成了争夺天下的最佳起点。而中原地区缺乏适合防御的密闭地形，屡被关中军队攻克。

关中平原四周都是大山，有著名的"关中四塞"，只要控制了四塞，外面的力量就很难攻入关中。"得关中者得天下"的军事地理优势也由此而来。

秦国巩固了关中地区后，并没有向东方进攻，而是攻占了"天下之砝码"的四川，这样既获得了物资支持，又获得了上游的优势战略地位，从而为统一中原创造了条件。

赵武灵王是唯一一个找出对抗秦国可能性的人——进攻秦国的北路。很不幸，他的发现并没有在赵国落实，却成了秦国统一之后防范游牧民族的战略要点。

秦国统一六国的战略，分为北线、中线和南线。历代秦王在三线中

---

[1] 本章涉及的时间范围是公元前771—前221年。

首先挑选最强大的国家作为敌人，而与其他国家暂时结盟，如此循环，将各国蚕食。

秦的统一可概括为：扎根关中，先取四川，同时拥有关中与四川，占据上游，再从北、中、南三路依次打击中原。这是秦汉时期的军事密码。

2015年7月底，甘肃省博物馆内正在举办一场特殊的展览。展览的主角是一批从法国返回中国的文物，最著名的是几片巨大的鸷鸟形金饰片。

这些文物在两千多年前曾经属于秦国早期的国君，直到20世纪90年代被盗墓者掘出。

文物的出土地点在甘肃省礼县的大堡子山。经由盗墓事件的曝光，人们才发现这里就是秦国早期的都城所在，时称西犬丘。大堡子山位于甘肃南部的崇山峻岭之中，在西汉水之畔，西周时代曾经是少数民族西戎的地盘。

关于秦人的来历，有人认为他们本来就是戎狄之人，另一些人则认为他们是周初从东方迁徙过来的。不管怎样，在西周末年，秦国仍然是一个不起眼的边缘国家。

周幽王十一年（公元前771年），西北游牧民族犬戎联合申国与缯国攻陷了西周的国都丰镐（也叫宗周），杀死周幽王，占领了关中平原。

关中平原是周朝的发源地，有着极其重要的战略地位。当这里成为犬戎的领地时，新立的周平王只能带着他的臣子们向东撤离，过了函谷关，退向现河南洛阳一带。在当时，洛阳一带号"成周"（也叫洛邑），平王东迁后，成周成为新国都。历史上称此后的周朝为东周。

周平王东迁时，秦襄公离开了大堡子山，率军进入关中平原，护送周平王到成周。周平王为了感谢，封他为诸侯，并表示如果秦襄公能够收复关中平原西部，就把这里当作其封地。

周平王的分封只是客套话，因为关中平原已经从周王室手中丢失，成了犬戎的牧马场。秦国当时弱小，又如何能与善于打仗的犬戎相抗衡？

周平王没有想到的是，这次分封为未来留下了巨大的变数。更为要紧的是，周王室东迁之后，关中地区陷入"无政府状态"，必然为另一个势力的崛起铺平道路。

那么，关中地区为什么这么重要呢？这就要从关中的地理位置说起。

四面皆险的关中平原

周文王将目标转向商王朝的东方之地时，绝没有意识到造物主在西方已经给了他一份大礼。这就是关中平原，也就是现在以西安为中心的平原地带。

平原宽五十公里，长三百多公里，以现代的眼光看并不算大。但在周朝，关中之外的大部分领土都处于荒芜之中，仅有的文明区域只是现在的河南大部，以及河南与山东、河北、山西交界之地。在有限的已知世界内，关中平原占据了大约三分之一，域内土地肥沃，气候适宜，必然成为一代王国的开基之地。

在商周时期，以函谷关、崤山为界，其西为关中，其东为中原地区。在中原，最重要的地区大都位于现在的河南省内。现在河南省的粮仓是郑州以东的大平原，但在周朝，那里水网纵横、沼泽密布、坑坑洼洼，并不适合人们居住。只有在河南中部和西部靠近山区的土地上才适合人们生存，这些土地大都位于现在的洛阳到郑州之间。另外，还有一些适合耕种的土地分布在河南与山西交界的山区，以及与河北、山东交界的山脚平原。这些土地适合耕种，却有一个最致命的弱点，即缺乏地理上的安全性。[2]

在周朝之前，商城是商朝的大城市（位于现河南安阳的殷墟），这座城市规模巨大，被称为"大邑商"。然而，商城的地理位置并不优越。它的西面是太行山脉，东面是黄河。在商朝，黄河的河道并非今天的河道，而是沿着太行山东麓向北流去，在天津附近入海。[3] 安阳位于黄河与太行山之间，属于这个区域中最安全的位置，如果从东面攻击大邑商，必须渡过滔滔黄河，从西面则需要翻越高耸的太行山脉。大邑商在南面有一个巨大的弱点：这里有一条天然的通道，敌方只要顺着这条道路前行，就可以轻易到达商城。

这条通道处于黄河与太行山之间，位于黄河北岸。在山西、陕西和河南交界地带，奔涌的黄河从北方而来，突然拐了个九十度的大弯改向东流。在黄河的北岸是太行、王屋等山脉，而在黄河与这些山脉之间有一条平坦的过渡地带，只需要越过几座低矮的山丘，就可以经过现在的济源、庆阳、焦作等地，畅通无阻地到达大邑商。

周武王的军队就是从洛阳北上渡过黄河，在黄河北岸再沿着这条路东进，攻克大邑商，建立了周王朝的。

---

[2] 本书主要谈论的是军事地理（全文皆以此为出发点，之后不再说明），极少涉及战争的其他要素，有兴趣的读者可以参考其他作品中的相关内容。

[3] 见吴忱、何乃华，《2万年来华北平原主要河流的河道变迁》，载于《华北平原古河道研究论文集》（中国科学技术出版社，1991）。

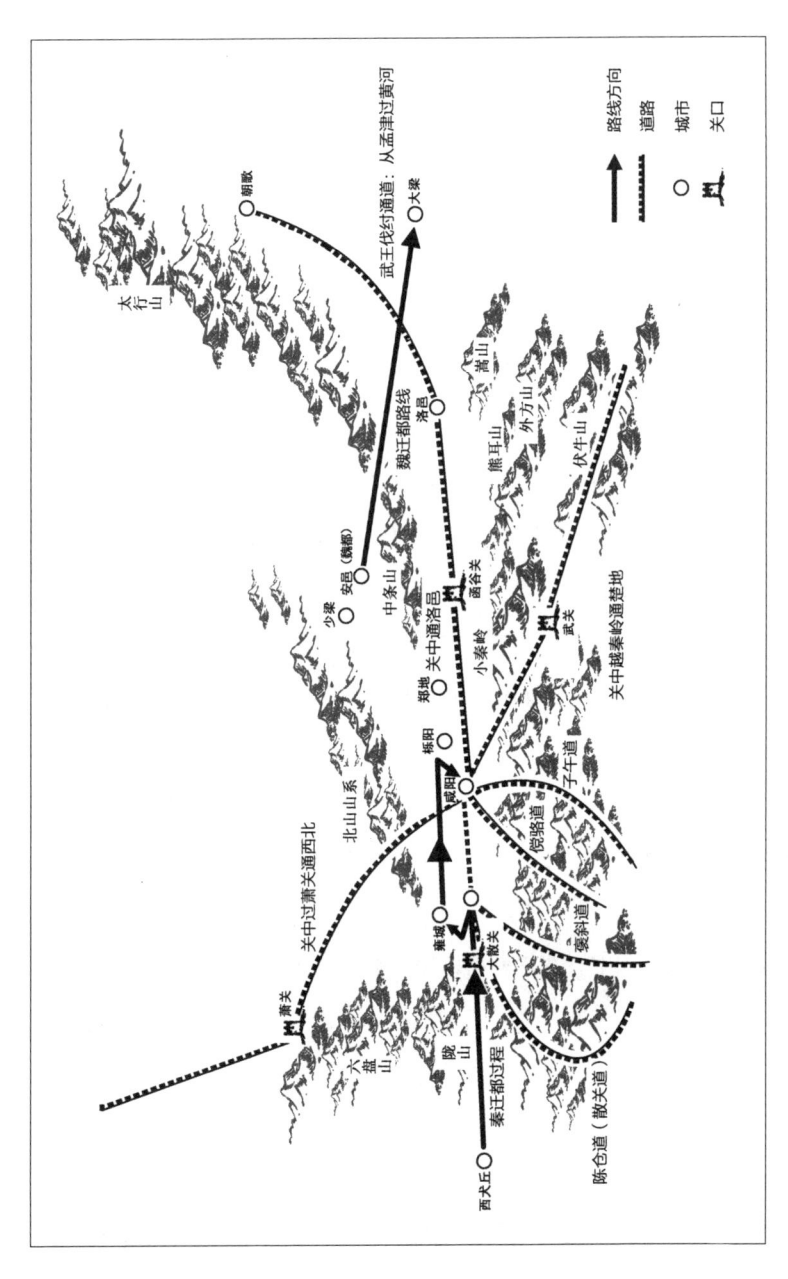

图 2　关中平原四面皆险

商城尚且有这么大的弱点，其余地区更是无法安守。

崤山以东的区域没有形成封闭的防御地理，崤山、函谷关以西的关中地区却是天然的防御宝地。它形成了一个盆地地貌，在盆地的正中心是海拔较低的关中平原，平原主要由渭河与泾河两座河谷组成，适合农业生产。盆地四周则是一圈易守难攻的高山，从地理上保护关中平原不受侵略。

在盆地的南方，是一道巨大的山脉——秦岭，诸多山峰海拔三千米以上，将盆地与陕西南部的汉江谷地分开。在盆地的北方，是一系列被总称为北山山系的山脉，与陕北高原隔离。在盆地的西方，宝鸡以西迅速爬升，进入南北走向的六盘山。广义的六盘山又分成两列山脉，北方是六盘山，南方是陇山，这两列山脉把盆地与西方的甘肃和宁夏分开。在盆地的东方，黄河以南，顺着秦岭余脉向东形成了几座小的山脉：小秦岭、崤山、外方山、熊耳山、伏牛山，黄河以北则是太行山、中条山，将中原与关中盆地隔开。

在古代以人力和畜力为主要动力的时代，上述山脉构成了巨大障碍，任何人想攻打关中地区都充满了艰难险阻，无法做到奇袭或者快速奔袭。

如果要攻打关中，在这些群山中只有几条通道可以通过，这些通道就成了兵家必争的关塞之地。在盆地的东、南、西、北四个方向，各有一个关塞最紧要，它们构成了著名的关中四塞。

在东面，洛阳和西安之间的黄河南岸，是著名的函谷关。黄河南岸有着典型的沟壑丘陵地貌，这里的大地上就布满了巨大的冲沟，高达数百米，任何人想要通过，都必须在这些巨大的冲沟中翻来翻去，把体力耗尽。在河南三门峡陕州区与灵宝市之间,有一条规模巨大的冲沟,如果军队顺沟行进,可以较为容易地进入西面的关中平原。人们走在沟底,望着两侧的山脉,如同走在箱子底部,这就是函谷关名字的由来。

自古以来,函谷关就是从关中到中原的必经之路。从关中盆地沿渭河进入黄河谷地,再顺着函谷关进入三门峡一带,最后离开黄河河岸,向南突破小秦岭和崤山,进入前往洛阳的大道。这条道路经历过无数次军队、皇帝、文人墨客的造访,是中国古代最著名的连接两京(长安和洛阳)的大道。

在南面,庞大的秦岭山脉中,有几条河谷南北向纵切秦岭,成了古人翻越秦岭的通道。最重要的有以下五条:

第一条,在宝鸡附近有一个大散关,从此向南可到达汉中地区,这就是著名的散关道,也叫故道或陈仓道;

第二条,在散关道以东,有两座山谷纵切了秦岭,它们分别是北面的斜谷与南面的褒谷,时人就从斜谷进入,直达秦岭的山脊附近,再顺着褒谷下行,到达汉中地区,称为褒斜道;

第三条,褒斜道以东,又有一对山谷纵切秦岭,连接了关中与汉中,是为傥谷和骆谷,此道路称为傥骆道;

第四条,继续向东,又有子午谷沟通了关中与汉中(也可以去往现在的安康地区),被称为子午道;

第五条,继续向东,在长安的东南方有一座山谷,经过蓝田和武关,前往湖北的襄阳地区,称为武关道。

上述五条道路中,前四条都是通往汉中,再从汉中进入四川,第一条还可以向西南方向进入甘肃南部。第五条则是例外,它沟通了关中与湖北，可以不经过中原，直接从湖北北上南阳盆地，再斜插越过秦岭进入关中。

在这五条道路中，商周时期最有战略意义的是第一条和第五条，其余各条由于道路险阻，在当时还不适合大军行动。在西周时代，周王对楚地的征伐大都走第五条武关道，而西部的戎狄则通过第一条散关道骚扰周王。边远的秦人要想进入关中盆地，也必须经过大散关附近的宝鸡。

大散关与武关，成了关中四塞中的两塞。

在西北方，挡住盆地外戎狄的则是六盘山。从宁夏境内贺兰山开始，沿着黄河到达中卫，再从中卫沿着清水河进入一块小平原，这就是现固原地区。

从固原继续向南就到达六盘山下，越过几道黄土山梁，可以进入一条泾河的支流，经过平凉与泾河汇合。从固原到平凉之间的六盘山就成了西北著名的军事要地，历史上称为"三关口"；在三关口西侧有一道巨防，称为萧关。

东面的函谷关、东南的武关、西南的大散关和西北的萧关，成了防护关中平原的四个最重要关塞，即关中四塞。

西周王朝之所以能立足，就是因为掌握了关中四塞的险要。掌握好四塞附近的控制权，外人就很难攻入关中地区。

然而，关中盆地也并非无机可乘。比如，西周的灭亡就在于对西北方向的控制乏力。面向西北的萧关外的固原是一片缓冲地带，如果西周能够同时占领萧关和固原，那么固原就能成为萧关的前哨，避免敌人的袭击。西周后期，固原一带成了少数民族犬戎的势力范围。犬戎经常越过萧关进攻西周腹地，并最终从这里出发攻陷西周的都城，灭了西周。

秦国：从化外到关中

在现河北省易县，有一片巨大的废墟记录着两千多年前的战争。

战国时期这里叫燕下都，如今的遗址内仍然耸立着数座巨大的夯土墩台，它们是当年宫殿的遗迹。根据当地的传说，燕昭王招贤和燕太子丹请荆轲刺秦王的故事都发生在这里。

这片遗迹上曾有十几座巨大的土丘，其中就有著名的京观遗存。

所谓京观，是指战争中，战胜者把战败一方死者的头颅收集起来，集体埋葬形成的土丘。燕下都京观的发现，表明古代中国在战国时期就有收集人头聚集成塔的习惯。

2015年7月底，我在燕下都城南五里的解村看到了那几座土丘。这种土丘曾经有十四座，此时只有三座有显著的地表凸起。

其中的一座土丘上有一个巨大的盗洞，地上散落着大量的头骨碎片和牙齿。据估算，一座土丘下埋葬着上千个人头，十四座土丘内的人头总数应有数万个。

至今没有人说得清楚这些战士死于哪场战争，最可能的是发生在燕王哙三年（公元前318年）的子之之乱。根据《史记·燕召公世家》记载，燕王哙学习尧舜禅让，将王位让给国相子之（可能也是燕国宗室成员），太子平随即发动反叛，引起了一场燕国内部的大屠杀。齐国和中山国乘机侵略了燕国。直到太子平继位成为燕昭王，这场动摇了燕国根基的内乱加外患才终告结束。

这些人头可能就是在子之之乱中死难的士兵。不知道他们到底是子之的人马，还是太子平的人马，抑或是赶走齐国侵略者时遭斩首的敌方士兵？

在战国时期，类似规模的屠杀不计其数，人头墩在中华大地上也不止一处。甚至这一处并不算最大的，只是它穿越了历史，保存到现代，让我们体会到当年的血雨腥风。

在春秋时期，战争只是一种政治手段，战争双方并没有想要灭绝对方，而是点到为止，最终是为了签订条约，得到对方几座城池。

到了战国时期，战争变成了你死我活的并吞手段，最终的目的是消灭对方的国家。秦国消灭赵国抵抗力的有效手段，就是将对方的年轻人都杀光。于是，战国时期的战争变得血雨腥风，失去了春秋战争文质彬彬的特征。秦国最早体会到战争的变化，也更加娴熟地进行对敌国有生力量的屠杀。

而在秦国崛起之初，他们首先要做的不是与六国厮杀，而是怎样从化外的一个边缘小国变成立足关中的强国。

西周灭亡、周平王东迁后，整个关中盆地成了犬戎的牧马场。诸侯多跟随平王逃往函谷关以东，只有秦国地处偏远，留在了西边。

此刻的秦国是在陇山西面、位于甘肃礼县的崇山峻岭间生存。而周王室离开后的真空以及犬戎无力建立政治结构，给了秦国足够的机会。

秦人占领关中平原的第一步，是从秦襄公时期开始的。由于西部面临游牧民族，压力太大，秦襄公决定将势力向平原移动。秦襄公十二年（公元前766年），他率领人马进攻盘踞在岐邑的戎人并战死。他的儿子秦文公随后将都城迁往陕西眉县附近的汧渭之会，进入关中平原的西部，控制了现宝鸡地区。

文公在汧渭之会一共统治了四十六年,他将盘踞在平原中西部的戎人赶走。秦国的胜利让留在西部的周朝遗民看到了希望,他们成了秦国的忠诚拥护者。

公元前697年(周桓王二十三年,秦武公元年),秦武公继位,这时距离周平王东迁已经七十多年,秦国通过几代国君的努力,终于彻底将整个关中平原据为己有。

然而,直到战国时期,秦国仍然没有办法将关中所有的战略要地掌握在手中。对它的威胁有来自东方的魏国和东南方的楚国。

周威烈王二十三年(公元前403年),晋国下属的三个次级封君取代原来的晋国君室得到了诸侯的资格,强大统一的晋国分解了,取而代之的是韩、赵、魏三个国家。这三个国家中,赵国地处东部,不与秦国直接接壤,而韩国和魏国控制了数个战略要地,对秦国构成了极大的威胁。

在战国七雄中,领土最分散的是魏国。魏国的领土包括黄河以西(河西,现陕西北部)、黄河以东(河东,现在山西境内,临近陕西与河南的黄河大拐弯处,以国都安邑为中心)、黄河以北(河内,现在河北境内)、黄河以南(河外,现在河南,以后来的国都大梁为中心)四大部分,从现陕西延安一带一直延续到河南开封。

在关中地区,除了四塞之外,在关中平原的东北方向还有一个缺口。这个缺口位于现在的陕西韩城方向,顺着缺口可以从陕西的关中平原越过黄河到达山西的汾河谷地。不过,这个缺口有个天然的屏障:黄河。也就是说,秦国的陕西和魏国的山西之间只隔着一条黄河,如果秦国想保持疆域的安全，就必须全部占领黄河以西的土地，以黄河作为天险进行防卫。如果东方国家（魏国）跨过黄河，秦国就会感觉到危险。

魏国的第一个正式国君魏文侯是个拥有雄才大略之人，一方面，他重用李悝、吴起、乐羊、翟璜、西门豹等人，聚集了大批的名将文臣；另一方面，他一眼看穿了关中平原的战略地位，避免与其他山东五国争斗，而是将秦国的关中平原作为主攻方向。

在三家分晋之前，魏文侯二十七年（公元前419年），魏国侵入黄河以西，在少梁（现陕西韩城）筑城，取得了军事据点。

随后在吴起、李悝的联合攻势下，魏军进攻位于关中平原的郑地（现陕西渭南华州区），并占领秦国洛河（注意：是位于陕西的北洛河，不是位于洛阳的南洛河）与黄河之间的大量据点，将战线推进到泾河一线。随后，魏国筑起一道长城，加强了对黄河以西地区的控制。此时，魏国的国都就设在黄河东岸的安邑（现山西夏县境内），距离中原地区路途遥远，却距离秦境很近，可见魏文侯的军事重心所在。

魏文侯的扩张让秦国的关中地区不再完整，随时受到魏军的威胁。此后几十年，秦国被迫收缩防线，与中原地区断了联系。

但秦国的麻烦并不仅仅在其东北方向（河西地区），还在于函谷关。起初秦国与晋国分别占有函谷关两侧，三家分晋后韩国继承了晋国函谷关东侧的土地。随后，魏国攻占少梁[4]，将函谷关西侧的土地也据为己有，这个对秦国价值最大的关塞也不再被秦国控制。

在东南方向，由于楚国的扩张，秦国也无法通过武关威胁楚国。

4　少梁，又称东梁，是春秋时期诸侯国之一，国都位于少梁（现陕西渭南韩城）。

函谷关和武关的断绝，使得秦国无法染指中原事务，被山东六国长期当作夷狄。为了向东扩张，秦国必须打开函谷关、武关通道，并占领魏国的河西之地。

在强敌压境的情况下，秦国激发出了最强的动力。在历代秦王的领导下，秦国一直致力于两方面的变革：第一，从制度上建立一种能够供养庞大军队、激发士兵斗志的财政和社会系统，这个系统必须比六国的更加持久，也更加能够组织起庞大的军事供给；第二，消灭六国的有生力量，让他们因为人员不足，从财政和社会上出现总的崩溃。

致力于战争的财政和社会制度是由商鞅建立的。秦孝公六年（公元前356年）和十二年（公元前350年），商鞅在秦孝公的支持下连续两次进行变法，将秦国社会打造成一部专门为战争服务的财政机器。

商鞅变法的内容主要包括以下四条。[5]

第一，在地方上推行中央集权制度。在商鞅变法之前，各个国家实行的是分封制，国君并不能直接统治国家的所有土地，他把一部分土地分给了一些下级封君，让他们代自己进行统治。在已经分封出去的土地上，国君不能直接插手经营，这就减少了国家的税收。商鞅在全国建立了郡县制，各郡由中央直接管辖，官员由中央统一指派，减少了下级封君离心的可能性。他还在民间建立什伍互保连坐之法，五家为一保，互相监督，加强政府对社会的管控能力。政府的税收也大大增加，可以组织更加庞大的军队。

---

5 可参见本书作者的另一部作品《财政密码》。

第二，控制粮食流通渠道，限制人口自由流动。虽然土地属于农民，但农民不得擅自离开土地。通过把他们固定在土地上，每一个农民就都被"标准化"了，他们活着的意义就是生产粮食，并通过政府控制的流通渠道将粮食输送到秦国的战争机器之中。

第三，实行军功授爵制，将整个社会生活和军事挂钩。一个人只有在军事上有所贡献，才能得到爵位。爵级共二十个级别，一个人先受封低级爵位，下一次再受封，就可以累积到更高级，依次累积，直到最高级。爵位越高，他的社会地位也越高。

第四，秦国由于发展晚，土地充足，而山东六国的土地不够，人口众多，商鞅就鼓励六国向秦国移民。一旦这些人移居到秦国，就分给他们土地，并免除他们三代人的兵役，专心种田。这些人就转化成秦国的生产机器，而参军打仗则由原来的老秦人承担。

一个生活在秦国的人，不管他做什么职业，都被一整套的国家制度纳入军事体系之中。这个体系能够产出足够的军人和粮食，完成对外作战。

秦国的军事体系建立之后，对外扩张成了必然。商鞅也借此证明了自己不仅仅是一个政治家，还是一个眼光卓越的军事家。在他的策划和努力下，秦国扭转了百年的颓势，从魏国、韩国、楚国手中收回了关系命运的几大战略要地，重新巩固了秦的疆域。

在秦孝公继位四年后的公元前358年，秦国出击伐韩，再四年后伐魏，拉开了巩固关中的序幕。最能表现商鞅谋略的是夺取魏国河西之地的战争。

魏文侯之后，魏国几代国君都失去了先辈的睿智。魏文侯始终知道最大的敌人是秦国，然而随后的魏武侯、魏惠王却缺乏目标的单一性，将重心逐渐转移到中原地区，时常发起韩、赵、魏三国的内斗，又卷入与齐国的战争，最终在桂陵之战和马陵之战中两次被齐国击败。

就在魏国东线失败的同时，西线的秦国乘机发动战争。秦孝公派遣商鞅率军收复河西，魏军派出公子卬迎战。商鞅在魏国时与公子卬是朋友，他写信给公子卬，回顾以前的交往，希望能够见面缔结盟约，维持和平。公子卬按照春秋时期的君子战争规则欣然前往，但商鞅毫不留情地采取了战国时期的小人规则将公子卬扣留，失去了主帅的魏军大败。

这场战争迫使魏国割让了河西所有的领土。由于失去了河西，距离秦国太近的国都安邑已经不再安全，魏惠王不得不将国都迁到东部的大梁（现河南开封），远离与秦国作战的前线。

魏国的迁都意味着它已经将重心转移到东部，不再参与西部的纠纷，秦国可以舒服地在黄河以西活动，并逐渐占领韩国和魏国在函谷关一带的战略要地。

在南方，秦国也在与楚国交界的武关一带加强军备，修筑关塞。武关、函谷关的天险从此掌握在秦国手中。关中地区巩固了。占领关中四塞，意味着秦国已经成为独一无二的大国，拥有着其余六国无法比拟的战略地位，下一步自然就是向东扩张。

然而，秦国稳固了关中之后并没有再接再厉向中原扩张，而是又走了一步谁也想不到的妙棋——进军四川。

四川：天下之砝码

秦惠文王更元九年（公元前316年），在西部发生了一起足以影响战国军事格局的事件。

秦惠文王是秦孝公的儿子，他一上台就杀了商鞅，但继续采用商鞅的所有改革措施。秦惠文王时代是战国时期变动最大的时代，各个国家的国君不满足于称"公"或者"侯"（周天子的下属），纷纷也和周天子一样改称"王"。随着称呼的改变，列国战争频发，苏秦在函谷关以东的六国间频繁穿梭，进行合纵，联合六国共同抗击秦国。

秦惠文王更元八年（公元前317年），秦国周边出现了两起需要用兵的事件。第一起，秦国东面的韩国派兵攻打秦国，秦王想出兵迎击，顺便入侵韩国教训它一下。第二起，秦国南面隔着崇山峻岭，有两个处于中原文明之外的国度，分别是位于现在重庆地区的巴国和位于现在成都的蜀国。这两个国家之间出现了争执，纷纷派遣使者翻山越岭向秦国求助。秦王看到这是一个并吞巴蜀的好时机。

然而，秦国的兵力不足以同时双线出兵，到底如何决策，群臣们在朝堂上议论纷纷，意见不一致。

两派的代表人物分别是伐韩派的客卿张仪和伐蜀派的大将司马错。二人观点迥异，却各有道理。

张仪的理由非常充足：韩国的地理位置太重要了，位于天下的中心，攻取韩国，就有了号令天下甚至挟天子以令诸侯的战略地位。相对而言，作为化外之地的蜀国简直无足轻重。两相对比，伐韩比伐蜀有利得多。

在战国中后期，韩国和（丢失了河西的）魏国的领土面积是七国中最小的，也是军事实力最弱的，却处于七国的正中心，是连接各国的战略要地，被称为"天下之枢"。

在现代地图上，当年韩国的土地包括河南西部和南部的丘陵山地，加上山西南部一部分山谷地带，以及河南东部平原上的国都新郑；[6]而魏国的土地主要在河南东部的平原，河北、河南交界地带，以及山西西南部的河谷盆地。[7]

这两个国家所处的地理位置恰好是从秦国的关中平原去往中原地带的主要道路。从秦国往中原去的路主要有两条：一条是走函谷关的大道，这条路在黄河以南，从函谷关出来所经过的土地大都属于韩、魏，如陕地属于魏国，宜阳和成皋、荥阳属于韩国；另一条道在黄河北岸，也就是黄河与中条山、太行山之间的狭长通道，道路同样被韩、魏阻断，中间的上党属于韩国，两端的蒲坂、皮氏、汲等地属于魏国。

除了秦国与山东（崤山以东）地区的交通需要经过韩、魏之外，还有一条南北走向的大道，从燕赵通往楚国，这条路同样要从韩国和魏国经过。正是因为沟通了南北和东西的交通，韩、魏才成了天下的枢纽之地。

张仪的计谋是：秦国采取各个击破的方法，第一次出兵只针对韩国，甚至为了袭击韩国，要主动去联络魏国和楚国；秦国从北方进攻，截断韩国北方的领土上党，魏国从中间袭击韩国黄河两岸的腹地，而楚国则从南部袭击韩国的国都。

击败韩国之后，秦国可以谋取更大的目标：韩国曾经的国都宜阳与

---

[6] 见《汉书·地理志》："韩地，角、亢、氐之分野也。韩分晋得南阳郡及颍川之父城、定陵、襄城、颍阳、颍阴、长社、阳翟、郏，东接汝南，西接弘农得新安、宜阳，皆韩分也。"

[7] 同上书："魏地，觜觿、参之分野也。其界自高陵以东，尽河东、河内，南有陈留及汝南之召陵、㶏彊、新汲、西华、长平，颍川之舞阳、郾、许、傿陵，河南之开封、中牟、阳武、酸枣、卷，皆魏分也。"

周天子所在的成周距离很近，秦军利用攻韩的机会，可以顺便出击，直抵周天子最后的领地，胁迫周天子，取得象征天子权势的宝鼎，达到挟天子以令诸侯的效果。

一旦得到韩国和周天子的领土，秦国就取得了天下之枢的一半，为接下来进攻其他国家做好地理上的准备。

张仪认为，与韩国的地理位置相比，蜀地所在的四川只是僻远之地，与中原的联系非常松散。如果要从秦国去往四川，必须先穿越秦岭（走子午道）前往汉中，再沿着一条狭窄的小道（金牛道）进入四川盆地。由于地理位置遥远，取得四川对秦的意义也不大。

张仪的分析代表了当时的主流观点。人们普遍认为，决定天下命运的是中原腹地，秦国既然处于西面，就应该时时刻刻想着去占领函谷关以东的中原领土，逐步蚕食，最后统一，至于西南、西北并不是主要的战场。

幸运的是，有一个人反对张仪的提议，他就是秦国的大将司马错。

司马错的观点与张仪相反，他认为暂时放弃韩国，进攻四川才是最明智的做法。这个观点在当时看来是惊世骇俗的，司马错为什么这么认为呢？

在司马错去世两千多年后，英国战略学家李德·哈特提出了一个概念：间接路线战略[8]。所谓"间接路线战略"，就是在目标明确的前提下，并不直接向目标前进，而是适应环境，随时做好改变路线的准备，积攒

---

[8] 参见李德·哈特的《战略论：间接路线》（钮先钟译，上海人民出版社，2010）。

必要的"势",万事俱备之后,再向最终目标发动总攻。司马错的观点恰好与哈特的战略一致。

为什么不直接攻打韩国?司马错认为,秦国的目标虽然是统一天下,但如果这个目标过早地暴露出来,会让六国更加警惕,联合起来对抗秦国。

韩国的地理位置重要是六国皆知的事实。所以,当秦国攻打韩国的关隘、图谋周王时,韩国和周王会立即觉察到秦国的野心,转而向齐国和赵国求救。

同时,秦国想联合楚、魏一同伐韩,而韩和周为了拉拢楚国和魏国,会把周王的宝鼎送到楚国,把韩国的土地割让给魏国,再一同抗击秦军。到最后,秦国的野心暴露无遗,却没有捞到任何好处,战略彻底失败。

秦国之所以达不到目的,终归此时它的实力没有强大到可以灭亡六国,缺乏足够的"势"。土地不够多,兵不够强,国家不够富裕,如果这些问题不解决,那么秦国未来的征战都会遭遇困难。

如何克服这些困难?司马错给出的答案是:走间接路线战略——伐蜀。通过征服蜀地来扩充土地,增加财富,达到富国强兵的目的,最后再进军中原,统一全国。

蜀地虽然偏僻,却是西南地区最强大的一个,又恰逢内乱,攻取蜀地就等于秦国在西方的势力得到最大化。对秦最重要的是:蜀地已经极其富裕,可以利用蜀地的财富备战。

实际上,如果要统一(当时认为的)全天下,一个关中地区仍然不足以积累足够的财富,可是加上蜀地,情况就不同了。

从这个角度说,如果把韩、魏当作天下的枢纽,那么蜀地就是天下的砝码。秦国无法凭借关中与山东六国抗衡，可是加上蜀地这个砝码带来的资源，胜利的天平就朝秦国倾斜了。

除了资源之外，蜀地的战略地位其实也并不低。秦国的敌手中最强大的是楚国。楚地方圆五千余里，与韩、赵、魏、燕四国总和相当。楚国依靠着巴山秦岭的天险、汉江长江的天堑，足以抵抗秦国的进攻。但楚国也有一个弱点：它位于长江中下游和汉江的下游地区，而其上游正是汉中和蜀地。如果秦国控制了这两条江水的上游，就可以顺流而下，利用地理上的天然优势压迫楚国。

所以，要想并吞六国，首先要占领蜀国，在不知不觉间获得资源和地理上的优势，趁别国还没有注意到，秦国就已经成了最强大的国家。

司马错的提议也是第一次将四川的战略地位提了出来。在中国古代军事历史的关中时代，蜀地一直是胜利天平上决定胜负的砝码。如果一个国家只占据关中地区，那么因为资源不够，很可能无法统一中原；可如果同时占领四川和关中，就具有了统一的资本。

不仅仅是秦朝，在楚汉相争中，四川也支撑着刘邦的补给，它虽然没有直接参与战斗，却是决定胜负的重要因素。

秦国的幸运在于，司马错的提议已经超出了当时人们的视野，却出人意料地被采纳了。执行战争命令的就是主张伐韩的张仪。当年十月，秦国大军从子午道越过秦岭，乘巴蜀战乱之机，将蜀地收入囊中。

由于蜀地在六国的关注之外，当秦国走出这个重要的胜负手时，六国都毫无反应，不知道胜利的天平已经在朝秦国倾斜。

直到秦国利用蜀地的地理优势进攻楚国时，人们才意识到秦国占领蜀地是多么重要的一步。

赵武灵王：河套大迂回

周赧王十六年（公元前299年）前后，强大的秦国迎来了不速之客。一队赵国的使节出现在秦国国都咸阳，获得秦昭王的接见。

秦昭王看见使臣里有一个人相貌不俗，举止威严。更不同寻常的是，其他使节在与此人打交道时，都不由自主地带着恭敬的痕迹，即便想掩饰，也仍不自觉地流露出来。

接见完毕，使节的队伍离开秦国国都。秦昭王仍然纳闷，这个人不像是位居人下的臣子。出于好奇，他派人骑马追赶，试图再问个究竟，却发现此人已经骑快马先行离去。

这是一个俄国彼得大帝式的故事，秦昭王见到的这个人就是当时他最大的敌手之一：赵武灵王。

赵武灵王冒险进入秦国国都，就是来探察秦国的虚实和地理情报的。就在秦国迂回四川获得资源和地理上的双重优势时，赵武灵王也发现了一条大迂回袭击秦国的通道。这条通道对于战国时期的人来说，是具有开拓性的。

如今，在内蒙古包头北面的山中，仍然保留有两道古代的长城，分别是秦统一后修建的石长城和赵武灵王当年修建的赵长城。

从包头去往固阳的211省道上，从大庙村分出一条岔路通往石拐区，有一道低矮的土堤时隐时现，伴随着公路一直向东。这条土堤就是当年的赵长城。

赵长城没有修建在高高的山脊上，而是修建在两座小山脉中间的谷地里。它只是一道边墙，很少有敌楼。如果敌人攻打长城，必须首先翻上北面的山脉，然后冲到谷地里，在谷地最深的地方遭遇这道长城。

由于坍塌和被土埋没，赵长城已经成了一道不明显的土堤。随着现代的开山筑路，有的地段把土挖开，露出了长城的剖面，可以看见雄伟的夯土墙体。在长城边上，偶尔可以看到后来各个朝代屯戍的痕迹。

赵武灵王修建的这道长城，表明赵国的北疆已经延伸到黄河"几"字形最北端的阴山深处，那里无法进行耕种，却有着无比重要的军事价值。秦统一后，秦始皇不满足于赵长城的简陋，派遣大将蒙恬在赵长城北方几十公里的一道山脊上劈山取石建了石长城。与赵长城建在谷地不同，秦长城选择建在山脊上，进攻难度大了很多。当时秦朝的疆域比起赵国又向北推进了几十公里。

赵武灵王之所以跑到遥远的北方修筑长城，正是要绕道进入关中平原，对秦国进行打击。他是战国后期唯一一位制订详细计划打击秦国的君主。当其他国家纷纷迎合秦国时，赵武灵王却奋发图强，为进军秦国做着准备。

此时，秦国的关中四塞已经成形，武备森严，从武关和函谷关入境已经不可能了。赵武灵王发现了一条遥远的道路，可以绕过武关和函谷关，进入关中平原。

在关中平原四面的群山中，只有北面的北山山系是低矮且布满豁口的，赵武灵王就是想绕过太行山，从北面进入河套和陕北高原，再打通北山山系进入关中平原。

后来秦始皇也意识到从河套到国都咸阳这条道路的重要性，故主持修建了一个伟大的工程：秦直道。秦直道从咸阳出发，穿越陕北高原，越过黄河，终点就是包头。

第一部　关中时代

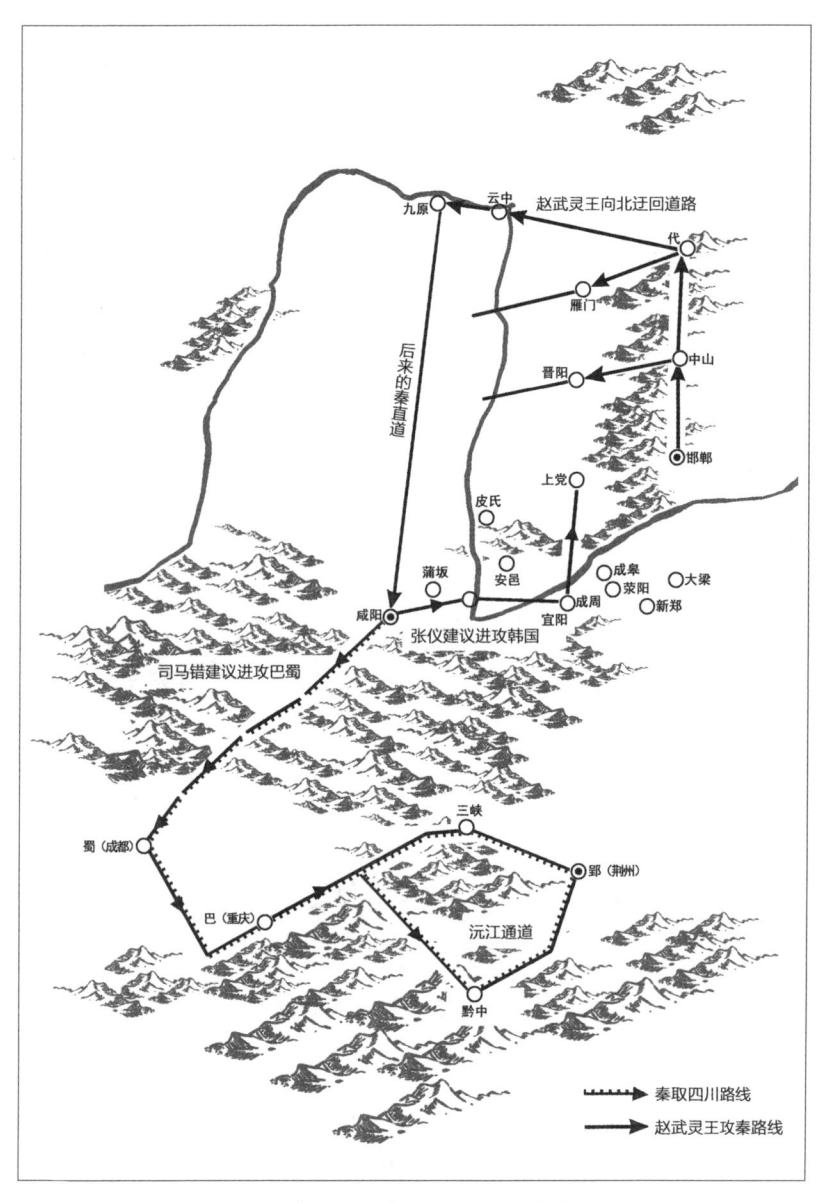

图 3　秦取四川与赵武灵王攻秦战略

如果赵武灵王的战略得以实现，这条路就是赵国打击秦国心脏的出兵之路；但因为秦朝的统一，赵武灵王的发现成为秦朝防范北方匈奴人的运兵道。

当时，赵国的北方还有中山等白狄国家，以及更加北方的少数民族（林胡、东胡、楼烦等）。为了增强赵军的战斗力，与少数民族周旋，赵武灵王决定改穿方便打仗的少数民族服饰，减少笨重的战车使用，利用马匹和弓箭增加机动性。

赵武灵王的胡服骑射成了战国后期最著名的一次军事技术改革，并直接影响了未来军事发展的方向。

赵武灵王花了十年时间灭掉中山，进入少数民族的区域，将赵国的疆域直接推至黄河河套以北，占领了现在内蒙古的云中、九原，作为进攻秦军的后备基地；并越过黄河到达陕西北方的米脂、延安一带，初步具备了打击秦国的能力。

也就是在这时，赵武灵王率队冒险潜入秦国国都，完成了对秦国的最后探察。

为了专心做进军秦国的军事准备，他甚至将王位让给儿子赵惠文王，自称"主父"。

不幸的是，他决定让位给儿子，事实上铸就了自己的毁灭之路。

虽然让了位，但赵武灵王在两个儿子（赵惠文王与安阳君）之间一直态度不明，致使两子内斗。周赧王二十年（公元前295年），赵武灵王被赵惠文王围困。三个月后，这位雄才大略的君主带着无数的征服梦想，活活饿死在沙丘宫。

赵武灵王离世后，赵国的政治从对外扩张变成守成，没有人能够继承他的雄才大略，也没有人能够看到那条北方遥远地带的道路有多么重要，进攻秦国成为泡影。

不过，赵武灵王的胡服骑射改革为赵国留下了一支兵强马壮的军队。到了战国后期，赵军的战斗力已经成了秦国统一的最大障碍。也正因如此，赵军成了战争中损失最惨重的军队。

在赵武灵王被饿死八十五年后，沙丘宫迎来了又一个著名的帝王——秦始皇。在巡行全国的途中，秦始皇到达沙丘时患病身死。

统一的代价：长平枯骨与郢都赤地

事情已经过去了两千多年，但高平这座城市仍然仿佛只为一场战争而存在。

我还在去往高平的火车上时，就看见铁道旁的墙上出现了长平之战的地图和宣传画。我打开任意一张高平地图，被许多怪异的地名所吸引：企甲院（弃甲院）、箭头村、围城村、王降村、三军村……这样的地名有几十个。在火车上，老人们向我推荐：一定要去谷口村和骷髅王庙看一看。

实际上，高平就是一座建在古战场上的城市。在两千多年前，这片战场曾经尸骨遍野，丹河水为之变色。长平之战中，赵军投降的一共四十余万人，被秦将白起悉数坑杀。

在战国时期，一个国家能够组织的兵力最多只有百万之众。在所有国家中，秦国和楚国是最强大的，能够达到百万，其余国家的兵力都只有几十万人而已。长平一战，赵国的大部分军队被消灭，秦统一之前，赵国再也没有恢复元气。

表1　苏秦、张仪时代七国的军事实力[9]

国别	苏秦的说法	张仪的说法
燕	地方二千余里，带甲数十万，车六百乘，骑六千匹，粟支数年。	
赵	赵地方二千余里，带甲数十万，车千乘，骑万匹，粟支数年。	
韩	地方九百余里，带甲数十万，天下之强弓劲弩皆从韩出。	地方不满九百里，无二岁之所食。料大王之卒，悉之不过三十万，而厮徒负养在其中矣，为除守徼亭障塞，见卒不过二十万而已矣。
魏	地方千里。地名虽小，然而田舍庐庑之数，曾无所刍牧。人民之众，车马之多，日夜行不绝，輷輷殷殷，若有三军之众。……武士二十万，苍头二十万，奋击二十万，厮徒十万，车六百乘，骑五千匹。	魏地方不至千里，卒不过三十万。地四平，诸侯四通，条达辐辏，无有名山大川之阻。从郑至梁不过百里，从陈至梁二百余里。马驰人趋，不待倦而至梁。
齐	齐地方二千余里，带甲数十万，粟如丘山……临菑之中七万户……不下户三男子，三七二十一万，不待发于远县，而临菑之卒固已二十一万矣。	
楚	地方五千余里，带甲百万，车千乘，骑万匹，粟支十年。	
秦		秦带甲百余万，车千乘，骑万匹，虎挚之士，跿跔科头，贯颐奋戟者，至不可胜计也。

9　根据《史记》《战国策》整理。

由于地理的关系，韩、赵、魏三国在抗秦战争中损失最为惨重，其次是楚国。仅以秦国武安君白起发动的战争来计算，除了长平之战坑杀赵国四十多万人之外，白起还在伊阙之战中斩首韩魏联军二十四万人；秦昭襄王三十四年（公元前273年）战役中，斩首（加沉河）魏赵联军十五万人；秦昭襄王四十三年（公元前264年）斩首韩国五万人。[10]

另外，在秦惠文君七年（公元前331年），秦军斩首魏军八万人。秦惠文王（惠文君称王后改元纪年）七年（公元前318年），斩首韩、魏、赵、燕、齐和匈奴联军八万二千人；秦惠文王十三年（公元前312年）斩首楚军八万人。秦武王四年（公元前307年）攻克宜阳，斩首韩军六万人。秦昭襄王六年（公元前301年）斩杀楚军两万人；秦昭襄王十年（公元前297年），再斩杀五万人；秦昭襄王三十二年（公元前275年）攻魏斩首四万人；秦昭襄王五十一年（公元前256年）攻韩斩首四万人。[11]

秦的统一，实际上是将山东六国的人口资源消耗干净，使得他们无力反抗才得到的。在中国古代战争中，以血腥消耗人口为代价获得胜利的例子并不多。在大部分时候，战争是为了让对方臣服，而不是消灭。

我们总是把秦国的统一当作一个事件，实际上它是很长时间段内各种事件积累的结果。秦始皇之所以能够并吞六国，是秦孝公时期打下了基础，并由历代秦王通过蚕食逐渐积累优势。

秦孝公之后，继承了他的扩张思想的是秦惠文王（在位二十七年）

10　见《史记·白起王翦列传》。
11　见《史记·秦本纪》。

和秦昭襄王（在位五十六年）。

秦惠文王时期主要的政策制定者是张仪，张仪的主要任务是破坏诸侯的合纵政策。在当时，由于秦国的军事优势已经越来越明显，六国意识到必须联合起来才能对抗秦国；纵横家苏秦推出了合纵政策，游说六国国君共同抗秦。张仪的任务就是帮助秦国破掉六国的合纵，他采取了新的措施：连横。

当时，韩、魏地域狭小、实力有限，而赵国、燕国、齐国与秦国没有接壤，赵武灵王虽然试图打通北方通道进攻秦国，却还没有引起秦国的重视。

在秦惠文王和张仪的眼中，对秦国构成最大威胁的是楚国。以领土而论，楚国比秦国还要大，是齐国领土的两倍半，几乎与燕、赵、韩、魏四国领土相当。以军事而论，只有秦、楚可以组织起百万军队。双方领土相接，在武关形成对峙。这样的楚国成了秦扩张最大的障碍。张仪十年的工作重心，就在于孤立楚国、削弱楚国，击碎六国的合纵梦想。

秦惠文王十二年（公元前313年），身为合纵国首领的楚怀王在郢都（现湖北荆州偏北）的宫殿中迎接了一位不速之客：秦国使者张仪。

张仪向楚怀王推销连横之术，认为秦、楚本是友邦，不应兵戎相见。然而真正打动楚怀王的却是张仪的许诺。为表诚意，秦国向楚国献出商於地区的六百里土地（商於之地在武关之外、秦岭之南，本来属于楚国，后来被秦国夺得）。这片土地的面积很大，相当于韩国面积的三分之二。由于它已经越过了秦岭山脉，深入楚国的腹地，一直让楚国如鲠在喉。

对于土地的渴望让楚怀王昏了头，他干净利落地与齐国绝交，又派人前往咸阳去接收土地。然而，回到咸阳之后的张仪却消失了，三个月内一直称病不出。楚怀王认为秦国的拖延是在检验自己的态度是否坚决，于是派人去临淄（现山东淄博）的宫廷内大骂齐王。齐王大怒，决定与秦联合。

楚怀王的一厢情愿换来的是耻辱。秦国拒绝承认割地一事。楚怀王明白自己上了当，决定对秦国采取军事行动，结果，八万楚军被秦国歼灭。楚国没有得到商於之地，反而丢失了军事价值极为重要的汉中地区东部。

汉中地区是沟通关中和四川的交通要地，秦国虽然已经征服了四川，但如果汉中不稳定，关中和四川的联系就会中断。在此之前，秦国只是占领了汉中地区的西部，这次终于得到整个汉中。

更让楚怀王感到耻辱的是，欺骗了他的张仪随后再次出现在他面前。这一次，张仪来要楚国的黔中郡。

这时，秦国并吞巴蜀的优势就显现出来。黔中郡的郡治位于现湖南西部的沅陵，是楚国的南方领土，本来与秦国距离最遥远。但秦得到四川盆地之后，重庆地区已经与黔中郡接壤了；更重要的是，秦国的四川盆地富饶，而楚国的黔中郡是边缘的贫瘠之地，没有办法与四川盆地相抗衡。

在这样的背景下，张仪的威胁就显得更加现实。张仪声称，如果楚国不割地，秦军就要从四川顺江而下，直捣楚国国都。至于黔中郡，秦军也可以越过武陵山，顺沅江而下，收入囊中。

昏庸的楚怀王在威逼之下决定求和，割让了一部分黔中郡，与秦国缔结和约。黔中郡的割地，让秦军在楚国的南方有了进攻点，形成了夹击之势。楚国更加危险了。

在秦国历史上，对统一贡献最大的是在位五十六年的秦昭襄王。他在穰侯魏冉和将军白起的帮助下，南征北战，将楚国、魏国、韩国、赵国一一削弱。他的继承人完成统一已经是临门一脚了。

秦昭襄王的战略，可以视为中国战略思想的高峰之一。[12] 在我看来，他熟练地挑选对手，每一次都先认准最强的那个对手进行打击，而与其他弱者联合。当把强者削弱后，他再从其余对手中选出下一个最强的，如此反复，直到所有的国家都疲弱不堪。在他的威逼利诱之下，其他国家只能被动地接受秦式和平，或者被动迎战。

在秦昭襄王时代，赵国已经完成北方攻势，占领了大片少数民族的地区，从北方河套地区与秦国接壤，赵国对山西北部的占领也让秦国与赵国在黄河两岸对峙。韩、魏两国作为一个整体虽然已经沉沦，但它们的领土包括黄河两岸的许多战略要地，也必须一一夺取，以便成为进攻赵国、齐国、楚国的跳板。南方的楚国虽然被削弱，却仍然是六国之中最强的国家。秦昭襄王必须从北线（对赵）、中线（对韩、魏）和南线（对楚）这三线中来回移动，决定下一个目标。

他首先把目光瞄准最强大的对手楚国。这时的楚国仍然是楚怀王当政，为了迷惑楚怀王，秦国先和楚国结盟，让韩、赵、魏等国再次怨恨楚国。随后，秦国寻找借口进攻楚国，由于楚国对秦的态度游移不定，其他国家便袖手旁观。当进一步削弱楚国后，秦国再次提出结盟，邀请楚怀王在武关和秦王相会，商讨和平条约。

楚怀王一到武关，就被劫持到秦国国都咸阳，最后客死他乡。

12　秦昭襄王在任命范雎为相之后，推行"远交近攻"战略，破坏六国联盟，加快统一步伐。

秦国劫持楚王,目的是逼迫他进一步割地。这次秦国想要的是巫郡和整个黔中郡。巫郡位于长江三峡附近,黔中郡位于湖南的沅陵,如果要从秦国控制的四川进入楚国所在的湖北,走长江则必经巫郡,走沅江则必经黔中郡,楚国丢失了这两处领土,意味着国家的西大门朝秦国洞开。

令秦王没有想到的是,囚禁中的楚怀王拒绝了秦国的要求。楚国也另立新君,表明了与秦国对抗的决心。

秦昭襄王依靠阴谋夺取楚国领土的计划失败了,只能动用武力解决问题。但为了准备对楚战争,秦国不得不暂时把注意力转到中线的韩国和魏国。

如果要继续攻打楚国,必须经过武关进入南阳盆地,再南下楚国的国都郢(现湖北荆州)。秦军一旦到达南阳盆地,就必须考虑侧翼的危险:在南阳盆地的北方,隔着伏牛山就是韩、魏的地界;如果韩、魏从北方袭击秦军,与南方的楚军相配合,则必然导致秦军的被动。

为了解决侧翼问题,秦军首先要对韩、魏发动进攻,切断韩国和魏国南下的路径。于是,就有了秦统一中国第一场决定性的战役——伊阙之战,这也是白起登上战争舞台的一战。

秦昭襄王十四年(公元前293年),秦军对伊洛盆地(洛阳所在)以南的新城发动攻势,试图掌握从洛阳地区前往南阳的通道锁钥。韩、魏派出大军前往解救。此刻,指挥秦军的就是左更[13]白起。

白起放弃新城据点,率军抄了韩魏联军的后路,把韩魏联军向南压

13　秦时设二十等级爵位,左更为第十二级。

缩。在伊水谷地的深处，有一处叫伊阙的山谷，这里两山并立，伊水从中流出，越往上游，峡谷越狭窄，庞大的韩魏联军在谷地中无法施展，被白起尽数歼灭。

在伊阙之战中，韩魏联军共被斩杀二十四万人。这场战争消灭了韩国和魏国的主力部队，[14] 两国再也无法组织起对秦国的攻势。秦国乘机继续扩大战果，将魏国的河东之地据为己有。在河南、陕西、山西交界地带，即黄河大拐弯处，山西境内有一块三角突出地带，如果秦军从黄河南岸进入中原，这片三角带就是很好的侧翼突袭基地。秦军占领这片三角地之后，出入关中已经毫无阻碍，函谷关天险已成坦途。

除此之外，秦军还占领了韩国在山西汾河谷地的领土武遂，[15] 为秦军提供了一条沿着汾河谷地进入太原的道路。经过此次战役，秦国已经与赵国领土接壤了。

秦昭襄王二十七年（公元前280年），在解决了侧翼问题之后，秦国终于迈出了决定性的一步，着手解决最大的对手楚国，直接向其国都进军，也开启了中国古代历史上一次著名的千里跃进。

楚国的国都郢在如今的荆州城东北角、长江岸边。

楚国选择郢作为国都，有着无比的地理优势。郢所在地是长江流域的江汉平原，在平原的北面是桐柏山，西面是巴山、巫山的天险和长江三峡，南面则是武陵山连绵的山地。东方腹地广阔庞大，提供了无尽的

---

14 根据张仪测算，韩、魏两国士兵不过五十万人，见表1。
15 韩国有两个武遂，一个在现山西临汾一带，一个在现山西垣曲东南。此处指的是前者。

粮食和兵力资源。这样的地理位置对于楚国是有利的，对进攻方的秦国却充满了艰辛。

由于秦国在楚国的西北方向，如何越过北面和西面的山地，就成了秦国首先要解决的问题。

在传统上，秦国进军路线是走武关，进入南阳盆地，再越过大洪山、荆山垭口到达郢。但这条路也是楚国最严防死守的道路。

秦国打通巴蜀之后，另外两种选择出现在秦国的战略版图上。由于巴蜀在战国时期仍然属于化外之地，楚国很难想到秦国会借助巴蜀跃进江汉。

秦国镇守巴蜀的是老将司马错。根据秦王的命令，司马错从陕西进入四川，再沿着岷江进入长江，到达重庆，在此兵分两路。其中一路翻越巍峨的武陵山脉，进入湖南的洞庭湖盆地，沿着沅水占领黔中（现沅陵，之前秦国已经割走了一部分）。黔中这个楚怀王到死也不愿放弃的地方终于归秦国所有。占领黔中后，秦国就抄了楚国南部的后路。

司马错的另一路大军沿着长江而下，进入三峡，进攻西陵，对楚国的西部进行包抄。这是有史料记载的第一次沿长江攻击。长江由于峡谷众多，一直是人类通行的障碍，直到三国时期才正式确立了长江的交通地位。秦国利用长江是人类历史上早期的探索之一。

在西路和南路进攻的同时，秦国的北路军也从传统线路逼近楚国。秦王命令白起掌管北军。由于楚国必须三路分军把守，应接不暇，白起乘机攻克了大片领土，将战略要地鄢（现湖北宜城东南）、邓（现河南邓州）均收入囊中，并与中路军一起攻克西陵。到这时，秦军完成了对楚国都城北、西、南三面的包抄。

秦昭襄王二十九年（公元前278年），郢都被秦军攻陷。秦军到处掠夺，还将楚先王的陵墓尽数烧毁。

楚国残余的势力将国都迁往陈（现河南周口淮阳区），随后又前往寿春（现安徽寿县），进入淮河中下游地区。江汉盆地被划入秦国版图。

至此，楚国的战略地位一落千丈，不再对秦国构成威胁——秦国最大的对手被除掉了。

并吞楚国西部之后，秦国最大的敌人瞬间转换成赵国。在其他国家遭受重大损失之时，赵国保持着兵强马壮。赵武灵王改革的成果持久地影响着这个国家。

赵国的地理战略地位也很高，它位于韩、魏的北面，如果赵国保持强大，秦军在出击韩、魏时，很可能会遭到赵国在背后的袭击。同时，只要赵国存在，秦国就很难越过赵国去攻打北面的燕国和东面的齐国。

赵国还是一个领土广阔的国家，它拥有北方的草原地带，也有险峻的太行山区，易守难攻。更有太行山东麓的国都邯郸，远离秦的边界。秦国要想进攻，必须进行远程打击，不管是对士兵还是后勤而言都是很大的麻烦。

应对赵国，秦国必须还从韩、魏入手，层层推进，将韩、魏在黄河两岸的战略要地一一收入囊中，推进到赵国的边界上，再实行打击。

此时，秦国已经得到韩国的宜阳、南阳和魏国的河内、安城等地。秦军以新获得的楚地为依托，从南方向魏国的大梁发起进攻，并在韩国的华阳大败赵魏联军，斩首十五万人。这次战役彻底打击了韩国和魏国的军事实力，从此以后，韩国几乎没有能力给秦国制造麻烦，而魏国也没有能力帮助邻国。

随后,秦国直接对赵国发动攻击,在通往邯郸、位于太行山中的阏与要道时被赵奢领军击败。这证明,秦军远离家乡,进攻半径太大,突破并不容易。

就在此时,一个巨大的机会摆在秦军面前。

这个机会来自韩国的上党地区。上党地区是现在山西境内以长治为中心的一片山间高地,其东侧和南侧是太行山,西北侧是太岳山,自古以来就是连接山西与河南的要道,也是晋中山地去往黄河的重要通道,同时还处于从关中通往赵国国都邯郸的路途中间。秦军要进攻邯郸,最便捷的途径就是经过上党,再穿过东面的太行山,直达邯郸城下。

战国时期的上党地区位置重要,韩、赵、魏在此辖区界线复杂,大致以浊漳水为界,北部属于赵国,南部属于韩国。

除了上党地区,韩国的主要领土位于黄河以南的新郑一带。上党地区与韩国南部国土之间由一条狭窄的中间地带相连接,在这狭窄地带上有三个主要城市——平阳、野王和南阳,都位于黄河以北和太行山以南。如果秦军占领这三个城市,就切断了韩国南部和北部的联系,可以逼迫韩国让出上党地区。一旦上党地区被秦国并吞,就可以作为打击赵国的前线基地。

秦昭襄王四十三年(公元前264年),白起率军攻克韩国南阳,正式将韩国上党地区与国都隔断,韩国国土被分割成两部分。

秦军的本意是逼迫韩国割让上党,然而,这个计策被上党的守将冯亭识破。为了断绝秦军的念头,他率部投奔赵国。秦王大怒,进军赵国,

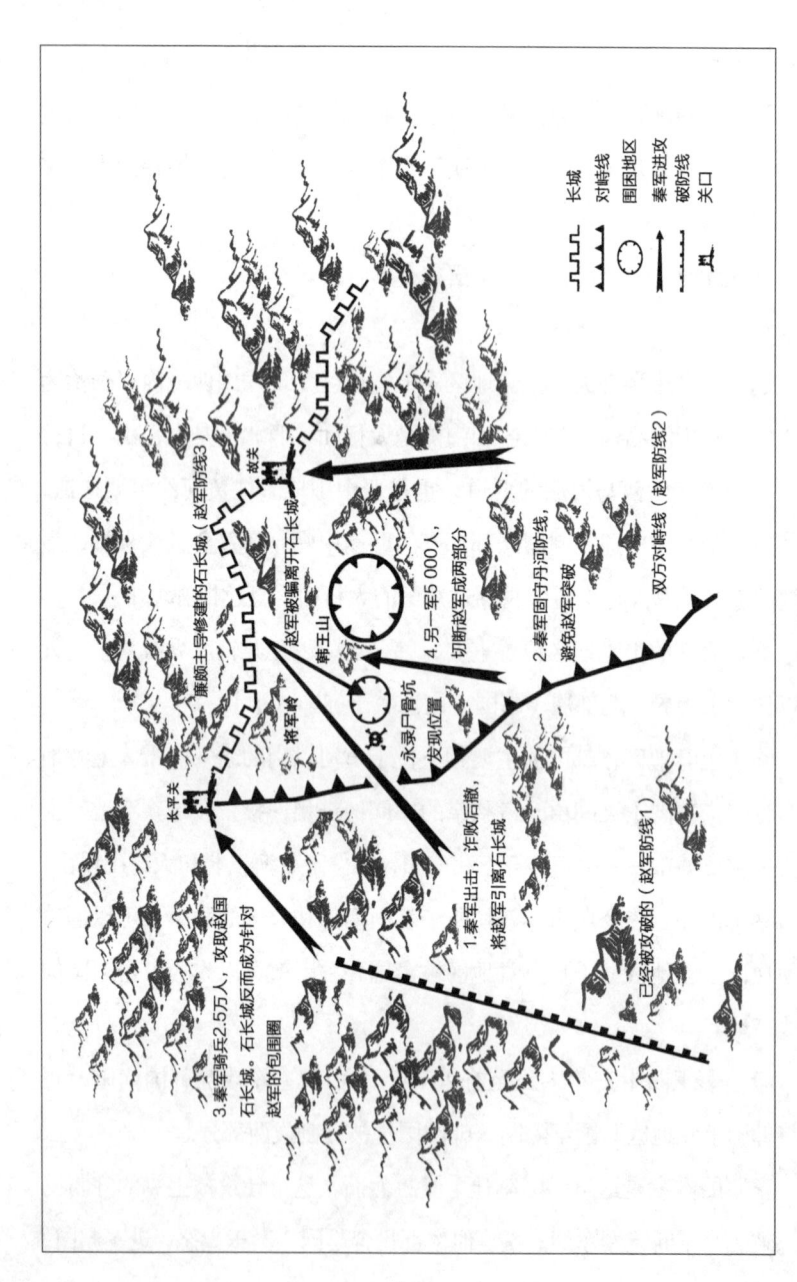

图 4 长平之战示意

双方在上党以南的长平形成对峙。

在赵国,曾经的抗秦英雄赵奢已经去世,赵军的指挥权归于老将廉颇。在如今的高平一带,人们至今还能指出廉颇修筑的石长城所在。

赵国的长平防线一共三道,廉颇到任时,位于最西面的防线已经失守,最东面的防线则是一条建在山脊上的石长城。为了占据险要,廉颇率领赵军退居石长城;为了形成纵深,他又在石长城以西,沿着一条叫丹河的谷地构建新防线。丹河防线位于失守的西防线的东面和石长城的西面,如果丹河防线失守,赵军就可以全体撤退到石长城进行防守。

在廉颇的指挥下,虽然赵军的损失不小,却阻止了秦军的推进。假以时日,秦军粮草耗尽,就是赵军胜利之时。

但这时,赵王不满廉颇的防守策略,派遣赵括替代廉颇,提前发动进攻。

白起假装撤退,引诱赵括率领赵军主力离开了石长城,前往中间的丹河防线。

当赵军主力离开石长城之后,白起派遣奇兵包抄到丹河防线以东,夺取了石长城。这样,赵军就被秦军包围在西防线和东防线(石长城)之间。所谓丹河防线其实只是沿着丹河的一片谷地,缺乏高度。石长城本来是赵军防御秦军用的,现在却被秦军用来截断赵军的退路。

白起的做法,实际上是战术层面的迂回作战,即正面撤退,侧翼迂回到敌人后方,形成包抄,将敌人围困。如果是有经验的将领指挥赵军,是可以识破白起的战术的,只要牢牢守住最后一道防线石长城,秦军就无法将赵军围困。

白起围困赵军之后,又派另一支奇兵冲击赵军的中部,将赵军斩断,分成两截。

四十多万赵军就此被困在狭小的丹河谷地中，前后两段都自顾不暇，无法协同突围。四十多天后，粮草匮乏的赵军试图突围，主将赵括身死，四十多万赵军被白起活埋。

到秦赵长平之战结束时，六国的命运已经无法改变。对于六国而言，中原地区的战略要地丧失殆尽。韩、赵、魏三国的主力部队已经被消灭。齐国、燕国虽然由于偏安而暂时没有受到影响，却无力与占据了半壁天下的秦军抗衡。楚国的实力大打折扣，只有防守之力，无力组织进攻。

秦王政元年（公元前246年），经过两个短暂在位的秦王之后，年幼的秦王政继承了王位。在吕不韦、李斯等大臣的辅佐下，秦国开始了最后的统一阶段。

统一最大的障碍仍然是赵国。长平之战后，赵国又崛起一位优秀的将军——李牧，在赵武灵王开创的军事传统下继续与秦军抗争。秦军花了九年时间才最终攻克邯郸。

赵国灭亡后，秦国统一的步伐迅速加快。此时，韩国已不战而降。秦王政二十年（公元前227年），王翦直接向北进攻燕国，燕国灭亡。两年后，王翦的儿子王贲在伐楚前顺便灭了魏国。楚国的抵抗更久一些，经过李信的一次失败远征后，王翦重新披挂上阵，灭了楚国。秦的终极统一战争，从第一次出兵到最终结束，花了两年半时间。当秦军进攻齐国时，这个曾经的东方大国连反抗的勇气都没有就投降了。

从最初的落地关中，到缓慢蚕食关东地区，再到获得四川基地，进攻楚国，最后摧枯拉朽般地横扫六国，秦国的成功可以概括为以下几个方面。

第一,关中地区的封闭环境,有利于秦国统一关中,又有利于秦国守卫边境,防止六国攻入家园。

第二,兼有关中和四川后,足够的粮食保证了军事供应。

第三,秦国国内的行政较为简单,再加上高效的商鞅变法,秦国被打造成一台战争机器,从民间压榨出最大的能量用于战争。

第四,关中、汉中、四川地区的上游位置,便于秦国包抄进攻楚国,击溃这个最大的敌人。

第五,关东地区的碎片化,让秦国可以从容不迫地进行连横,各个击破。

在秦统一的过程中,关中地区的优势地位显现无遗,也为那个时代提供了胜利的法门:第一,同时占领关中和四川,就有了足以对抗中原的资源优势;第二,对于关东地区的人来说,如果不想被关中打败,就要避免关中和四川掌握在同一个敌人手中。汉高祖刘邦就是采取第一点统一了天下,汉光武帝刘秀则是利用第二点挫败了关中的敌人。

在关中时代,秦统一的难度也是最大的,由于处于摸索阶段,许多战略都是由秦国的尝试而定形。比如,对楚地的打击必须从上游着手,并分路包抄,才可能有成果,这一点被后来的王朝屡次利用。

历代的将军循着秦的足迹排兵布阵。加上人心适应了一统的局面,统一的难度在逐渐降低。秦国花几百年时间才完成的统一,到了汉高祖时期只需要五年就可以复制一遍。

第二章　西楚霸王：不懂地理之困[1]

战国与秦时期的三种长城形态反映了古代军事战术的变迁：包头赵长城建立在谷地之中，是长城的早期形态；固原秦长城建立在面向敌军的缓坡上，并有着严格的"两墙夹一壕"形态，便于防守，万一长城失守后，也可以利用车阵从山顶冲下，对敌人进行打击；包头秦统一之后的长城建立在陡峭的山脊上，更加易守难攻，是长城的完成形态。

秦朝之所以崩溃，除了政治层面的原因之外，在军事层面上，它无法在原有的六国区域内建立稳定的军事结构，又无法将六国的年轻人吸收进入中央军队，造成了关东地区的失控。

四十八岁的刘邦和二十四岁的项羽相比，展现出了战略性眼光。

项羽有年轻人的冲劲，却缺乏足够的阅历去理解军事地理的重要性：他选择了最不具有军事价值的西楚，却把最具军事价值的关中留给了刘邦。

刘邦占据的汉中与四川是最偏僻的。由于项羽把关中分成三个国

---

[1] 本章涉及的时间范围是公元前209—前202年。

家，刘邦得以各个击破，迅速占领整个关中。于是，刘邦按照秦国的战略，在同时拥有关中和四川的情况下，完成了又一次统一。

项羽的西楚是一片没有险阻的"四战之地"，经济富裕却没有战略价值。关东地区分给十五个诸侯王，也无力对抗强大的关中刘邦，失败是必然的。

韩信的北方战略和侧翼攻击，是楚汉战争中巨大的胜负手，也是古代中国历史上一次著名的大迂回。

荥阳的战略地位在汉初达到顶峰。荥阳以西是山地地貌，以东是平原。只要控制了荥阳，位于西部的朝廷就可以镇压来自东部的对抗。

在如今的宁夏固原一带保留着一道雄伟的长城。

秦统一之前，这里曾经是秦国的边境所在。春秋战国时期的关中四塞中，北方的萧关是通往塞外的门户。萧关在平凉以西的六盘山上，位于一座叫弹筝峡的峡谷之中。这座峡谷沟通了关中与塞外，从弹筝峡北上，可以到达固原台地，再顺清水河而下，即可到达黄河沿岸，沿着黄河，南可到兰州，北可往银川，如果从陆路向西就是去往河西走廊之路。

从古至今，从黄河入固原，过萧关进入关中平原，就是北方游牧民族进入中原核心区的一条最主要通道。萧关因为地理位置重要，成为历代定都关中地区的统治者最关注的要塞之一。

然而，仅仅守卫萧关是不够的。在萧关以北是一个小盆地——固原。对于北方游牧民族而言，固原是进攻萧关的前哨，哪怕暂时得不到萧关，只要占据固原，就获得了一个前进基地，也是一个补给基地；从固原长期骚扰萧关，总有一天会将其攻占。

对于关中政权而言，为了保卫萧关，必须占领固原作为缓冲。有了固原才能破坏北方游牧民族的进攻企图。

早先占据固原地区的是义渠。秦惠文王出兵灭掉义渠，得到固原。随后秦国在固原以北修建长城，将这里变为国界。

固原的秦长城穿越了历史，直到现在仍然清晰可辨。秦统一之后的包头长城建立在陡峭的山脊上，而赵长城则建立在山谷里，固原秦长城与这两者都不相同，选择建立在面向敌军的缓坡上，位于半山腰。

长城的这种形态也反映了这个时期的军事战术。此刻，诸侯的战阵仍然是以步兵配合车阵为主。将长城修建在缓坡上，有利于修筑更复杂的结构。固原的秦长城是早期长城修筑的典范，它有着双重城墙结构。进攻者首先要翻越一道矮墙，到达一条壕沟，越过壕沟，再翻越高耸的内墙，才能占领长城。另外，这段长城有着严密的敌楼结构，每隔百米就会有一座圆形的敌楼。如今这些敌楼仍清晰可辨，即便都变成土堆，体积依然庞大，与城墙构成了独特的链式结构。

城墙修筑在半山腰，还有利于防守方的二次防御。哪怕进攻方攻入了半山腰的长城，守城者也可以从山顶借助地形优势，从高处冲下，对进攻方造成二次杀伤。

固原秦长城在秦统一后就完成了使命，国境线也推向更北方。黄河以北的巴彦淖尔、包头一带早已被赵国征服，也并入秦国的版图。秦朝在这里修建了第二道长城，包头的石长城就是这段时期的杰作。

为了防止北方游牧民族的进攻，秦国的历代国君可谓花尽心思。统一之后，秦始皇仍然在抽调大量人力修建长城和直道，应对游牧民族的攻击。

他没有想到的是，毁掉了秦朝的力量并非来自外部，而是在内部滋生。秦始皇死去的第二年，秦二世元年（公元前209年），在中原地区的内部反叛就毁掉了这个统一国家。

秦末起义：制度之失

秦朝为什么会如此迅速地灭亡？

最大的原因在于制度。战国时期的秦国是一台典型的战争机器，每一个人活着的意义就是为这台机器加油。农夫种地，多余的粮食要供应战备；商人养马卖给军队；人们要想受到世人的尊敬，必须取得军功，获得军爵。一切都是以战争为标杆来衡量的。统一之后，这台战争机器却由于惯性停不下来，对于百姓的严苛统治仍在继续，秦朝的庞大机器开始深入六国的土地，抽民间经济的血。秦的政策激起了百姓普遍的不满，只要有一丁点火星，就可以形成燎原之势。

另一个原因则隐藏在军事之中。秦朝虽然已经统一了全国，但在军事上仍然是关中本位的。秦把主要兵力放在了如何保卫关中上，在原六国区域内没有建立起强大有效的军事组织。

征服六国后，如何防止六国的民间反抗呢？秦始皇采取的措施是"收天下之兵，聚之咸阳，销锋镝"，只准秦朝的军人持有武器。由于没有办法把六国的年轻人吸纳进秦朝的精锐部队之中，秦军的组织仍然以关中兵为主。

六国的年轻人无法参军，经济又由于管制而下滑，上升通道被堵死，于是在民间激发了强烈的不满。

为了应对六国民间的不满，最有效的方法本应该在六国加强驻军，并形成联合指挥。可是，秦始皇在建立民政组织的同时，把中原地区的兵力分散在每个郡的官员手中，缺乏统一领导和调度。而秦朝的大部队仍然集中在关中地区和北方边境。这种处理方法使得关东地区一旦有事，各个郡中的少量守军立即土崩瓦解，全国三分之二以上的领土由于没有朝廷驻军，成了散兵游勇的天堂，陈胜、项羽、刘邦等人都出自这样的散兵。

秦二世元年（公元前209年），朝廷征发戍卒前往北方的渔阳地区，楚地的九百名戍卒在大泽乡附近遇雨受阻，无法按时赶到，必遭严惩。戍卒的首领陈胜于是举起了造反大旗。

陈胜的起义让秦朝军事部署上的缺陷被无限放大。军队归各个郡县自行管辖，缺乏统一的指挥，陈胜采取各个击破的战术，占领了周围的几个县城，并把各县的兵力收归己有。

他到达陈邑（现河南周口淮阳区）时已经聚集了骑兵上千人，士兵数万之众。陈胜随后定都陈邑，建立张楚政权。

如果仅仅是一个陈胜，那还好解决。更令秦二世没有想到的是，陈胜成了榜样，各地纷纷仿效。他们发现，秦朝在关东的军事控制力是如此有限，根本无法应对蜂拥而起的反抗势力。

这些反抗势力包括两种：一是和陈胜一样的民间反抗者，借助世间纷乱的机会脱颖而出；二是刚刚灭亡了十几年的六国的贵族后代，他们想重新建立贵族政权。

于是，在很短的时间内，各地纷纷仿效六国的模式建立了政权。

陈胜派到北方赵地去的将军武臣，在收复了原来赵国的土地之后，自称赵王。武臣被部将李良杀害后，张耳、陈馀又击败了李良，选了赵国宗室的后裔赵歇为赵王。赵国由此复辟了。

武臣曾经派部将韩广收复燕国地界，韩广随即自称燕王。这是唯一一个没有六国后裔（或者宗室）血统的王。

齐国的王室后裔田儋起兵恢复了齐国。田儋死后，他的弟弟田荣争当齐王，齐国人却选择齐国最后一个国君齐王建的弟弟田假为王。齐国也复辟了。

楚国人项梁拥立楚怀王的孙子（芈姓，熊氏，名心）为楚王，史书又称其为楚后怀王。刘邦、项羽都出自楚国。所谓"楚虽三户，亡秦必楚"就这样落实了。

陈胜部将周市拥立魏国的宗室魏咎为魏王。魏咎死后，他的弟弟魏豹继承了王位。

韩国人张良请求项梁寻找韩国宗室公子成，立为韩王。

六国纷纷复辟后，整个函谷关以东地区已非秦所有，秦朝的疆域退回到关中。然而，关东豪杰普遍没有战争经验，士兵拥有极大的热情却没有战斗力。当秦二世从关中调来军队后，关东各支武装迅速被击垮。

首当其冲的是陈胜。陈胜曾经派遣将军周文率军在混乱中闯过函谷关，进入关中平原，试图颠覆秦政权，却被秦朝大将章邯率领临时拼凑的刑徒军队（正规部队大都在边疆筑长城）击败。随后，章邯越过函谷关，进攻陈胜的都城陈邑并获胜，陈胜在逃跑途中被叛徒杀害。

陈胜死后，章邯在华北平原的南部（现河南、河北、山东、江苏、安徽交界地带）与魏、齐、楚的军队周旋；在临济一战中，歼灭魏王咎，平定魏国，并杀死了前来救援的齐王田儋；在定陶一战中，消灭了以项梁为首的楚军主力。楚军主力虽失，但楚怀王还是退回了彭城，项羽、刘邦等人紧随其后。

章邯没有完全消灭楚国，就掉转矛头，北上攻击赵国。根据秦国统一的经验，每一次出击都应该先找对方最强的部队。项梁死后，反抗力量中最强的已经由楚国变成了赵国（赵歇），如果击败赵国，就可以威胁北方的燕国（韩广）和东方的齐国（田荣、田假），所以章邯的选择并没有错。

但此时的秦军与彼时的秦军有区别。在统一战争时期，秦国尽量每一次只选择一个敌人，并通过连横之策将其他对手变成朋友，至少胁迫他们不要帮助敌人。而章邯在与反抗军对峙的过程中却没有办法结交朋友，随时都必须做好与所有反抗军队同时作战的准备。在这种条件下，即便楚军已经被削弱，仍然会北上帮助赵国抵抗秦军。

秦二世二年（公元前208年），章邯率军北上，击败赵王歇。赵王歇带着部将张耳逃入巨鹿城，并向齐、楚、燕三国求救。三国纷纷出兵援助赵国，却又都作壁上观，不肯与秦军交战。

此时，决定战争的一个偶然因素出现了，谁也不会想到一个只有二十四岁的年轻人决定了战局。楚军统帅原本是更加懂得兵法（也更加谨慎）的宋义，他仍选择常规做法——拖延，直到秦军疲惫。但项羽杀死宋义，自任统帅，破釜沉舟，击败秦军，解了巨鹿之围。

到此时，章邯的秦军已经过了巅峰期，他选择逃跑。如果能够成功逃跑，秦军仍然可能占据关中，与关东地区形成割据。等待关东群雄内部发生争斗，就是秦军重新采取连横之策的时机。

但项羽没有给章邯留下机会，他率军紧追不舍，在邯郸以南（现河南、河北交界地带）截了章邯的后路，逼迫二十万秦军投降。

项羽在向关中进军途中，在新安（现河南义马）坑杀二十万秦军。曾经庞大如猛兽一般的秦军主力就这样不存在了。这也是战国以来最后一次大规模的杀俘事件。项羽之所以杀害俘虏，是因为战国遗风犹在。汉朝之后，进入了统一时代，也就不用靠杀俘来防止反叛了。

从项羽参加的数次战役来看，他作战英勇，身先士卒。从军事角度上说，项羽是一个极具冲击力的将才。

可是，项羽在接下来的战争中为什么无法凭借这种冲击力继续取胜呢？为什么不起眼的刘邦能够超越项羽，成为最终的胜利者呢？

战略地理：楚汉战争的决定要素

关于刘邦为何会崛起，项羽为何无法统一全国，答案可以有很多。

其中有一个答案是：项羽太年轻了，巨鹿大战时他只有二十四岁，能打仗，却缺乏战略眼光。那一年刘邦已经四十八岁，早已懂得战略和谋士的重要性。

在战略中，最重要的因素是地利与人和。所谓"人和"，并不是人们通常理解的士气，而是一个有效的组织形式，是能够激发战斗力的制度。所谓"地利"，则指的是必须了解全国的山川地理，以便选择主攻点和战场。

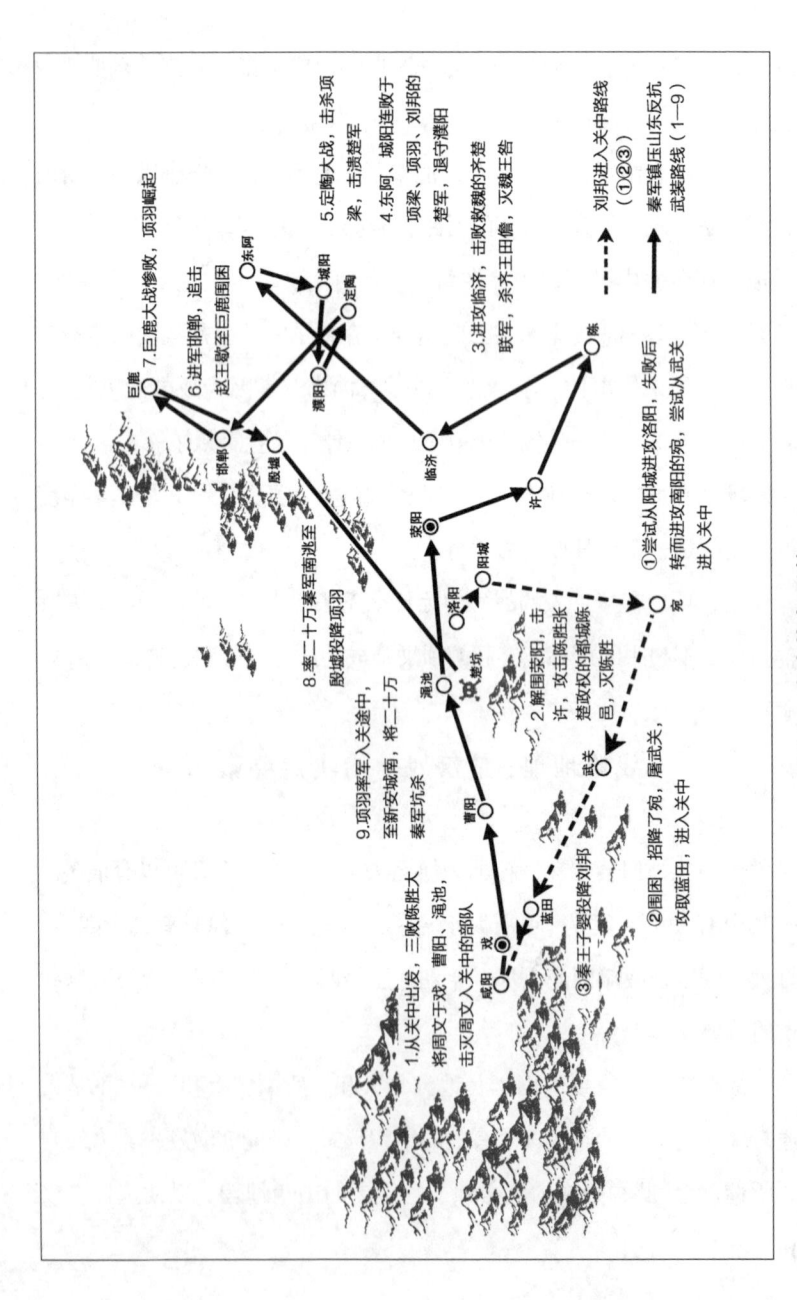

图 5 秦末战争形势

项羽是一位战术家，在局部战役时可以选择战场，但他不是战略家，并不了解全局山川关隘的优势所在，所以才会在分封诸侯时将所有战略要点都拱手让给别人，只选择了最不能守的平原之地给自己。要想认清人才、制度和地理的重要性，必须经过足够的历练才行，项羽太年轻了，无法积累这些经验。

在项羽依靠年轻人的冲击力发动巨鹿大战时，刘邦却已经展现出他战略天才的一面。

刘邦对于地理结构更熟悉，当他从彭城向关中地区进发时，选择了通往关中的最主要通道：长安（咸阳）洛阳道（函谷关大道）。为了取得这条通道的控制权，首先要夺取洛阳；为了进攻洛阳，刘邦先占领了嵩山以南的阳城。在阳城与洛阳之间是一道著名的关隘——轘辕关，越过关口后就可以袭击洛阳。

但刘邦的兵力太弱，虽然秦军的主力已北上，他仍无法攻克洛阳。

如果是项羽，可能会选择在洛阳与秦军决一死战，而刘邦选择了迂回战略——既然洛阳不容易攻打，就绕过去。除了函谷关大道，在洛阳以南的南阳盆地还有一条越过秦岭、经过武关直插关中的道路，也是当年楚国与秦国对峙的主要通道。

刘邦从洛阳回到阳城后，折向西南方，越过伏牛山脉进入南阳盆地。他的战略其实是钻了一个空子：当章邯带着主力与项羽鏖战时，秦朝关中的兵力已经不足。同时，由于项羽的主力部队随时可能从函谷关进攻关中，秦军必须把函谷关作为第一保护目标，不敢从函谷关调兵去支援武关，使得武关一直处于空虚状态。

刘邦借着这个空当，在武关打败守军，进入关中平原，又在蓝田附近取得胜利。他的出现引起关中地区的恐慌。此时秦朝出现严重的内斗，权臣赵高杀死秦二世，立子婴为秦王，他本人又被子婴杀死。没有执政经验的子婴在获悉蓝田失败的消息后，放弃抵抗，投降了刘邦。

曾经不可一世的秦王朝亡了，此时起义军主力项羽的部队还没有赶到关中。

子婴投降后，起义军将士无比激动地开始了狂欢，纷纷到秦朝的各个府库中抢掠金银珠宝。只有一个人与这样的场景格格不入，而这个人的所作所为也预示着未来楚汉战争的走向。他就是萧何。

萧何进入秦王的宫殿后，并没有被其华丽富贵所吸引，而是专注将秦丞相府和御史处的法令、文书与天下图籍收藏起来。

日后，这些文书图籍成了刘邦一方的重要资料。天下的关塞、户口、强弱，萧何都了解得清清楚楚，由此才能在战略上进行针对性的军事准备。刘邦对萧何的倚重表明了一个拥有足够阅历的人的智慧，而萧何的谋略则是刘邦胜利的保证。

公元前206年，项羽入关，对各路将领论功行赏，共分封了十九个诸侯王。

项羽的分封是周朝封建制的继续。在他的理想中，天下并不需要统一，只需要如同战国时代一样分封许多诸侯王，让他们各自为政，再由一个如同春秋五霸那样的"霸王"进行总约束。这个霸王只负责监管"天下秩序"，并不干预各诸侯领地的内政。

十九个诸侯王是七国时代的进一步碎片化。在灭秦战争中，由于需要犒赏的人太多，项羽将原七国疆土中每一国都再分成大小不等的几部分。齐国一分为三（济北、齐、胶东），韩、赵、魏、燕各分为二（依次为：河南、韩、常山、代、殷、西魏、燕、辽东），秦国和楚国由于地域广大，各分为四（依次为：汉、雍、塞、翟，西楚、九江、临江、衡山）。其中项羽的西楚出自楚国，刘邦的汉是原秦国领土中最偏僻的一个。

表2　项羽分封的十九诸侯王 [2]

封地	诸侯名	原属国	管辖地域	都城
汉	刘邦	秦	巴蜀、汉中	南郑
雍	章邯	秦	咸阳以西的关中地区	废丘
塞	司马欣	秦	咸阳以东的关中地区，东至黄河	栎阳
翟	董翳	秦	上郡	高奴
西魏	魏豹	魏	河东	平阳
殷	司马卬	魏	河内	朝歌
河南	申阳	韩	黄河南岸的韩地（现河南西部）	洛阳
韩	韩成	韩	剩余韩地（现河南南部）	阳翟
代	赵歇	赵	代地	代
常山	张耳	赵	赵地	襄国
九江	英布	楚	九江地	六
衡山	吴芮	楚	衡山郡	邾
临江	共敖	楚	南郡（现湖北）	江陵
西楚	项羽	楚	楚地九郡	彭城
辽东	韩广	燕	辽东地	无终
燕	臧荼	燕	燕地	蓟
胶东	田市	齐	胶水之东	即墨

2　根据《史记·项羽本纪》整理。

（续表）

封　地	诸侯名	原属国	管辖地域	都　城
齐	田都	齐	齐地	临淄
济北	田安	齐	济水之北	博阳

项羽没有预料到，这种碎片化的政治局势是不稳定的，会出现许多摩擦，很难通过一个"霸王"协调秩序。如果西楚想把各诸侯王间的秩序管理好，会疲于奔命。

分封结束后，全国的政治形势也果然向着分崩离析滑去，诸侯王互相征伐。西楚霸王徒劳地维持着全国的秩序，没有效果。即便没有刘邦，项羽的精力也必然被这种徒劳无功和诸侯的怨恨所削弱。

更加令人担忧的是，项羽由于缺乏战略眼光，留给自己的领土实际上是最危险的。西楚处于当年楚国疆土的东北部，[3] 在现江苏、安徽与河南东部一带。按照经济学来看，这里一马平川，的确是产粮食的好地方，然而从军事角度来看，这是一个无险可守的四战之地。

当年的楚国之所以强大，不仅在于有东部平原，还在于它拥有地理优势，西部、南部、北部都被高山包围，易守难攻。秦国攫取了楚国的西部之后，楚国就衰落了。

项羽为了尽量攫取膏腴之地，无意中放弃了西部的山川地带，于是失去了雄关险隘，变得易攻难守。这样的地方，必然被人觊觎，是最容

3　见《史记·货殖列传》："夫自淮北沛、陈、汝南、南郡，此西楚也。彭城以东，东海、吴、广陵，此东楚也。衡山、九江、江南、豫章、长沙，是南楚也。"如果按照《史记》的划分，西楚包括了一块从西南向东北的带状地带，从湖北、重庆交界，一直到江苏北部。然而，项羽把西楚南部的湖北划给临江王，而西楚的国境又向东移动，最终反而更接近楚国的东北部了。

易发生战争的所在。

与项羽相对应的刘邦则把地理上的优势发挥到极致。表面上看,项羽把刘邦分到最偏僻的地方——当时汉中是关中的附庸,而四川也只是半开化土地。但汉中和巴蜀几乎是封闭的地域,只需要少量的兵马把守住几条秦岭通道,就可以拒敌于险阻之外,没有后顾之忧。

消除了后顾之忧,就到了扩张的时候。刘邦在受封几个月后,就从汉中出发,"明修栈道,暗度陈仓",出其不意,用一个月时间的闪电战,绕道剿灭了关中地区的三个王。秦朝的关中地区原是分给了三个秦朝的投降将领,项羽这样安排,就是为了让他们抵御刘邦,把刘邦封锁在最偏僻的地方。

当时汉中(包括四川)与内地的联系,大都经过关中地区,主要道路就是翻越秦岭进入关中平原的山路。项羽认为,当三个秦朝降将占据了关中,刘邦就无法进入函谷关以东地带。

但项羽没有想到,如果刘邦消灭了三个关中王,就统一了关中、汉中和四川,形势就与当年的秦国很相似了。一旦获得了关中四塞,中原地区的军队打不过去,关中的军队却可以随时出击。由于四川根据地的存在,刘邦在战争中不会缺乏后勤支持。

刘邦强大的同时,面对的却是一个比当年六国更弱小的中原。当年六国由于领土分散,形不成合力,被秦国一一歼灭;楚汉时期,将关东地区分给了十五个诸侯王,更加碎片化,根本无法协调。

更麻烦的是,年轻的项羽在性格上不仅无法联合各路诸侯,还将他们推向自己的对立面,变成刘邦的友军,由此楚国距离灭亡也就不远了。

中央王朝在军事上的形成

公元前205年冬，在剿灭了关中地区的三个秦朝降将之后，刘邦趁项羽北上伐齐时向中原进军。

齐王之乱是项羽分封的后遗症。他把齐国分成三块，分给了跟随他入关的三位齐国王室后裔。最初自称齐王的田荣由于没有跟他入关而被忽视，田荣不满，起兵灭掉三齐，重新统一齐地，自称齐王。

田荣不仅自己称齐王，还帮助另一位项羽的敌人陈馀击败常山王张耳，把张耳的疆土送给代王赵歇，让他称赵王，而赵歇则把代国送给陈馀，后者称代王。

与此同时，继承了燕国属地的两个诸侯王也起乱，辽东王韩广被燕王臧荼所杀，燕重归一主。

作为新秩序的建立者和维护者，项羽不能置身事外，于是出兵去惩罚首恶，也就是函谷关以东最有实力的诸侯田荣。

与刘邦习惯于将民政和军事权委托给得力的帮手不同，项羽在军事上更倾向于亲力亲为。他指挥的战役都有很高的胜率，但如果同时在几个方向都出现紧急情况需要分兵时，项羽就会陷入麻烦。

由于善于委任合适的人做合适的事，刘邦可以做到几路同时行动。

刘邦得到关中地区之后，与项羽的胜负手主要在当年的韩、魏地区。秦国正是因为打通了韩、魏，才能北上攻击赵国，或者南下攻打楚国。项羽的西楚位于东部的大平原，一旦刘邦得到韩、魏的山地，项羽就彻底失去了山河险阻。

项羽攻齐之前，也对刘邦可能的进攻做了防范。他杀掉亲刘的韩王成（韩成虽然是韩王，却一直被项羽扣押，没有赴任），改立亲楚的郑昌为韩王。他这么做，是想利用当地的位置，封锁刘邦的进军通道，好给自己缓冲的时间。

但项羽没有想到，零散的关东诸侯王对强大的关中军是毫无抵抗能力的，刘邦的连横战略也运用得非常成功。

在得到关中两个月后，刘邦就招降了河南王申阳，又派韩信攻克了不肯降服的韩王郑昌，另立了韩王信，控制整个河南西部。这时，函谷关天险就归了刘邦。

五个月后，刘邦又招降了黄河以北的西魏王魏豹和殷王司马卬，获得了黄河以北的战略要地。黄河南北的平复，打通了通往西楚的道路。之后，刘邦又和常山王张耳联络，约定联合伐楚。

到这时，只用半年时间，刘邦就已经打通了河南、山西的中部通道，获得了伐楚的路径。

刘邦的伐楚部队一共聚集了五十六万人，可谓规模庞大。他兵分三路，南线出武关，通过南阳，中线出函谷关，北线走黄河以北的河内通道，三路并进，直捣项羽的都城彭城。

此刻的项羽仍然在北方与齐作战，无暇顾及彭城。他的将领都无法担当保卫彭城的重任。刘邦的进攻显得无比顺利，三路大军只遇到短暂的抵抗，很快就占领了彭城。

从项羽分封诸侯王到刘邦出击关中，只隔了四个月时间；从刘邦出击关中到攻克项羽的都城，又只用了八个月，可谓闪电战。

但这只是楚汉战争的开始阶段。

听闻彭城失陷,在北方前线的项羽急忙回师。攻克了彭城的刘邦因为大肆庆贺而没有做好准备,项羽战术家的优势瞬间显现。在他的快速打击下,刘邦损失了二十万人马,仓皇逃出彭城,费九牛二虎之力才在荥阳稳住阵脚。各路诸侯见项羽得势,纷纷背叛刘邦。第一次联合伐楚失败了。

彭城一战,将双方的优势都展现得淋漓尽致:项羽是战术天才,刘邦是合纵与驾驭的高手,在战场上刘邦不是项羽的对手。那么到底是战术指挥重要,还是战略重要呢?

事实证明,刘邦即便出逃,他还是占了上风。

刘邦虽然逃离彭城,却没有失去中部(河南、山西)的所有战略要地。关中、汉中、四川完整地掌握在刘邦手中,河南西部、山西南部的山区通道也没有丢失。刘邦相对于项羽的战略优势仍然存在。

双方的战线位于荥阳,这是一个位于黄河边的小城,距离现在的郑州西面不远。荥阳的北面就是黄河,南面是高耸的嵩山,只有一条狭窄的道路与洛阳连接。在荥阳的周围,还有一组要塞,包括广武、修武、成皋(现在的虎牢关),与荥阳共同组成了链式防御体系。这个链条上的要塞可以互相支援,共同防止东方的军队进入西部。

只要守住荥阳和周边城市,项羽就很难攻打洛阳,更无法通过函谷关进入关中。只要项羽无法进入关中,刘邦的后方基地就是安全的,粮草兵马源源不断地从西方运往东方前线。而荥阳以东就进入平原地区,通往彭城的道路完全打开,对于项羽的后方基地始终是一个巨大的威胁。

刘邦和项羽围绕着荥阳、广武一线展开拉锯战,荥阳数次易手。

此时,也是展现刘邦军事政治谋略的时刻。既然从正面战场上只能

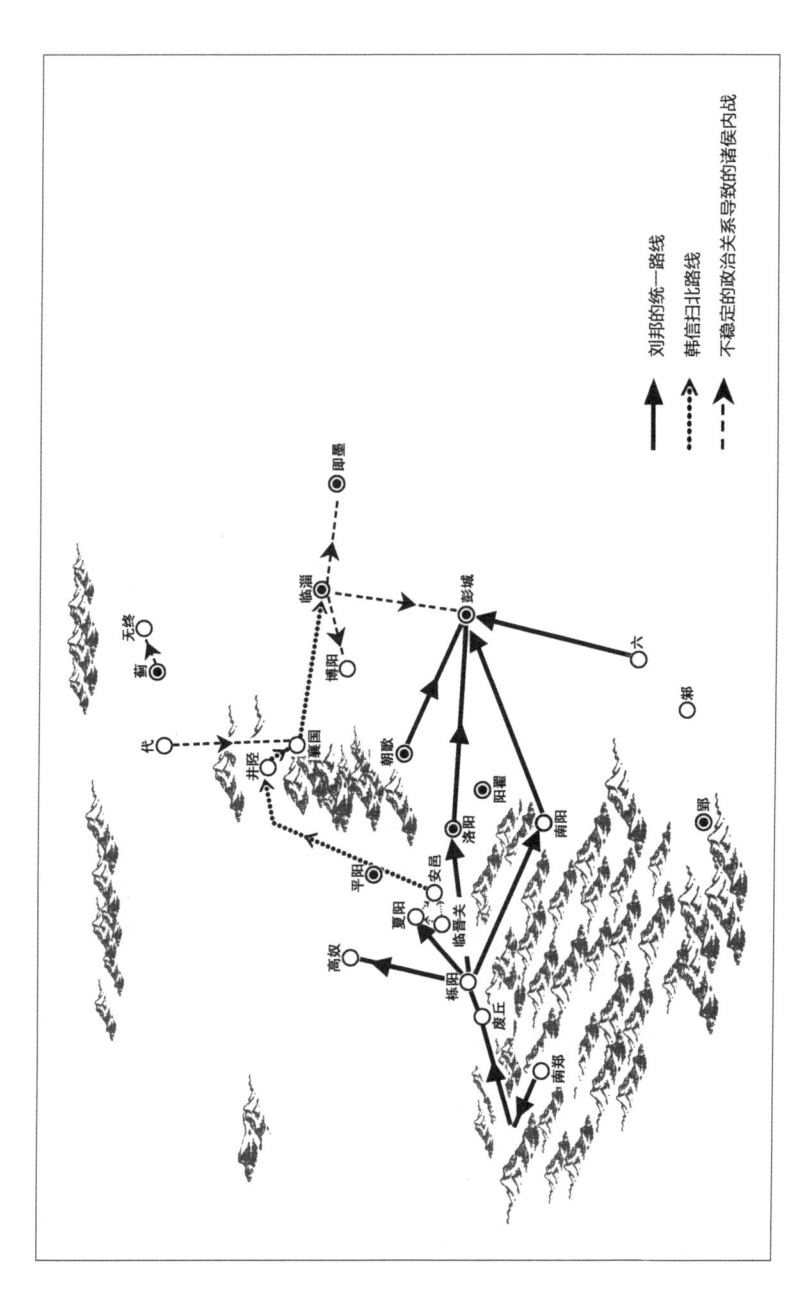

图 6 秦亡后的战争形势

稳住阵脚，无法击破项羽的进攻线，就到了开辟第二、第三、第四战场的时候了。

能够影响战争格局的两个人是彭越和英布。英布是项羽的心腹，被封为九江王，领地在西楚的南方。彭越是早期的反秦名将，却在封王时被项羽忽略，活动于山东、江苏、河南一带。

刘邦通过谈判和诱惑，将彭越和英布都拉入亲刘集团。从此以后，英布在南方成了抗楚的第二战线，而彭越从山东骚扰项羽形成第三战线。特别是彭越，他破坏了项羽的粮食基地，使得楚汉战争中的楚方一直缺乏粮草。

第一、第二、第三战线仍然不足以击穿项羽的防守，刘邦还有更重要的一个砝码：大将韩信。在与项羽在荥阳对峙的同时，韩信开辟的第四战线打破了双方的实力平衡。

在韩信出兵之前，在刘邦控制的西部和项羽控制的东南部之外，还有一大片大约占全国三分之一的土地是处于中间状态的，它们不服从楚，也不服从汉。这片土地就是赵、燕、齐所在的东北部，占据现山西中北部、河北、山东全境、河南东北部、北京和辽宁等地。如果这些地域能够归属刘邦，就会把项羽压制在东南部，并开辟从北方压迫项羽的新战线。当初秦国也是在首先灭掉韩、魏、赵、燕之后，才有更大的空间去攻击楚国的。

韩信的军事行动可以视为一次巨型的迂回与侧翼攻击战。汉高祖二年（公元前205年）八月，得到刘邦的许可后，韩信率军来到黄河西岸的渡口临晋关。临晋关是进攻魏国国都安邑的最重要渡口，魏豹在这里布置了大军，以防汉军偷袭。此时的魏豹已经再次叛离了汉，要进攻燕、赵，必须先击败他。

韩信在临晋关布置了许多船只。当魏军紧张地等待着汉军在此渡河时，韩信却派出一支兵马从汾河入黄河口不远的夏阳渡河。夏阳在现龙门口附近，在临晋关北方。渡河之后的汉军南下抄了魏军后路，大败魏军，乘胜追击抓住魏豹，并吞掉了魏。

魏的灭亡，使得刘邦的黄河运输线完全没有了威胁，也为韩信提供了一条进攻赵的路线。随后，韩信率军从汾河北上进攻太原，一战而胜。从太原走井陉进攻赵，在这里，他遇到了久经沙场的老将陈馀，并留下了千古名局——背水阵。

在井陉口的河边，韩信故意让士兵先过河，然后布阵。《孙子兵法·行军》中有明确记载："欲战者，无附于水而迎客。"（不要背水向敌，以免没有退路。）然而韩信需要的就是没有退路。韩信派兵挑战，当陈馀进攻时，汉军佯败退到背水阵边，将士由于没有退路，开始死战。

当然，不能光靠背水阵，韩信的军事手段实际上更多样。当敌人离开井陉的工事后，韩信派两千骑兵绕路攻入他们的营垒，拔掉赵旗，插上汉旗。这就对赵军形成了包围态势。赵军击不穿对方的背水阵，也回不去自己的营垒，于是阵脚大乱，汉军大胜。

这次出击导致赵覆灭。随后，韩信依靠威慑招降燕，并通过两场战役击溃齐和前来救援的二十万楚军。整个北方都成了刘邦的天下。

韩信对北方的扫荡彻底孤立了西楚霸王，从北方而来的骚扰行动也摧毁了项羽的军备。到这时，战争胜负的天平彻底倒向了刘邦。

表面上看，在刘邦与项羽的直接对抗中，霸王胜多负少，刘邦屡次狼狈逃窜。其实由于战略的失败，项羽越来越陷入孤立，最终被消耗致死。

西汉高帝五年（公元前202年），精疲力竭的西楚霸王项羽决定与刘邦言和，双方以鸿沟为界划定疆土，其西归刘邦，其东归项羽。这个看上去是和平协议的方案反映出双方实力的差距。

表面上看，这是一次公平的交易。鸿沟是一条人工河，在战国时期由魏国开凿，从荥阳引入黄河水，向东经过中牟、开封，南下通过颍河进入淮河，再通过邗沟与长江贯通。这条河成为京杭大运河的先声，也让魏国成为富庶的贸易中心。

但战略分界线也恰好经过鸿沟：在鸿沟以西，进入山区，是易守难攻的战略要地；在鸿沟以东进入一马平川的华北平原，无险可守。

以鸿沟为界，意味着刘邦随时可以跨过鸿沟袭击项羽，项羽却无法骚扰刘邦的关中根据地。这样的条约反映出刘邦已经拥有完全的优势。失衡的条约也必定无法维持长久。

订立条约后，项羽立刻率军回到彭城，对于未来可能的打击未做任何防备。

刘邦的打击来得格外迅速。在张良等人的劝说下，刘邦完全没有履行协议的打算，等项羽一回军，立刻组织大军前去攻击。这次进攻直接击败项羽，结束了楚汉相争的局面。

由于是西部山区与东部平原的分界点，荥阳在历史上的重要性还可以在西汉的其他内战中得到体现。

刘邦为了攻打项羽不得不分封了几个异姓诸侯王。在随后除掉异姓诸侯王的战争中，刘邦始终派大军镇守荥阳，以免除对关中造成的威胁。

除掉异姓王后，刘邦又把自己的子弟分封下去，封了一批同姓王。到了汉文帝和汉景帝时期，这些同姓王又成了离心的主体。在贾谊、晁错等人的影响下，汉文帝和汉景帝都进行了削藩，目的是对大的诸侯王进行拆分与削弱。

汉文帝时期，疆域过大的淮南一分为三（淮南、衡山、庐江），而齐则一分为六（齐、菑川、济北、济南、胶东、胶西）。汉景帝时期致力于削弱诸侯的封地，楚、赵、胶西三个王割让了部分封地给中央政府，接下来被削的是吴。为保存实力，吴王刘濞起兵反叛。

吴王联系了赵、楚和由齐拆分的六个王，它们都是中央政府压迫的对象。除了齐王和济北王，其余都发兵攻汉。

在平定七国之乱的过程中，荥阳仍然起到定海神针的作用。汉将周亚夫死守荥阳一线，不让吴王的军队骚扰豫西和关中，保证了后方的稳定。荥阳又是天下最重要的粮仓所在，守住这里，就可以依靠粮食的丰足等待叛军粮食的耗尽。

七国之乱中另一个重要的战略位置是梁，梁王的领土继承自原来魏国的领土，都城设在睢阳（现河南商丘）。梁处于反叛的腹心地带，在东面、南面、北面均被起兵的诸侯王包围，周亚夫任由梁被吴围困，以牵制住吴军，使其无法进攻荥阳。

吴王反叛之初，也有人提议不应该在意东部一城一池的得失，而要以最快速度绕过城池，率军直趋荥阳和武关，尽快打开进入关中平原的要道，才能赢得最后的胜利。如果吴、楚攻打武关和荥阳，赵军从北方沿汾河过黄河威胁关中，齐地四国再从东方牵制汉中央的军力，那么七国还有所作为。一旦七国无法占领这些战略要地，被困在东部平原地区，陷入消耗战，则必败无疑。

果然，七国之乱只持续了十个月就被平定。其中作为反叛主力的吴楚联军只持续了三个月就在周亚夫的战略下土崩瓦解。

经过楚汉战争和七国之乱，地方诸侯终于没有能力再抗击中央。分裂趋势结束了，取而代之的是大一统时代。

在这个时代，统一已经成为国人思考问题的基础。由于士兵不再有国别属性，在战争中的杀俘行为也得到了控制。

后续王朝的战争无不借鉴战国时期的军事经验。两千多年前开辟的战场和战略要地，其影响一直持续到现在。秦岭、淮河、太行山、崤山以及"几"字形的黄河，成了争夺全国政权必须掌握的屏障；函谷关、武关、汉中、河内、上党、四川盆地，是战争中巨大的胜负手，在历次战争中都会涉及（至少涉及一部分）。

但战国和楚汉时代的战争又是有局限的。在这个时代，长江还没有显示出其重要的战略意义；四川以南、广东、江浙一带虽然已经进入战略视野，但还都是边缘地带；北方的游牧民族还没有成为核心问题；关中盆地以西的地区也没有得到足够的重视。

在未来，随着疆域的扩大，这些当年的边缘地带都会进入战略考量。

汉朝向外扩张的过程中，首先瞄准的是塞外的广大地区。于是，我们把目光瞄向遥远的蒙古高原。

第三章　汉王朝的塞上曲[1]

燕然山铭的发现，确定了汉朝军队到达的最北区域已经进入蒙古国境内。

汉匈战争中，由于各自王庭设置地的不同，汉军的打击往往落在西部，而匈奴的打击大部分在东部。

在战争中，大量的非战斗人员会死于非命，这与此前只杀军人的战争形成对比。

卫青第一次大捷歼敌五千，获得了三千八百户的封赏，可谓"昂贵的战争"。

汉武帝发动的战争对国家最大的破坏，是让汉朝失去了健康的财政，不得不制定一系列影响后世的国家政策，导致经济的凋敝。

消耗战几乎同时拖垮了汉朝与匈奴，使得汉朝社会出现了极大的萧条，也造成了匈奴社会的崩溃。

---

[1] 本章涉及的时间范围是公元前133—公元169年。

我游历蒙古国时，曾经在西部的乌瑞格湖和科布多河畔见到大量的石堆墓葬。回国后，又在新疆青河县的三道海子见到了世界上最大的游牧石堆墓，这座大墓高近二十米，直径近百米，如同一座小山的规模。

墓葬由中间的一个石堆加上周围的石圈构成。从石堆到石圈之间，还有若干辐条结构，最多的大概有七条。石堆的大小、辐条的多寡，可能反映了墓主的社会地位。

在墓葬前，有时还会发现竖立的石鹿或者石人，石人带着刀剑，留着胡子。

这些墓葬并不来自单一的时代，在数千年的时间里，草原上的各民族都有建立石堆墓的习俗。早期墓葬中甚至有印欧血统的墓主，而更多的墓主则属于东北亚血统。

许多墓葬的年代可以追溯到两千多年前的战国、秦汉时期，墓主很有可能就是当年的匈奴人。

秦朝对北方的少数民族采取闭关政策，筑起长城，试图将匈奴人隔离。汉朝则采取了另一种政策——主动出击。

汉朝两次出击最远的战役，分别是霍去病到达狼居胥山和窦宪到达燕然山。自古及今，人们一直在争论这两座山到底在哪里。

最流行的说法是，狼居胥山就是蒙古国东部的肯特山。肯特山在蒙古国首都乌兰巴托东面，它不是一座山，而是一组山丛，它并不高大。肯特山现在之所以出名，是因为蒙古人的领袖人物成吉思汗就出自这里。

燕然山可能是杭爱山。杭爱山位于蒙古国的中部，呈南北走向。在杭爱山以东，就是一个硕大的盆地，盆地之中是蒙古人最著名的都城哈拉和林遗址，也是唐朝突厥人建立的都城所在。当年匈奴人的都城早就不见了踪迹，但也可能就在附近。

不是所有人都同意这样的观点，针对狼居胥山和燕然山的另一种说法是：霍去病和窦宪并没有到过现蒙古国境内，这两座山可能都位于中国内蒙古地区，或许就是阴山和贺兰山。这种说法的依据，是认为汉朝还不具备穿越大漠的条件。

在蒙古国和内蒙古之间有一个庞大的戈壁，称为大漠。这座戈壁几乎是人类的禁区，只有游牧民族才能根据沙漠生物的蛛丝马迹穿行而过；对于汉朝军队来说，能否穿过广阔的无人区，的确是存在疑问的。

这个疑问随着现代考古的进行，终于画上了句号。2017年，考古学家发现了燕然山在蒙古国境内的最直接证据。当年窦宪到达燕然山后，随行者中有《汉书》的作者班固。班固写了《燕然山铭》刻在燕然山的山体之上。考古学家发现了这篇铭文，汉朝人到达过蒙古国成为定论。

准确地说，燕然山不是杭爱山的主脉，而是在杭爱山脉东南方的一条余脉上，距离主脉有上百公里。这条山脉位于中戈壁省的西南方，处于戈壁之中，并不高大。

燕然山在大漠的北边缘，不属于蒙古草原最肥沃的地带。也正因如此，汉朝对于蒙古高原的记忆充满了沙子和石头。

汉与匈奴的战争，给社会带来了巨大的负担。但作为战争本身，它却又是一次发现地理的冒险之旅，让人们可以借助战争的开拓作用，将北方广大的地域收进中原的记忆与地理认知之中。

北方长战线

　　汉与匈奴的战争，是中国古代战争史上最长的战线之一，东线在辽西一带，西线到达新疆西部。这条战线如此漫长，是因为南北的两大文明都达到了一次巅峰。北方的游牧民族统一在匈奴之下，而南方的大汉王朝经过几十年的休养生息，也处于经济高峰。

　　在这漫长的战线上有若干个战略要地，成为汉朝控制全局的关键。

　　在这些战略要地中，最突出的是由黄河组成的特殊地形。在北部，黄河从甘肃北上，拐了个"几"字形的大弯，流经甘肃、宁夏、内蒙古、陕西、山西诸地。这个"几"字形大弯容纳了东西近四百公里、南北六百多公里的广大区域。这个区域包含了农耕与游牧民族的分界线，在南部仍可农耕，随后是连绵的山脉，最后过渡到荒滩和草原。秦朝在巅峰时期曾经把整个河套地区纳入版图。到了汉初，位于陕西榆林和延安以外（以北和以西）的河套地区已不再为汉人所有，成了游牧民族的天堂。

　　这里也是游牧民族向关中地区发动进攻的大本营。只要占据了河套，眼前就摆着两条路可以直趋关中：一条顺着黄河南下，在如今的宁夏中卫，顺黄河支流清水河而上，进入固原盆地，再走经过萧关的回中道进入关中；另一条是从延安翻越北山的道路，秦始皇利用这条路修筑了秦直道，从黄河北岸的包头直达长安。

　　从河套再往北，就是著名的阴山山脉。秦始皇为了保护直道，在阴山山麓建筑了秦长城。

　　阴山是游牧民族的家园，在南部有着广大的草场，北部则相对荒凉，并逐渐过渡到戈壁地貌。如今中国和蒙古国的交界是大戈壁，戈壁以北叫漠北，以南叫漠南。班固描写的燕然山就在漠北的南沿地带，没有深入蒙古草原。

从河套往西，在黄河西岸，就是著名的贺兰山。这座山现在以岩画和西夏王陵闻名于世，在两千年前曾经是汉匈争夺的重要地区。

贺兰山以西，越过沙漠，就进入河西走廊的范围。河西走廊是汉朝入西域的必经之路，也是匈奴东西交通的要道。

从河套往东，则进入山西北部的山地，这里分布着一系列的碎山和小平原。在战国时期，这里是代地（中心在现河北蔚县）的一部分。代地曾属于赵国，楚汉相争时期单独成国。继续往东翻越五台山和太行山，就进入燕、赵的领地。

在这些高山大川之间，汉朝继承和修建了若干个城市，以满足对于北方的防御，最著名的是平城（现山西大同）和马邑（现山西朔州）。

汉初，韩信勾结匈奴造反。汉高祖在平定韩信之后，顺便想试一试匈奴的战斗力，却被匈奴大军围困于白登山，差点做了俘虏。白登山就在当时的平城。

平城西面是雁门，雁门西面则有定襄，以及黄河河套东北角的云中。在黄河河套的西北角内外分别有五原和朔方，后者是汉武帝时期新筑的城市。

在平城以东，五台山脚下有代城（现河北蔚县境内），继续往东，在如今的北京附近，有上谷和渔阳。

而在河西走廊地区，汉武帝修筑了四郡，分别是武威、张掖、酒泉和敦煌，构成了著名的"河西四郡"。

四郡之间建了大量的长城和烽燧,以保证彼此之间的联系。卫青、霍去病等人伐匈奴的出发地也大都在这些地方。

另外,双方的都城所在也影响了各自的战略。汉朝的国都在长安,距离河套地区、固原、天水、河西走廊等地较近。因此,汉朝的军事出发点首先是进攻这些地方,以保证国都的安全。

而匈奴的王庭包括两个部分:在漠北(现蒙古国境内)的王庭,汉军很难到达;在漠南也设了王庭,位于现内蒙古乌兰察布,距离山西、河北、北京都不算遥远。

王庭东面的广大区域,从王庭直到辽宁境内,是左贤王的居所;西面广大区域,从王庭直到新疆,是右贤王的居所。

汉军的打击常常落在右贤王的辖区,所以右贤王的损失总是更显惨重。而匈奴人的打击则更加倾向于东面,给汉军的渔阳、代、上谷造成了持续的压力。

一将功成万骨枯

战线虽然漫长,但汉匈战争的规模也许并没有我们想象的那么大。卫青、霍去病杀敌成千上万,其中可能包含大量非战的平民。

在中原的战争中,双方在战场上决一胜负,失败一方的士兵或投降或被斩首,至于妇孺以及非参战人员并不受影响。

即便是最残酷的秦赵战争中,白起坑杀的也是赵国士兵。汉朝之后杀俘行为也少了。

在汉匈战争中非战斗人员被杀主要有两个原因:第一,双方在战争中都不把对方当作平等的人;第二,皇帝按照人头进行封赏。

另外,早期的游牧民族也很难区分战斗人员与非战斗人员。他们逐水草而居,男人骑马放牧,女人照顾家庭。即便男人也只是生活在草原上,并非纯粹的战士。如果首领召集出征,男人们就骑马上阵,进行掠夺或者格杀,战斗完毕后各自归家,仍然是平民。如果敌人来了,所有的男人也都上马保卫家庭,妇孺则躲起来,避免被屠戮。如果男人失败,妇孺要么被掳走,要么被杀死,所有牲口都归属战胜者。如果将妇孺留在原地,孩子长大后势必会复仇。

在匈奴攻打汉朝边疆时,也采用了类似模式。汉文帝采纳晁错的建议,大量地向边关迁徙人口,希望他们在边关生活,生产粮食,代替远程的屯戍。[2]这个建议把平民推向与匈奴交界的前线,时不时地发生冲突。随着冲突的激化,匈奴发动战争,其目的是将汉人赶离土地,恢复草场。

汉文帝时期匈奴的进攻以掠夺为主,一直持续到汉武帝初年。以汉武帝元朔元年(公元前128年)的情况为例,匈奴组织两万骑进入辽西地区掠夺,抓走边民两千多人,又在雁门郡杀掠千余人。这些死亡和被俘的人中,既有士兵,又有平民。

汉军的出击也采取了类似模式。我们以汉武帝元朔二年(公元前127年)汉军针对匈奴的第一次真正意义的大捷为例。匈奴的两个部落生活在原来秦的疆域之内,却在当时汉的疆域之外,这片地方在现宁夏黄河河套以内。两个部落的名字分别叫楼烦和白羊。

---

2 见《汉书·爰盎晁错传》:"陛下幸忧边境,遣将吏发卒以治塞,甚大惠也。然令远方之卒守塞,一岁而更,不知胡人之能,不如选常居者,家室田作,且以备之。"

作为部落的居所，这里必定是牛羊成群，妇孺穿梭其间，男人骑马放牧。卫青率军攻入该地，共杀戮五千余人，剩下的部落民众跟随着首领逃走，上百万头牛羊成了汉军的猎获品。因为这次战役，卫青被封为长平侯，赏赐给他的食邑达到三千八百户。

老将之死与新星联欢

元光二年（公元前133年）六月，汉武帝决定不再对匈奴采取和平政策，而是通过战争解决问题。在这之前，汉文帝和汉景帝更愿意采取和平方式，但随着汉朝的国力增强，鹰派已经占据了上风。

汉朝派遣三十万军队（也有说二十多万）[3]兵分五路，试图在马邑附近伏击敌人；同时派人诈降，将匈奴十万大军引入马邑伏击圈。匈奴在进军途中看穿了汉朝的计谋，主动撤退。兴师动众却徒劳无功，汉武帝为给自己留个面子，将献计的大行令王恢杀掉。

马邑的这场军事行动是非常重要的标志——双方从此不再把和平当作选项，开始了连年的战争。战争还破坏了汉初稳健的财政，迫使汉武帝建立起一套特殊的、依靠官营产业和金融垄断来筹钱的财政体系。[4]

元光六年（公元前129年），汉武帝派出四路大军，分别从上谷、代郡、雁门和云中出发，北上袭击匈奴。其中几路或者吃了败仗，或者徒劳无功，只有卫青获得了斩首七百人的小功。

---

[3] 见《史记·韩长孺列传》。
[4] 见本书作者的另一部作品《财政密码》。

第一部 关中时代

号称"飞将军"的李广此时已经成名三十多年，曾令匈奴闻风丧胆。不幸的是，在这次袭击中，李广碰上了匈奴的大部队，不仅全军覆没，本人也被俘，侥幸才得以逃脱。这场战役却是卫青成名之始，第一次带兵就获得小胜。随着汉匈战争的发展，卫青官封大将军，又有三子封侯，父子的封户加起来达到一万五千七百户。而李广死时甚至连个五百户的小侯都没有得到。

匈奴开始反击，从王庭和左贤王部出发，向汉朝疆域的右翼（东方）进攻。元朔元年（公元前128年），匈奴兵分数路，骚扰汉疆域东北角的辽西郡，其中一路杀掉辽西太守，俘虏两千人，又击败渔阳的千余人，围攻镇守渔阳的韩安国。另一路匈奴军进攻山西北方的雁门郡，杀了千余人。汉军派出卫青和李息，分别解救雁门和渔阳。这次卫青又得小胜，斩首数千。

让卫青声名鹊起的，是对楼烦和白羊部落的讨伐。卫青将两部落从河套赶走，将他们的牛羊全部虏获。这一次可以算作汉军对匈奴的第一场大胜。这次战役也确定了汉军的出战模式：当匈奴以主力攻击东方时，汉军派出主力从西方出发，向匈奴的各个部落发动进攻，除斩杀之外，也以驱逐为目的，将匈奴赶往北方更加荒芜的土地。

随后两年，匈奴反攻，除进攻刚刚丢失的河套地区之外，其主要兵力集中于战线的中部，在代郡、雁门、定襄之间造成汉军伤亡。

元朔五年（公元前124年），汉军进兵，重点仍然放在右贤王所在的西部。这次，车骑将军卫青率领三万骑兵，出阴山的高阙塞，进入漠南。此外，卫青还联合其他六位将军一并出击：卫尉苏建为游击将军、左内史李沮为强弩将军、太仆公孙贺为骑将军、代相李蔡为轻车将军从朔方出发；大行李息、岸头侯张次公为将军，出右北平，在东方作为牵制。

在此之前，汉军从来没有过如此深入的北方作战。卫青的冒险换来了回报。当汉军到达匈奴人的放牧地时，匈奴的右贤王根本没有防备。汉兵开始攻击，右贤王仓促之间带着一个爱妾和数百个亲信骑马逃走。其余的男女老幼和牲口悉数被卫青俘获，共一万五千余人，牲畜数十万。

此役之后，卫青成为汉王朝最著名的军人，得到大量封赏，官拜大将军，位于所有将军之上。

在削弱了匈奴的右贤王（右翼）之后，第二年汉军将目标转向匈奴的核心——单于的本部。

元朔六年（公元前123年），大将军卫青率领中将军公孙敖、左将军公孙贺、前将军赵信、右将军苏建、后将军李广、强弩将军李沮从定襄出发，向匈奴王庭发动攻击。汉军碰上了匈奴单于的大部队，双方交战，汉军斩首数千人后撤退回到定襄。

卫青不满意这一仗的结果，一个月后再次率军出发，遭到匈奴大部队的围攻。右将军苏建在所部被围歼后只身逃脱；前将军赵信原本是匈奴人，损耗殆尽时率领最后的八百人投降，成为此后匈奴最重要的智囊之一。

汉军第二次出击斩首敌人上万，但己方的损失也很大。最终证明，当面对匈奴的精锐部队时，汉军并没有太大的优势可言。

这次战役最大的收获，是汉武帝找到了第二员大将——骠骑将军霍去病。这位年轻的将领当时只有十八岁，他率领八百骑兵斩杀敌人两千余人。汉武帝随即提拔霍去病，使之在随后的战争中成了主角。

元狩二年（公元前 121 年），由于攻击匈奴中部单于难度太大，汉军把精力转回到西部的右贤王处。这次的目标是打通西域通道，右贤王所在的区域包括著名的河西走廊，在汉朝，这是通往西域的唯一一条路。建元二年（公元前 139 年），汉武帝派张骞出使西域，想联合大月氏一同抗击匈奴，张骞却在河西走廊被匈奴人抓获，十三年后方才归汉。想联合西域对抗匈奴，打通河西走廊、确保联络线的安全是必需的前提条件。

霍去病接连发动了两场战争，第一场在春天，第二场在夏天。

春之战中，霍去病从长安出发，扫荡如今的天水一带，再从陇西（现甘肃临洮县境内）北上，过焉支山（现甘肃山丹县东），一路斩杀，斩首八千人，其中包括折兰、卢胡两个匈奴部落的首领，并活捉了匈奴浑邪王的儿子、相国等人。第一场战争以擒贼先擒王为目的，机动性强。

夏天，霍去病再次出击，彻底打通了河西走廊，将河西走廊地区的匈奴人驱离，斩首三万余人，两千五百人投降，五个部落首领被擒。这次战争还导致了匈奴的分裂，浑邪王率领十万人投降汉朝，被安置在河西走廊地区。汉武帝设立了武威郡和酒泉郡，以保护河西走廊的安全，之后又设立了张掖郡和敦煌郡，这就是著名的河西四郡。

河西走廊的打通，是汉武帝伐匈奴最大的成就。这条通道的畅通，令汉朝与西域有了稳定的联系，造就了丝绸之路的第一次繁荣。

得到河西走廊、击溃匈奴的右翼之后，汉武帝决定对匈奴发动一次总攻，同时攻击其中央军（单于本部）和左翼（左贤王部）。这次总攻由卫青和霍去病联合指挥，其中卫青率领人马攻击左贤王，霍去病率领精锐部队攻击单于本部。

元狩四年（公元前119年），两支大军集结完毕。按照计划，霍去病将率领六位将军（加上两名匈奴降将）从定襄出发北上直接攻打单于王庭，而卫青率领六位将军从代郡出发攻击左贤王。然而在出发前情报出错，以为单于在左翼，两位将军于是交换了目标，改由霍去病出代郡，卫青出定襄。

这次交换，使得卫青率领的非主力部队遇上了单于的主力部队，与单于搏杀多日，深入漠北，最后斩杀上万人，烧掉了匈奴的辎重，却无力消灭匈奴单于。霍去病率领主力部队，斩杀左贤王部七万多人，基本上击溃了左贤王的部属。

这次战争，也代表着老将军的谢幕与新将军的巅峰时刻。当霍去病再次受到皇帝封赏时，李广黯然谢幕，这位在战场厮杀了几十年的老将，本是卫青麾下的前将军，却由于迷路没有赶上战争。

卫青责问李广时，李广承担了所有的罪责。他决定不面对皇帝的审判官，引刀自刭。他死时，手下部卒全部痛哭，百姓中认识和不认识他的、老的少的也都跟着流泪。

李广不知道的是，他所参与的其实是汉武帝最后一次大的胜仗。汉朝的军事力量已经在汉武帝的挥霍后耗空了，无力再组织如此大规模的征伐。

战争的财政陷阱

在世界上，大规模的战争往往不是在战场上决出胜负，而是看谁经得起战争对财政的蚕食。

到最后，必定有一方被消耗战拖垮，或者没有了可以上战场的年轻人，或者出不起战争的费用，引起社会的总坍塌。

汉匈战争变成了漫长的消耗战，对参战双方都造成极大的损失。[5] 对匈奴而言，最大的资源是人，当部族被一次次攻击、年轻人遭到屠杀时，人口稀少的匈奴人已经无法守住如此广阔的地盘，开始收缩了。单于从漠南退到漠北，整个民族开始向西方移动。左贤王退出东部的北京、辽西一带，来到云中郡北方，也就是现内蒙古和陕西一带；而右贤王失去了河西走廊，进入新疆北部。

除了人力，匈奴还失去了大量的牛羊和粮食储备。没有了后勤支援，战争就无法进行。

对汉朝而言，这些战争的代价同样是巨大的。人不是问题，霍去病两次出击匈奴，人员损失比例都高达三成，但朝廷仍可找到源源不断的士兵。出乎意料的是，汉朝最先被消耗光的资源竟然是马。在卫青、霍去病发动的最后一场攻势中，汉军一共使用十四万匹马，存活的不足三万匹。如此巨大的消耗让汉武帝凑不足马匹发动下一次战役。

除了马匹，汉武帝的国库也变得空空如也。作为汉朝最喜欢打仗的皇帝，除了征战匈奴，汉武帝还发动了针对朝鲜、南越（以广州为中心，涵盖了广东大部以及广西，乃至越南的一部分）、西南夷的战争，也消耗了大量资源。

由于前几位皇帝都采取了和平与休养生息的政策，汉武帝继位之

5　本节数据来源分析参见本书作者的《财政密码》。

初，政府的财政非常宽裕，据《史记·平准书》记载，"京师之钱累巨万，贯朽而不可校；太仓之粟陈陈相因，充溢露积于外，至腐败不可食"。仓库内堆满粮食和钱币，甚至串钱的绳子断了，钱滚得到处都是，无法详细统计。社会上马匹充足，人们羞于骑母马赴宴。

这样巨大的财富竟然禁不起几场战争的消耗。

实际上，汉朝的财政在元朔六年（公元前128年）之战后就变得非常困难。原本丰盈的国库消耗殆尽，大司农拿不出钱来给皇帝打仗。

这两场战役造成汉军十余万兵马的损失。而为了安抚活着的士兵，汉政府又拿出二十余万斤黄金进行赏赐，约合二十亿钱，仅仅战争的赏赐就达到中央官吏俸禄的几十倍。被俘的数万名匈奴人也受到优待，吃饭穿衣都由汉政府供给。此外还有正常的战争物资、粮食消耗等。

为了应对这巨大的开支，除了花光积蓄，汉武帝只好下诏卖爵——可以获得三十余万斤黄金的收入。买爵的人可以免除一定的人头税，还可以做吏，甚至当官。此举破坏了汉朝官僚系统。

元狩二年（公元前121年）之战，朝廷的财政消耗是上百亿。这个数据甚至超出了前几次战争的总和，是朝廷一年正常财政收入的数倍。

元狩四年（公元前119年）之战，战死的马匹又高达十多万匹，而为了奖赏出生入死的战士，皇帝拿出的赏赐高达黄金五十万斤（折合五十亿钱），超过了政府一年的正规财政收入。

到此时，汉武帝已经无力再应对下一场战争了，于是汉匈战争虎头蛇尾，突然间进入低潮期。但它的后遗症却一直在：汉武帝为了应对财政问题，不得不建立一系列的国家垄断机构，从自然资源、金融等各个方面从民间获得收入。这一系列举措最终造成汉朝经济鼎盛期的结束。

汉匈战争的尾声

整体而言，汉匈战争是一场悲剧。两个正在崛起的民族，随着各自变得更加富裕、强大而冲突不断，最终变成大规模的连年战争，两败俱伤。匈奴进入衰落期，而汉朝也过了鼎盛期。

汉武帝后期，经过近十年的休养生息后，恢复了对匈奴的部分对抗，但再也没有赢得巨大的胜利。太初二年（公元前103年），由于匈奴内部的分歧，左大将军企图与汉朝联合反对年幼的单于，汉武帝派遣浚稽将军赵破奴率领两万骑兵前往接应，却由于左大将军的计谋泄露，汉军被匈奴单于围困全歼。这是汉匈之战中汉朝的一次大败。

天汉二年（公元前99年），汉武帝遣三路大军攻打匈奴。在三军之外，李陵率领五千名步兵深入蒙古境内，与匈奴接战，战败投降，其麾下只逃回四百人。贰师将军（得名于著名的贰师城，也就是现吉尔吉斯斯坦奥什城）李广利进军天山大胜，却在回师途中遭遇惨败。

征和三年（公元前90年），贰师将军李广利率领七万大军进攻匈奴，战败投降。

经过几次惨败后，汉武帝晚年回顾自己的政策，终于认识到"当今务在禁苛暴，止擅赋，力本农，修马复令，以补缺，毋乏武备而已"[6]。

此后，汉武帝再也没有主动向匈奴发起过战争。真正决定西汉胜利的，是匈奴的衰落而不是汉军的胜利。

汉宣帝时期进行过一次失败的远征。又过了十几年，匈奴内部分裂

---

6 见《汉书·西域传》。

越来越严重，最多时曾经五个单于并立。最后，呼韩邪单于投靠汉朝，郅支单于逃往西部被陈汤所杀。西汉与匈奴的战争终告结束。

东汉时期，匈奴有了一定程度的恢复，但在窦固、窦宪的两次打击下彻底衰落。匈奴的灭亡并没有给汉朝带来太大的利益，因为灭亡了匈奴，还有其他的少数民族。东汉时期，甘肃境内的羌乱成了国家财政的大包袱。

汉安帝永初元年（公元107年），羌族反叛，战争断断续续地进行了六十年，直到汉灵帝建宁二年（公元169年）破羌将军段颎平定东羌，汉羌战争才暂时告一段落。在这一个甲子的悲剧中，汉军屡次出兵，遭遇了五次全军溃灭。

汉安帝永初年间陇右羌乱持续了十二年，朝廷直接的军事花费就达两百四十余亿钱。[7] 从汉顺帝永和元年（公元136年）烧当羌反叛到建宁二年（公元169年）东羌反叛结束，战争费用更是高达三百二十亿钱。[8]

上述反叛造成了政府的财政崩溃，并最终导致东汉灭亡。

---

7 见《后汉书·西羌传》："自羌叛十余年间，兵连师老，不暂宁息。军旅之费，转运委输，用二百四十余亿，府帑空竭。"

8 见《晋书·食货志》："迨建宁永和之初，西羌反叛，二十余年兵连师老，军旅之费三百二十余亿，府帑空虚，延及内郡。"

第四章　光武帝：中原反击关中 [1]

刘秀只带了少量人马，从无险可守的河北地区出发，仅仅三年就攻占两京，又两年称雄东部，再七年后统一全国。刘秀的战略为中原地区提供了击败关中地区的可贵蓝本。

在推翻王莽的战争中，南阳地区作为进攻关中的南线和中线入口，成为战争胜负的关键点，加之四川、甘肃等地的军阀摆脱关中的领导，使得关中无法抵抗中原的进攻。

刘秀占据河北后，为了获得战略立足点，必须得到山西的控制权，这展现出山西在北方的战略重要性。

山西是中原的脊梁，在群山之中拥有四处价值巨大的盆地，分别是河内地区、上党高地、汾河谷地和太原盆地。刘秀同时拥有山西与河北，进可攻、退可守，就在中原的争夺中立于不败之地。

关中分散在数个军阀之手时，洛阳成了对抗关中的基地。洛阳作为小关中，四面皆山，中间的平原可以生产足够的粮食。刘秀以此为基地

1　本章涉及的时间范围是公元 8—36 年。

征服了关中地区。

与刘秀相比,曾经占据上风的赤眉军由于缺乏战略,不懂得寻找根据地而沦为流寇,日渐衰落,直至最终灭亡。

刘秀从中原出发统一全国,也预示着第一次关中时代的结束。关中的重要性降低,中原、山西、长江的地位在缓慢提升。

汉更始二年(公元24年)春,一个三十岁左右的年轻人正在逃亡的路上。他从邯郸逃出,最初的目的是北上蓟城,再从蓟城去上谷郡。然而在到达蓟城时,他发现这里已经被他的对手刘子舆收服,只好仓皇南返寻找机会。

刘子舆本名王昌,是一个算命先生。在西汉末年和王莽新朝,各地起义频发,天下大乱时,王昌乘机自称是汉成帝的儿子刘子舆,在河北邯郸起事,得到当地人的支持。他把更始帝刘玄派去平定河北的刘秀当作心腹大患,用十万户的爵位悬赏刘秀的人头。于是就有了本章开始的一幕。

刘秀南逃的路程显得格外艰辛。只有少数人马跟随他,由于担心被俘,即便到了黑夜也不敢进城,只能在路边野营吃饭。到了饶阳,由于缺乏粮食,他终于忍耐不住,决定铤而走险到官方的驿站里去要点吃的。刘秀带着他的人,宣称是邯郸刘子舆派来的使者,要求驿站提供食物。

在吃饭时,刘秀的随从们犯了一个错误:他们太饿了,纷纷不顾礼节地争夺食物,没有官家的吃相。这引起了驿站官员的怀疑。

驿站官员想验证一下刘秀身份的真假,于是敲起了鼓,说邯郸有位将军也路过驿站。如果刘秀是假使者,自然怕被邯郸将军识破,必然露出破绽。

果然，刘秀的随从们一听邯郸有将军来了，脸色大变，就连刘秀本人也向车辆跑去。但他随即一想，又回到了座位坐下，假装镇定地对驿站官员说请邯郸将军过来相见。

到刘秀要离开时，驿站官员也没有摸准他到底是真的使者还是假的使者。官员暗示负责守门的门长不要给刘秀开门，但门长觉得现在天下是谁的还不知道，没必要得罪人。

刘秀这才有惊无险地逃出了是非之地。

由于天寒地冻，到达呼沱河后，他们直接从冰上走过。

他们继续向前到达博城的西面。就在不知道该怎么走时，他们遇到一位穿白衣服的老者。老者不仅给他们指了路，还对刘秀说，信都郡（现河北衡水冀州区）现在还没有投降刘子舆，奉长安的更始帝为正统，而再有八十里就到信都了。

刘秀大喜过望，带人去往信都。果然，信都太守任光欢迎他的到来，刘秀这才有了第一个落脚点。

此时，篡夺了西汉皇位的王莽已经被杀死，杀死他的是绿林起义军的一支——新市军，首领刘玄是汉朝的宗室，已经在长安自称更始帝。刘秀就是更始帝派往河北收拾局面的。

更始帝之外，全国还有大大小小的军阀十几处，加上一支庞大却混乱的起义军——赤眉军。所有这些军阀和乌合之众，都比刘秀强大得多。

而刘秀所在的河北平原也并不是什么战略要地，这里一马平川，没有任何险阻可以依靠。这样的地方根本无法成为王朝的根基，只会成为众多军阀的靶子。

出人意料的是，刘秀在落魄逃难短短三年后，就攻占了长安和洛阳这两京。再过两年，他就将东方的军阀一一消灭。再七年之后，他又打败了西部军阀，重新统一汉朝疆域，建立起近两百年的东汉政权。

在光武帝之前，中国的统一往往是从关中开始，以占据中原为结束。之所以这样，是因为关中地区拥有无与伦比的优势地位，易于防守，难于进攻。如果再加上汉中盆地和四川作为后勤基地，基本上就立于不败之地了。

可是，刘秀是从关东，特别是在地形最不利的河北平原出发的，他又是如何从最劣势的地位崛起，成为最终胜利者的呢？

这要先从王莽的崩溃开始讲起。

新莽：改革导致的军事大崩盘

西汉居摄三年（公元8年），王莽篡夺了西汉政权，建立新朝时，整个社会并没有看出崩盘的迹象。实际上，除了少数人进行了简单抵抗，大部分西汉官僚都兴高采烈地接受了改朝换代。

之所以说兴高采烈，是指官员们都进入歇斯底里的状态，争相上书讨好王莽。他们先是要求按照周公当摄政王的先例，封王莽为安汉公（摄政王），王莽勉为其难地接受了这个称号。之后，群臣纷纷要求王莽当摄皇帝，也就是暂代皇帝（比摄政王高了一级）。最后，他们干脆上书请王莽当真皇帝。

在一片欢呼声中，王莽当上了皇帝，建立了短命的新朝。

新朝之所以短命，与人心向背无关，而与王莽的改革相关。在他刚当皇帝时，整个社会依然较为稳定，但有许多暗流存在。西汉经过两百年的运行，贫富差距已经很大，社会流动的渠道越来越少，引起了许多被排斥在权力之外的儒家知识分子的不满。王莽在当皇帝之前就和这些人打得火热，上台后立刻按照他们的理论设想实行全盘改革。

可惜的是，这些被排斥在权力之外的儒者往往也是腐儒。他们如同法国大革命中的平等鼓吹者一样，给出了一个很高的标准，却没有提供可行的路径。如果说他们没有提出任何路径也是不对的，他们的确提出了一条崇高之路，只是这是一条死路——回归古代。

古代是什么样子，他们也并不真的知道，只是在头脑中勾画出一个想象中的模型。这个模型要求皇帝对经济进行全盘控制，由皇帝分派贤人来管理，所谓"贤人"自然是这些腐儒。

所谓"全盘控制"，包括将土地改为王田，对货币、政府和官制实行全面改革等。

当王莽把这个模型付诸实际的时候，社会立刻陷入混乱。由于王莽所设想的模型过于宏大，官员们理解不了皇帝想要干什么，而民间更不知道皇帝要把他们带到何处去。

货币改革太复杂，民间分不清几十种货币的兑换率，干脆退回到物物交换时代。官制改革成了半拉子工程，结果连官员的俸禄都被冻结了。古代井田制和全面管控经济也实行不下去，因为没有足够数量的官员去负责执行，民间更缺乏动力。

改革失败，社会陷入动荡之中。最先起事的是东部地区。由于中央政府设在西部的长安，对东部地区控制较弱，这些地方于是率先起事。

最大的两股人马，是位于现在山东境内的赤眉军（起事于天凤五年，即公元18年）以及位于湖北、河南西部交界地带的绿林军（起事于天凤四年，即公元17年）。尤其是后者，由于距离王莽统治的核心区域更近，敲响了新朝的丧钟。

在湖北的西北方与河南的西南方，是著名的南阳盆地和南襄隘道所在地。王莽时期与楚汉相争时一样，从东方的中原地区进入关中平原，主要道路还是三条：中路，从洛阳出发，翻越崤山，走函谷关大道；南路，从南阳出发，走武关；北路，从山西出发，渡过黄河进入关中。

南阳的位置就在南路的起点。另外，人们还可以从南阳北上，经过昆阳（现河南叶县）抵达洛阳，进入中路的起点。从南阳还可以南下，经过襄阳，到达湖北荆州一带，抵达长江沿岸，成为沟通黄河流域与长江流域的一条直达道路。因此，人们常常把"南阳—襄阳—荆州"看作一个整体。

王莽时代，首先出问题的是位于荆州地区的新市（现湖北京山市境内）。由于发生了灾荒，新市人王匡、王凤带头起事，他们流亡在绿林山中，号称"绿林军"。绿林军击退了周围州县的几次镇压后，人数已达五万。

随后，绿林军遭遇了粮草困难，从山中出来。一支人马在王匡、王凤等人的带领下，号称"新市兵"，他们进攻随地（现湖北随州），合并了一支号称"平林兵"的部队。平林兵中有一个汉朝的宗室子弟，叫刘玄，即后来的更始帝。

当新市兵到达南阳舂陵（现湖北枣阳）时，另两位汉室子弟加入，他们是后来的光武帝刘秀及其兄长刘縯。

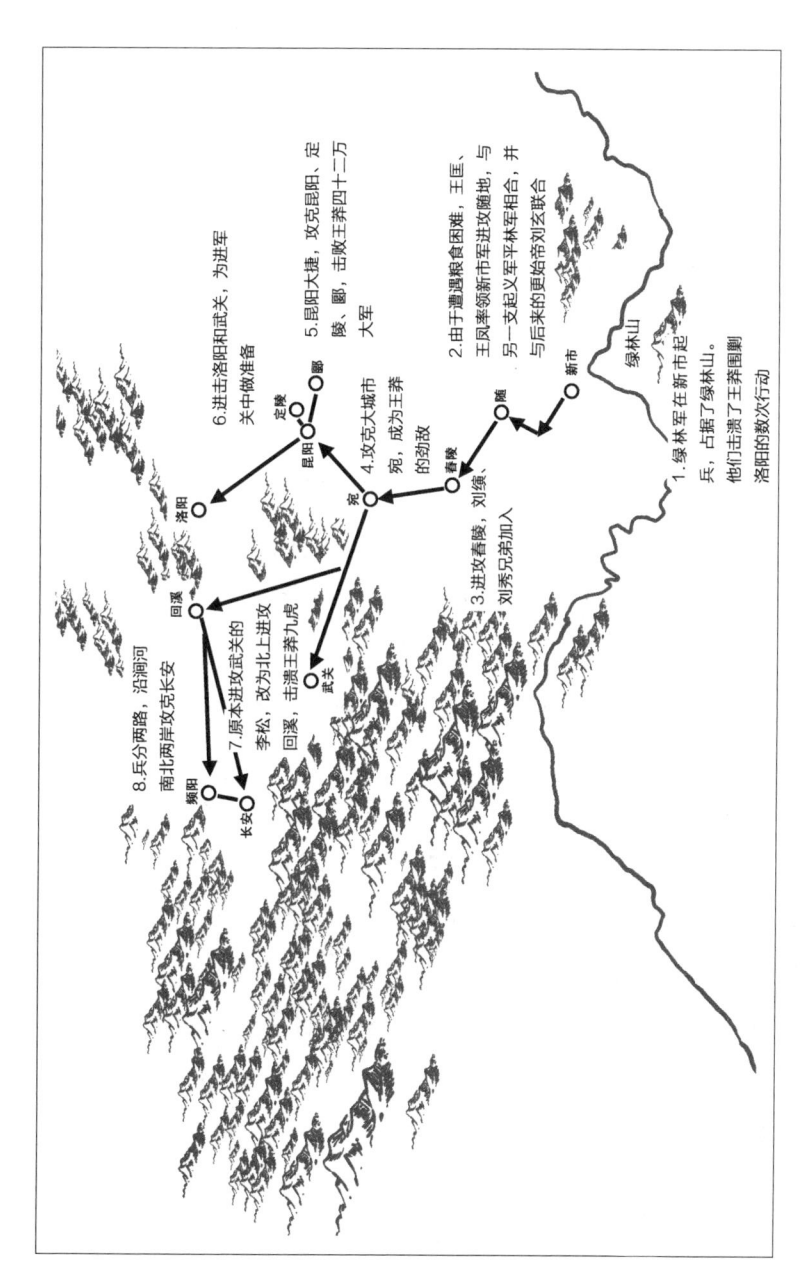

图 7 绿林军等起事灭王莽路线

与普通的起义军（特别是山东地区的赤眉军）不同，新市兵从离开山林开始就不是一支流民或者底层的军队，而是有地方乡绅阶层、汉宗室子弟参与的有政治目标的军队。他们很快意识到王莽政权的虚弱，很早就打起复兴汉室的大旗。

为了复兴汉室，他们必须有一个路线图。这个路线图是：政治上，拥立一个有皇室血统的人当皇帝；军事上，首先攻克南阳的中心城市宛城，然后就可以向西进攻武关，或者向北经过昆阳、洛阳，进攻函谷关。一旦占据了宛城或洛阳，就尽快向关中地区进军，消灭王莽。

在拥立谁当皇帝的问题上，是刘玄和刘縯的竞争。新市兵大部分人选择刘玄，刘玄号称"更始帝"，刘縯随后被杀。作为刘縯的亲弟弟，刘秀受到刘玄的排挤，这是他日后北走河北的原因之一。

在军事上，新市兵节节胜利，他们顺利地占领宛城，拥有了战略据点。在攻打宛城的同时，派出一支人马（包括刘秀）向东方进攻，占领昆阳、定陵、郾等据点。他们的胜利引起王莽的关注。王莽派出四十二万大军，号称百万，进驻洛阳，要与新市兵决一死战。出乎意料的是，王莽的军队没有战斗力，在刘秀敢死队的强力冲击下战败，将通往洛阳的道路拱手让出。

宛城之战和昆阳大捷，预示着新市兵已经成了王莽的劲敌。不过王莽占据了关中这个四塞之地，只要指挥得当，从中原地区很难攻破武关和函谷关的天险；王莽虽然丢失了东部，但仍然可以保有西部。

王莽没有想到，昆阳大捷引起的震动导致了其统治链条的进一步松动，西部也纷纷举起了反旗，造反的是甘肃的隗嚣和四川的公孙述。甘肃和四川的丢失，使得王莽政权只占有长安附近的平原，关中变得不完整了。

在秦、汉统一的过程中，四川一直是重要的一环，只有同时占据四川和关中（包括汉中），才有可能利用资源和地理优势获得天下。丢失四川后，王莽不仅无法再统一全国，甚至连保住关中都困难了。

他不仅丢掉了一个巨大的粮食基地，还不得不分兵守备西面和南面，防守难度大大增加。最后起关键作用的是甘肃的隗嚣，在与刘玄取得联系后，双方协同夹攻王莽，使得王莽疲于奔命，最终灭亡。

王莽为了守卫关中，将兵马集中在南方的武关、北方的洛阳和函谷关东南侧的回溪（现河南洛宁县东北）。回溪位于东崤山的山坡上，这里是古代关中洛阳大道上的一个防守点，只有过了回溪，才能前往函谷关。王莽对这条大道非常重视，他手下有九位将军，号称"九虎"，被派到回溪。

刘玄派出的是西屏大将军申屠建和丞相司直李松。申屠建负责攻打武关，从蓝田入长安；而李松则从如今的西峡县北上攻打九虎将守卫的回溪隘。

为了防止"九虎"叛逃，王莽在关中扣押了他们的妻儿。担负这么重要的任务，本来应该给予重重的赏赐，但此刻王莽守财奴的本性暴露无遗，只给每人赏赐了四千钱。[2] 结果"九虎"无精打采地上了战场。

这样的军队自然不堪一击。李松的北路军顺利地攻占回溪隘，进而

---

2 见《汉书·王莽传》："时省中黄金万斤者为一匮，尚有六十匮，黄门、钩盾、臧府、中尚方处各有数匮。长乐御府、中御府及都内、平准帑藏钱、帛、珠玉财物甚众，莽愈爱之，赐九虎士人四千钱。众重怨，无斗意。"

攻克函谷关。由于在渭河南岸受到王莽军的阻拦，李松分出一支军队北上渡过渭河，从北方进攻长安，而大部队仍然从南岸进攻。与此同时，隗嚣的部队也从西方攻打长安。

更始元年（公元23年）九月初，刘玄大军攻克长安，王莽战死。同月，定国上公王匡攻克洛阳。新莽政权落幕。

王莽的溃灭证明，关中地区即便再牢固，政权分崩离析时也依然无法抵挡敌人从四面联合攻击。

王莽的死亡并非混乱的结束。刘玄虽然占领了长安和洛阳，但反抗王莽的各地起义军并不都听从他的号令。众人纷纷嗅到了改朝换代所带来的机会，互不服从。

事实证明，刘玄可以推翻旧政权，却不会建立新政权，也无力镇压众多的起义军。于是，国家又一次向着大分裂滑去。

在长安的西面和南面，有甘肃的隗嚣、四川的公孙述、汉中的延岑，还有宁夏和甘肃北方一带的卢芳。而在函谷关以东，政权则更加零散。除了流寇性质的赤眉军，还有邯郸的王郎（王昌，刘子舆）、临淄的张步、东海（现山东郯城）的董宪、睢阳的刘永、寿春的李宪、江陵（现湖北荆州）的秦丰和夷陵（现湖北宜昌）的田戎。

刘秀被刘玄派去平定河北，却被刘子舆追得东躲西藏。而刘玄在长安的政权更是成为各路人马觊觎的对象，自身难保。在这种情况下，地位最低下又处于缺乏纵深的开阔平原地带，刘秀又怎样才能统一天下呢？

他的冒险从信都开始……

光武帝：寻找战略点

对刘秀来说，对他有利的因素只有一个：全国军阀割据太散，那些拥有地理优势的人无法完全利用其优势。

比如，更始帝刘玄同时占领了洛阳和关中，关中本是四塞之地，而洛阳同样是四面环山、易守难攻，可以称为小关中。刘玄占据绝对的地理优势，本应该借此统一中原。但是，刘玄所占领的关中与秦始皇、刘邦时期的关中完全不同。秦始皇时期，秦不仅仅占领了关中，还同时拥有四川的粮仓，这才对中原地区形成了压倒性优势。刘玄虽然拥有关中，四川却被公孙述割据。同时，在关中地区的西面，陇山之西的甘肃地区，还有一个隗嚣；在汉中地区还有一个延岑；在宁夏地区，包括最要紧的固原盆地，还有一个卢芳。这三家对关中的威胁使得刘玄无法集中兵力应对中原的军阀。

如果刘玄更加机智，应该尽全力消灭隗嚣、公孙述、卢芳、延岑等人，掌控四川和陕西，并消除西部的威胁，利用地理优势牢牢地守住这些根据地，然后出兵中原，对分散在东部的军阀各个击破，这样也许刘秀根本没有机会。

事实是，刘玄无力控制局势，也没有任何战略构想。当最具优势的一方不采取措施时，就等于给其他人留了机会。

这时的刘秀还谈不上考虑全国性战略，他首先要做的是寻找战略依托。在河北的平原上，由于无险可守，他随时会被周围的军阀消灭。

当信都太守任光决定支持他时，刘秀获得了一个小小的立足点，他必须以此迅速扩张，站稳脚跟。在任光以及旁边和戎（现河北巨鹿县）

太守邳彤的支持下，刘秀进攻和收编周围的小县，并一路向邯郸进军。

华北平原上缺乏有力的险关要地，却有若干个交通枢纽，邯郸就是其中最著名的一处。邯郸曾经是赵国的国都，其西面就是巍巍太行山。邯郸可以倚靠太行山防范东面的攻击。这里是连接南北交通的要道，从洛阳到北方的道路在这里经过，要想控制河北就必须控制邯郸。

此刻的邯郸在王昌（刘子舆）的手中。此人是冒牌的汉朝宗室，本来就名不正言不顺。当刘秀打出正统的旗号时，周围的地方守将纷纷响应。特别是北方上谷、渔阳的军队前来支援，加上刘玄从南方派来援军，刘秀实力大增，击溃了王昌的部队，得到邯郸。这是刘秀获得的第一个战略点。

拿下邯郸时，刘秀名义上还是刘玄的大将。刘玄为了防范刘秀，派谢躬驻扎在邯郸附近（分别扎营）监视他。同时，刘玄向河北各地派去官员，加强控制。刘秀接下来要做的是，利用邯郸的优势位置各个击破，统一河北，摆脱刘玄的监视。

在邯郸的东面有一支赤眉军，号称"铜马军"，刘秀借着征讨铜马军的名义，派兵离开邯郸。但他没有先攻击铜马军，而是迅速北上，将刘玄派去的官员一一擒获，从而控制了北方的幽州（现北京）；再合并幽州的兵力南下，在馆陶（现河北馆陶县）、蒲阳（现河北大名县）一带击败铜马军。

铜马军是一群乌合之众，有数十万人之多，被击溃后投降，使刘秀的军队大为扩充。

在南面的山阳（现河南修武县）、射犬（现河南武陟县境内）一带，还有一支赤眉军，号称"青犊军"。山阳、射犬地区位于黄河北岸的平地上，靠近太行山山脉，又距离洛阳不远，已经接近刘玄的战略中心区域了。

刘秀挥军南下，名为针对青犊军，实际上是要将自己的势力范围扩大到黄河一线。在他向南移动时，刘玄派去监视他的谢躬也将军队南移，来到邯郸南面的邺城（现河南安阳境内）。刘秀一方面联络谢躬，要求双方配合一同应对赤眉军，取得了谢躬的支持；另一方面又趁谢躬放松防备之时，利用离间计收买守邺城的魏郡太守陈康，将谢躬斩杀。

谢躬的死，让刘秀彻底脱离了刘玄的控制，开始独立行动。平定青犊军之后，整个河北地区就落在了他的手中。

建武元年（公元25年），刘秀在邯郸北方的鄗城（现河北柏乡县固城店镇）称帝，正式拉开了逐鹿天下的序幕。

此刻的刘秀只占领着一块平坦肥沃的土地，由于无险可守，随时可能遭受四面的攻击。在各个割据势力中，刘秀的后勤资源富足，却缺乏战略资源。一旦其他军阀反应过来，就会展开对这个四战之地的争夺。刘秀必须获得足够的山地，才能借助山河之险守住得来不易的成果。

可是，刘秀的下一个战略点在哪儿呢？

借助三晋，跃进两京

在刘秀收拾河北战局之时，一支由樊崇领导的赤眉军正毫无目的地在中原大地四处乱撞。

更始二年（公元24年），赤眉军在扫荡东部之后，由于缺乏战略性计划，人心散乱，部众纷纷想回山东老家。樊崇意识到，如果不树立下一个目标，队伍就散掉了。他决定进攻关中，利用战争提高队伍的凝聚力。赤眉军兵分武关、函谷关两路，向关中进攻。

在赤眉军进攻关中时，刘秀也派出了邓禹率领两万军队向关中进军。

樊崇选择了中路和南路，刘秀由于位于河北，选择了北路，也就是从黄河北岸走安邑的道路。在历史上，这条经过晋南、豫北的道路是一条从秦进入河北地区的便捷通道，与经过函谷关的豫西通道平行。在战国时期，秦国进攻赵国就常走这条路。

选择走安邑，除了距离上的方便，还有一个重要的原因：获取山西的战略要地。刘秀寻找的最关键的战略点就是山西，由此也引出了山西在北方战略中的地位。

在历史上，山西常常作为中原的脊梁而存在，这里有太行山、王屋山、中条山等一系列山脉，将平原割裂得七零八落。与东面的河北和南面的河南相比，山西土地贫瘠，人口稀少，但地势高，易守难攻，是控制中原的堡垒。

刘秀如果控制了山西的关隘，就获得了稳固的落脚点。他可以依托山西的高地，加上河北的富庶，进可攻，退可守，其对手就很难消灭他。

在山西的崇山峻岭中有几个重要的小平原和台地，成了控制山西的关键所在。

第一个地区是靠近陕西、河南的黄河大拐弯处，包围出一片三角形的地貌，这就是战国魏的古都安邑所在。在历史上，这一片地区被称作"河内"，也是进攻关中的北路必经之地。

第二个地区是长治所在的上党。这是一片较为平坦的高台地，北控太原，南通黄河，西达安邑，东扼邯郸，这里也是秦、赵当年争夺的重点地区。长平之战也发生在附近。

第三个地区是汾河谷地的临汾一带。这里是从太原顺汾河南下陕西的交通要道。

最后一个地区是太原盆地。太原盆地北可通大同，西可通黄河，东可以通过井陉前往河北地区，是一个典型的十字路口。虽然四通八达，太原本身的地形却有利于防御，更提升了其军事价值。

在上述四个地区中，如果要进攻和控制洛阳、关中，最重要的是靠南的安邑和上党。刘秀派邓禹走北路进攻长安，必经过安邑。邓禹率军在安邑击斩刘玄的守将樊参，又击溃大将王匡，在进攻长安的同时拿下了安邑，为刘秀找到第一个牢固的战略据点，可谓一举多得。

除了安邑，山西第二个要地是上党。这时的上党由鲍永占据，鲍永表面上服从刘玄，却不与刘秀对抗，与之保持着较为平和的关系。在后来刘秀攻取洛阳的过程中，鲍永始终观望而不参与，给刘秀占领洛阳提供了机会。但为了防止鲍永态度改变，刘秀还是攻陷了从河南通往上党的必经之路天井关，以确保侧翼的安全。

河北平定，安邑、上党的安全得到保证之后，刘秀大举进攻洛阳。他一面派大将耿弇出兵洛阳的东面，防止其他军阀乘乱而入，一面派大司马吴汉直攻洛阳。抵抗了三个月后，建武元年（公元25年）九月，洛阳投降。这里成为光武帝刘秀的国都。

攻克洛阳，是刘秀统一全国的关键一步。短短的两年中，他从一个逃亡者到占领河北平原，再进军山西安邑、上党获得可攻可守的战略要地，到进攻和占领洛阳成为东部军阀中的佼佼者。

洛阳之所以成为十三朝古都，在于它在东部无与伦比的战略地位。洛阳盆地的四面皆山，崤山、伏牛山、嵩山环绕着西、南、东三个方向，北面邙山之外就是黄河，伊水、洛水穿盆地而过。在洛阳的周围有八个关口将它与其他地域分开，以助防守。黄河和洛水方便洛阳和外界沟通，以及外界的粮食进入。

在战略地位上，东汉时期的洛阳仍然无法与关中相比，因为关中的平原更大，产粮更多，地理要塞也更加险峻。但由于洛阳平原比关中平原小，使用更少的兵力就可以防卫。同时它比关中更靠近富裕的东部，使得洛阳成了乱世时期最佳的战略要地。只要关中、汉中、四川没有统一在一个人手中，洛阳就不用担心来自关中的压力。

刘秀获得洛阳时，关中地区正乱成一团。由于刘玄派了大量人马到安邑与邓禹作战，关中兵力空虚，让赤眉军捡了便宜。在刘秀获得洛阳的当月，赤眉军攻陷长安，另立汉朝宗室刘盆子为皇帝，又称"建世帝"。

赤眉军之后，邓禹的军队也进入关中地区。他避开势头正健的赤眉军，选择攻取长安之外的其他领土。他平定了上郡、北地、安定等三个郡。这三个郡从陕西北部直到甘肃东部，对赤眉军形成了压迫的态势，导致赤眉军无法稳定社会，开展生产。

粮食耗光之后，赤眉军决定甩掉长安这个包袱。赤眉军先是向西北进军，在遭受邓禹、隗嚣的攻击后转而向东，想回到中原，在崤山一带被冯异击败，全军覆没。

赤眉军的遭遇凸显了刘秀的战略眼光。赤眉军曾经是全国最大的武装集团，又占领了最具有战略重要性的长安，却由于缺乏统一全国的战略，走一步看一步，所以越来越弱小，最终亡于刘秀之手。

赤眉军离开长安后，关中的混乱局势并没有好转。盘踞在汉中地区的军阀延岑看到了机会，从汉中出发进入关中平原，邓禹立足未稳就被赶走了。

但延岑也无法收拾残局。因为赤眉军撤退后，关中十数个小军阀各据一地，互不臣服。整个关中粮食断绝，百姓颠沛流离。要平定这些小军阀，必须有一个稳定的后勤基地以供养一支庞大的军队。

除了刘秀，另一个拥有后勤基地的就是汉中的延岑。但汉中地域还是狭小，生产不出足够的粮食供军事需要，所以延岑无法统一关中。

能够收拾关中混乱局面的只有刘秀。占据洛阳之后，整个河北、洛阳地区已经成为全国的稳定之源，生产的粮食足以供应军队所需。随着延岑的败落，刘秀派遣冯异进军关中。

初次进军两年后，关中和长安落入刘秀之手。到此时，全国最有价值的战略要地大都掌握在刘秀手中。

关中时代的落幕

在历史上，陕西的宝鸡一直是一个重要的战略要地。它之所以重要，在于这里是两条大道的会合处。

一条是从宝鸡出发向南的陈仓道，"明修栈道，暗度陈仓"的故事就发生在这里。所谓"陈仓道"，也叫"散关道"或"故道"，即经过宝鸡南面的大散关，经过凤县、略阳进入汉中的道路。从汉中走另一条古道金牛道，进入四川盆地，到达成都。

经过宝鸡的另一条道路是通往甘肃天水的陇关古道。宝鸡在关中平原的西沿，天水已经接近青藏高原的边缘山区。从天水可以向西进入兰州，再北上河西走廊和新疆，这条路是著名的丝绸之路的起始部分。

一个有趣的事实是：宝鸡和天水都在渭河边，古人又有沿河修路的习惯，但是，从宝鸡到天水的道路不仅没有沿渭河前行，反而从宝鸡向北折到陇县，再翻越巍峨的陇山，这里有著名的大震关和瓦亭关，最后顺山谷绕到天水。那么，古人为什么不直接顺着渭河而上直达天水呢？

古人之所以这么选择，是因为这一段的渭河在巨大的峡谷中穿流，两岸悬崖峭壁，间不容发，只有到了现代利用机械化开凿隧道才有可能沿河修路。中国古代这条奇怪的绕道翻越陇山的道路，就成了历代征服者的噩梦。

建武六年（公元30年）五月，一支八九万人的军队来到陇坻（现陕西陇县西南），他们属于刘秀，在耿弇的率领下向陇山之上进攻。

守关的是天水军阀隗嚣的部队。刘秀已经平定了整个东部的军阀，决定向西部进军了。

但这次，耿弇却大败而回，汉军没有占到便宜。这也证明隗嚣是刘秀真正的劲敌。

隗嚣是个奇怪的军阀，甚至可以说，没有他的配合，刘秀很难统一天下。隗嚣似乎与他达成了默契，不与他为敌，不进攻他的后方，这才让刘秀放手统一了东部。只是在刘秀统一东部之后，隗嚣又不甘于向他称臣，双方才发生了战争。

我们不妨先看一下刘秀统一东部的过程，再回头看他如何应对隗嚣。

刘秀得到长安和洛阳后开始制定统一全国的战略。

在当时，全国一共还有十一个较大的军阀，其中西部有四个：隗嚣（天水）、公孙述（巴蜀和汉中）、窦融（河西走廊）、卢芳（九原），东部有七个：刘永（睢阳）、董宪（郯城）、张步（齐地）、李宪（庐江）、秦丰（江陵）、田戎（夷陵）、彭宠（幽州）。其中彭宠曾经帮助刘秀平定河北，随后又反叛。

面对多家争雄的局面，刘秀如何选择，才能逐一消灭，最后完成统一呢？如果没有隗嚣等西方军阀的配合，刘秀的难度要大很多。

在西部的四位军阀中，卢芳地处偏远，除了自保，野心不大；窦融曾经属于隗嚣集团，后来则与刘秀相善，到最后投靠了他；公孙述和隗嚣两家实力较强。公孙述占领了四川和汉中，有实力也有野心北进关中平原，一旦他统一关中、汉中和四川，就有了当年秦朝和刘邦的优势，刘秀就不容易消灭他了。幸运的是，刘秀能够拉拢天水的隗嚣来应对公孙述。隗嚣的地盘不足以统一全国，却由于地理优势，能够居高临下打击任何觊觎关中的人。公孙述屡次进攻关中，都被隗嚣击退。隗嚣的存在，使得刘秀能够制定"先平东部，再平西部"的战略。

他的战略可以总结为：自身已经拥有了长安和洛阳，由于关中平原周边地区还处于分裂状态，可以利用西部各军阀之间的矛盾，让他们持续分裂，先腾出手来统一东部的中原地区。当他控制了整个东部、洛阳和关中盆地，剩下的西部地区就无力与他抗衡了。

此刻东部处于分裂状态，单个小军阀都无法单独与刘秀抗衡，他们很快都消失在历史的尘埃之中。从建武二年（公元26年）开始的四年里，刘秀先后平定了秦丰、田戎、刘永、彭宠、董宪、张步、李宪等，将东部统一。

统一东部后，刘秀将重点放回长安所在的关中，将公孙述和隗嚣列入攻击范围。

在这二人中，又以隗嚣对关中的威胁最大。天水除了可以居高临下进攻关中平原，还是通往四川的制高点。如果不先取得天水，进军四川就可能被隗嚣从背后袭击。为此，必须首先并吞隗嚣，才能对公孙述采取行动。

刘秀的第一次讨伐隗嚣之战以惨败告终。这也表明，占据地理优势的隗嚣在战略上并不处于下风。

随后，双方开始了拉锯战。由于陇山的地理优势，刘秀无法攻入陇山以西。但刘秀的总兵力有优势，隗嚣也无法从陇山下来占领平原的关中地区。

在拉锯战过程中，刘秀顺便消灭了卢芳，并招降窦融，进一步孤立了隗嚣，却仍然找不到进入陇西的方法。隗嚣为了应对刘秀，也和四川的公孙述和解并称臣，双方抱团与刘秀对抗。

相持了两年后，建武八年（公元32年），刘秀的大将来歙才找到机会攻入陇上，他的这次攻击也给从关中地区进攻陇上指明了方向。

事实证明，想从正面的陇坻直接进攻是不现实的。陇山除了这条大道，还有一些不为人知的通道，只有绕到守军背后才有可能成功。

来歙率领两千人马从回中道北上番须（现甘肃华亭市南），再向西

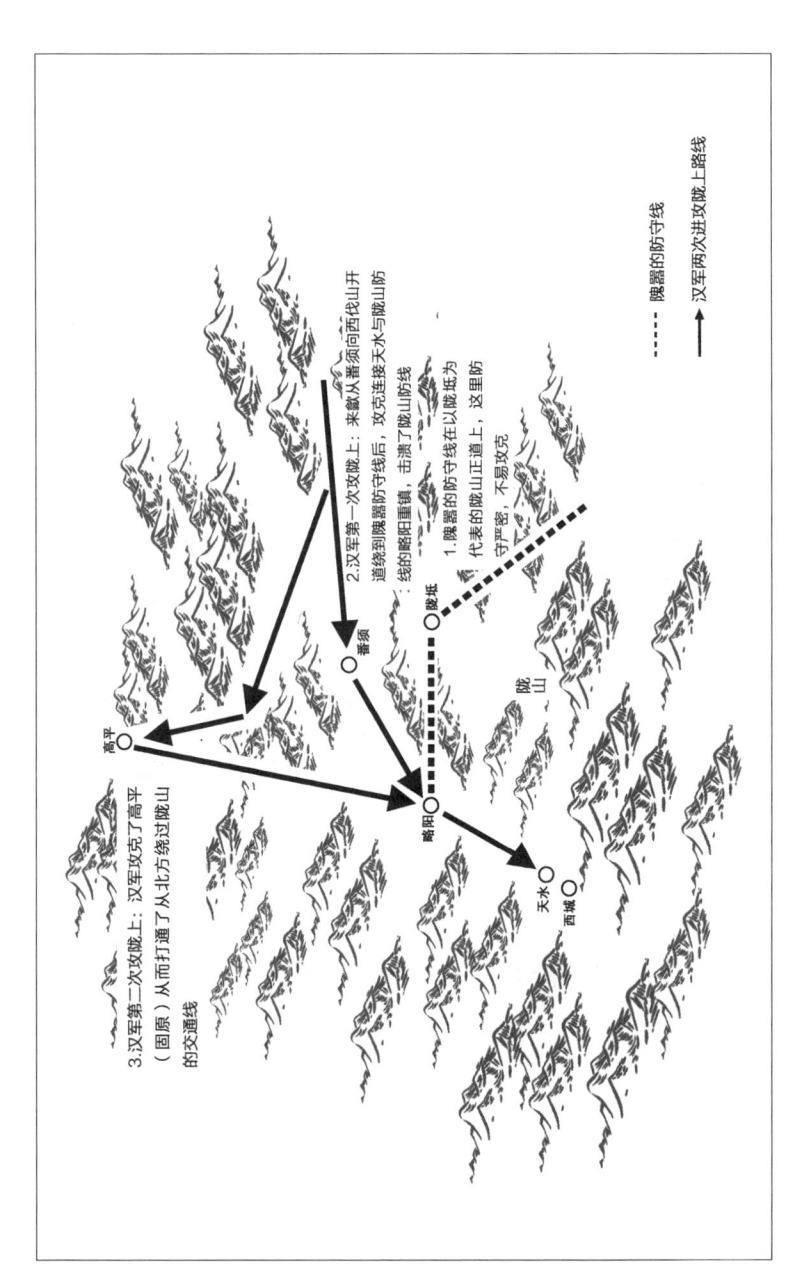

图 8 汉军两次进攻陇上路线

找到了一条人迹罕见的小道。他们伐山开道,从北面绕过隗嚣军队的防守,又绕回到主道上,攻下略阳(现甘肃秦安县陇城镇一带),切断了隗嚣的军队。

略阳在陇坻的西面,作为陇山路上的重镇,是连接陇上和陇下的关键地区。从略阳向西可以到达隗嚣的统治中心天水,向东就是陇山前线的各个关口。隗嚣失去了略阳,意味着陇山各个关口与天水之间的联系被斩断。

来歙的奇袭让隗嚣大惊失色,他一方面命令各个关口加强防守,另一方面亲率大军想抢回略阳。来歙拼死守住了略阳城。在隗嚣筋疲力尽的时候,刘秀率领大军,与窦融等人配合,一同向陇山各个关口进攻。这次进攻打穿了隗嚣的防守,击溃了他的军队。隗嚣被迫放弃天水,退向天水以南的西城。

从此以后人们知道,从陇坻直接翻山进攻天水并不是好的方法,必须从北面或者南面绕上陇山,形成夹击态势,才有可能攻克这座堡垒。

刘秀与隗嚣的战争并没有就此结束。就在隗嚣剩下最后一个据点时,汉军突然得报,东部的颍川发生了反叛。为了镇压反叛,刘秀离开陇西。他走后,隗嚣又把汉军赶回关中。这场战争又持续了两年,直到隗嚣死后,汉军才终于攻克陇山,占据了进攻四川的制高点。

消灭了隗嚣,汉军就只剩下平定四川一事。

在平定四川的过程中,汉军的进军路线也预示着关中时代的结束。

在此之前,要想进军四川,人们只有从关中越过秦岭这一条路可以走,也就是从散关道(子午道、褒斜道等)进入汉中地区,再走金牛道(或者米仓道)进入四川盆地。

但到了东汉初年，随着人们对长江地区的开发，从湖北经过长江进入四川的大道已经成为可能。

光武帝刘秀派遣两路大军分别从秦岭道和长江道进攻四川，而起决定作用的是从荆州出发顺长江而上的部队。这支部队由岑彭和吴汉率领，进军江州（现重庆）后，岑彭兵分两路：一路从嘉陵江、垫江西进，吸引了公孙述的主力军；另一路顺长江而上，从南方沿岷江接近成都。这次奇袭打开了成都的大门。

建武十二年（公元36年），吴汉率军攻入成都，为期一年的入蜀战争结束。

入蜀战争的结束，也意味着光武帝对全国的再统一。

光武帝的战争，是对从周朝形成的战争传统的逆反。从周朝开始进入军事上的关中时代，所谓"得关中者得天下"。周武王伐纣、秦始皇统一、楚汉战争都是最好的例证。

关中之所以这么重要，是因为这个地区容易形成一家独大的局势。

周武王时期，中国的文明区域还太小，一个关中就足以将中原降伏。到了战国时期和秦朝，随着六国对中原地区的深耕，特别是楚国对南方的经营，关中的权重下降，仅凭关中已不足以和中原对抗。但秦国幸运地发现了四川的重要性，处于长江上游的四川可以打击楚国的湖北，却很难被楚国反向进攻。在四川粮食的支援下，关中重新获得了战略优势，帮助秦灭了六国。

楚汉战争基本上重复了秦统一的战略思路，由于轻车熟路，战争的进程也加快了。

又经过两百年的开发，随着中原地区的进一步富裕，以及长江地区的进一步开发，关中加上四川也最多只能算半壁江山，中国的区域战略优势已经逐渐地从关中向东转移了。

光武帝正是利用了战略优势的转移，抓住了关中和四川分裂的机会，从河北迅速占领山西的战略要地，再获得洛阳，随后将关中最富裕的平原地区抓在手中，占据了"洛阳—关中"轴心，再利用这里的粮草优势，各个击破，从东到西完成统一。

四川不再是关中的后花园，从这时开始，长江通道逐渐成为通往四川的主流通道。由于水运的承载能力远大于陆运，蜀道逐渐成了客运通道，而物资交流则转移到了长江之上。失去了四川的关中显得更加寂寞，中国古代历史上的第一次关中时代就在这样的氛围中落幕。

历史陡然进入了第二个时代——分裂时代，也就是长江时代。

第二部

分裂时代

（公元189—589年）

第五章 "隆中对"：开创分裂时代的大战略[1]

东汉末年的军阀分为老军阀和新军阀。老军阀大都是东汉灵帝的第一代州牧，新军阀则依靠反对董卓起家。东汉末年到三国的转型，就是新军阀依靠战争取代老军阀的过程，最终剩下三家新军阀脱颖而出。

决定曹操在北方胜出的是战争的后勤。曹操是最重视后勤的军阀，采取的是屯田措施。官渡之战中起决定作用的也是曹操对袁绍后勤的打击。

在诸葛亮之前，吴国的张纮已经独立提出了从南方进攻北方的战略构想。他建议孙策首先占领江东，再溯流而上占领长江中游的赣江盆地和荆州地区，依靠江东、赣江盆地和两湖盆地，就足以与中原对抗。张纮的提议成就了孙氏数代的霸业。江东的重心在南京，要想保卫南京，必须保卫两侧的镇江和马鞍山。这里有两条古道通往北方。中国数千年的长江战线莫不与这两条通道有关。

早年，人们认为决定中国统一的关键在于北方，四川和江东只是附

---

[1] 本章涉及的时间范围是公元189—219年。

属性的，不具有决定性意义。诸葛亮第一个提出依托于南方也可以完成统一大业。他的"隆中对"之所以具有开创性，在于确定了南方和长江在中国军事战略中的新地位。诸葛亮"隆中对"的实质，是利用西南的战略地理反攻中原。这要求刘备必须同时占据四川和荆州，利用四川作为粮仓，再利用汉中与荆州两条通往北方的通道，实施钳形攻势，进攻中原。

荆州作为天下之中的地理位置被诸葛亮重视，连接东西南北的交通要道在这里会合，因此成了战争的胜负手。

长江成为中国的战略重点后，南方政权不能退缩到长江以南被动防守，必须占据江北的缓冲地带才有可能守住长江。江北的淮河流域与荆州就作为长江的锁钥而进入历史。

江东战略和"隆中对"是南方对北方的一次逆袭，表明南方不再是北方的附庸，而是拥有独立地位的地理单元。在这两个战略之下，吴、蜀分别建国，于是形成了三国鼎立的局面。

汉献帝建安十二年（公元207年），在南阳郡邓县一个叫隆中的地方，刘备前去拜访一位隐士。

此时刘备是典型的"丧家之犬"，在争夺中原的战争中一败再败。

刘备在早年也曾积极地参与对中原地区的争夺。由于实力不足，他四处投靠，却都不得善待。

他最初在东汉朝廷当小官，跟随大将军何进。中平六年（公元189年），何进预谋清除宦官，却遭遇杀身之祸，还导致了后来的董卓之乱。

刘备继而投靠盘踞北方的军阀公孙瓒。建安四年（公元199年），

第二部 分裂时代

公孙瓒被袁绍所败,自杀身亡。

当公孙瓒与袁绍连年作战时,刘备又瞅准机会投靠公孙瓒的拥趸、盘踞在青州的军阀田楷。在投靠田楷期间,刘备获得了平生第一次重大机会。

初平四年(公元193年),曹操以徐州牧陶谦是杀父仇人为由,[2]率军进攻陶谦,攻克十余城;在陶谦的老巢彭城(现江苏徐州),曹军烧杀掳掠,杀死数万人,尸体堵塞了泗水。

刘备跟随青州刺史田楷出兵援救陶谦,受到陶谦的优待。随后刘备抛弃田楷,投奔陶谦。作为回报,陶谦上书皇帝,封刘备为豫州刺史。

第二年,陶谦病死前将徐州让给刘备,刘备升级成为徐州牧,第一次获得了与曹操、袁绍等顶级军阀并称的资格。后来,曹操为了拉拢刘备,又上表请求封刘备为镇东将军、宜城亭侯。

然而好景不长,两年后的建安元年(公元196年),袁术进攻刘备,二人相持时,吕布偷袭刘备,夺取了徐州。刘备再次颠沛流离。流浪中的他人困马乏,下属又互相攻击争夺食物,迫不得已,他投靠了吕布。[3]

不久,刘备又和吕布反目,投靠曹操,并借助曹操的力量杀死吕布。

曹、刘的蜜月期并不长久。刘备仍然想夺回徐州的控制权,他杀死曹操的徐州刺史车胄,举起反旗。建安五年(公元200年),曹操击败刘备,俘虏了他的妻儿加上大将关羽。刘备立刻投靠袁绍。

---

[2] 见《三国志·魏书·武帝纪》:"初,太祖父嵩,去官后还谯,董卓之乱,避难琅邪,为陶谦所害,故太祖志在复雠东伐。"

[3] 见《三国志·蜀书·先主传》中裴松之注:"《英雄记》曰:备军在广陵,饥饿困踧,吏士大小自相啖食,穷饿侵逼,欲还小沛,遂使吏请降布。"

就在当年，曹操在官渡决定性地击败袁绍，在整个北方获得了优势。此刻的刘备在中原已经待不下去了，再次夹起尾巴逃跑。这次他逃向南方，投靠同为汉室宗亲的荆州牧刘表。刘表亲自到郊外接待这位本家，并划了一座城让他留守。

刘备所守的城叫新野，位于南阳和襄阳之间，地处交通要道。他在这里度过了较为平静的七年时光。

在荆州西面的四川盆地，是偏安一隅的益州军阀刘璋；在东面的长江下游，则是刚刚站稳脚跟的江东军阀孙权。荆州、益州和江东，虽然在战国时期就进入中国历史，但一直被中原人士当作偏远地区，不具有战略决定性。在刘备时代，人们的这种看法仍然没有改变。

真正被人们看重的是强大的中原和关中，它们都被曹操抢到手。

根据以前的经验，每一次中原和关中的对决都决定了谁能够完成统一。当北方统一之后，进军南方只是顺带性的和象征性的，大军一到，南方也就平定了。这一次，人们也认为，当曹操在北方获得了足够的优势，就会轻而易举南下，完成又一次统一。

刘备就是在这种悲观的气氛中拜访了在隆中居住的隐士诸葛亮。

诸葛亮的"隆中对"将四川和荆州、江东提到与中原同等重要的地位上，认为即便在这些中原文明的边角地区，也一样可以借助地理优势统一中原。

他如同先知一般觉察到：战争局势早已变化，其轴心已不再是那条短短的"长安—洛阳"轴线，长江的地位可能超过了黄河，成为下一个时代的重要标志。

分裂时代来临了。

东汉末年的老军阀与新军阀

中平六年（公元 189 年），东汉灵帝去世，年方十四岁的刘辩继位，称汉少帝。不久，影响东汉国运的两大势力就展开了直接的对撞，它们是外戚势力和宦官势力。

在东汉历史上，光武帝削减百官的权力，加强中央集权，却在不经意间造就了外戚和宦官的得势。一旦出现幼小皇帝或弱势皇帝，由于百官权力过小，中央行政机关就会立刻出现半瘫痪状况，而这种权力的真空就被外戚或者宦官填补。

汉少帝时期外戚势力的代表是汉少帝的舅舅，大将军何进。为了巩固权势，他与太傅袁隗、中军校尉袁绍等人策划将大权在握的宦官们消灭。但由于优柔寡断，何进被宦官们抢先杀死。随后，何进的下属袁绍向宦官进攻，将他们全部屠戮。

这次事件以外戚和宦官的两败俱伤而告终，这原本是对东汉政权有利的事。但何进在死前的一个决策毁掉了东汉政权——为了加强自己的势力，何进试图召回在外的将领来保卫他，这个人叫董卓。

董卓时任并州（现山西境内）的州牧，驻军在安邑。接到命令后，董卓立即渡过黄河，率军向京城洛阳进军。何进死后，董卓并没有停下步伐，还是按照原计划进入洛阳。

董卓进入洛阳后把持了朝政，废除了汉少帝，另立汉灵帝的儿子刘协为帝，这就是汉朝的最后一个皇帝汉献帝。

董卓的作为引起群臣不满，许多人乘机逃离京城，大部分逃往东部和北部，开始招兵买马，以诛董卓为号召拉起了义旗。随后，这些人将军队集中在洛阳的东面，占据酸枣、封丘、河内、陈留等地（都在现在的河南境内）。

这些将领虽然都反对董卓，在出兵时却显得过于谨慎。他们大都采取作壁上观的态度，出工不出力。很快，原本信誓旦旦的讨伐变成了一场滑稽剧，最终群雄各自散去。董卓安然撤离洛阳，将皇帝劫持到更加安全的关中地区。

就在董卓以为掌控了局势时，内部的冲突却决定了他的命运：司徒王允与董卓的部下吕布合谋杀了他。董卓的几员大将郭汜、李傕、樊稠等人继续将关中搅得鸡犬不宁。

当初征讨董卓的将领借着董卓死后的大乱纷纷割据变成军阀，他们主宰了中国随后几十年的命运。

东汉末年的军阀又可以分为新军阀和老军阀。所谓"老军阀"，指的是从汉灵帝时期的一项政策中受益的军阀。中平五年（公元188年），汉灵帝在他死前一年，设立了一个叫州牧的职位。

设立州牧，是对光武帝刘秀政策的一次反动。光武帝为了防止地方反抗中央，故意剥夺了地方政府的军权，又削弱了地方行政官员的权力。这种做法在和平时期还看不出有什么坏处，可一旦国家进入战争状态就会立刻显现出巨大的危害。

中平元年（公元184年），黄巾起义爆发。在镇压起义的过程中，朝廷发现官僚机构效率极低。军事官员、财政官员、行政官员、司法官员，层层叠叠，每一个官员都想着如何守住地盘，防止别人侵犯自己的领地。从朝廷调拨来的财粮资源成了各个官员的肥肉，你争我夺，却忘了敌人就在眼前，结果自然是屡吃败仗。

针对这样的局面，太常刘焉随即提出，皇帝应该设立一个新的职务，将一个地方的财政、军政权力统一授予一个人，由他来整合调拨各种资源。皇帝过问地方事务时，只需拿这个官员是问，再由他确定其他官员的责任。而投入该地的财政和军事资源，也由这个官员统一分配。

刘焉的提议得到汉灵帝的赞同，就这样有了州牧这个职位。

在东汉，州相当于现在的省，即仅次于中央的下一级单位。原本州的最高行政长官是刺史，刺史最初主管监察，后来也管行政；而州牧就是刺史的"加强版"，被赋予军事职能，同时得到更多的资源调拨权。

然而，并非每个州都立刻设立州牧，有的州只有刺史，有的州则由州牧管理，这全凭当时的形势需要来决定。

一些关键州设立的州牧，就成了东汉末年的第一代军阀。比如，益州的刘焉、刘璋父子，以及荆州的刘表、幽州的刘虞、徐州的陶谦、冀州的韩馥，他们都属于第一代州牧出身的军阀。其中刘焉是州牧政策的提出者，被封往益州，他的地盘后来被刘备所夺，成了蜀汉的根据地。刘虞的部下公孙瓒也可以算作这一代军阀，他先是取代刘虞占据幽州，后被袁绍所灭。

新军阀则出自反对董卓的众将领，他们虽然在反董卓一事上徒劳无功，却借助由此聚集起来的军队与老军阀展开角逐，成为佼佼者。

这些新军阀，包括袁绍、袁术、曹操、孙坚、刘备等人。三国形成的过程，就是新军阀取代老军阀，再在新军阀中展开混战，最终只剩三家的过程。

东部的军阀中还有一家不得不提,他就是原来董卓的手下吕布。在董卓失败后,吕布参与了东部的角逐,最终被曹操击败。

表3 东汉末年的主要军阀[4]

姓　名	地　域	兴亡经过
刘焉、刘璋	益州	188年,刘焉任益州牧。214年,益州被刘备夺取
刘虞	幽州	188年,任幽州牧。颇得人望,群雄曾有意推举刘虞为皇帝。193年,为公孙瓒所杀,幽州亦被公孙瓒夺取
董卓	司隶	189年,奉大将军何进之命前往洛阳,控制朝政,令天下大乱。192年被杀
袁术	荆州南阳、豫州	189年,占据荆州南阳地区,后前往豫州。197年,称帝,两年后死亡。豫州被曹操、孙权分割
陶谦	徐州	189年,任徐州牧,194年,死,将徐州赠予刘备
公孙度、公孙渊	辽东	189年,公孙度任辽东太守,传四代。其孙公孙渊建立燕政权。238年,公孙渊被魏国击杀,辽东归魏
韩馥	冀州	189年,任冀州牧。191年,将冀州让与袁绍
刘岱	兖州	189年,任兖州刺史。192年,为黄巾军所杀,兖州随后被曹操收复
刘表、刘琮	荆州	190年,刘表任荆州刺史。208年,其子刘琮投降曹操
袁绍	冀州、并州、幽州、青州	191年,从韩馥手中夺得冀州,后进占并州。199年,击败公孙瓒,获得幽州、青州。200年官渡之战,败于曹操。202年,亡,后冀州、并州、幽州、青州归曹操
张鲁	汉中	191年,夺取汉中。215年,投降曹操。汉中先归曹操,后被刘备所得

4　根据《三国志》与《后汉书》资料整理。

(续表)

姓 名	地 域	兴亡经过
曹操	兖州、徐州、豫州、司隶、冀州、青州、并州、幽州、荆州北部、扬州北部、凉州	192年，夺得兖州。194年，被吕布所袭，只剩三城，后克复。196年，迎汉献帝，控制司隶。198年，击斩占据了徐州的吕布，夺得徐州。199年，袁术死，曹操获得豫州。200年，在官渡之战中击败袁绍，随后获得了冀州、青州、并州、幽州。208年，赤壁之战，占据荆州、扬州北部，无法南下。211年，击败马超、韩遂，获得凉州。215年，击败张鲁取得汉中。219年，败给刘备，丢失汉中
韩遂、马腾、马超	凉州	192年，韩遂被封为镇西将军，其异姓兄弟马腾被封为征西将军，盘踞凉州。211年，曹操平定凉州。212年，马腾被杀。215年，韩遂被杀。马腾之子马超成为蜀汉大将。凉州归曹操
公孙瓒	幽州、青州	193年，击败刘虞控制幽州。亲信田楷控制青州。199年，为袁绍击败，自焚。幽州、青州归袁绍
吕布	兖州、徐州	194年，袭击曹操获得大部分兖州，后被曹操重新夺回。195年，击败刘备获得徐州。198年，为曹操所败，身死。徐州归曹操
刘备	徐州、荆州、益州	194年，陶谦将徐州赠予刘备。195年，败于吕布，丢失徐州。208年，赤壁之战，得到荆州南部。214年，击败刘璋获得益州。215年，与孙权协议，将荆州南部湘江以东的土地还给孙权。219年，击败曹操夺得汉中。219年，关羽兵败，荆州丢失。222年，复仇未成，仅剩益州
孙策、孙权	江东、荆州	194年，孙策进军江东。200年，击败黄祖，进军赣江流域。208年，赤壁之战。215年，孙策之弟孙权从刘备手中夺得湘江东部的荆州地区。219年、222年，两败蜀汉，夺得整个荆州南部

经过混战，在北方逐渐强大的是袁绍和曹操。袁绍在讨伐董卓失败后，率军取代韩馥，进占冀州（主体在现河北南部）成为冀州牧。幽州

的公孙瓒杀了德高望重的刘虞,又借助镇压青州黄巾军的机会占据青州(主体在现山东东部),并派遣大将田楷担任青州刺史,故其势力跨幽、青两州。

袁绍在占领冀州之后,又进军群龙无首的并州(主体在现山西),将"中原屋脊"并州收入囊中,派遣外甥高干担任并州刺史。

随即而来的是袁绍与公孙瓒的对决,他们各据两州,缠斗不止。最终,袁绍击败公孙瓒,成了四州的首领,在全国的十三州中已经占有将近三分之一。

在袁绍之南,曹操也在快速扩张。

曹操在讨伐董卓失败后,借青州黄巾军进攻兖州(现山东、河南、河北、江苏交界地带)之机,获得了兖州的统治权。在兖州的北方,是袁绍的冀州、并州和公孙瓒的幽州、青州;在东南方,是陶谦的徐州(主体在现山东、江苏交界地带);南方是袁术占领的豫州(主体在现河南中南部);西方则是相当于国都直辖区的司隶校尉部(包括洛阳和长安所在的平原,以及两者的连接部,当时由董卓的余党控制)。

在周边的区域,由于没有遭遇兵乱,徐州最富裕也最有后勤价值。曹操随后对徐州展开进攻。

曹操没有想到,当他进攻徐州的陶谦时,吕布却从其背后袭击了他,兖州只有三座城市(范县、东阿和鄄城)没有投降吕布。而徐州牧陶谦死前将州牧的职位让给了投靠他的刘备。兖州和徐州的形势为之一变。

曹操随后与吕布展开搏杀,收复兖州的同时,将袁术所据豫州的一部分也一并占领,其中包括后来的都城许昌。

关中的董卓旧将郭汜、李傕等人内讧,汉献帝借机出逃,在杨奉、韩暹、董承等人的帮助下从长安迁往洛阳。到达洛阳后,汉献帝发现曾经的国都已经变成一片废墟,百官公卿连饭都吃不上,自己也只能靠吃野菜维生。

在当时,汉献帝已经成了烫手山芋,谁得到了他,意味着谁就立刻成为周围军阀的攻击对象。各个军阀都认定汉朝天下已经完结,接下来只是由谁来取而代之,所以谁也不肯接受这个皇帝。

曹操接受荀彧的建议,派兵获得了汉献帝的"监护权",并将其迁往许昌。

此时,曹操的相邻对手有三个:第一个是占据徐州的吕布;第二个是董卓曾经的旧部张绣,他占据南阳盆地;第三个是以寿春为中心的袁术,他还控制着豫州的一部分,并将势力范围扩展到长江流域的扬州。

曹操对上述三人采取了不同的政策。对张绣,先是以军事为主,后来则以政治手段将其收编。吕布逃出兖州后,从刘备手中抢走徐州,继续与曹操对抗,是最直接的大敌,他最后被曹操击败、俘获并斩首。剩下的袁术缺乏战略,又生活堕落;在曹操控制汉献帝后,袁术试图自己称帝,最终被曹操击败。

经过对周边地区的并吞,曹操一跃成了与袁绍并肩的军阀,拥有兖州、徐州以及豫州的大部、司隶校尉部的一部分。整个中原地区实际上已经掌握在了他们二人手中。

汉献帝建安五年(公元 200 年),以袁绍攻击曹操为开端,双方的战争正式拉开帷幕。主战场在黄河与其支流济水之间。在中国古代,济水是黄河的一条主要支流，现在已经不见踪影。东汉时期，济水上最主要的渡口叫官渡（现河南中牟县境内）。

在这场战争中，袁绍是兵力更强的一方，同时拥有地理优势，将曹操压制在济水边，处于背水的位置。如果按照实力对比，失败的将是曹操。

但决定战争成败的是双方对于后勤的态度。

曹操是最注重后勤和粮食的军阀，而袁绍却相反。实际上，由于军阀众多，战乱频仍，人们最缺乏的是粮食。

各个军阀都吃过后勤保障不力的苦头。董卓为了筹集军费，将秦始皇时期留下的铜人都熔化了铸钱，最后发现有钱买不到粮食。袁绍的军队要靠路边的桑椹糊口，而袁术的军队则寻找河蚌充饥。

曹操最先意识到粮草的重要性，开始有计划地通过屯田收集粮食。袁绍对于粮食和后勤工作的忽略，让曹操找到了可乘之机。

官渡之战中，最先缺粮的是曹操。他从战俘口中审出袁绍运粮车队的行踪，出兵袭击车队，断了袁绍军队的粮食供应。

随后，袁绍的属下许攸投降曹操，将袁绍辎重基地（在乌巢）的位置透露给曹操。袁绍已经吃了亏，却没有长记性，仍然没有对乌巢的后勤基地做太多的防范，导致曹操烧毁了袁军的辎重。

更令人惊讶的是，在曹操进攻时，袁绍想到的也是进攻，他想趁曹操没有回营时完成袭击。虽然他派出一支兵马救助辎重，但仍将重头部队用于袭击曹营。曹操击破了袁绍的辎重部队和援军，那些进攻曹营的袁军不仅没有完成任务，反而投降了曹操。

曹操又用七年时间才最终消灭袁绍的残余势力。袁绍的两个儿子袁尚和袁熙均被击败，死于辽东。

到这时，曹操已经统一了整个华北地区。关中地区仍然处于分裂状态，掌握在韩遂、马超、张鲁手中。按照光武帝的战略，一旦获得了华北，曹操就应该扫荡东部，将荆州的刘表、江东的孙权收服；在东部安定后，西部军阀将无法撼动曹操的优势。

根据之前的经验，荆州和江东一直是作为中原的附属而存在的，并不具有特殊的战略地位。曹操降伏这两个地方应该不太困难。

但这一次，南方成了北方的对手。

张纮与孙策：一代霸主的江东战略

兴平元年（公元194年），一位年仅十九岁的年轻人拜访了正在江都（现江苏扬州）家中赋闲的一代名士张纮，向他请教未来的选择。张纮的回答将江东这一片土地从中原的附庸变成了与中原对抗的堡垒。这位年轻人就是东吴江山的实际开拓者——讨逆将军孙策。

东汉末年起兵对抗董卓的群雄中，大部分都只作壁上观，只有两个人拼尽全力与董卓对战，一个是曹操，另一个是孙坚，也就是孙策的父亲。

孙坚是那个时代最被低估的人之一，曾封破虏将军。在讨伐董卓的战争中，他在袁术麾下担任豫州刺史，率军进攻董卓，九死一生，最终攻克洛阳。董卓被迫撤出洛阳，向关中退却。在小说《三国演义》中，被人们津津乐道的"关公温酒斩华雄"的故事，实际上是孙坚在讨伐董卓时的所为。

就在孙坚准备向关中进发时，讨董军队内部出现裂痕，袁绍派军袭击孙坚所在的豫州，断绝其粮道。孙坚仰天长叹，被迫退兵。他的撤退给董卓留下了空当，董卓从容不迫地撤入关中，再分兵把守险要。勤王军队失败。

在群雄割据的时代，孙坚一直是袁术得力的战将。当北方的曹操和袁绍扩充实力时，南方的袁术和刘表也打得不亦乐乎。初平三年（公元192年），孙坚接受袁术的命令，征讨荆州的刘表，在襄阳一带大战。孙坚被暗箭射杀，死时只有三十七岁。

孙坚死后，他的队伍被袁术收编。孙坚的长子孙策居住在江都，拜访了生活在这里的张竑，向他请教。张竑推脱再三，最终被孙策感动，张竑建议，"若投丹杨，收兵吴会，则荆、扬可一，雠敌可报。据长江，奋威德，诛除群秽，匡辅汉室，功业侔於桓、文"[5]。孙策可投靠在丹杨（现江苏丹阳）的舅舅吴景，再以此为基地将江东的土地一一占领，随后沿长江而上，攻占荆州，为父亲报仇。占领荆州之后，孙策就可以倚靠长江，向北方进攻，匡扶汉室。

张竑的话成为孙策日后进军江东的战略路线图，这也是长江第一次成为影响中国命运的战略天险。张竑提出的构想早于诸葛亮，可以视为"隆中对"的先声。

在秦汉时期，一旦统一战争打到长江，就进入尾声阶段。由于长江以南的经济繁荣程度远低于中原，人们大都将这里视为僻远之地，只有在统一中原之后，再顺便来收拾一下江南。张竑意识到，随着东汉经济

---

5 见《三国志·吴书一·孙破虏讨逆传第一》。

的发展，江南特别是其中的江东地区已经足够发达，可以支撑起一个割据政权，甚至可以用来作为反攻中原的基地。张纮作为最早意识到江东价值的人，成就了孙氏数代的霸业。

在长江中下游地区，从江西九江开始，长江转而向东北方向流淌，经过安庆、芜湖、马鞍山、南京，到达镇江。这一段长江将土地分成了东南和西北两块，而处于东南的一块也被称为江东。

江东的战略中心，也是最突出部分，在南京一带。而为了守卫南京，两个战略要道分别位于东侧的镇江和西南侧的马鞍山。镇江和马鞍山也分别对应着两条江淮之间最重要的古道。

第一条道路是从寿春，沿着巢湖和淝水形成的水道，直达长江，入江口恰好在马鞍山附近的采石矶一带。从这里，可以沿水路或者陆路抵达南京。

第二条道路是从淮河进入春秋时期开凿的一条古运河——邗沟（京杭大运河的前身）——到达扬州，再过长江到达镇江，因此，镇江成了进入南京的门户之一。

孙策的战略目标是：扎根于南京一带，并向南攻城略地，占领当年吴越的土地，也就是现在的苏州、杭州一带。利用这一带的资源，形成割据局面。再从南京沿长江向上游进发，进攻柴桑（现江西九江），再沿赣江南下占据豫章（现江西南昌）。江西的地貌是一个类似于簸箕的结构，南、东、西三面都是山，北面簸箕口朝向长江，中间是赣江冲刷的平地。这里只要被开发出来，也是不错的鱼米之乡。得到江西的赣江平原后，再继续向长江上游前进，征服荆州，占有两湖盆地。

如果孙氏能同时获得江东、赣江盆地、两湖盆地，就占据了三大粮食基地，足以养活数量庞大的军队，与曹操的华北平原、关中平原大小不相上下。而双方争夺的区域将是四川盆地和淮河平原。孙氏退可以成为一方霸主，进可以统一全国。

为了实现目标，孙策试图向袁术借兵，他得到的帮助却极其有限。孙策大失所望，认识到袁术无法成就大事。于是他率领父亲的老部下黄盖、程普等人，从当涂渡江后，依靠舅舅吴景的帮助，开始统一江东的霸业。

他首先击溃盘踞在曲阿（现属于江苏丹阳）的扬州刺史刘繇，再长途奔袭，袭击吴郡（现江苏苏州）和会稽（现浙江绍兴）之间的固陵（现浙江萧山）。固陵的地理位置恰好将吴郡和会稽分开（吴郡太守许贡和会稽太守王朗对孙策持敌对态度），拿到了固陵，就切断了两地的联系，随后两地被孙策各个击破。

占据了长江下游，孙策顺江而上，向豫章、夏口（现湖北武汉）方向前进。经过苦战，占领豫章。在向长江中游进军的过程中，孙策的将军们对长江的地理位置有了更深刻的了解，这是他们在赤壁之战中能够精确卡位、战胜曹操的关键因素之一。

孙策与父亲一样，除了骁勇善战，还时刻不忘匡扶汉室。

建安五年（公元200年），恰逢中原地区曹操与袁绍大决战之时。曹操为了拉拢孙策以避免两线作战，将自己弟弟的女儿嫁给孙策的小弟孙匡，又为自己的儿子曹章娶了孙氏的女儿。经过一系列的拉拢行为，曹操以为孙策暂时对自己不构成威胁。

他不知道的是，孙策一面与曹操虚与委蛇，一面又暗自秣马厉兵。孙策的目标很明确：进攻许昌，迎接汉献帝。

就在孙策做军事准备的时候,一个刺客杀死了他。[6]孙策进军中原的梦想也随之东流,江东留给了其弟弟孙权。

粉面书生的千年之对

曹操坚持北方战略,先统一北方再进行南攻。孙策坚持江东战略,先统一江东,再顺江而上,夺取一个个战略要地,最后进攻北方。这两个战略在逻辑上都是自洽的,如果得到人和与天时都有成功的可能性。

而在荆州的小地方新野,刘备正在拜访诸葛亮。

与刘备的坎坷经历相比,诸葛亮的前半生过得较为平静。他是山东琅琊(现山东临沂)人,由于父亲早死,他跟着叔父豫章太守诸葛玄到了任所。随后,由于职位被取代,诸葛玄带着侄儿来到荆州,投靠刘表。

那时的人从江西到荆州,走的是水路,顺着赣江进入长江,再溯流而上到达荆州。由于有这样的经历,诸葛亮对于从柴桑到夏口再到荆州一段的水路有所了解。

诸葛玄死后,诸葛亮在襄阳和南阳之间的隆中居住,等待机会。他为人高调,自比管仲、乐毅,却由于没有实际经验而遭人轻视。在刘备拜访他的当年,他只有二十七岁(虚岁)。

历史往往就在不经意间完成转折。

---

[6] 见《三国志·吴书·孙破虏讨逆传第一》:"(军队)未发,会为故吴郡太守许贡客所杀。先是,策杀贡,贡小子与客亡匿江边。策单骑出,卒与客遇,客击伤策。"

落拓半生的刘备之所以如此颠沛流离，在于他缺乏整体性的构想。他不断地寻找可以依附的势力，在战争间隙辗转。他很少有时间考虑如何获得长期的根据地，如何经营自己的势力，而不是仰人鼻息。在前半生的绝大部分时光里，他都是作为其他军阀的附属品而存在的，公孙瓒、田楷、陶谦、吕布、曹操、袁绍、刘表等人都习惯于将他看作手下来使唤。时间长了，他虽然心怀成为老大的野心，却缺乏老大的视野和能力，以及独当一面的勇气。

他首次独当一面，是陶谦临终时把徐州牧让给他。不幸的是，他很快便把徐州输给吕布。

当然，徐州之所以这么快就被丢掉，也因为这里并不适合作为根据地。一个完美的战略要地必须具备两个条件：第一，拥有足够多的肥沃土地，生产粮食作为军备；第二，拥有强大的地理条件可以防守。徐州地处江苏大平原的北部，这里河湖纵横，有利农业，符合第一个条件。但是，也正因为地处平原，徐州缺乏必要的军事屏障，反而由于富庶而成为各方军阀争夺的对象。徐州城附近有些许起伏的小山，不足以成为定都的条件。

西楚霸王项羽的遭遇已经证明，占领徐州的人无法建立王朝。刘备也不例外。就连驱赶刘备的吕布，不管他怎样英勇，也无法守住这片土地。徐州成为众多英雄豪杰梦想的墓地。

刘备到荆州时仍然是丧家之犬。强大的曹操统一了北方，孙权在长江下游也坐稳了江山，荆州、益州两大军阀刘表和刘璋也貌似稳固。此刻的刘备仍然没有表现出战略头脑，他满脑子想的还是直接攻击北方的曹操，念念不忘北伐。

就在他会晤诸葛亮的同一年,曹操远征少数民族乌丸,刘备听说后,请求刘表赶快攻打曹操的许都,被刘表忽视。

后人对刘表的评价一直不高,认为他缺乏勇气和头脑。但至少刘表知道自己占领的荆州无法和强大的中原直接对抗,如果贸然出兵,必然和吕布、袁绍等人一样被曹操消灭,或者如刘备一样丧失根据地。

刘备缺乏战略性思维的缺陷因他遇到诸葛亮而得以弥补。诸葛亮提出的建议也让人第一次见识了这个年轻战略家的风采。

诸葛亮建议刘备先忘掉北伐,转而向南和向西,占据在当时的人看来最边角的土地。诸葛亮的战略包括以下几个层次。

第一,肯定曹操和孙权的优势地位,暂时不与他们争锋。

第二,曹操和孙权又是不同的。相对于曹操,孙权的南方战略刚刚完成一半,占领了江东和赣江盆地,还没有来得及完全占领两湖(那要打败刘表)。可以说,孙权也处于相对弱势的地位,是刘备的联合力量。[7]后来的历史证明,蜀国的发展依赖于与吴国的和平友好,一旦闹翻,蜀国就会陷入被动之中。

第三,既然暂时不与魏、吴争锋,那么又怎么发展呢?诸葛亮把战略的核心放在了两个地方——荆州和益州。只要占有这两个地方,未来就有可能进攻中原,统一全国。这两个地方只要丢失了一个,就基本上丧失了统一全国的可能性。

---

[7] 见《三国志·蜀书·诸葛亮传》:"今操已拥百万之众,挟天子而令诸侯,此诚不可与争锋。孙权据有江东,已历三世,国险而民附,贤能为之用,此可以为援而不可图也。"

人们往往这样理解四川的重要性：这是一个完美的盆地，周围一圈全是高山。要想进攻四川，在当时只有两条路可行：一条是从荆州坐船沿长江而上，进入四川盆地；另一条是走古代的蜀道，从陕西翻越秦岭和大巴山进入四川。

这两条路都相当难走，因此只要把守得当，四川便固若金汤。

先说长江道。古代的船只只能靠人力和风力，顺水而下时容易，逆水行舟时却非常困难，加上入蜀必须经过狭窄且水流湍急的长江三峡地区，更增加了难度。历史上只有东汉光武帝成功遣将，从这条路打入四川，还是在四川被昏聩的公孙述占领的情况下。

至于从陕西出发的道路，那里不仅仅有峻峰险阻、玄关栈道，在当时还有一个特殊的情况：陕西地区是东汉末年受兵灾最严重的地区，根本无法给军队供应粮食，曹操很难从这个方向发动持久的进攻。

另外，四川还有一个特殊的属地——汉中。占领了四川，就容易占领汉中，汉高祖当年就是从四川和汉中起家的。

四川和汉中都是大粮仓。特别是东汉时期，由于经济发展，四川的粮食产量更高，这里成了天府之国。所以即便刘备无法统一中原，也可以在此建立不错的小王国。

不过，仅仅占领四川和汉中仍然是不够的。这就要看荆州在诸葛亮的战略中的重要性了。

可以这样断言：四川是一个守成之地，有了它，就有了根据地；荆州是统一之地，有了它，才能够统一全国。

荆州的重要意义在于：这里是当时的交通枢纽，是从长江通往中原的"高速公路"。无论是哪一方想要最终打败曹操，必须从荆州出发，才能更快地进入中原。

那时,从曹操所在的中原地区向南到达长江流域,可以走的道路并不多,因为两者之间的西部山岭纵横,而东部则河流密布。

在陕西与四川、湖北之间,横亘着巍峨的秦岭;在河南与湖北之间,则是外方山、熊耳山、大别山等一系列山脉;在江苏境内,虽然没有山,却是沼泽遍布,不利于行军——如今的江苏是大平原地貌,在一千多年前却是难以通行的湖沼。

在山脉的缝隙里以及东部沼泽里,古人们探寻到的通道不外三条,这三条道路在本书楔子中已经有说明,这里不妨再回顾一下。

第一条通道是,从陕西经过汉中入蜀的道路(西线)。第二条是,从南阳到襄阳、荆州的道路,也被称为方城隘道或者南襄隘道(中线)。第三条是,淮河平原通道,这条路又可以细分为两条支路:第一条支路围绕着寿春、合肥,经过巢湖到达马鞍山附近渡过长江(东一支线);第二条支路从徐州向南,跨过淮河到达扬州附近渡过长江(东二支线)。

上述三条通道中,最具有意义的是第二条南襄隘道,也就是中原通荆州道。在东汉与三国时期,广义的荆州包括如今的湖北和湖南。这两个省的地形实际上构成了一个巨大的盆地:在盆地的北面,是与河南交界的一连串山脉;盆地的西面,则是秦岭、大巴山、荆山等巨大山脉,把两湖与陕西、四川、重庆、贵州隔开;盆地的南面是南岭,与广东、广西分开;盆地的东面是罗霄山脉,与江西分界。在盆地的中央,浩荡的长江一穿而过,成为沟通东西的要道,沿着长江,西可以进入四川,东可以到达南京。

在盆地的北面,造物主形成了一条独一无二的通道通往中原。从荆州北上南阳后，在南阳下属的方城（现河南方城），万山丛中恰好有一条平坦的通道可以到达许昌、洛阳一带，这里也就成了自古以来进入中原最重要的通道。在春秋的楚国时期，这条通道就已经被广泛使用。

南（阳）襄（阳）地区是一个四通八达的十字路口，南可通荆州，北可达中原，西可入关中。荆州又是下一个十字路口，向南通往湖南，向东通往江西、江苏，向西可达四川。南阳、襄阳、荆州，共同构成了进攻中原的最好跳板。

根据诸葛亮的计策，刘备必须同时拥有四川和荆州，才能以四川为基地生产足够的军需，同时利用荆州的地理条件北伐，最终完成统一大业。没有荆州，就只能满足于偏安一隅，无法顾及天下了。

对刘备有利的是，在他与诸葛亮见面时，荆州和益州这两个地方恰好都掌握在实力相对较弱的人手中。荆州的刘表是个聪明人，但没有并吞天下的野心，只想如何苟活。他不断地摇摆着，既想保持独立性，又倾向于投靠曹操。而益州的刘璋则更是昏弱不堪，依靠着父亲的庇荫才获得了本不该拥有的地位。

诸葛亮认为，刘备此时应该考虑先夺取刘表的地盘，同时和东吴的孙权保持友好关系，再向西发展，击败刘璋获得益州。在汉中地区盘踞的是利用早期道教组织五斗米道起家的军阀张鲁，只要得到四川，以四川为基地进攻汉中也是很有把握的。

如果能够将四川、荆州和汉中同时拿下，那么也就掌握了从四川进入陕西的通道以及南襄走廊，从这两个地方同时发兵，形成钳形攻势，就可以进军中原了。

这就是诸葛亮"隆中对"的实质。在群雄醉心于争夺中原时，只有少数人能够从更高远的角度看待问题，发现四川、荆州、汉中等地区在全国战略中的重要性。诸葛亮就是其中的代表人物。

四川、荆州、汉中不仅对刘备，对曹操和孙权也同样具有决定意义。

在孙策拜访张纮时，张纮已经将东吴的策略说得很透彻：先占领南京一带，再向西推进占领荆州，然后进攻四川，最后向北推进，进入中原。孙权如果能夺得荆州和四川，就统一了南方，以江东平原、赣江谷地、两湖盆地和四川盆地，加上汉中小盆地的资源，经济实力已经超过了北方，足以一争天下。

如果曹操占领荆州和四川，则拥有了进攻东吴的交通要道。后来的西晋就是借助这样的优势击败东吴的。

江东战略和"隆中对"战略的提出，意味着南方对北方的一次战略逆袭。在此之前，北方一直是军事战略的重心，人们心目中的战略重点都在北方。自从张纮等人提出长江的价值，以及诸葛亮发现荆州的枢纽地位，并提出从南向北发展的统一理论后，南方正式作为一个独立的实体与北方并驾齐驱了。

但是，诸葛亮的理论到此时仍然是纸上谈兵，刘备也只不过是一座小城的守将，根本没有实现远大理想的资本。

赤壁之战：长江防线进入历史

诸葛亮提出西进、南进战略，这对刘备的处境暂时没有丝毫的改变。

心怀大志的汉室宗亲刘备守在新野。他依附于刘表，刘表对他颇为照顾，也颇为戒备。虎视眈眈的曹操伺机南下统一全国。

曹操的机会在建安十三年（公元208年）出现。这一年，刘表去世，他的小儿子刘琮继承了州牧的职位，驻扎荆州。在樊亭侯蒯越、从事中郎韩嵩、东曹掾傅巽等人的劝说下，刘琮决定投降曹操。

在投降之前，刘琮并没有向刘备说明情况。直到曹操率军到了南阳，守在樊城的刘备才知道刘琮已经投降，于是仓皇逃走。

此刻，诸葛亮的"隆中对"战略也经历了一场最大的危机：如果荆州被曹操并吞，意味着曹操已经获得南襄走廊的主导权，并且切断了刘备西进四川的道路；"隆中对"战略从此无从谈起，刘备毕生只能作为流寇四处逃窜。

为了挽救"隆中对"战略，诸葛亮向刘备进言，直接向南攻打荆州的刘琮；如果能够夺取荆州，那么还有可能抗拒曹操的进攻。然而刘备却认为当初刘表对自己不薄，不忍心攻打他的儿子，再一次丧失了据有荆州的机会。

听说曹操到了，荆州城内的十多万百姓跟随刘备一起外逃。这些百姓和士兵拥挤在一起，拖慢了刘备逃亡的速度。曹操派遣五千精锐部队以一日一夜行三百余里的速度在后面追击。最初刘备还舍不得把跟随他的民众散兵抛弃，但在曹操的追击之下，到了当阳的长坂坡，刘备最终连妻儿都抛弃，带着诸葛亮、张飞、赵云等几十人逃走。

然而他们能够逃到哪里去？刘备的意图是去广西投靠苍梧（现广西苍梧）太守吴巨。苍梧属于边缘地带，缺乏足够的战略空间建立强大的政权。刘备一旦进入苍梧，也就退出了历史舞台。

这时，一位东吴的使节挽救了刘备的政治命运。这位使节就是鲁肃。

鲁肃是孙权派来吊唁刘表的，他所带的使命是打探刘表死后荆州的动向。如果刘表的儿子能和刘备同心协力抗击曹操，就安抚他们并与之联合；如果荆州四分五裂，东吴就乘机插手。只要东吴得到荆州，就可以控制南襄走廊，获得向北进军的通道；而如果丢掉荆州，那么孙权占领的江东也会受到极大的威胁。

鲁肃到达夏口时，已经听说曹操挥军南下准备进攻荆州。他到达南郡时，得到消息称刘琮已降曹。鲁肃连忙去见刘备，在当阳的长坂坡迎上了他。鲁肃不顾刘备狼狈的境地，毅然邀请刘备共同抗曹。

除了鲁肃，诸葛亮无意中的一步棋也挽救了刘备。

刘表在生前，由于他喜欢小儿子刘琮，令长子刘琦深感不安。刘琦向诸葛亮请教如何自保，诸葛亮给他出主意：如果留在刘表身边，很可能会被阴谋所害，只有申请外派，离开刘表，才能自保。

刘琦按照诸葛亮的计策，向刘表申请外派到江夏（现湖北黄冈和武汉一带）担任太守，驻扎在夏口。当弟弟刘琮投降曹操后，哥哥刘琦决定抗曹守土。

诸葛亮与刘备在鲁肃的陪伴下逃到刘琦所在的夏口。有了落脚点之后，开始筹划抗曹大计。

刘琦与刘备的兵力一共只有一万人，曹操的兵力有二十几万[8]，双方

8　见《三国志·吴书·周瑜传》裴松之注引《江表传》："今以实校之，彼所将中国人，不过十五六万，且军已久疲，所得表众，亦极七八万耳，尚怀狐疑。"

实力相差悬殊，必须与东吴军队联合，才有抗击曹操的可能性。诸葛亮匆匆前往东吴寻求联合。

在东吴，孙权身边聚集了一批主战的将领，以周瑜、程普、鲁肃、甘宁、吕蒙、黄盖等人为代表。诸葛亮的游说恰好点燃了孙权与这批将领心中的火焰，于是，孙、刘联合成为现实，周瑜成了东吴军队的统帅。

这些将领大都参加过孙策在长江沿岸的征伐，对长江的熟悉程度远高于曹操，经过观察，周瑜将战略重心放在如今武汉周边的长江地区。从如今的湖南岳阳开始到江西九江，长江形成了一个向北突出的三角地貌，三角形的三个顶点，除了岳阳、九江，第三个（也是位于中间的一个）则在武汉附近。

由于曹操手下的士兵大都来自北方，不善于走水路，这个三角形构成的陆路通道就成了东吴的东方锁钥。曹操大军可以在岳阳下游的某个地点渡江，然后走陆路横穿现今的湖南境内，到达九江后，再顺江而下攻击南京，或者顺赣江而上进攻南昌，逐步挤压东吴的生存空间。

在岳阳下游，最佳的登陆地点位于陆溪口（现湖北嘉鱼陆溪镇），这里有一条河流入长江，形成了一小片平地。在陆溪口的西南方有一片江边峭壁，就是后来为人们所熟知的赤壁。

陆溪口之所以重要，是因为古代的长江两岸大都是沼泽湖泊地貌，行军困难，只有陆溪口一带地形相对简单，又有一条通往柴桑的道路。

东吴守住陆溪口，既可以阻挡曹军的水军顺长江直下九江，又可以防止曹军登陆。对东吴军队有利的是，在陆溪口的对岸是乌林，这里遍布烂泥塘，一旦曹军被迫在北岸登陆就会陷入泥沼中。

除了陆溪口（和赤壁）这一个点，周瑜还必须在更广阔的范围内进行防御。曹操除了从江陵顺长江而下,还有一支军队从汉江上的襄阳而来,顺着汉江可以直接攻击夏口。周瑜一方面抢在曹操之前占领了赤壁和陆溪口,另一方面又在夏口布防阻挡从汉江而来的军队。

刘备则跟在周瑜的后方,保存实力的同时又做好准备,一旦周瑜胜利就参与进攻。

周瑜与曹操的主力在长江相遇,由于周瑜抢占了陆溪口和赤壁的南岸,曹操在一战不利的情况下选择了江北岸的乌林下营。在相持中,由于发现曹操将所有战船用铁锁连接,周瑜利用黄盖诈降将曹操的战船全部烧毁。

失去战船的曹军陷入江北的泥泞之中,刘备也乘机派人从小路绕到曹军的侧翼实施打击。

曹操九死一生逃回荆州后,面对周瑜和刘备的双重进攻,北撤回到襄阳,将荆州南部让给敌人。而荆州北部(襄阳及其北方)则成了曹操的前线,双方在荆襄地区形成拉锯战,决定了未来几十年的三国模式。

赤壁之战,反映了长江防线的崛起。在未来很长时间内,长江决定了历史的走向。荆襄拉锯战反映了长江防线的另一个方面:长江防线固然重要,如果只是退缩到长江以南去防守却是极端危险的。长江防线的关键,在于一定要在江北控制足够的缓冲地,才能抵抗北方的攻击。

在未来,守卫长江的关键在于襄阳和淮河流域,一旦襄阳和淮河流域失守,长江防线就很可能崩溃。所以,历代南北对峙政权争夺的焦点不在长江本身,而在襄阳与淮河。

四川不再是附庸

赤壁之战成为历史上南北战略的转折点，也是开启中国古代历史上南北对峙模式的第一场战役。

对刘备而言，这场战役的意义是：它使希望渺茫的"隆中对"战略得以复活。荆州本来已经输给了曹操，在赤壁之战后孙刘联军从曹操手中又夺回荆州和南襄走廊的南部。

由于诸葛亮的事先设置，当周瑜与曹操在江北周旋时，刘备乘机派兵将长江以南的四个郡（武陵、长沙、桂阳、零陵）收入囊中，将现湖南的南部地区变成了自己的势力范围。加上在江夏的刘琦，刘备实际上控制了湖南、湖北的广大土地。

然而，诸葛亮的"隆中对"战略并非只有他一个人会谋划，当时有一批人都看到了荆州所在的两湖盆地和四川的重要性。

在这些人中，对问题看得最清楚的是东吴都督周瑜。在小说《三国演义》中，周瑜被拿来反衬诸葛亮，但在实际历史中，周瑜的才智和能力并不在诸葛亮之下。赤壁之战，周瑜的火攻之计打败了曹操的水军。同样是周瑜，对于诸葛亮的"隆中对"战略有着最深刻的认识。

赤壁之战后，周瑜牢牢地将荆州的主城江陵控制在手，避免刘备在荆州的势力过大。当刘备希望获得更多的地盘时，周瑜仅仅割了两个县给他。

周瑜的防范却被破坏了。当刘备向孙权提出要借荆州时，主张孙刘联合的鲁肃力劝孙权同意。于是，孙权调回周瑜，刘备得到了荆州的主要区域。

鲁肃的目的是让刘备正面对抗曹操，为东吴守门户。但他没有想到，将荆州借给刘备实际上也阻断了东吴进攻四川的通道。当年张纮提出的江东战略也不再完整，因为东吴丢失了两湖盆地，就只能成为割据政权，无法统一全国了。

不久，周瑜又对孙权提议分割刘备的势力。他认为，刘备是天下枭雄，又有关羽、张飞的辅佐，必然不会久居人下。要想让刘备彻底屈服，只有把刘备迁到吴国去，给他建筑宫室，送美女，让他耽于享乐；同时，将张飞、关羽分开，让他们驻扎在不同的地方，且置于东吴将领之间。只有这样，才能利用他们的价值，同时又不会被他们所伤。而鲁肃提出的借给刘备荆州并让他们合兵一处的做法，则留下了巨大的后患。

然而，孙权为了对抗曹操，没有采纳周瑜的建议。

随后，周瑜提出了另一个战略：进攻四川。

在周瑜版的进攻四川战略中，主动权掌握在东吴手中，由东吴合并刘焉，完成南方的统一，再进攻汉中的张鲁，掌握进入甘肃的道路，再与甘肃境内的马超联合，形成对陕西的大包围。东吴夺取陕西后，就拥有了天下的三分之二，压制中原的曹操并击败他。如果周瑜的计策得以实现，势必意味着诸葛亮"隆中对"战略的失效。

孙、刘双方围绕着到底由谁来进攻四川开始了一系列的钩心斗角。

最初，孙权提议由双方共同组成联军进攻四川。刘备认为，自己处于中间位置，等攻下四川后，孙权很难越过他进行统治，四川必然是自己的，想答应下来。荆州主簿殷观认为，孙权是想让刘备打头阵而牺牲，一旦攻打不下四川，刘备的实力势必被削弱，会被孙权利用。刘备采纳了手下的建议，阳奉阴违地赞扬孙权的提议，却不出兵。

当孙权准备独自行动时，刘备开始威胁他，表示刘璋是自己的宗亲，不能放任别人伤害他。刘备派遣关羽、张飞、诸葛亮各守要害，将所有的道路都卡死，阻止吴军通过。

就算这样，刘备仍然无法抵挡周瑜并吞四川的决心。在孙权的许可下，周瑜紧锣密鼓地准备伐蜀。

就在此时，上天帮助了刘备。之前周瑜被曹仁的部队用箭射伤，身体一直不好；赤壁之战两年后，周瑜突然死在任所。周瑜死后，继任的是主和派的鲁肃。于是四川留给了刘备和诸葛亮去征服。

在刘备所有的人马中，军师中郎将庞统是伐蜀最坚决的支持者。当刘备因为与刘璋的宗亲关系犹豫不决时，庞统力主进军蜀地。

中原的形势再次帮助了刘备。建安十六年（公元211年），曹操因为从东路进攻长江流域受阻，决定西进包抄。曹操的做法是：先进攻位于汉中的张鲁，在取得汉中之后从北路进攻四川，一旦拥有了四川，就可以从长江上游向下游进攻。

在中国古代历史上，张鲁是一个异数。他在汉末乱世中把握住机会，在汉中地区建立了政教合一的体制。他在此传播五斗米道，再通过它控制了地方政权，成为汉中的主宰。

曹操的军事行动让陕西（关中）地区的军阀产生了误解。这些军阀虽然都暂时承认了曹操的权威，却并不希望丢掉军队。当曹军借道陕西进攻汉中时，军阀们担心曹操是冲着自己来的。于是，在马超和韩遂的旗帜下，关中军阀反叛。曹操用了一年时间才将其击败，完成了关中地区的再统一。

曹操在陕西的军事行动引起四川刘璋的惊慌。他意识到,曹操一旦解决完陕西,就会顺势进攻汉中的张鲁,而汉中是四川的门户,一旦汉中丢失,曹军就会继续南进,拿下四川。这是秦汉以来中原和关中进军四川的常规步骤。

作为反击,刘璋必须赶在曹操之前拿下张鲁的汉中,做好防守,才能保护四川的门户。

但刘璋的军队早已习惯了四川的安逸环境,缺乏战斗力,所以必须引入新的力量才能击败张鲁。别驾从事(州刺史佐官)张松劝刘璋借刘备的兵应对张鲁,放刘备入蜀。[9] 刘璋派遣法正去迎接刘备。不想法正见到刘备后却做了内应,向刘备陈述可以借机获得四川之计。

刘备带数万大军入蜀后,刘璋又给了他三万人,虽然庞统、法正等人力主直取刘璋,磨不开面子的刘备还是率领人马缓慢地向汉中进军。

建安十七年(公元212年),曹操出征孙权,孙权向刘备求援。磨磨蹭蹭还没有到达汉中的刘备乘机向刘璋申请回军,双方发生冲突。

刘璋杀了刘备在成都的内应张松,并下令关防不要让刘备通过。这正好给了刘备借口,他挥师向成都进军,同时命令关羽镇守荆州,诸葛亮、赵云、张飞等人都从荆州出发,沿长江进入四川,形成钳形攻势,双方的战争正式爆发。

这次战争到建安十九年(公元214年)才告结束,刘璋出城投降,

---

9 见《三国志·蜀书·先主传》:"别驾从事蜀郡张松说璋曰:'曹公兵强无敌于天下,若因张鲁之资以取蜀土,谁能御之者乎?'璋曰:'吾固忧之而未有计。'松曰:'刘豫州,使君之宗室而曹公之深雠也,善用兵,若使之讨鲁,鲁必破。鲁破,则益州强,曹公虽来,无能为也。'璋然之,遣法正将四千人迎先主,前后赂遗以巨亿计。"

刘备得到四川。在同时拥有了荆州和四川之后，诸葛亮的"隆中对"战略距离实现又前进了一大步。

然而，对诸葛亮战略的考验并没有就此结束，这次对刘备发难的不仅有老对手曹操，还包括他的盟友孙权。

建安二十年（公元215年），就在刘备获取四川无暇顾及汉中之时，曹操对汉中发起了闪电战。这次战争从三月开始，曹操率军出现在通往汉中的陈仓道上，到七月已经攻克了汉中的中心南郑，将张鲁的军粮府库一窝端掉。张鲁逃往四川北部的巴中地区。

当年十一月，由于刘备对巴中的进军，张鲁再次逃窜，投降了曹操。作为一股势力，张鲁和他的五斗米道就此结束。刘备与曹操的边界也划在了金牛道的两端，曹操控制汉中，刘备得到巴中。

这样的结果对于诸葛亮的"隆中对"战略是不利的。在战略中，蜀军必须占领汉中，才能以汉中为跳板进攻陕西地区，与荆州的关羽做配合发动钳形攻势。失去汉中，就没有了从西部北伐的落脚点。

就在曹操获得汉中的同时，东吴对刘备发难。当初刘备名义上是从孙权的手中借走荆州的，既然他占了四川，有了根据地，孙权随即派人来索要荆州。

如果归还荆州，刘备就丧失了从东部北伐的落脚点。汉中已经在曹操手中，如果荆州再给了孙权，刘备的统一就无从谈起。

为了拖延，刘备提出：只有当他从四川北上，获得凉州（现甘肃省武威）时，才会归还荆州。

刘备的托词让孙权大怒。在与刘备打交道的过程中，孙权积攒了一肚子怨气。早在进攻成都问题上，由于刘备一直欺骗孙权，孙权就气愤地咒骂："猾虏乃敢挟诈！"[10]

作为对策，孙权对刘备发动了有限攻势，派遣吕蒙向两湖盆地进攻，夺取了长沙、零陵（位于现湖南永州）、桂阳（位于现湖南郴州西部）三郡。刘备率军进入荆州，派遣关羽在益阳与东吴对峙。

此刻，蜀汉和诸葛亮的"隆中对"战略再次面临重大考验：荆州和汉中缺一不可，而蜀汉却两面受敌，到底如何选择才能保证战略的顺利推进呢？

政治智慧最后一次保佑了刘备的政权。在诸葛亮、法正等人的努力下，刘备确定了继续联合东吴的政策。在荆州问题上，双方各退一步，以湘江为界将荆州划分成两半，其中江夏、长沙、桂阳所属的东区归东吴，南郡、零陵、武陵所属的西区归蜀汉。这样的划分既满足了一部分东吴的领土要求，又为刘备保留了北进的基地，作为南襄走廊最核心的南郡也留给了他。

不过，由于湘江并非天险，以湘江划分的边界处于不稳定状态，任何一方想攻打另一方都很容易。这种不稳定的边界更加倚重于双方的和平诚意。任何一方如果另有企图，都会打破这种微妙的国界平衡，为未来留下隐患。

与东吴的纷争暂时解决后，法正劝刘备借曹魏内乱之时向汉中进军。

建安二十三年（公元218年），是诸葛亮的"隆中对"战略最有可

10　见《三国志·吴书·鲁肃传》。

能实现的一年。这一年，刘备从西部大举进攻汉中地区，而东部荆州的关羽也在准备北上抗曹。荆州和汉中这两个着力点形成的钳形攻势正在展现威力。

第二年，刘备在汉中有了巨大的收获，曹操在汉中地区的主帅夏侯渊完败被斩，曹魏撤出汉中，刘备加冕汉中王。

此时我们可以将刘备与当年的刘邦进行对比。刘邦被封为汉王后，同时控制四川和关中，吹响了兼并天下的号角。刘备也和刘邦一样同时获得了汉中与四川。但那时的天下一共有十九个王，形势一团糟。而到刘备时天下三分，要想进攻就不容易了。更何况这时的中原和江东都已经发展起来，要比当年的实力强大得多，四川和汉中在全局当中的地位实际上已经下降了。

不过，刘备比刘邦多了一个荆州，也就多了一条进军中原的道路，这使得他同样有希望一统天下。

关羽以荆州南部为基地北伐。他的首要目标是南襄走廊上的襄阳和樊城，在这里，他利用霖雨导致的水灾，斩魏军大将庞德，并迫使于禁投降，主将曹仁侥幸逃走。

如果攻下樊城，蜀军将径直北上南阳，打开走廊的北端，中原已经在朝着关羽招手。

钳形攻势显出了极大的威力。但就在此时，东吴的行动却让诸葛亮设计的奇谋战略功亏一篑，成为千年遗憾……

第六章 "隆中对"战略的失败：武侯伐岐山的是是非非[1]

导致"隆中对"战略失败的，是刘备和东吴双方战略的冲突。东吴试图以江东为基地统一南方，刘备试图占据西南和中南，再反攻北方，而这两个战略最多只有一个能够实现。当刘备在实施"隆中对"战略时，东吴夺取荆州的计划最终破坏了诸葛亮的全盘部署。

刘备和东吴虽然达成了划湘江而治的协议，但由于湘江不是天险，双方的边境是不稳定的，要么刘备将东吴赶入赣江谷地，要么东吴将刘备赶到四川，才有可能形成稳定的边界。

丢掉荆州，意味着刘备北伐的钳形攻势丢掉了最主要的一钳，再也没有了统一全国的可能性。

丢掉荆州后，诸葛亮的北伐只能从汉中进攻关中。从汉中进攻关中的道路一共五条，诸葛亮的北伐就是在这五条道路中不断尝试、不断失败的过程。

---

[1] 本章涉及的时间范围是公元220—234年。

诸葛亮第一次北伐选择了最西面的祁山道,从天水方向翻越陇山进入关中平原,以达到奇袭的效果。但由于马谡丢了陇山道上著名的连接点街亭,致使蜀军无法翻越陇山,第一次北伐失败。

诸葛亮第二次北伐选择了陈仓道,仍然失败。之后,魏国分三路进攻汉中,也失败了。巨大的秦岭对于双方都是无法克服的障碍。

诸葛亮第五次北伐,遭遇了司马懿的闭门不战。蜀军耗尽粮草,只能退军。这次退军也证明,从四川和汉中单臂出击几乎没有可能攻克关中。汉高祖乘三秦分裂之机夺取关中只是孤例。

诸葛亮最后一次北伐着重解决粮草问题,实行屯田。但他的离世为这次本有希望的进军画上了句号。

建安二十四年(公元219年),刘备的钳形攻势正撼动着曹操的西南防线,年迈的曹操在保汉中还是保襄阳的选项上犹豫不决。这时,刘备的东线大将关羽收到了一封来自东吴年轻将领的书信,信中带着谦卑和仰慕的语气向老前辈致敬。这位年轻的将领就是陆逊。

东吴的西线将官原本是老谋深算的吕蒙。正是吕蒙的偷袭,使得蜀汉失去了荆州东部、湘江以东的三个郡。此时吕蒙的身体已经很差,孙权考虑到他的健康,将其调回建业(现江苏南京),陆逊接替了他。

陆逊接替吕蒙后,立刻给关羽写信。在信中,他作为同盟军,对关羽的功绩大加赞赏,将他比作晋文公和韩信,又千叮咛万嘱咐地让他小心曹军的阴谋,以求取得完胜。[2]

2　见《三国志·吴书·陆逊传》:"逊至陆口,书与羽曰:'前承观衅而动,以律行师,(转下页)

关羽收到陆逊的信,意识到东吴换这个年轻人为将,是帮自己解除了东面的隐患。由于吕蒙是收复荆州的鹰派人士,之前关羽在向北进攻曹魏的襄阳、樊城时,并没有忘记在南面的公安和南郡留下军力,以防范吕蒙可能乘己之危。陆逊到任后,关羽开始将南方的军队向北方调动,以求尽快结束北方的征伐。随着北方战事的拉长,军队的粮草补给成了大问题,关羽将南方的储备粮草也运往北方。

在做这些调动时,关羽并不知道东吴真正发生了什么。

实际上,吕蒙的病并没有严重到必须召回的程度。关羽一发动北伐,吕蒙立刻给孙权写信,主动要求召回。他这样做,正是希望关羽放松警惕,而自己回到建业,便于组织军队和后勤,以便完成一次奇袭。

吕蒙在回建业的途中遇到陆逊。陆逊专程赶来看他,问他为何在如此重要的关头离开。

吕蒙回答因为自己病了。

陆逊立刻想到,既然吕蒙病了,关羽就会放松警惕。因此他让吕蒙到国都禀告君主,定计策收复荆州。

吕蒙吃惊于陆逊的老练,仍然托词说关羽英勇善战,又拥有人心,不容易攻打。

然而,吕蒙一见到孙权,立刻推荐陆逊代替自己镇守东部。于是,

(接上页)小举大克,一何巍巍!敌国败绩,利在同盟,闻庆拊节,想遂席卷,共奖王纲。近以不敏,受任来西,延慕光尘,思廪良规。'又曰:'于禁等见获,遐迩欣叹,以为将军之勋足以长世,虽昔晋文城濮之师,淮阴拔赵之略,蔑以尚兹。闻徐晃等少骑驻旃,窥望麾葆。操猾虏也,忿不思难,恐潜增众,以逞其心。虽云师老,犹有骁悍。且战捷之后,常苦轻敌,古人杖术,军胜弥警,愿将军广为方计,以全独克。仆书生疏迟,忝所不堪,喜邻威德,乐自倾尽,虽未合策,犹可怀也。傥明注仰,有以察之。'"

诸葛亮精心设计的"隆中对"战略，在吕蒙与陆逊的手中拉响了警报……

蜀吴战略冲突与东线崩溃

吕蒙、陆逊等人之所以急于得到荆州，在于刘备和东吴战略上的冲突。

在张竑和孙策设计江东战略时，得到江东、赣江盆地后，第三步就是占据荆州所在的两湖盆地，第四步是从两湖跃进四川，从而获得整个南方地区，这样就可以从关中地区包抄中原。

而在诸葛亮的"隆中对"战略中，荆州同样被赋予了无与伦比的意义。只有拥有荆州，才能够实行钳形战略，从双线夹攻北方的曹魏政权。

当刘备和东吴同样把荆州当作核心战略时，双方的冲突是不可避免的。

刘备和东吴虽然达成了划湘江而治、平分两湖盆地的协议，但这个协议本身就是不稳定的。由于湘江算不上天险，如果一方有图谋，很容易出其不意地将对方赶出两湖地区。刘备和东吴必须随时防范对方。

对于东吴而言更紧迫的是：如果关羽北伐成功，刘备的实力就会得到极大的增强，到那时，湘江边界的不稳定将向着对刘备有利的方向演化，很可能未来的东吴会被迫退到罗霄山之后的江西赣江谷地之中，将两湖地区彻底让给刘备。

东吴要想巩固两湖地区，只有拿到整个荆州，将刘备赶入三峡后面的四川盆地，依靠着雄峻的巴山阻隔，才能形成双方较为稳定的边界。

为了达到目的，孙权不惜与曹操暗通有无：一方面表示将帮助曹操进攻关羽，另一方面劝说曹操称天子。

陆逊赴任前方的同时，吕蒙在后方的建业准备袭蜀事宜。为了迷惑关羽，东吴的大军乘坐伪装成商船的战船，由部分士兵穿上商人的白衣摇橹，其余都伏在船舱中，不分昼夜地赶路。

关羽在长江沿岸设置了警卫哨。吴军每到一处哨卡，都利用伪装将哨内的兵士全部抓获，不让他们传出信息。

由于保密工作成功，直到吴军到达关羽的老巢南郡和公安，蜀军都没有发现。当吴军将江陵和公安围住时，吕蒙决定用智术取胜。他致信把守公安的将军傅士仁，伪称吴军之所以能这么快速、悄无声息地完成包围，就是因为有内应，如若不投降，就失去了最后存活的机会。傅士仁相信了吕蒙的话，在恐惧和彷徨之间选择了投降。吕蒙又依靠傅士仁劝降江陵守军。

吕蒙不损耗一兵一卒就端掉了关羽的大本营。入城后，他规定军士不得骚扰百姓，对于蜀军的家属更是优待抚慰，并将关羽府邸的财宝都封存起来，等待孙权的到来。吕蒙日日夜夜拜访当地的老人、名士，询问他们有什么困难，还为他们看病拿药。

关羽听说大本营被端后，连忙派人前去查看，并和吕蒙有了书信往来。凡是关羽派来的人，吕蒙都热情招待。这些信使看到的是城里井井有条，家家户户都照常过日子。蜀军得到家人无恙的消息，都归心似箭，再无斗志，还没有回到江陵，已经投降大半。

关羽父子逃往麦城，被吴军断了后路，将父子二人擒获并杀害。关羽的头颅随即被孙权送往曹魏。

关羽之死，不仅仅是蜀汉气运的转折点，其更大的意义在于，诸葛亮制定的战略从此残缺不全。失去荆州，意味着蜀汉北伐的钳形攻势丢掉了那只主要的钳子——从荆州北上中原要比从汉中经过陕西再过潼关的道路方便得多，这里本来是诸葛亮设想的主要进攻点。

荆州一失，对蜀汉领土的连带作用也是非常明显的。荆州是蜀汉三峡以东领土的中心，一旦丢失，意味着整个三峡以东的领土都会慢慢地被东吴蚕食。蜀汉必须退到四川一隅，要想从万山丛中找到东进和北伐的出路已不现实。

更麻烦的是，在关羽镇守荆州前期，对周围各地方的震慑作用已经出现了有利于蜀汉的变化，现在这种变化也被打断了。比如，在汉中到襄阳之间，有一条著名的水路相连——汉江。在汉江沿岸以及南侧的山地中有一系列城市，如现在陕西安康在三国时期称为西城，是扼住了汉江的交通要道；在汉江以南的武当山中分布着房陵（现湖北房县）、上庸（现湖北竹山），它们都处于沟通长江与汉江的交通线上。当刘备的势力在汉中地区扩张时，这些原本属于曹魏的城市纷纷投降了刘备。得到了这些城市，就可以将汉中与襄阳沟通起来，更利于从南阳方向进攻许昌。

然而，关羽死后，进攻襄阳成了泡影，就连荆州也丢了。西城、房陵、上庸等地都变成了蜀汉的飞地，于是矛盾立刻爆发，房陵、上庸等地相继重归魏国，从南阳进入蜀汉的道路被彻底封闭。

蜀汉章武二年（公元222年），称帝不久的刘备为了替关羽报仇，更为了夺回荆州的控制权，重新打通南襄隘道，率领大军从三峡进入湖北境内，向东吴控制的荆州发起攻击。

蜀汉群臣纷纷苦劝刘备不要出兵，怎奈刘备置之不理。诸葛亮、赵云等人由于不同意刘备的意见，都被留在后方。此时深受刘备信任的法正已经去世。诸葛亮事后回忆称，如果法正还活着，就能劝说主公不要东行，就算一定要去，也不至于如此大败。

刘备开局不利：在准备出兵时，大将张飞被部将所杀。

此时，东吴方面吕蒙已死，指挥权交给陆逊。为了避免两线作战，东吴一方面继续向曹魏称臣，另一方面积极布防。

刘备出兵三峡后，首先占领了秭归，再继续东进，到了夷陵。在夷陵之南的猇亭（位于现湖北宜昌），他遭遇了东吴陆逊的主力军，双方形成对峙。

就像赤壁之战时曹操为了图方便将所有战船用铁链连接在一起、被东吴一把火烧光一样，刘备在这次战争中也留下一处死穴。为了防御敌人的袭击，刘备在从秭归到猇亭之间设立了连片的军营，绵延七百里，又用树栅环绕以防敌人偷袭。

他没有想到的是，七百里连营如同一支巨大的火把，一旦被点着，将全军覆没。陆逊抓住机会，火烧连营，再调遣大军猛攻死打，将刘备军营攻破。

这次战争是荆州之战的续篇。荆州之战注定了蜀汉守不住三峡以东的剩余土地，火烧连营只是让蜀汉彻底丢掉这些地区，重新划定吴蜀边界。

蜀汉退回了四川盆地。从地理上讲，由于四川盆地与湖北平原之间山林密布，只有一条长江道可以通行，一旦双方把守好边界，几乎都不可能攻入对方的领土。这里是比湘江更天然的一条边境线。

东吴与蜀汉的战争形成了两败俱伤的局面。在中原地区，北方与南方的主要通道有三条：第一条位于蜀国，是从陕西走汉中的通道；第二条位于吴国，是经过巢湖和淝水，中心在寿春的通道；第三条位于吴蜀冲突区，是荆州、襄阳到南阳的通道。

吴蜀战争之后，对蜀汉来说，失去襄阳道，就失去了进攻北方的一个最重要的前进据点，统一中原成了空谈。对东吴来讲，原本只需要承担巢淝通道的防御任务，现在要同时承担两条通道的防御任务，分散了兵力，加大了消耗。

而蜀汉的损失更大。在战争前，蜀汉的军事策略基本上遵循诸葛亮的"隆中对"战略。刘备在世时，诸葛亮更多的使命是镇守成都，负责后勤工作，至于征战之事则由刘备与关羽等驻外将军负责。刘备去世后，接受了托孤重任的诸葛亮获得了掌管蜀汉政治、军事的全权。只是当他全盘负责时，蜀汉已经失去最重要的一臂——荆州，腾挪空间瞬间变得局促。

可以说，到此时，诸葛亮的"隆中对"战略已经失败了。

汉中战争与祁山通道

荆州的丢失宣告"隆中对"战略的失败，诸葛亮开始进行一系列的新尝试。

在历史上，四川是一个奇特的地方，它物资富裕，地理封闭，是争霸天下的优秀后勤基地。但历史又告诉我们，任何人如果只想凭借四川的天险守成，不想扩张，就必然会越来越弱小，直至最终被并吞。[3]

诸葛亮显然也知道，丢掉了荆州，如果再不思进取，一味防守，最终连四川也是守不住的。一旦敌人从北面或者东面攻入腹地，必然引发巨大的灾难。[4]

为了避免蜀汉的衰落，诸葛亮试图在狭小的空间里重新找到一条收复中原的道路。于是，"隆中对"战略就有了修改版：在失去荆州（也是进攻的"右臂"）后，利用汉中（仅剩的"左臂"）重新制订北伐计划。汉中本来是"隆中对"战略中较为弱势的一钳，路途遥远，远离曹魏的核心区域，曹操将此区域称为"鸡肋"。[5] 在正常情况下，汉中是作为与荆州的策动存在的；如今主要攻击点已经不存在了，只剩下策动点。这个计划由于缺乏荆州的钳形配合，显得困难重重又软弱无力，连年兴师动众却收获有限。

在从汉中出兵之前，刘备去世后留下的烂摊子还亟待处理。在东吴的攻击下，蜀汉的周边区域进入崩塌状态，除了荆州地区失守、房陵和上庸等地归属魏国，蜀汉西南方的外围区域也出现了动摇。比如，南部的益州郡（现云南昆明）、永昌郡（现云南保山）、牂牁郡（现贵州镇宁县）、越巂郡（现四川西昌）都试图叛离蜀汉，投靠东吴。

---

[3] 见《读史方舆纪要·四川》："四川非坐守之地也。以四川而争衡天下，上之足以王，次之足以霸，恃其险而坐守之，则必至于亡。"

[4] 《三国志·蜀书·诸葛亮传》引《汉晋春秋》："然不伐贼，王业亦亡，惟坐而待亡，孰与伐之？"

[5] 《三国志·魏书·武帝纪》引《九州春秋》："时王欲还，出令曰：'鸡肋。'官属不知所谓。主簿杨修便自严装，人惊问修：'何以知之？'修曰：'夫鸡肋，弃之如可惜，食之无所得，以比汉中，知王欲还也。'"

对蜀汉有利的是，东吴占据荆州后，为了避免东吴势力太大，曹魏开始从背后，经过寿春和巢湖或者走广陵（现江苏扬州）打击东吴。曹魏的打击让孙权意识到，北方才是东吴最大的敌人。诸葛亮忍辱负重，与孙权恢复了联盟关系。此后直到蜀国灭亡，吴蜀关系经过重重考验，保持了下来。

在与东吴恢复关系后，诸葛亮率军平定了南方，攻心为上，七擒七纵孟获，换取了对方的归顺，将原本的荒芜之地变成蜀国的粮食基地。

蜀建兴六年（公元228年），诸葛亮在处理完内部事务，社会经济得到恢复之后，终于率军进入汉中地区，开始北伐。

在汉中所在的汉江盆地与关中所在的渭河盆地之间，横亘着中国南北地理的分界线——秦岭。秦岭的一段，从长安到宝鸡，又被称为终南山。宝鸡以西则进入甘肃南部的山岭地带，称陇山，陇山之北则是六盘山。陇山之后的甘肃境内被称为陇右地区，陇右地区以高原和峡谷为主，向东有若干条峡谷通道可以抵达宝鸡所在的盆地之中。

古人认为，从长安出发，穿越终南山到达汉江的大山谷一共有六处，分别是子午谷、牛心谷、傥骆谷、蓝田谷、横岭谷和褒斜谷，[6] 但其实这有凑数的成分。其中牛心谷和横岭谷都只是在长安以东蓝田道的小分支，本来不应该与其他四处同列。蓝田谷称得上是一条大道，但它通往的是南襄盆地而不是汉中地区。

秦汉以来，直接穿越终南山到达汉中的道路就只有子午谷、傥骆谷

---

6 见《读史方舆纪要·陕西》。

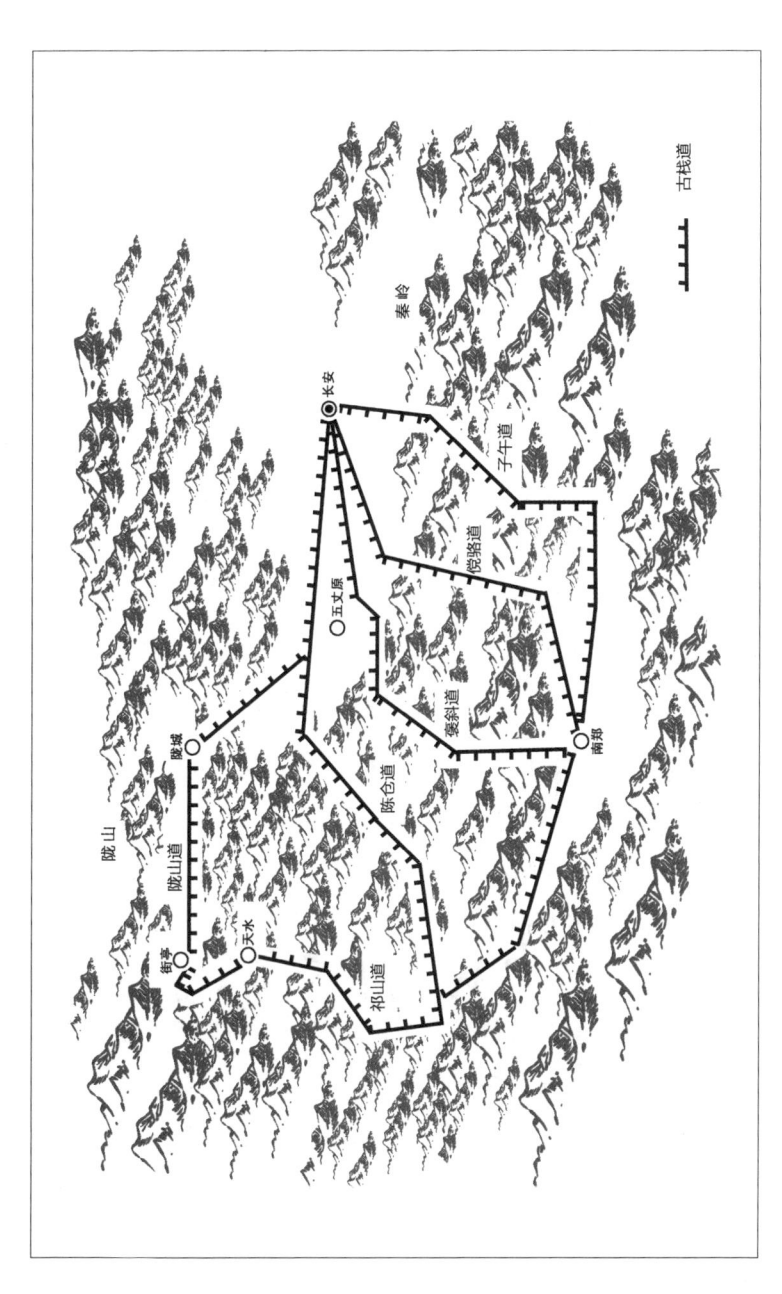

图 9 蜀汉从汉中进攻关中可选择道路图

和褒斜谷。从北方来的人，首先进入山北的子谷、骆谷和斜谷，顺着山谷而上，翻越终南山的山脊后，进入午谷、傥谷、褒谷，下山就进入汉江谷地。

子午谷、傥骆谷、褒斜谷本来就地势复杂，特别是子午谷和傥骆谷，不易于大军通行，经过三国战乱之后更是衰落，很难通行。

在秦汉时期，还有一条路是绕过终南山的西面，从宝鸡向南经过大散关进入嘉陵江上游的谷地，从西面到达汉中的道路，这条路被称为陈仓道，或者故道、散关道。当年汉高祖就是利用这条路偷袭三秦，开始了统一全国的步伐。

汉高祖利用陈仓道，是因为这条路在当时还不常用，可以达到出其不意的效果。到了三国时期，陈仓道已经成了大道，不具有奇袭的效果了。另外，陈仓道由于曹操第一次撤离汉中时的破坏也变得不易通行。

除了这四条之外，还有一条更往西的通道进入人们的视野。那就是，从宝鸡北上陇县，翻越陇山进入陇右地区，从陇右南下祁山，从祁山进入汉江谷地，到达汉中。这条路在东汉光武帝时期已经出现，光武帝就是从这条路攻击陇右的军阀隗嚣的。

三国时期这条路还很偏僻，一直不是首选通道，却可以达到奇袭的效果。

总结起来，从汉中进攻关中，诸葛亮可以选择的道路主要包括五条：祁山道、陈仓道、褒斜道、傥骆道、子午道。在子午道东面，原本还可以顺汉江直下，经过安康、南阳，绕过陕西直接进攻中原的许昌。在荆州没有丢失时，蜀汉曾经打通了这条路，连接了南襄盆地与汉中地区；但随着关羽战死，西城、房陵、上庸等地投降魏国，这条路已经不通了。

诸葛亮北伐之前，曾经有一次小小的转机。率领西城、房陵、上庸投降魏国的蜀国大将孟达，由于在魏国不受重视，又想率领人马重新投靠蜀国。他与诸葛亮通信，约定投降计划。

孟达的行为让魏国的司马懿感到紧张。他知道汉江中游的重要性，一方面安抚孟达，让其放松警惕；另一方面快马加鞭、昼夜兼程，赶往汉江。孟达以为司马懿一个月内能赶到战场，司马懿却只用了八天时间就将孟达围在上庸，他迅速攻城，将孟达斩首。魏国对汉江中游加强控制，彻底封杀了诸葛亮从汉江进入中原的希望。

诸葛亮到底选择从哪里进攻关中地区呢？

寻找古街亭

从陕西的陇县出发，向西前往甘肃的张家川县，就是古代从关中翻越陇山到陇右的大道，古人进入甘肃天水，必经此山。途中要经过历史上一系列著名的关隘，大震关和安戎关两道巨关横亘在陇山之上。

从地理上看，渭河从渭源出发后，经过天水向东直达宝鸡。由于渭河两岸的高山峡谷地貌，古人无法沿着河岸前行，只能向北绕路，翻越陇山，才能沟通两地。

在陇山上，有一个关山草原，地势在这里突然变得较为平坦，形成了一片巨大的草场，号称"空中草原"。

从张家川继续向西，经过龙山镇，十几公里后就到达了陇城镇。陇城镇在一个峡谷中，清水河贯穿而过，南北两侧都是连绵的山峰。这片谷地是从天水通往陇县的一条交通要道。

在陇城镇的东南部有一座女娲祠，过了女娲祠向山上走，就会看到半山腰的一片平地上竖立着一座低矮的汉式古亭，上面写着"街亭"两个字。

街亭古战场在哪里，人们曾经争论不休。除了陇城镇的街亭之外，在甘肃天水的麦积区也有一个叫街亭的地方，人们曾经认为那里是街亭古战场。但从地势上看，陇城镇所在的清水河河谷更具有战略价值，加上有一定的考古证据，更可能是街亭所在。

在东汉初年，街亭附近曾经有一座著名的城池叫略阳，光武帝征隗嚣期间曾围绕略阳展开攻防。略阳之所以重要，在于它位于天水和陇山各个关口之间，只要切断了略阳，陇山关口的守军就失去了天水的后勤补给，变得不可守了。

到了三国时期，略阳城的名称已经被街亭取代。要想从天水进攻关中，街亭同样是必不可少的连接点。如果天水一方得到街亭，就可以从陇山冲下、直达关中平原；如果关中一方得到街亭，就切断了天水的进攻路线。

不过，即便人们相信陇城镇是街亭所在，马谡当年具体屯兵的地点也已经不可考，现在的亭子只是可能的地点之一。从亭子远望河谷，能看见对面连绵的山峰，大致上知道这里曾经发生过一场影响了全国局势的战争——诸葛亮第一次北伐在这里失败。

在北伐之初，就蜀军该从哪条路进攻长安，有着不同的争论，有两种意见最为主流。一种是魏延提出的经过子午谷和褒斜道直捣长安。他认为，魏国长安的主将是安西将军夏侯楙，这人以曹氏的女婿身份飞黄腾达，却没有什么本事。魏延希望能够率领五千精兵（另有粮草军五千）翻越秦岭直捣长安，而诸葛亮的大军在后面配合。

为了减少在魏国地域内的时间，魏延选择了最东面的子午谷。子午谷地势险峻，是到达长安的最直接通道。这一带的秦岭属于不毛之地，处于双方的控制之外，蜀军也不会被敌人发现。出了子午谷到达秦岭的北侧，接近长安时，才算是进入魏国的控制区。从这里到达长安已经不需一天，夏侯楙听到蜀军的消息后必然逃窜，只剩下太守、御史等官员守城。魏延这时可以一面围城，一面在周边搜寻粮草。而蜀军进攻的消息从长安传回许昌，再到魏帝下令派兵赶到长安，必然要花费二十多天。在这二十多天里，诸葛亮有足够的时间率领主力部队从更加平坦的褒斜道前来，与魏延一起攻克长安城。

诸葛亮则认为，魏延的策略听起来振奋人心，却是赌博式的做法。只有做到环环相扣才能成功，任何一环的脱节都必然导致后面环节的失败。

比如，如果魏军恰好在子午谷有一支军队阻挡魏延进入关中盆地，那么后面的事情都无从谈起；如果夏侯楙没有如魏延所料逃走而是奋力抵抗，魏延的军队很可能在诸葛亮主力部队到达前就全军覆没了。

从安全角度出发，应该选择更加出其不意的路线。这条线路就是走陇右的祁山道到达天水，再走天水以北的陇山道下到关中地区。

陇右主要包括如今的甘肃陇南、天水、甘南甚至兰州一带的广大的地区。这片土地既有峡谷，又有可以耕种的高原土地，进可攻，退可守。由于地处偏远，魏国的防御并不充分，要调动军队前来也需要花费大量的时间。一旦占领了整个陇右，借助地形的优势，可以居高临下，如泼水一般将军队泼向关中平原。

当然，从陇右出发也有劣势，主要问题在于许多城市还在魏军掌握之中，蜀军必须一路上逐个攻克，出兵速度相对缓慢。即便占领了陇右，具备进攻优势，但毕竟还不是占领关中本身，要想进入关中仍然需要较长时间。

诸葛亮权衡之后认为，相比劣势而言，进攻陇右是一种较为稳妥的方法。

蜀汉建兴六年（公元228年）年初，诸葛亮利用声东击西之法开始北伐。他首先派赵云等人在褒斜道屯兵，造成要从褒斜道出击的假象，再从汉中向西，经过现在的勉县、略阳、成县等地，出兵祁山（现甘肃西和县境内）。

诸葛亮出兵果然达到了奇袭的效果，南安、天水、安定三郡纷纷倒戈投降诸葛亮，北伐前景看上去一片光明。

但蜀汉群臣可能都低估了魏军的实力。诸葛亮出兵的消息传来，魏国迅速做出了军事调动。魏明帝亲自坐镇长安，派遣张郃西进抵御诸葛亮，又派曹真在褒斜道道口驻扎，防止赵云北进。

张郃领兵后，从陇城（现在的陕西宝鸡陇县）翻越陇山，进击蜀军。诸葛亮占领天水之后，也马不停蹄地赶往天水以北，希望尽快占领陇山的关口，以便占据进入关中平原的通道。

双方的前锋在街亭相遇。街亭于是成了双方争夺的关键：如果蜀军能够稳稳地占领街亭，就可以借助地理优势，东进直插陇山，进入关中平原；如果魏军占领此地，就封死了蜀军前进的道路，一旦蜀军陷入持久战，必然会由于缺乏粮食而不战自败。

在街亭，马谡捷足先登，占据了有利地形；张郃后来赶到，处于地理和时机上的双重劣势。

就在这时，局势突然因为马谡的错误决策而发生变化。马谡希望占据高处，选择在山腰较高的位置扎营，想着一旦张郃来攻，可以居高临下地打击。

但马谡忽略了水源。此处用水全靠在山谷中流淌着的一条清水河。张郃大军赶到后，封死了蜀军下山的通道，蜀军很快陷入缺水的境地，最终被击败。

丢失街亭，让蜀军的失败成为必然。很快，粮草的困扰出现了。诸葛亮不得不撤退，不仅退出街亭，还退出天水、祁山，回到了攻击发起的原点——汉中。

投降蜀汉的三个郡也都被魏军夺回。蜀军的远征以徒劳无功而告结束。

在蜀军的计划中，天水地区已经有了产粮条件，可以做长久支撑。但计划执行起来人们却发现：天水太偏僻，即便可以自给自足，也无法供养大批的军队。只有回到汉中，才能最终解决给养问题。

失败不仅影响了蜀军的士气，更提醒魏国在西方加强守备。诸葛亮曾经派兵的两条线路——祁山道和褒斜道，都成了魏军加强防卫的重点，即便蜀军在未来再次发动攻击，也不会像第一次那样有奇兵的效果了。

秦岭：无法击破的屏障

在第一次北伐祁山失败的当年冬天，诸葛亮再次出兵北伐。由于前一次的失败，诸葛亮的身上已经带上了很浓的宿命色彩，在给刘禅的信中透露出"北伐未必成功，但不北伐必然灭亡"的意思。

之所以在一年间两次北伐，在于这一年间魏国与吴国突然起了冲突，陆逊击败魏军。诸葛亮希望借机从西面进攻魏国，与吴国形成呼应。

但第二次北伐比第一次失败得更快。由于第一次北伐使用祁山道与褒斜道，魏军在这两处都加强了防卫，于是诸葛亮这次选择陈仓道进军。

陈仓道曾经是关中通往汉中的主道，秦朝关中四塞之一的大散关就在这条道路的北端，汉高祖伐关中就走的这条路。曹操退出关中时对陈仓道进行了有计划的破坏，此后陈仓道的地位被褒斜道取代。

诸葛亮选择陈仓道也有出其不意的意图，然而北上后却被魏国大将曹真阻拦，无法前进。随着粮食的告竭，诸葛亮只能退兵。这次短暂的北伐以失败告终。

诸葛亮对魏国连续攻击，魏国也不甘只处于防守地位。两年后，魏军开始反击。

在大司马曹真的策划下，魏国进行了一次三面包围的进攻。

在西侧，以张郃为统帅，选择祁山道进军汉中。在北侧，曹真率领军队从子午道和褒斜道两条路直接进攻汉中。另外，由于从南阳到汉江的西城（现陕西安康）在魏国手中，曹真还设计了一条东道，命令司马懿从南阳出发，沿汉江谷地进入西城，再溯汉江而上到达汉中。

曹真的目的是三路大军齐发，包围并拿下汉中，再以汉中为基地进攻四川。但在出发之初，他的计划就出现了问题。

在北侧和东侧，曹真和司马懿率领的主力军遭遇三十余天的大雨，山洪暴发摧毁了道路，还没有到达战场就损兵折将。而诸葛亮在各条道路的出口都进行了重点防守。于是,群臣纷纷劝谏不要进军,魏明帝只好下令召回大军。

在西侧,情况又有不同。由于西侧的祁山是诸葛亮重点利用的区域,蜀军在这里不是纯粹的防御,而是带着进攻意图。诸葛亮派出魏延等人率领一支军队,绕过张郃军,进入魏军的后方一路骚扰,由洮河谷地一直进入湟水,直达青海与甘肃接壤的羌中地区。

魏延的进军再次将西部的版图扩大。之前,陇右战争的中心区域在甘肃天水,而蜀军此次却将触角伸出甘肃之外,到达青海东部。诸葛亮死后,蜀国大将姜维能够去西部发展,就与魏延在西部积累了足够的经验有关。

在蜀军的防御下,魏军的攻势被遏制。

蜀汉建兴九年(公元231年),诸葛亮进行了他一生中的第五次北伐。这次北伐仍然以祁山和陇右为出击目标。前几次北伐最终都受困于粮草危机,而蜀汉的粮草除了一部分来自汉中,更多的来自成都所在的四川盆地。

在古代,粮草运输多借助水路,进入陇右的粮草多采取从嘉陵江进入汉中地区,再沿着嘉陵江支流西汉水接近祁山一带。再往上,运输就必须走陆路。也是在这一次,诸葛亮设计了传说中的"木牛"来运输粮食。如今,木牛的形状和制造技术都已经失传,作为合理猜测,可能是一种能在山路运输粮草的特殊车辆。

携带木牛的军队到了祁山,但这次,他们碰到了强大的对手——司马懿。

由于曹真患病，魏军临时换将，由司马懿代替曹真进行指挥。司马懿上任伊始，就展现出了魄力。由于进军关中的路有五条，魏国还不确定诸葛亮走哪一条，大臣们大都赞成对五条路分兵把守。司马懿却认为，分兵把守分散了兵力，而要想获胜必须集中兵力，他没有采纳在散关、斜谷处处设防的提议，而是率领所有人马奔赴陇右。

在陇右，司马懿留下一部分兵力守住上邽，稳住天水，随即率主力南下，保卫祁山。

不想，就在司马懿主力南下后，诸葛亮分兵北上攻取上邽，这就截断了司马懿的后勤线，迫使他回军。

这次交手让司马懿明白，要想击败诸葛亮并不容易，主动出击不是最好的选择。从此时开始，他采取了另一项策略：闭门不出，等待蜀军粮食耗尽，自动撤退。蜀军最大的问题不是兵力，而是后勤能力，看透了这一点，就决定了魏蜀战争的走向。

果然，在司马懿的坚守下，蜀军只好撤退。

蜀军的撤退，基本上已经证明，从四川和汉中单臂出击，几乎没有可能击败位于陕西的敌人。汉高祖从汉中的逆袭在历史上只能发生一次，再也不会发生第二次。由于中原和长江中下游的持续发展，四川的定位只能是偏安一隅。这个结论在现在如此明了，却是当年诸葛亮用血和泪尝试过才得到的。

"隆中对"战略的最终失败

蜀汉建兴十二年（公元234年），诸葛亮进行了最后一次准备周密的北伐。在前几次北伐中，由于粮草问题无法解决，诸葛亮都不得不饮恨退兵。

加上吴蜀之间缺乏配合，每一次都给魏国留下了单独行动、只针对一翼的机会。诸葛亮在时日无多的情况下，决定集中全部兵力做最后一次尝试。

这次北伐经过三年的准备。为了对曹魏造成双重打击，诸葛亮联合东吴，从东西两面对魏国形成钳形攻势。孙权率领的中路大军主攻巢淝通道，主攻点在合肥。陆逊、诸葛瑾率领的西路进攻南襄隘道的襄阳。孙韶、张承从扬州走邗沟进攻徐州。

蜀国则采取了新的进攻策略：屯田。曹魏很早就采取屯田制作为解决后勤的方法，而直到最后一次北伐诸葛亮才想到屯田。

由于屯田的需要，蜀军抛弃了不适合屯田的祁山道，选择了更加直接的褒斜道。

关中的渭河流域土地肥沃，如果大军不在山区纠缠，而是快速跃进关中平原，在渭河流域寻找到一个前进基地，以这个基地为核心进行屯田，就可以较少依靠翻越秦岭的后勤系统，直接从当地获得粮草。为了快速进入关中，褒斜道比起遥远的祁山道要便捷得多。

这个战略迅速取得了成功。诸葛亮大军通过了褒斜道，在道口以北的渭河岸边的五丈原找到了扎营的基地。五丈原位于渭河南岸，现在的陕西岐山县境内。这个土台东、西、北三面均为悬崖陡坡，北部宽约一公里，南北长两公里半，是理想的扎营之地。

以五丈原为基地，还可以迅速将渭河上游与长安的联系切断。由于诸葛亮占据了五丈原，魏军很难再西进援助陇右的守军，蜀军却可以分兵将陇右的魏军城池各个击破，再从陇山而下，攻克宝鸡一带的平原。如果能够完成这一步任务，那么五丈原以西就成了蜀国的领土，这不啻一个小汉中，而且由于蜀军居于渭河上游，随时可以顺流而下打击长安。宝鸡一带土地肥沃，可以耕种生产粮食，在未来，蜀军就不用每次花费巨大人力来解决粮食问题了。

魏国的郭淮感觉到蜀军的威胁，劝说司马懿在五丈原以西二十几里的渭河北岸的北原扎营。这样，诸葛亮从五丈原向西进军，必然遭遇北原的抵抗。要想打通西路，必须首先消灭北原的守军，而要向东进军，又碰到了魏军的抵抗。诸葛亮的战略就由于北原的存在而打了折扣。

蜀军的计划仍然在推进之中。诸葛亮一方面绕过北原，先行争取打通陇山道和陈仓道，另一方面迅速开始屯田，力图在本地解决粮食问题。

如果诸葛亮有足够的时间，将五丈原打造成前进基地，那么未来仍然可以有所作为，但这次决定成败的却是最自然的因素——人的寿命。

由于操劳过度，诸葛亮的身体垮了。司马懿最先料到诸葛亮的身体状况不佳。当诸葛亮派遣使者到魏营时，他询问诸葛亮的饮食起居和工作情况后得出结论：蜀国丞相的工作强度太大，不会支撑太久。

司马懿坚壁清野，绝不与蜀军硬战，等待蜀军内部的变化。就算诸葛亮给他送来女人的衣服羞辱他，他也绝不出战。

司马懿的坚守终于换来了收获。当年八月，诸葛亮由于积劳成疾，病故于五丈原。诸葛亮死后，蜀国撤军，协同作战的吴国也被魏国击败。南方反攻北方的高潮过去了。

诸葛亮的离世让他精心设计的"隆中对"战略彻底失败。这个战略提出之始看上去很高明，与张纮的江东战略一道，为南方反攻北方提供了理论基础。

但江东战略与"隆中对"战略互相影响。北方一家独大，南方却双雄并立，蜀、吴每一方都无法做到集中南方所有资源与北方一战。

具体到"隆中对"战略，在孙权占领荆州之后已经变得遥不可及，只剩下残肢断臂与最艰险的道路。

诸葛亮拖着疲惫的身躯不肯认输，屡次北伐却徒劳无功。最后一次北伐战略更新，更有实际操作性，却随着他的离世而告终。

说得更抽象一点：四川虽然是富庶之地，但由于位置偏僻和道路单一，它无法担当统一全国的重任。诸葛亮给四川加上荆州和两湖盆地，是为了获得更多的机动性。但两湖盆地与四川盆地之间的崇山峻岭，注定了四川与两湖难以兼得。从这个意义上，也许东吴击败关羽获得荆州并非偶然，而是宿命使然。

第七章　西晋：北方反击战[1]

三国时期最被低估的军事家是邓艾。邓艾的奇袭不仅灭亡了蜀国，也为后来人们进攻蜀地指出了一条道路，使得人们可以绕过狭窄的金牛道，从西部直捣成都。

在灭蜀战争之前的二十年，邓艾就要求魏国必须为十万大军准备至少五年的粮草才可以言战。邓艾选择的军粮基地在寿春一带。粮草的充足，为后来魏、晋先后灭蜀、灭吴奠定了物质基础。

魏国兵分五路，进军汉中。围困了蜀国在汉中最重要的两个城池，并迫降通往蜀道的门户阳安关。但随着蜀军在汉寿（剑门）的加强防守，魏军无法进入四川盆地。如果没有邓艾，伐蜀将以失败告终。

邓艾发现，桥头（白龙江与白水江交汇处，后世在此筑"玉垒关"）与四川盆地只隔了一座摩天岭，只要寻找伐木的小路翻越摩天岭，就可以绕过汉寿，直插四川盆地，奇袭成都，逼迫蜀汉投降。他的发现是灭亡蜀汉的最关键因素。

---

[1] 本章涉及的时间范围是公元234—280年。

从邓艾以后,四川不再是天险;随着大量西部道路的发现,北方政权可以更加方便地进军四川。

四川丧失独立地位后,成了南北对峙的胜负手。如果北方政权占领四川,就可以借助上游优势打击位于下游的江东;如果南方政权占据四川,就足以与北方抗衡。

西晋灭吴是一次充分利用了地域宽度的大规模协同作战,为后来的南北对峙战争指明了方向。

总结曹操赤壁之战的教训,西晋认定如果把兵力集中在一点,双方展开对决,就容易放大北方军队不习水战的劣势。必须采取多线路协同作战,才能避免劣势,并放大自己的人数优势。

西晋伐吴的军事战略可以被总结为"五纵一横",即利用南下建业的五条南北道路,同时向南进军,对吴军形成压倒性攻势,再利用在四川境内囤积多年的水军舰船,沿长江直下,分别经过这五路大军的防区,直达建业。

六路大军中,达到奇袭效果的是第六路,沿长江的横向进攻。龙骧将军王濬、广武将军唐彬率领巴蜀的水军浮江而下,先后经过纵向五路的战区直捣建业,完成灭吴。

东晋以后,北方对南方战略的基本模式是:充分利用地图的宽度,将南方的四川、两湖、赣江谷地、江东四大单元逐个剥离,再兵分数路集中于江东。这个战法至今有效。

蜀汉兴元元年、曹魏景元四年(公元263年),魏国在司马昭的组织下对远在四川的蜀汉发动大规模的远征。

在远征中担任主力的是镇西将军钟会，他率领十二万大军从长安出发，进攻汉中。此时蜀国已经在庸君和宦官的共同作用下变得无比衰落，却仍有一人让钟会担心，他就是蜀国大将姜维。

不过姜维并不在成都，为了躲避宦官之祸，他率领军队屯驻在偏远的沓中。沓中的位置与千年后蒙古人进攻云南的起点达拉沟很接近，也是位于四川、甘肃交界地带，在白龙江的上游。

这里距离成都和汉中都很遥远，很难对魏军构成威胁。但姜维是一位经验丰富的将军，曾经率领人马七次与魏军征战，是司马昭最忌惮的蜀国将领。为了防止姜维千里跃进驰援汉中，司马昭下令在陇右地区的征西将军邓艾出兵主动进攻姜维，将他拖在陇右地区，不要阻挡钟会的大部队。

邓艾并不同意司马昭的计划。他认为，要想征服一个国家，必须等这个国家内部出现反叛。蜀国虽然弱小，却并没有出现内部纠纷，征服这样的国家得不偿失。

不过，作为军人，他忠实地执行司马昭的命令。

这一年九月，邓艾兵分三路：一支从狄道（现甘肃临洮）南下，进攻沓中的东部；再有一支军队从洮阳（现甘肃临潭）出发，直接打击沓中的北部；而另一支军队绕道西面的高原地带，从沓中的西面进军。这三路大军形成包围之势，指望将姜维围困擒获。

邓艾正要进攻时，钟会出兵汉中的消息也传到了蜀国。姜维恍然大悟，连忙率军向东方撤退，前往汉中。邓艾在后面紧追不舍，不断地袭击姜维。

姜维虽然战败，却乘机逃走了。邓艾拖延姜维的计划失败。

姜维没有想到的是，魏国为他准备了双保险。司马昭担心仅仅靠邓艾无法拖住他，又暗地里派遣雍州刺史诸葛绪率领三万人马在武街（现甘肃武都境内）和桥头等待姜维。

在三国时期，沓中所在的甘肃南部是一片荒芜之地。要想去往沓中，必须从金牛道上的汉寿（现四川昭化）进入嘉陵江的支流白龙江。

在白龙江谷地的南北两侧，分别是迭山和岷山两大山脉，逼仄的峡谷如同一条地缝，将进攻者和守卫者都局限在这一脉的地盘上。而这条路上最重要的两个地点，一个是位于现在武都的武街，另一个是位于白龙江和其支流白水江上的一座桥，这里因桥得名"桥头"。

白水江在白龙江以南，经过阴平（现甘肃文县），在桥头汇入白龙江。白龙江则先经过武街，再到达桥头。

阴平也有一条小道直达沓中，叫阴平道。从沓中去往桥头既可以走白龙江道，也可以走阴平道，两道在桥头汇合成一条。

姜维没有走白龙江道，而是选择从阴平道撤离沓中，到达阴平后再顺着白水江前往桥头。他还没有到桥头时，就突然听说诸葛绪的军队已经在桥头布防等着他了。后方的邓艾也正在赶来，与诸葛绪前后夹击，要将他歼灭在白水江上。

情急之中，姜维决定冒险翻山。在白水江和白龙江之间隔着一座巨大的山脉——岷山，在岷山之间有几条山谷小道，很难行军。姜维强行穿过岷山，从孔函谷北上进入白龙江流域的武街，再顺白龙江而下，从背后打击诸葛绪的军队，试图打通桥头要道。

这时，诸葛绪犯了一个错误。当他听说姜维的军队消失在白水江畔进入白龙江时，害怕武街的防卫空虚，连忙撤离了桥头，向上游的武街赶去。这样,桥头这个最重要的防御地点就被放弃了。

姜维打听到诸葛绪已经离开桥头,并没有去武街,而是挥军返回,通过无人把守的桥头,率军东下。

魏军用两员大将和六万人马也没有拖住姜维,反而让姜维成功逃出,去解救汉中。

到这时,这场斗智斗勇的大戏看上去以姜维的胜利而告终。如果姜维能够守住汉中,必然成为三国时期最重要的军事家而被人铭记。

但就在这时,在后面追击的邓艾却采取了关键性的一步险棋——直捣成都,让姜维的努力功亏一篑。邓艾,这个最被低估的军事战略家,也以这一次冒险而被载入史册。

魏国政治斗争中的伐蜀议题

在司马昭对蜀国发起总攻之前二十年,正始五年(公元244年)三月,魏国大将军曹爽(曹真之子)就开展了一场规模巨大的征蜀运动。

魏明帝去世时,将年幼的儿子齐王曹芳留给曹爽和司马懿,令二人辅佐新皇帝稳固魏国江山。曹爽随即与司马懿开始争权,将司马懿排挤出权力核心,大权独揽。

为了巩固自己的权威和地位,曹爽制订了伐蜀的计划。如果能够征服蜀国,那么大将军的权势将变得稳固,没有人再质疑他是无功受禄。

当年,曹爽在长安征发了十万军队,又从周围调拨了大量物资出发了。在选择进军汉中的道路时,他选择了一条平常很少有人走的路——傥骆道。

汉中与长安之间的秦岭主要道路有三条：子午道、傥骆道和褒斜道，在秦岭之西，还有陈仓道和祁山道。诸葛亮的北伐多使用祁山道、陈仓道和褒斜道，而子午道和傥骆道因为险峻被排除在外。

以傥骆道为例，傥骆道的北口叫骆谷，南口叫傥谷，谷道长四百二十里。其中险峻的山路八十里，有八十四盘，中间有三大险要的关口，分别是沈岭、衙岭和分水岭。在南口则有著名的兴势山，易守难攻。

当时，蜀国在汉中的守军只有三万，如果能出其不意，汉中的确有可能在曹爽大军的碾压下分崩离析。

但由于过于兴师动众，无法保密，魏军的行动很快被蜀国知悉。在蜀国大将王平的布防下，蜀军在南口设防将曹爽阻截。

粮食和军备问题随之凸显，十万大军的军粮也要通过狭窄的谷道运输，大批的牲畜死亡。到最后，曹爽不得不退兵。在退兵时还遭到蜀军的截击，差点回不去。

这次魏国的出兵可谓损兵折将，也凸显了伐蜀的难度。

曹爽的失败加速了他的灭亡，在与司马懿的争斗中被后者俘获并斩首。

曹爽时期，魏、蜀、吴三国的秩序都被内部争斗所打乱，国与国之间的互相攻伐虽然不少，但主流的矛盾已经转换成内部权争。

以魏国为例。司马懿剿灭曹爽后，司马氏就取得了魏国的主导权，司马懿死后，司马师和司马昭相继废了魏国的两任皇帝。司马氏的专权引起魏国许多大将的不满，而反抗最激烈的地区是与吴国接壤的寿春一带。这里属于前线地区，统兵将领的权力更大，也更加忠实于曹魏政权。

司马氏必须将这些将领的权力收回，将他们换成自己的心腹，才能控制住整个魏国政权。

在寿春，先后有三大将领（王凌、毌丘俭、诸葛诞）造反，最终都被一一镇压。

与此同时，吴国孙权死后，诸葛恪、孙綝先后掌权，屡次出兵魏国却鲜有收获，引发朝野内乱，削弱了吴国。

而在蜀国，造成国力下降的因素主要有两个：一是蜀国后主刘禅声色犬马，信用宦官黄皓等人，引起内政混乱；二是以姜维为首的将领继承了诸葛亮的遗志，屡次北伐却徒劳无功，消耗了蜀国的国力。由于宦官势力的增大，为了避免被宦官迫害，姜维离开成都，前往遥远的沓中地区，离开了权力中心。

蜀国在汉中的军队也衰弱到无力进行全面防守。之前汉中的防守以守卫边境各个险要地带为主，也就是说，对于秦岭的各个通道都在险要地方设防，以期第一时间发现和阻拦敌人，不让他们进入汉中平原。但军队逐渐衰弱，蜀国已经无法做到这种撒网式的防守，不得不把兵力收缩，放弃各个险要关口的守卫，而将兵力集中在诸葛亮建立的两座城市——汉城（现陕西勉县境内）和乐城（现陕西城固县境内）。

这样，魏军可以通过各条道路直达汉中平原。蜀国守军龟缩在汉、乐二城内，等待魏军找不到足够的粮食自动撤兵。如果魏军越过汉中平原继续向蜀地前进，那么汉、乐二城里的守军就会袭击魏军的粮道。

这种定点式的防卫，实际上是实力减弱的一种无奈之举。事后证明，魏国恰好利用了这一点，快速地占领汉中。

邓艾：被低估的军事天才

在三国历史上，邓艾是一位最被低估的将领。他是孤儿，年少时以给人放牧为生，还有口吃的毛病。如果不是生于乱世，被司马懿发现，邓艾在东汉时期近乎结块的社会结构中必然只能当一个下等人。

历史上的名将，大致分为两类：一类是只管行军打仗，百战不殆的将才；另一类是运筹帷幄，从全局上筹划战争的帅才。前者只管打仗，后者除了对兵法精通，还需要对政治、经济、地理有全盘的了解。

在三国时期，能当帅才的人寥寥无几，邓艾就是其中之一。军阀混战时，在军事上最重要的因素不是士兵，而是经济和财政。只要有粮食，就能招足够的兵来替自己卖命。很多小股部队不是被击溃，而是被饿散了。

在所有军阀中，最重视粮草问题的是曹魏集团。曹操之所以能够统一北方，一个重要因素就是屯田工作做得最早，解决了后勤问题，当其他军队只能靠掠夺来筹集辎重时，他已经有了固定的税收来养活军队。

曹魏的众多将领中，对于经济与军事的联动理解最透彻的人里就有邓艾。

魏齐王正始四年（公元243年），距离蜀汉灭亡还有整整二十年，距离东吴灭亡还有三十七年，邓艾就看到了统一战争中最重要的因素——粮食。

他为司马懿筹划时写了一篇《济河论》，认为要统一全国，必须在财政上做好准备，有了压倒性的财政优势才能动用军队，并将对方的军事实力耗尽。当初曹魏之所以能够占领半壁江山，就是因为屯田积累了

足够的粮食。²

根据邓艾的计算，要征服南方，至少需要准备好十万大军，用五年的时间。如果准备不充分，就会耗费巨大的财力却空手而归，不如不战。要供应十万大军吃五年，意味着必须有三千万石的粮食储备。³

问题是：怎么才能储存三千万石粮食呢？

邓艾环顾曹魏的土地，发现最大、最肥沃且没有被利用的土地在寿春地区。⁴寿春地处魏国和吴国之间的中间地带，这里曾经是肥沃的土地，被魏国占领，却常常受到吴国的军事骚扰，由于河湖纵横，水利设施年久失修，变成一片灾荒之地。

在邓艾看来，寿春是一个天赐的粮食基地。如果合理地开凿运河进行灌溉，土地产量可以提升三倍。只要五万士兵参与耕田，加上水源充足，就可以每年上缴五百万石的稻谷作为军粮，经过六七年后，就可以凑够三千万石之数，为战争做好准备。

邓艾的提议被采纳，曹魏在寿春大修水利，兴兵屯田。东吴发现邓艾计策的威力后，曾经长期以破坏寿春的农田为目的发动骚扰战，却仍然无法击碎魏国的财政能力。

---

2 见《晋书·食货志》："昔破黄巾，因为屯田，积谷许都，以制四方。今三隅已定，事在淮南。每大军征举，运兵过半，功费巨亿，以为大役。"

3 见《晋书·食货志》："六七年间，可积三千万余斛于淮上，此则十万之众五年食也。以此乘吴，无往而不克矣。"

4 另一个适合屯田的地区是关中。这个地方受董卓之乱的影响最深，曾经全国最繁荣的地方早已经变成了荒芜之地。后来，司马懿为了应对诸葛亮的进攻，在关中大量屯兵；为了供养士兵，大力发展农业。因此，诸葛亮北伐的一个副产品是关中地区的农业和经济得以恢复。

邓艾的计策为司马氏的统一奠定了物质基础。此后财政成为西晋统一战争中看不见的战场，深深地影响着古代中国的历史走向。[5]

除了对战争资源有着深刻的认识之外，邓艾对于政治形势的估计也恰到好处。吴国的孙权死后，诸葛恪掌握了吴国的权力，为了巩固权力，树立权威，他开始了大规模的北伐，令魏国朝野震动。当诸葛恪围攻合肥新城失败退军后，魏国群臣都担心他还会回来，只有邓艾对司马师说：诸葛恪不会回来了，他马上就要灭亡。

邓艾的理由是：孙权刚死，大臣都还没有归心新主，特别是吴国有很多江东本土的大户人家，都有私人军队，依仗着武力与中央对抗。诸葛恪新掌权后，不是先对内巩固根基，而是想靠对外侵略立威，兴师动众不仅没有攻克合肥，反而死了上万人，这样的人必然会被推翻。果然如邓艾所言，诸葛恪回去后，遭遇政变被杀，被夷灭三族。

在指挥打仗上，邓艾也同样擅长。他与姜维在西部周旋十数年，没有让姜维占到便宜，直到最后完成了伐蜀奇功。

当人们谈论三国时期，总是提到关羽、张辽等人，却忽略了为人低调的邓艾，的确是一种历史的不公平。

击穿金牛道

魏景元四年（公元263年），就在邓艾进攻沓中，诸葛绪试图阻截

---

5 见《晋书·食货志》："每东南有事，大军出征，泛舟而下，达于江淮，资食有储，而无水害，艾所建也。"

姜维的同时，魏国的主力军队在镇西将军钟会的领导下兵分五路向汉中进军。

这次进军几乎利用了所有通往汉中的通道，数路兵马分别从陈仓道、褒斜道、傥骆道、子午道进军。同时，还动用了从南阳经过安康的汉江通道直上汉中。

与邓艾不赞成攻打蜀国不同，钟会是进攻蜀国的最主要支持者。

钟会出身于官宦世家，是司马氏的宠臣。在司马氏平定毌丘俭和诸葛诞的反叛中，钟会表现抢眼，声名鹊起。随后，他更加积极地支持司马氏向南进军，剿灭蜀国。实际上，在魏国的内部争论中，除了司马昭和钟会，大部分人并不支持伐蜀，这使得司马昭对钟会更加信任，委派他担任主攻将领。相比较而言，邓艾只是一方的偏将，负责协同作战。

如果诸葛亮仍然在，钟会的兵分五路出击必然被迅速粉碎。在诸葛亮时期，蜀国的防守策略是把守各个要道，将敌人阻挡在关口之外进行痛击。但诸葛亮去世后，随着蜀国的疲惫，汉中的防守策略有了很大改变：守军龟缩在汉、乐二城，而将各个通道拱手让给了魏军。这就让钟会捡了个大便宜。魏军兵不血刃就进入了汉中盆地，随后对汉、乐二城展开猛攻。

除汉、乐二城之外，蜀国的另一个防御地点在金牛道（从汉中通往四川的通道）的阳安关。虽然魏国五路大军看上去很威武，但不管走哪条路，都只能到达汉中，如果要从汉中继续进入四川，必须走金牛道，经过阳安关，这里是个绕不过去的地方。

蜀国的防御策略是：死守汉、乐二城和阳安关。只要守住了阳安关，魏军就无法顺着金牛道南下蜀道进入四川。当魏军在阳安关口感到疲惫时，蜀军就利用后方的汉、乐二城对魏军进行打击。

这个策略从表面上看颇具智慧，但缺陷是它要求非常好的执行力。首先，必须严防死守阳安关，不管出现什么情况都不能投降；一旦投降，蜀道洞开，敌人不需要攻克汉、乐二城就可以南下进军四川。其次，汉、乐二城也不能投降，一旦汉、乐二城失守，即便阳安关仍在，整个汉中地区再也无法收复，持久下去，阳安关也必定丢失。三城必须相互配合，有一方松动，都会让另外两方的压力突然间爆炸，导致整个汉中平原乃至蜀国丢失。

但是，到了蜀国后期，已经不可能再有如此强的执行力了。这是钟会捡的第二个便宜：当他率军到达阳安关下，阳安关将领蒋舒竟然率军投降了魏军。这个最重要的关口竟然在两天之内就被攻克。

阳安关的失守，让汉、乐二城成为孤军，被攻克已经是迟早的事情。即便蜀军能够借助更南方的几个关口防住金牛道，也不可能收复汉中了。

阳安关失守后，下一个战略点是金牛道上的剑门关（剑阁）。剑门关在现在的四川广元，位于嘉陵江和白龙江的交汇处附近，不管从陇右还是汉中，都必须经过剑门关才能进入四川盆地。它是进入四川盆地前的最后一道防线，如果失守，就门户洞开了。

阳安关失守时，从四川盆地来的蜀国援军已经北上，得知来晚了，只好退守剑门关。与此同时，姜维的部队也从桥头退回到剑门关，将这里变成了守卫四川盆地的最后防线。魏军则一面围困汉、乐二城，一面南下在剑门关与蜀军对峙。

随着姜维对剑门关防守的加强，魏军捡便宜的时机过去了，钟会大军的粮食问题凸显出来。对于魏军来说，最可能的结局是守住阳安关，逐渐消化汉、乐二城，保住汉中的果实。至于攻克成都，已经不再可能。

到这时，魏国的灭蜀战略只取得了有限的成果。

历史往往是被一些偶然的人和偶然的事所推动的。

邓艾在之前的战争中都只是牵制性的边缘角色，谁也没有想到他会突然间打破双方的战略平衡。

当姜维逃脱了邓艾的追击时，邓艾的战略使命本来已经结束。但他在对姜维紧追不舍时打听到，在四川盆地北部的群山之中还有其他道路，可以不经过剑门这个"必经之路"，直插成都。

人们常走的正路是从阴平城经过桥头，从桥头往东去剑阁。桥头到四川盆地隔着一座巨大的摩天岭，如果能够找到一条伐木的道路翻越摩天岭，就可以不经过剑门关，直接进入四川盆地。

邓艾率领大军从这里向南，途经七百余里的无人区，没有路的地方就凿山通道，没有桥的地方就架桥。这里山高谷深，艰险异常，又由于缺乏粮食，部队屡屡进入险境。到了没路的地方，邓艾率先裹着毛毯从高处滚下，将士们在山崖上攀着树木，鱼贯前行。

翻过摩天岭就是四川盆地内的城市江油，由于魏军出现得太突然，蜀国守将马邈立刻投降，邓艾获得了在四川盆地内的第一个立足点。

魏军的出现震惊了四川盆地。接下来阻挡邓艾去路的是诸葛亮的儿子诸葛瞻，他在绵竹摆开阵形。在这里，邓艾经历了进军四川最严峻的一战，如果失败，他的人马连退守的地方都没有，会直接被围困歼灭。

邓艾依靠着置之死地而后生的勇气督战，甚至差点杀了自己的儿子邓忠，才死战得胜。诸葛瞻战死。

诸葛瞻阵亡的消息传回成都，成了压垮蜀汉的最后一根稻草。蜀后主刘禅不顾众人的劝阻，出城投降。蜀国正式灭亡。姜维在北方听说后，仰天长叹，投降了钟会。[6]

蜀国的灭亡，表明四川的战略地位进一步下降。战国时代，其他地区进入四川只有金牛道（去成都）和米仓道（去重庆）两条路，而且必须经过汉中，造就了四川的战略优势。但到了东汉时期，除了经过汉中的道路，长江通道已经逐渐进入主流视野，于是从湖北也可以进攻四川了。

三国时期，随着对陇右地区的进一步探索，人们发现原来汉中也不是陕西进入四川的必经之地，在西部还有很多道路可以进入四川。邓艾的奇袭，是发现过程中一个重要的时刻，但绝不是终点。

随着这些道路的发现，进攻四川的核心变成了如何选择一条通道达到出其不意的效果。而随着可选择通道数量的增加，守卫四川的难度也越来越大。汉高祖当年靠汉中和四川一统天下，但从三国以后再也没有人能够通过控制四川来争夺天下了。

不过，四川对于北方政权却有着非常重要的意义，如同当年秦统一，只要北方政权获得了四川，就拥有了打击两湖盆地乃至江东的上游优势。

当出现南北对峙时，如果位于长江中下游的南方政权拥有四川，就足以与北方抗衡；可如果丢失了四川，就连两湖与江东都很难守住。

接下来的东吴灭亡，恰好证明了唇亡齿寒的道理。

---

6 进军蜀国的邓艾和钟会都没有善终。入蜀后，钟会首先污蔑邓艾谋反，后来又自己策划谋反，导致二人都被杀。一代名将邓艾看透了战争的秘密，却看不透政治的钩心斗角和自己的命运。

进军东吴：最完美的战略进攻

晋太康元年（公元280年）的伐吴战争，是中国古代历史上少有的大规模协同作战。它利用了中国疆域的宽度，在绵延三千里的范围内同时作战，最终达到战略目标。在利用马匹和自然能源（水力、风力）作为动力的冷兵器时代，能够在如此广阔的范围内做到有条不紊地协同，可谓奇迹。蒙古人进攻南宋的协同作战可以从晋朝攻吴找到源头。

这次协同作战也可以看作三国时期军事探索的总结性战役。从吴、蜀开始探索南方战略以来，他们借助南方的地形条件尝试了许多作战方案，基本上把南方的地理优势和劣势都摸清了。西晋恰好利用了前人的探索成果，将南方地理进行通盘考虑，充分利用南方的宽度，制定了一个规模巨大的作战方案，并取得成功。它的成功也给后人指明了道路，未来南北对峙的战争都或多或少地借鉴了西晋灭吴的经验。

灭蜀之后不久，魏国也走到了历史的尽头。掌握魏国大权的晋王司马昭去世，取而代之的是他的儿子司马炎。司马炎仅上台几个月，就迫不及待地将当年曹丕编写的禅让剧本再次上演了一遍，将曹魏皇帝废黜，建立了晋朝政权。

在晋朝建立的同时，位于东南方的吴国实际上已经变成偏安一隅的小朝廷，相比于同时拥有中原、陕西和四川的晋朝，吴国的江南地区过于狭小，无力抵抗。但北方的少数民族反叛阻碍了统一的进程，直到十几年后晋朝灭了秃发树机能（河西鲜卑首领），才又腾出手来准备对吴战争。

以羊祜、杜预、王濬等人为首的晋朝将领制订计划，大力推进伐吴事业。在中央，也有司空张华等人积极策划。

几十年前，曹操进攻东吴以惨败告终。当时的人们总结认为，北方军队不习水战，所以才会失败。几十年后，东吴水军依旧，晋朝又是如何避免曹操式的失败呢？

晋朝总结的经验是：曹操当年的进攻以一条路线为主，双方都将兵力布置在一个点上进行角力，这样容易将北方的水战劣势放大。要进攻南方，必须采取多线路协同作战，这样才能利用自己兵力众多的优势，避免一个点上的失利变成全盘的失败。

东吴与北方之间漫长的国境线上，有若干条通道形成了进军路线。在最西侧，晋国与吴国在长江以南的分界线大致与今天的省界重合，晋国占领了四川、重庆，而吴国占领了湖北和湖南。在两国边境上是险峻的川东群山，如武陵山等，这些山脉阻碍了晋军的攻势，使得晋国很难直接进攻长江以南的湖南。

晋国能够利用的第一条进军路线是从四川、重庆沿长江顺流而下，经过巫山、宜昌直达吴国控制的荆州地区。更远方，晋军甚至可以从长江乘船直达吴国的国都建业。

下一条路是从西晋的南阳、襄阳到吴国的荆州，这条路是当年关羽北伐的反向，也是曹操当年的攻伐之路。

在晋、吴对峙时代，另一条不大重要的小路也被开发出来，那就是从现在的河南信阳直接翻山进攻如今的武汉。现在的京广铁路就经过这条路，但在古代并不是最主要的大道。

在长江中下游的江淮地区有一条主要通道，这条道又形成两条分道：一条从寿春、合肥一带进入巢湖，再顺着巢湖进入长江；另一条是从淮河经过广陵入江。此外，由于已经占领了淮河以南的广大地区，晋军还开辟了第三条路，由距离吴国国都建业最近的涂中（现安徽滁州）向长江进攻。

人们常常认为，在吴国和晋国之间，起到两者分界线作用的是长江天险。但实际上，东吴之所以能防御魏、晋几十年，依靠的是长江以北的土地。历代的战略家谈到长江、淮河的形势时，都认为要想保住长江不能仅仅从长江入手，而应该进驻淮河，不让敌人抵达长江。一旦敌人占了长江北岸，就可以随时发动渡江，即便一次不成功，也可以发动第二次、第三次……直到某一次成功。

顾祖禹《读史方舆纪要》总结了这些看法，认为有淮河才有长江，如果没有淮河，那么长江以北的诸多港湾和芦苇荡，都是敌人可以渡江之所在。杨万里也认为："固国者，以江而不以淮；固江者，以淮而不以江也。"[7]

吴国虽然占领了一部分北方地区，却始终没有将淮河以南完全收入囊中。魏国和晋国始终牢牢地占据了淮河以南的一系列战略要地，如涂中、合肥、六安、广陵等地，作为进攻吴国的基地。正是在这种基调下，吴国虽然能够坚持几十年，却始终处于下风。

晋国制定的伐吴战略就充分利用了这些战略要地作为前进基地，迅速推进到长江北岸，让吴国君臣闻风丧胆。

晋国的军事战略可总结为"五纵一横"，即利用南下建业的五条南

---

[7] 见《读史方舆纪要·南直一》。

北道路，同时向南进军，对吴军形成压倒性攻势，再利用在四川境内囤积多年的水军舰船顺长江直下，分别经过这五路大军的防区直达建业。

伐吴的六路大军最主要的问题在于彼此的协调。由于地理广阔，在古代很难做到协同作战。然而，由于晋国上下从中央到地方都做了长期准备，形成了成熟的决策和信息传递链条，所以协同成为优势所在。

晋咸宁五年（公元279年）十一月，晋军的征服行动开始，"五纵一横"大军集结完毕，向晋吴边境挺进。在中央层面上，统一指挥和协调的是大都督、太尉贾充，冠军将军杨济是贾充的副手。

纵向五路大军分别为：镇军将军、琅琊王司马伷从晋军占领的前线城市涂中（现安徽滁州一带）出发，直接向建业以北进军，威胁长江正北方；安东将军王浑从江西（现安徽长江西岸）出发，向巢湖挺进，并试图攻克马鞍山附近的采石矶，这条线是历史上进出江东最成熟的线路之一，也是战斗最激烈的线路；建威将军王戎出武昌，平南将军胡奋出夏口，这两路大军主要目的是占领长江中游最重要的城市，便于进一步机动；镇南大将军杜预出江陵，也就是从襄阳到荆州的线路，是长江中游最重要的关口，为晋军的船队打开通路。

除了纵向五路之外，更重要的是沿长江直下的那路横向大军：龙骧将军王濬、广武将军唐彬，率领巴蜀的水军浮江而下，先后经过杜预、胡奋、王戎、王浑、司马伷的战区，与陆军配合。

六路大军一共动用了二十万人。

为了统一指挥权，不至于出现混乱，当王濬到达杜预的战区后就受杜预的指挥，经过王浑的战区时就受王浑的指挥。

军事密码

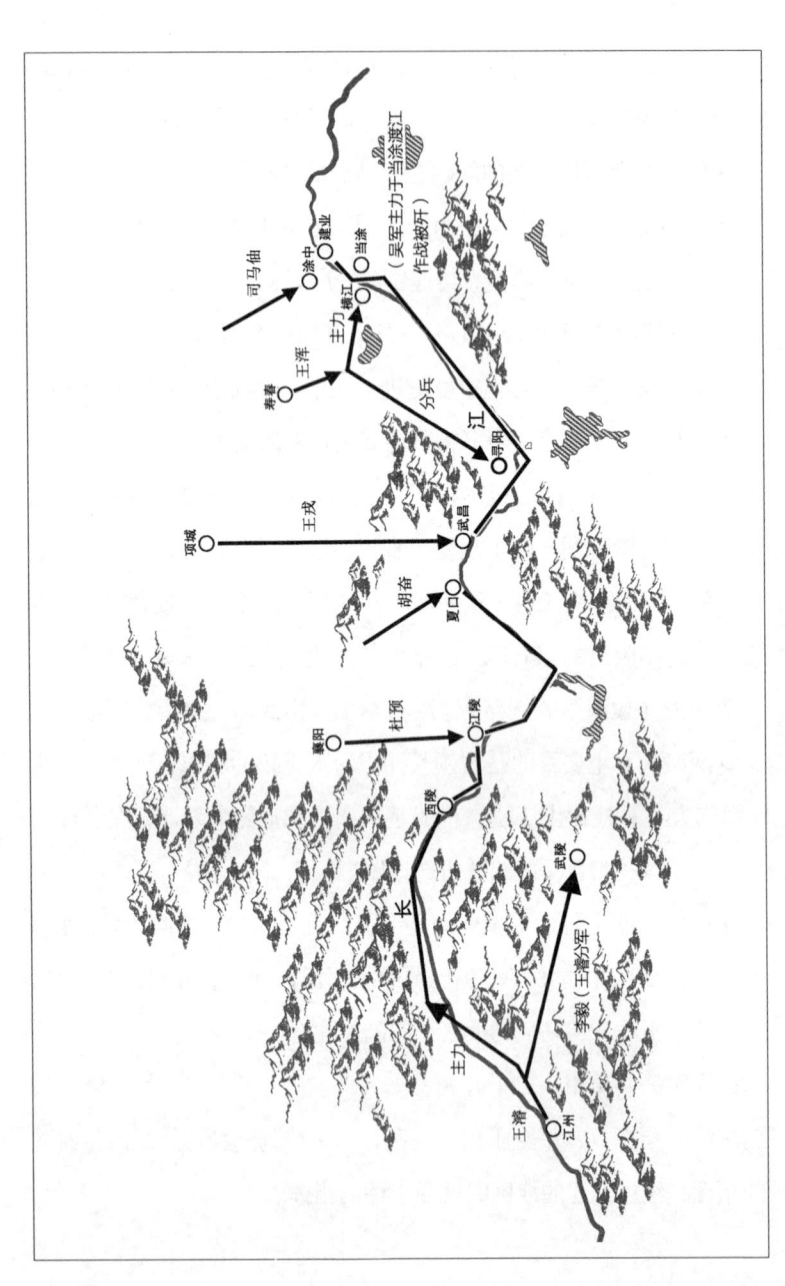

图 10 晋"五纵一横"大军集结

晋太康元年（公元280年）初，双方的大军开始接触。陆路的五军中，司马伷、王戎、胡奋的部队任务相对简单，而战斗最激烈的是王浑和杜预指挥的部队，他们面对的是沟通南北的最主要道路，受到的抵抗也最顽强。杜预为了征服荆州地区，甚至不得不调动进攻夏口的胡奋部队。而王浑则直接遭遇了吴国丞相张悌的精锐部队三万人。

在张悌率军北渡之前，吴国将军沈莹提出反对意见，他敏锐地觉察到晋军最可怕的部队不是五路陆军，而是从上游顺水而下的王濬水军。他认为，为了防御水军，吴军不应该过江，而应该在南岸等待水军到来，再拼死一战。一旦击败了晋国的水军，其他的军队都会退却。

但张悌仿佛知道东吴躲不过此次灾难，担心如果军队不过江，王濬的水军没到，吴军已经丧胆溃散。带着"知其不可而为之"的勇气，他宁肯北渡一战，用吴国的国运赌一赌。[8]

张悌毅然率军北上。不出意料，在陆战中吴军溃败，丢失了最后的精锐，张悌本人也死于阵中。

张悌的死亡和吴国精锐部队的覆灭，注定了吴国灭亡的命运。王浑战胜吴国的主力军后，并没有立刻渡江，他害怕独自承担责任，担心

---

8 《三国志·吴书·三嗣主传》引干宝《晋纪》："至牛渚，沈莹曰：'晋治水军于蜀久矣，今倾国大举，万里齐力，必悉益州之众浮江而下。我上流诸军，无有戒备，名将皆死，幼少当任，恐边江诸城，尽莫能御也。晋之水军，必至于此矣！宜畜众力，待来一战。若胜之日，江西自清，上方虽坏，可还取之。今渡江逆战，胜不可保，若或摧丧，则大事去矣。'悌曰：'吴之将亡，贤愚所知，非今日也。吾恐蜀兵来至此，众心必骇惧，不可复整。今宜渡江，可用决战力争。若其败丧，则同死社稷，无所复恨。若其克胜，则北敌奔走，兵势万倍，便当乘威南上，逆之中道，不忧不破也。若如子计，恐行散尽，相与坐待敌到，君臣俱降，无复一人死难者，不亦辱乎！'遂渡江战，吴军大败。"

万一渡江攻打建业失败会受到耻笑和惩罚。虽然部下都劝他赶快过江抢头功，但他却坚称收到的命令只是打到江边，然后等待王濬的部队，再水陆联合一起进攻建业。与王濬一同作战，即便失败，责任也是共同承担。

王浑在江边等候时，王濬的水军已经杀了过来，他从成都一路南下，进入长江，到达江州。再顺长江进军涪陵，在这里兵分两路，一路从彭水向东进入武陵（现湖南常德境内），再顺水到巴陵（现湖南岳阳）与主力会合。而主力部队七万人则继续顺长江直下。到达建平（今湖北秭归境内）时，由于吴军抵抗，王濬直接绕过建平，拔掉了建平附近吴军设在江中的铁索铁矛，进攻丹阳（现湖北秭归）、西陵、荆门、夷道（现湖北宜昌），直达江陵。

在江陵，本来王濬应该接受杜预的指挥，但杜预显然了解充分授权的重要性，写信给王濬，叫他发挥能动性，尽快赶往下游，不用等自己的命令。王濬立刻出发去帮助王戎和胡奋攻打夏口与武昌。攻克两城后，王濬又一刻不停，急忙向建业进发。

到达距离建业五十里的三山附近时，在长江边等候王濬的王浑发出命令，让他停船接受调遣，一同攻打建业。王濬此时已经不能停船，决定抢攻吴都，回绝说："风利，不得泊也。"当天船队就到了建业。

无计可施的吴国君主孙皓早已写好降表，分别送给王濬和江北的王浑、司马伷。由于王濬的船队当天就到达建业，孙皓出城向王濬投降。

到此时，这场三国时期最大的协同作战宣告结束。虽然经历了二王争功的不愉快，但整体配合上的成功与时序上的精准，为未来的协同作战留下了一个不朽的榜样。

这场战争显示：南方虽然已经很富裕，但由于人口的缺乏、战略纵深的不足，仍然难以与北方抗衡。不管是诸葛亮的"隆中对"战略还是张纮的江东战略，都很难在四川、两湖、赣江谷地、江东四大单元基础上实现有效的协同，因为它们太分散了。

如果北方要攻打南方，最佳的战略方案是充分利用地理的宽度，将南方的几个地理单元逐个剥离，再兵分数路集中于江东。

在之后的一千多年内，这个战略如同魔咒一般笼罩着南方，不管是南北朝人还是蒙古人，都是在这个基本战略的基础上进行变形，获得更加机动的效果，完成了对南方的并吞。

那么，南方又依靠什么战略来进行自保呢？东晋的淝水之战给我们提供了一个新的样本。

第八章 东晋时期的南北争霸[1]

魏晋南北朝时期，淮河流域的枢纽在寿春。寿春沟通南北的巢肥通道也成了当年的兵家必争之地。

司马炎希望靠分封诸侯王来防止吴、蜀故地的离心倾向，却由于赋予诸侯王过大的权力造成了西晋的分崩离析。

刘渊和石勒的出现，为中国古代军事史增添了另一种模式：如何利用山西的高原山地来统一北方。

山西作为中原屋脊，有着发达的交通系统。两晋南北朝时期，山西进入陕西的通道有四条，进入洛阳地区的通道有三条，进入河北地区的通道主要有两条，还有无数小道。这些道路使得山西成了控制北方的锁钥之一。

要从山西统一全国，必须趁中原大乱之时。这是因为山西的地理优势很明显，却缺乏粮食资源，当中原统一时山西是无法抗衡的。

刘渊和石勒的策略都是首先占据山西和河北，拥有地形优势与粮

---

[1] 本章涉及的时间范围是公元280—581年。

仓，再进攻洛阳，最后获取关中。这种策略成了北方最新版的统一路线图。

随着北方的统一，加之利用闪电战得到四川，崛起的前秦已经控制了全国的三分之二。利用"晋灭吴"的模式，前秦本来有机会并吞东晋，统一全国。

东晋比当年东吴的命运稍好的原因，在于它多控制了淮河流域的几座城市，把战略线设在淮河而不是长江之上。

前秦完全采取了"晋灭吴"的模式，却在淝水之战中失败了。它失败的原因在于：第一，数路大军没能有效协同，各自为战；第二，东晋在淮河的防守远比东吴在长江要有优势得多。

秦汉时期关中防卫中原的要塞在函谷关。魏晋之后，关中放弃了函谷关，改在潼关防守。潼关的山河之险更加利于防守，从此之后直到近代，潼关都是关中地区的最重要门户。

历代都是北方并吞南方，很少有南方统一北方，这一现象源于南北两方的战略纵深不同。南方由于缺乏战略纵深，一旦丢了南京（宋朝是杭州），政权就结束了。在北方由于战略点更丰富，南方政权很难通过占领单一城市而控制整个北方的局势。东晋和南朝有过许多次北伐，都因为无法守住成果而失败。

从古至今，寿县一带就是洪水的天下，这里曾经是一片汪洋大海，后来在淮河与黄河的共同作用下，和华北平原上大部分地区一样逐渐变成了沼泽地。如今，华北平原已是一片肥沃的土地，淮河地区却保留着更多的水的特征，大面积的水域，湖泊星罗棋布，河流纵横交错，这些构成了寿县附近的主要地貌。

至今寿县县城仍然保存着古代的城墙，城墙外就是那条著名的淝河。

寿县，在三国两晋时期名叫寿春，是江淮地区最重要的城市。这里曾经历过无数次的争夺，曹魏、东吴、两晋、后赵、前秦及北魏等国家为了抢占这个位于淮河和巢湖地区的枢纽重镇，都投入了大量的兵力拼死厮杀。

当年，曹魏正是占领了这个枢纽，并重修了著名的勺陂水利工程，将附近的沼泽改造成良田，才依靠屯田获得了对东吴的优势，在淮河流域站稳脚跟。灭吴之战的王浑主力军也是从寿春出发前往长江的。

在寿春以北，就是著名的八公山。八公山属于大别山的余脉（只能算不起眼的丘陵），最高峰不过两百多米。但由于寿春地理位置的重要性，小小的八公山也成了这个枢纽地区的制高点，具有军事价值。

八公山前流淌的淝河，就是当年淝水之战所在地。

在中国古代历史上，由于地理的原因，在南北争霸中往往是北方处于进攻的地位，而南方是防守的角色。北方为了进攻南方，创造了层出不穷的战术，魏晋两朝已经向世人展示了如何利用"各个击破"和"协同作战"的方法蚕食南方。

晋朝灭掉吴国不久就丢掉北方仓皇南渡，陷入当年吴国的境地。北方的强敌大可以学习当年西晋灭吴的战略将东晋掐死。

那么东晋王朝又是如何做到战胜北方强敌，顽强地将国运延续了两百多年的呢？

这一切，都要从西晋王朝的失败谈起。

想巩固政权，却导致皇族内乱

司马炎建立的晋朝并没有稳固的根基。

晋朝是在三国的基础上建立起来的。虽然三国之前是统一的汉朝，但经过几十年的分裂，社会已经有所不同。比如，魏国继承了汉朝的集权制；东吴则依靠江东的世家大族，权力分散；蜀汉由于地理的封闭，与其他地区相比有很强的离心倾向。

与秦朝遇到的问题一样，当朝廷将各地都统一在一个王权之下后，晋朝如何将统一的官僚制度也延伸到吴国和蜀国，形成有效的统治？

晋武帝司马炎并没有给出令人信服的答案。统一后，他耽于个人享乐而将问题堆积下来。他想到利用同姓王侯进行统治的方法，这是借鉴了汉朝的经验，却由于给同姓王侯赋予的权力过大，造成了不可弥补的离心倾向。

晋朝时期，皇帝最担心的区域是四川和江东，而枢纽的位置则是荆州、淮南（也就是寿春和广陵所在地区）以及陕西（防范四川）。晋武帝就设置了四个拱卫中原的大诸侯王，分别是占据关中的秦王、统领荆州地区的楚王、掌管江淮的淮王及占据原来曹魏故都许昌的汝南王。这四个诸侯王，再加上遍布全国的其他十几个王，共同构成晋朝防卫政变的军事体系。每一个诸侯王都拥有私人军队，其中管辖两万户以上的大国可以有上、中、下三军共五千人，万户左右的次国可以有上、下两军共三千人，五千户的小国也有一军共一千五百人。

为了防止割据分裂，晋武帝最初不让各王前往封国，而是住在国都。但在晋武帝晚年时，由于太子智力有问题，外戚势力把持了朝政，晋武帝担心自己死后外戚乱政,就让各王回到封国,互相呼应以防止外戚——这也是汉朝的经验。

晋武帝没有想到,他建立的这套制度离心力如此之强,在他死后立刻引起一系列的冲突。外戚、本家各王如同走马灯一样在朝廷出入,你方被杀我登场,西晋政权也随之分崩离析。

最初干政的是晋武帝的皇后杨氏和她的父亲杨骏,接着晋惠帝的皇后贾氏借助楚王司马玮的力量灭掉杨氏。

随后掌握中央权力的是汝南王司马亮以及太保卫瓘,贾后又将这二人视为眼中钉,借助楚王司马玮的力量除掉他们。之后,贾后反咬楚王擅权,杀了他。

贾后为了巩固地位,废了太子,这给了赵王司马伦机会,司马伦起兵灭掉贾后的党羽,并杀了反对他的淮南王司马允。

司马伦大权在握,引起齐王司马冏的反对。齐王联合成都王司马颖、常山王司马乂、河间王司马颙,杀了赵王司马伦。

随后,四大王侯在政权分赃上又起了冲突,河间王司马颙和成都王司马颖先后杀掉了齐王司马冏与常山王司马乂。

最后,司马颖和司马颙的统治又引得群情激奋,东海王司马越异军突起,消灭了两王。

司马亮、司马玮、司马伦、司马冏、司马乂、司马颙、司马颖、司马越,八个王侯先后登台,除了司马越之外无人善终,他们引起的巨大战乱最终摧垮了晋朝。

在"八王之乱"爆发时,原来属于蜀汉和东吴的地区纷纷掀起了反抗晋朝的武装斗争。在四川,曹操第一次进入汉中时,有一个少数民族

（氐人）跟随他进入汉中地区。到了晋朝时期，氐人继续迁移进入四川。这支流民在李特兄弟的带领下，从顺从到反抗，建立了一个叫大成的政权——在西晋朝廷还没有崩溃时，四川就先分离了出去。

在孙吴统治的区域内，先后爆发了两次武装冲突。最先是荆州地区张昌领导的反抗运动；张昌被镇压后，参与镇压他的晋朝将军陈敏随即占据了江东，开始了新的反叛。

再后来，陈敏的反叛也被镇压了。司马越为了应对东吴的反抗势力，派琅琊王司马睿镇守江东。在王导、王敦两兄弟的辅佐下，司马睿在江东的统治成为东晋王朝开国的基础。

两赵之役：从山西统一北方

八王之乱还没有结束，北方为西晋敲响丧钟的势力就出现了。刘渊和石勒的出现，也为中国古代军事史增添了另一种模式：如何利用山西的高原山地来统一北方。

长期以来，北方最重要的战略基地是长安所在的关中盆地以及洛阳所在的伊洛平原。然而三国时期关中地区遭受的巨大战乱，让这个曾经富裕的地区很难恢复过来，暂时无法与中原的富庶相抗衡。洛阳地区虽然拥有极其险要的地理优势，却有一个克星——山西。

山西位于黄河以东、太行山以西，被黄河与太行山隔绝成一片特殊的地区。这里沟壑纵横，地貌支离破碎，地势较高，易守难攻。不管从陕西、河南，还是河北，想要攻克山西，都必须进入山区，顺着几条山间通道前行。而从山西进攻陕西、河北和河南，都占有地利。

两晋南北朝时期，从山西进入陕西进攻长安的道路主要有四条。

第一条，从太原顺汾河而下，在河津市附近的龙门渡河，从北方进攻长安。

第二条，从更南方的临晋关渡过黄河，向西袭击长安。

上面这两条路都是利用所谓的河内地区，也就是山西西南方被黄河包裹的三角地，渡过黄河后进入陕西。

第三条，从三门峡旁的黄河渡口太阳渡渡过黄河，到黄河南岸的三门峡（陕州），并入长安—洛阳大道，沿渭河进攻长安。

这条路也是秦汉时期最常用的通道，直到隋唐时期仍然是连接两京的大道。

第四条，从最北方的离石（古称左国城）一带渡过黄河，进入陕北的延安、榆林地区，再南下进攻长安。

这一条路是最偏僻的，古代较少被利用，因为它靠近山西西北部的少数民族区域。但石勒、刘渊本来就是少数民族，这条路对他们来说更加容易利用。

从山西进入河北的道路也有数条，这些路都由太行山天然的峡谷通道进入华北平原。最著名的两条是通往邯郸的滏口陉以及通往石家庄的井陉道，它们都属于"太行八陉"。

从山西进入河南进攻洛阳的道路也有三条：一条是先进入河北，再顺着太行山东麓，南下经过荥阳进入河南境内，从东方进攻洛阳；另一条是从太阳渡渡口渡过黄河，从西方进攻洛阳；还有一条是经过上党，过天井关，再过黄河孟津渡口，从北方袭击洛阳。

正由于山西的地势高，道路四通八达，它成了一代枭雄寻找根据地

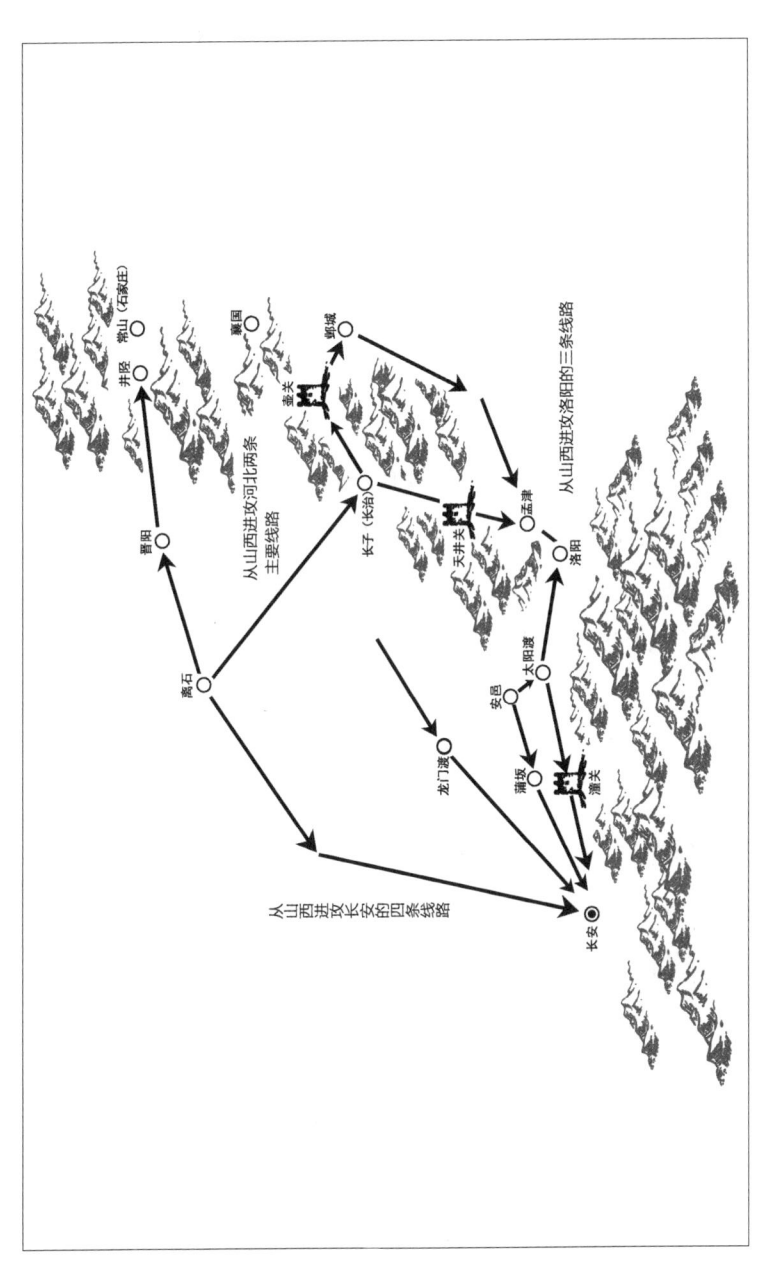

图 11 从山西进攻长安、洛阳、河北的路线

进而统一北方的最佳地点之一。如果要从山西统一全国，必须是在天下大乱的时刻（或者弱政府时刻），因为山西本身耕地不够多，无法生产足够的粮食来供应军队。如果中原是统一且足够强大的，即便山西拥有地势优势，也仍然不足以与中原抗衡。一旦中原出现乱局，就有人能够利用山西的地理优势，逐渐将中原纳入手中。

西晋的八王之乱将整个中原地区变成碎片，恰好提供了这样的机会。

在曹魏时期，由于中原空虚，许多北方的少数民族向南迁入山西的山川之中，在这里聚居。比如，刘渊所在的匈奴部落就住在黄河东岸的离石地区。随着西晋的内乱愈演愈烈，各地的诸侯王不得不雇佣少数民族士兵来作战。

在对抗东海王司马越时，成都王司马颖封了匈奴人刘渊做北单于，希望他能够帮助抗击位于北方的司马越的大将王浚，以及司马腾。司马颖没有意识到，他的这次任命敲响了西晋的丧钟，将少数民族势力引入中原。

刘渊的祖先进入山西的左国城（位于现山西离石）已历四代，投靠过曹魏和司马氏的晋朝。到了八王之乱时，匈奴的根基已经稳固，他们将山西北部当作故乡，对中原也不再陌生和崇拜，反而有了一统天下的意图。

得到封赏的刘渊并没有感激司马颖。回到离石后他与手下商量，认为司马颖是把他当作另一个呼韩邪单于来利用。当年呼韩邪单于就是西汉牵制北方少数民族的工具，而他则被司马颖用来打击政敌。他认为，大丈夫不要当呼韩邪，而应该当汉高祖。他随即拉开了反晋的序幕。

刘渊的目的很明确：进军西晋的国都洛阳和关中的中心长安，拿到两京，灭亡西晋。刘渊打出"复兴汉室"的旗号，宣称汉高祖曾经把宗室公主嫁给匈奴王冒顿，从这个意义上讲，刘渊是汉室外孙的后代，所以定国号为汉。

刘渊的出发地是家乡左国城，最终目标是洛阳和长安。但他并没有立刻西进，而是以河北为中间目标，因为他看上了河北的广袤平原。为此，他派遣十位将军从离石进入山西北部，顺着太行山的井陉进入常山（现河北石家庄），再南下进攻邺城；又派遣十位将军走山西中部的长子（现山西长治），出滏口陉，攻击朝歌（现河南淇县）和邺城。

刘渊的这次进攻实际上利用的是山西进攻河北的两条主道：井陉和滏口陉。

占据山西、河北之后，刘渊就有了进攻洛阳的基地。随后，他派遣大军从三个方面打击洛阳：一路大军从山西西部的安邑渡过黄河，从西面进攻洛阳；另外一路从长子直接南下；最后一路从河北进入河南，从东部打击洛阳。

这又是同时利用了从山西打击洛阳的三条通道。

刘渊死后，他的儿子刘聪继续父亲的战略，攻克洛阳，俘虏晋怀帝。随即刘聪转向进攻长安，攻打了三次才真正拿下长安，俘虏晋愍帝。西晋灭亡。

然而刘聪政权并没有来得及稳固下来。东晋太兴元年（公元318年），刘聪病死，大司空靳准作乱，杀死刘聪的儿子刘粲。最终，刘渊的族子刘曜登上王位，改国号为赵，历史上称为前赵。

前赵本有机会统一北方，但刘氏战略中的一些小漏洞带来了致命的影响，使得前赵不仅没有平定整个北方，反而被后赵并吞。这些漏洞是：在他们每一步的军事行动中都没有把事情做踏实，留下不少军阀势力，到后来无法扫平。

比如，在山西扩张时，太原一带始终有一个忠于晋朝的军阀刘琨。而进攻河北时，河北的北方也有一个忠于晋朝的军阀王浚。刘琨和王浚的实力都很强，前赵一直无法将其歼灭，养成了大患。而位于山东的青州，还有军阀曹嶷。

而从前赵内部又分出了许多军阀势力，最典型的就是后来的后赵皇帝石勒。

当前赵以洛阳和长安为目标进军时，未能将这些军阀剿灭，到最后处处都有反抗者。前赵的力量又不足以应对这些内部的反抗力量。更何况在南方的东晋已经占领了寿春、襄阳等地，如果不是晋元帝司马睿软弱，甚至可能收复中原。

在重重的压力之下，前赵的君主最终将统治权拱手让给后来兴起的石勒。

石勒曾经是刘渊手下的将领，在攻克洛阳之后走上了独立发展的道路，直到完全占领山西、河北之后才与刘曜脱离关系。

石勒统一北方、建立政权的过程，从某种程度来说就是刘氏开基的翻版——从河北、山西开始，以进攻洛阳和长安两京为最终目标。但石勒的做法与刘氏又有一定的不同，这些不同决定了他能够取得更大的成功。

晋永嘉六年（公元312年），决定独立的石勒开始寻找自己的根据地。他放眼全国：在南方是后来的东晋元帝司马睿；洛阳已经被前赵占据；而在山东、河北、山西，除了一部分归属于前赵，还有几位强大的忠于晋朝的军阀占据的地盘；唯一能够占领的地方，是长江、淮河之间以寿春为中心的一部分领土。他将最初的目标定在寿春一带，并要以此为依托进攻江南。

司马睿发现了石勒的意图，派大军进驻寿春，击败石勒。在江南的大雨中，石勒的军队饥寒交迫，损失大半。这也是石勒的命运最危险的时刻。

石勒走投无路时，召开了参谋会议，让将领们提出各自的看法。众人七嘴八舌，有人提议去河朔，有人建议先往高处避水。

在众说纷纭中，谋臣张宾提出一个建议：北上河北，在那里寻找根据地。[2] 这个建议开创了石勒的事业。他率军北上，占领了位于现在河北邢台的襄国城，并以这里为国都。

在当时，襄国并非一个理想的都城，在它的西方和北方有两个强大的军阀势力，分别是并州的刘琨和幽州的王浚，在东部的青州则是曹嶷。在幽州、并州和青州的压迫下，襄国城如同危卵一般随时可能被挤碎。

在危机之中，石勒却看到了机会：如果他能够将幽州和并州各个击破，就占领了山西的战略要地，并辅以河北的粮仓，这两个地方足以成为进攻洛阳的基地。当年刘渊也是靠山西和河北起家的。而石勒要做得比刘渊更彻底。刘渊在没有彻底清理山西和河北时就贸然南下，导致背

---

[2] 见《晋书·石勒载记》："邺有三台之固，西接平阳，四塞山河，有喉衿之势，宜北徙据之。伐叛怀服，河朔既定，莫有处将军之右者。"

后的根据地并不稳固，石勒则希望完全并吞之后再行南下。

为了迷惑敌人，他首先向王浚和刘琨示弱，减少他们的敌意。然后，再以王浚为首要目标，北上幽州。王浚以为他是来效忠的，开城门请他进入，结果被石勒所杀。

除掉王浚后，石勒翻越太行山进入并州，赶走刘琨；再返回幽州，消灭了王浚死后乘机盘踞在幽州的段匹磾。

占据幽州和并州是石勒事业的关键。小心谨慎的石勒不想重蹈覆辙，在进攻洛阳之前先向青州进军，并吞了曹嶷。巩固了北方之后，石勒方才南下攻击洛阳。在攻击洛阳的同时，石勒又将东晋占领的兖州、豫州一带相继占领。

东晋咸和三年（公元 328 年），石勒在已经巩固了洛阳周边的情况下攻占洛阳，第二年顺理成章地占领了长安。

在前赵时期，当长安被占领后，北方各地还有大量的军阀存在，使得前赵虽然建国，但实际控制区域却是支离破碎的。而石勒的后赵从攻克长安那一刻起就已经有了一个完整的国家。北方除了凉州都已经在石勒的控制之下。第二年，凉州也向石勒称臣，虽然凉州政权一直保持着一定的独立性，但后赵已在名义上统一了北方。

在石勒统一北方时，在南方的东部是东晋政权，四川则是氐人建立的大成政权，这实际上又形成了一次三国鼎立的局面。只是，这一次的三国鼎立没有形成稳定结构，就迅速分崩离析了。

石勒的国家也是短暂的。他可以建立一个国家，表面上也消灭了对手，但在将这个支离破碎的国家从表面上捏到一块后，却无法让它生长出筋骨变成真正的整体。只有国家内部经济发展到一定程度时，才会产生足够的向心力和凝聚力。石勒懂得厮杀，却并没有完成后一步。

后赵攻克长安二十年后，再次陷入内乱，一个叫冉闵的将领夺取皇权，建立了冉魏政权。两年后，冉魏政权被北方崛起的慕容氏燕国所灭。北方再次陷入分崩离析的混乱之中。

前秦：从关中到北方

东晋永和六年（公元350年），一支氐人的部队在首领苻健的带领下完成了一次千里跃进，从位于后赵国都襄国南方的枋头城（现河南浚县）迁往关中地区。这次迁移也成了前秦统一北方的第一步棋。

最初，氐族居住在甘肃天水一带。在苻健的父亲苻洪时期，恰逢北方乱世，苻洪先后投奔过前赵和后赵。后赵君主石虎为了保卫国都襄国，将大量少数民族人民从关中地区调往中原。苻洪和他的族人也被石虎调走，驻扎在枋头城。

随后，后赵发生内乱。石虎为了巩固统治，将原来守卫东宫的一批守卫（号称"东宫力士"）废黜，送往西面的边关。这些东宫力士走到雍城（现陕西宝鸡）时，在梁犊的率领下反叛，迅速聚集了十万人，回头进攻洛阳。石虎派遣两员大将前往关中，镇压梁犊，其中之一是苻洪，另一个是姚弋仲，二人后来分别成了前秦和后秦的奠基者。

借助镇压梁犊，苻洪回到了关中。但这次停留的时间并不长。

石虎死后，后赵内斗更进一步，最终掌握大权的是权臣石闵（又称冉闵，石虎的养孙，后取代后赵建立大魏国，史称冉魏）。石闵意识到，苻洪回到关中地区就像鱼儿回到了大海，要想防止苻洪反叛，必须把他调回中原。

石闵的调令让苻洪愤怒不已，但他仍然遵令率领人马回到枋头城。他与东晋政权接触并投靠东晋，被封为氐王、使持节、征北大将军、都督河北诸军事、冀州刺史和广川郡公。

在苻洪投奔东晋时，后赵政权已经进入垮塌期。在后赵的南方和北方，两股势力夹击着要取代它控制中原。

在南方的势力就是东晋。永和五年、六年、八年（公元349年、350年、352年），东晋权臣殷浩组织了三次北伐，虽然都以失败告终，却也占领了一部分黄河与淮河之间的土地。

在北方有一支新兴起的鲜卑族人，他们号称慕容氏，在如今的燕山以北建立政权，号称大燕，历史上称为前燕。

慕容氏的燕国最终敲响了后赵的丧钟，在燕王慕容儁的策划下，前燕分三路大军从燕山以北向南挺进。他们首攻目标是燕山以南的蓟城（现北京），再以蓟城为基地南下攻取后赵的国都邺城。这是古代历史上第一次，北京以北的战略地理进入中原的视野。[3]

东晋永和六年（公元350年），燕王慕容儁率三路大军南伐，只用了一个月就攻克了蓟城。在这一年，石闵（冉闵）也终于废掉后赵的君主，取而代之，改国号为魏。

两年后，冉闵被燕王擒获斩首，冉魏灭亡。前燕定都邺城，成为占据中国北方东部的大国。

在东晋和前燕南北夹击灭亡后赵（冉魏）时，苻洪和他的儿子苻健

---

[3] 关于北京地区的防御形势，在本书的后半部分有详细介绍。

决定离开中原的是非之地，回到曾经占据的关中地区。

苻洪是位颇具战略眼光的统帅，他率领十万之众，要击败当时的几个对手取得天下，难度并不大。[4]而最重要的是寻找一个"形胜"的根据地。他的军师麻秋认为，这个形胜之地就是关中。但真正占领关中，是在苻洪死后由他的儿子苻健完成的。

苻健兵分两路：一路从孟津过黄河，从黄河南岸经过潼关入关；另一路走黄河以北，经过轵关，从蒲坂渡过黄河进入关中。从起兵到占据长安，只用了三个月。

前秦得到长安后，北方最主要的敌人是东部的前燕。[5]就在此时，东晋的一次征伐帮助前秦统一了北方。

东晋太和四年（公元369年），东晋大将桓温北伐前燕，以失败告终。[6]但这次征伐却削弱了前燕，给前秦留下了机会。

东晋太和五年（公元370年），前秦大将王猛从关中出兵，首先占领洛阳，将敌人吸引到南线，再派人经过山西走北线渡过黄河进攻太原。当敌人两头无法兼顾时，王猛再从洛阳出发进攻上党。通过夹击，前秦得到整个山西，从而具有了打击河北的地理优势。前燕的失败已经不可

---

4 见《晋书·苻洪载记》："洪谓博士胡文曰：'孤率众十万，居形胜之地，冉闵、慕容儁可指辰而殄，姚襄父子克之在吾数中，孤取天下，有易于汉祖。'"

5 在北方还有几个小国。在西北的凉州，前凉曾经向后赵称臣，后赵灭亡后前凉又独立了。在北方的河套地区，出现了鲜卑人的代国（也就是北魏的祖先开创的国家）。在陇南的仇池山区，还有一个氐族人建立的仇池国，这个小国既接受东晋的封爵，又接受前秦的封爵，却保持着一定的独立性。

6 东晋永和十年（公元354年），桓温北伐前秦，以失败告终。这次北伐前燕同样以失败结束。

避免了。

前燕灭亡后，前秦获得了中原腹地，将长安、洛阳、邺城三个战略要地都掌握在手，接下来就是由近到远地收拾那些北方的小政权了。

首先要应对的，是处于关中平原上游的仇池国。仇池山位于甘肃西和县西南，在当年诸葛亮北伐的祁山以南，是从汉中进入陇南地区的要道，也是进入四川的跳板之一。要想征服汉中和四川，仇池是一个很好的战略高地。

仇池国同属于氐族，其中一个杨氏首领趁晋末的混乱占据了仇池山，建国已经几十年。为了生存，他接受各个政权的封号，顽固地保持着事实上的独立。前秦时期，这种做法终于失效。在灭燕的第二年，苻健之侄苻坚派兵并吞仇池国。

两年后，前秦击败东晋凉州刺史杨亮，获得了汉中地区。就在东晋政权还没有反应过来时，前秦大将杨安立刻率领三万人马从剑阁进入四川盆地。[7] 从双方在汉中交兵，到占领整个四川，前秦只用了三个月时间。当年曹魏费尽心机才占领的四川，被前秦轻松拿下。

东晋太元元年（公元376年），苻坚派出两路大军进攻位于河西走廊的前凉。大军分别从金城（现甘肃兰州）出发，一路北上姑臧（武威），另一路沿湟水进入现青海西宁以东，再向北折入扁都口，直接到达张掖以南，截击凉军的后路。在两路大军夹攻下，前凉国主张天锡投降。

---

[7] 四川盆地此时已经归属东晋。东晋永和二年（公元346年），大将桓温从荆州沿长江而上，进入岷江攻陷成都，终结了大成政权。

在北方，还有一个代国，它是日后大名鼎鼎的北魏的前身，但在前秦时期，代国只是一个偏僻的小国。就在攻克前凉的同年，苻坚以帮助匈奴人刘卫辰抗击代国为借口发起攻击，代王投降。到这时，前秦苻坚已经彻底统一了北方。

前秦统一北方时，东晋却由于丢了四川而丧失了战略上的主动性。前秦随时可以从四川派军顺流而下，借助地理优势进攻东晋的湖南和湖北一带，乃至直接顺江而下进攻国都建康，当年西晋就是在这样的优势下进攻东吴得手的。

在前秦没有获得四川时，双方显得势均力敌，各据一半的领土；获得四川后，前秦已经有了六七成的领土。只要按照当年"晋灭吴"的模式，利用地理优势发起进攻，东晋的灭亡也指日可待。

但接下来战争的进程并没有按照预想的方式进行，东晋不仅没有灭亡，还在淮河流域创造了新的神话。

那么，到底东晋是怎样抵抗强大的前秦的呢？

淝水之战，让人们更加意识到，决定南方命运的防线不在长江，而在淮河。

淝水之战：淮河防线成关键

东晋太元三年、前秦建元十四年（公元 378 年），苻坚怀着统一全国的野心，向东晋发动战争。

此刻，前秦已经拥有了汉中和四川，将西面的边境线推到三峡一线。

但在下游地区,东晋却借助北方诸势力恶斗的机会,占领了秦岭、淮河一线的大量战略要地。

在南襄隘道方向,东晋手中保留南阳、襄阳、荆州等要地,占据了几乎整个南襄隘道。在淮河地区,东晋占据彭城(现江苏徐州)、下邳、淮阴、寿阳(即三国时期的寿春)等地,将防守线推到了现山东与江苏的边界上。

前秦要想进军江南,必须首先清理这些战略要地,将它们作为中间目标。只有获得了这些中间目标,才可能继续南下进攻东晋国都建康。

苻坚的军事部署也在东、西两方面同时进行。在西面的荆州方向,以进攻南阳、襄阳为首要目标,主要军力共十七万人;在东面,则以淮阴、盱眙为目标,以便占据淮河。

这次战争的结局对于前秦是喜忧参半。喜的是前秦占领了若干处战略要地,特别是在西部攻克了南阳和襄阳,打通了汉江通往长江的通道,并在荆州对东晋形成了巨大的军事压力。

而在淮南地区,前秦却在初期的成功之后遭遇惨败。最初,前秦顺利攻克淮北重镇彭城,打开进军淮河的通道,接着攻克战略目标淮阴和盱眙,得到淮河上的立足点,最后直捣长江上的广陵。但随后,晋军反扑,将秦军赶回淮河以北,秦军最终只得到彭城。

战争结束后,双方的地理分界线已经南移。南阳、襄阳、彭城等具有关键性影响的城市进入前秦的疆域。这些城市的易手,让东晋的防御捉襟见肘。对东晋来讲,它此刻的处境与当年灭亡前的东吴已经极其相似。

晋太康元年(在公元280年)西晋伐东吴的战争中,西晋占领了四川、陕西和中原，在湖北的分界线也是以襄阳为界，东吴占荆州，西晋据襄阳。东晋与前秦的分野也同样划在这里。

东晋唯一比当年东吴强的是在淮南地区。当年西晋占领寿春、淮阴等地，将边境安在淮河与长江之间，而如今寿春（寿阳）和淮阴仍在东晋的掌握之中，没有被前秦夺走。所以，东晋的战略纵深比当年的东吴稍强。

但就是这一点点区别，造就了淝水之战的奇迹。

东吴之所以速亡，在于它没有足够的纵深进行防御，其防御线就设在长江之上，一旦长江失守，政权就会立刻崩溃。而东晋由于多了一点儿纵深，战略防御设在了长江以北的淮河流域。虽然防线只比东吴北移一两百公里，但不要小看这一点距离，即便在当下，寿春周围到了雨季也是泥泞不堪，在当时更是河流密布。这种地形对于北方军队来说就是死地，一旦陷入其中，失败的可能性非常大。

东晋太元八年（公元383年），苻坚终于下决心完成一次规模巨大的协同作战，其作战方略基本上照抄了西晋伐东吴的策略。

前秦将兵马分成四路大军：第一路是从四川沿长江而下的水军，试图模仿当年王濬顺江而下直捣建业的壮举；第二路是在襄阳集结的陆军，这一路军进攻荆州境内的据点，并配合第一路水军完成从西面的进攻；第三路是苻坚率领的主力军，负责从中原南部的项城（现河南南部）进攻寿阳，从寿阳沿巢淝水道可以到达东晋守卫的历阳（现安徽和县，在马鞍山以西的长江对面），再在当涂附近过江进攻建康；第四路部队来自河北，他们从彭城而下，沿泗水进入淮河，直指广陵，直下建康。

关于前秦军队的人数，史书告诉我们有慕容垂率领的二十五万前锋，再加上长安的骑兵二十七万、步卒六十余万，绵延千里。苻坚的主力部队已经到了项城，凉州兵才到达咸阳。就连运输辎重的船舶都有上万艘，沿黄河、汝水、颖水直达淮河流域。作为比较，当年西晋伐东吴动用的军队不过只有二十万人，苻坚以几倍的数量作战必然能够产生更大的动力。

在东晋方面，抵抗力并不比当年的东吴强。为了对抗苻坚，晋军分成东西两翼：西翼以荆州为中心，由桓冲指挥；东翼以江淮为中心，由谢安指挥。

更无望的是，东晋的军队是错配的，其中西翼有十万人，而东翼只有八万人，人数更少的东翼却要抵挡前秦的主力大军。

虽然前秦从实力到战略都处于优势，却有两个致命的弱点。

第一个弱点在于协调能力。当年西晋部队之所以能够攻克东吴，除了复杂的战略、数路并进之外，还有一个重要的条件——协同。西晋的五路大军与王濬的水军必须在时间上配合好，从各个方向共同挤压东吴的防线，直到将其压垮。为了协同，西晋专门设了司令官贾充，负责数路大军的协调工作。

苻坚既然模仿了西晋的战术，也必须在协同之事上慎之又慎，要求各路大军能够同时发起进攻并协同作战。特别是由四川而下的水军，如何与其余各路相配合也是一个难点。当年西晋作战时，依靠杜预的宽宏大量，对王濬充分授权才解决了这个问题。

但苻坚刚刚统一北方不久，他的军队是从各个征服地域抽调的，缺乏协同能力，在战争中无法做到有效协调。更致命的是，苻坚本人就是一路军的总指挥，当他离开大本营之后，各路大军之间并没有一个统一下命令协同的司令官，结果，他一出发，整个大军立刻陷入各自为战的境地。

其中，苻坚率领的攻寿阳部队按时到达战斗位。从襄阳出发的慕容垂也较早赶到，投入战斗。其余部队却拖拖拉拉，不知所措，形不成配合。从出发开始，前秦模仿的西晋战略就变了味，以致逐渐失控。到最后，变成了其他各路在观望，只有苻坚的主力军在战斗的局面。

当其余各路无法协同时，苻坚领导的主力军将前秦军的第二个缺点无限放大——淮河流域的泥沼起作用了。

由于地形复杂造成的移动过慢，在进军寿阳的过程中，苻坚等不及后续军队到来突然决定速战速决，在大军还没有集结完毕时，就率领一部分军队向寿阳快速行军。这样，前秦军人多势众的优势被削弱了。对于晋军而言，最大的机会则是趁前秦军集结未稳尽快发动进攻，将苻坚一举击破，形成震慑效应，逼迫其他部分退军。

双方在淝水河边相遇。

交战时，晋军指挥官谢玄向苻坚提出一个奇怪的建议：希望前秦军暂时后退，让晋军能够渡河作战。这个提议让苻坚欣喜不已，认为可以让晋军渡河之后形成背水阵，没有退路时，再将晋军完全歼灭。

这本身是一个没有问题的策略，但苻坚没有想到，他的部队由于缺乏必要的协同能力，竟然连整体后撤的动作都无法完成。在前秦军集体后撤时，降将朱序乘机大喊秦军战败。随后，前秦军的阵形彻底散掉，从后撤变成逃跑，苻坚再也无法有效地指挥部队，全军溃败。

苻坚的主力败退后，各路大军在没有到位时就开始撤离。更为复杂的是，前秦由于刚刚统一北方不久，各地仍然弥漫着对前朝的记忆。当秦军败后，各地迅速开始了重新独立运动。于是，北方再次碎成了小块，并且破碎得比以前更彻底。

在东方，慕容氏的后裔建立了后燕。在西方，还有一个小小的西燕存在，它曾经占领了长安，最后定都长子。关中平原则被姚苌占据，建立了后秦，苻坚也被姚苌俘获杀死。苻坚的大将吕光在河西走廊地区建立了后凉。鲜卑人的代国也重新复国，后来改为魏国，是为北魏。

东晋的疆界也达到了分裂后的极致，北达黄河边，收复荥阳、洛阳等重镇。原来丢掉的四川、襄阳等地也尽数被取回，只有汉中地区掌握在后秦手中。

淝水之战的胜利让人们意识到，西晋灭吴式的胜利不是北方的必然。西晋之所以胜利，包含了几个条件：第一，获得四川；第二，在淮河以南获得立足点，尽量将防线压到长江上，减少南方的纵深；第三，各条战线协同作战。

一旦无法同时满足上述这三个条件，北方的军队可能会陷入淮河流域的泥沼之中，那就是南方的机会。

接下来，东晋遭遇的是另一个问题：守住南方之后，它必然选择北伐收复中原。那么，南方北伐的命运又会如何呢？

诸葛亮、张竑都曾经提出过南方北伐的战略，都没有成功。东晋在同时占有江东、赣江谷地、两湖盆地和四川这几个地理单元后，终于有机会北伐了。

它能成功吗？

尴尬的北伐

东晋义熙十二年（公元416年），东晋大将刘裕组织了南朝历史上最成功的一次北伐。北伐的对象是盘踞在关中、洛阳地区的后秦。

在东晋后期刘裕执掌朝政后，这位能量充沛的平民将军开展了一系列的军事行动，除了北伐，还包括镇压反叛的一系列内战。在内战中，他先是剿灭了篡位的桓玄，又镇压了孙恩和卢循的起义。刘裕还组织了征伐四川、剿灭谯纵的战争。除此之外，刘裕还和当年一同反对桓玄的兄弟们反目成仇，进行了一系列的镇压活动以巩固自己的地位，为篡夺东晋政权做好了准备。

在这一系列的征伐中，最著名也最为人津津乐道的仍然是北伐。

刘裕的北伐主要有两次。第一次是讨伐南燕的战争。北魏灭了后燕，燕国的一部分残余在现山东境内建立了南燕国，定都在距离齐国古都临淄不远的广固（现山东青州）。东晋义熙五年（公元409年），刘裕率军走水路，在广陵经过邗沟向北进入淮河的淮阴，再从淮阴顺淮河直上，到达泗口（泗水入淮河的河口），经过泗水到达下邳。在下邳弃船登岸，向琅琊进军。占领琅琊后，再经过莒县，翻越沂山，进军广固，灭了南燕。

南燕灭亡前曾经向后秦求救，从那时开始，刘裕就有了灭亡后秦的念头。在处理完内部问题，获得东晋的绝对控制权之后，义熙十二年（公元416年），做过精心准备的刘裕亲自率军进行第二次北伐。

在确定进军线路时，刘裕特别注重战争的可持续性，最主要的是后勤问题。他分析了前面几次北伐行动，认为进军关中的道路无非就三条，分别是：从四川、汉中地区北上翻越秦岭的道路，从南阳走武关、蓝田直接进入关中的道路，从东面的河南境内走三门峡、潼关进入关中的道路。

刘裕并不相信前面两条道路。第一条曾经由蜀汉丞相诸葛亮多次尝试却徒劳无功。这条偏僻的道路一是太难走，二是无法解决后勤问题。在前几次东晋的北伐中，也曾经尝试过走汉中，都以失败告终。

至于第二条，同样由于山路过险，后勤问题突出，历次北伐凡是直接走这条路的也都失败了。

如果要解决大军的后勤问题，只有选择第三条道路，也就是走黄河、渭河进入关中的道路。在大军前进时，辎重部队沿着河流跟随，将物资源源不断地送往军队士兵手中。

基于这样的分析结论，刘裕放弃了四川—汉中道，对蓝田—武关道也只派遣了一支小部队，由将军沈田子率领，起到牵制和骚扰的作用。

至于大部队，都被刘裕安排在第三条道路上，也就是从洛阳向西，进入三门峡地区，走潼关进入关中。

在秦汉时代及以前，连接长安和洛阳的关口主要设在现河南灵宝境内的函谷关，这条路在一条巨大的峡谷中，人走在其中如同进入箱子里。但到了三国、两晋时期，关中的防卫者发现了一个更加显眼的、可以设立屏障的地方，这就是函谷关以西百里左右的潼关。

潼关位于黄河边的一个小土塬上，土塬睥睨着远处的黄土地，四面都是高耸的崖壁，如同一座天然的堡垒。更难得的是，在潼关以南紧挨着土塬有一条天然的大沟——禁沟。这条大沟长三十里，深达百米，两岸的宽度只有十几米。禁沟东西两侧的人可以隔着禁沟聊天，但如果想下棋等直接接触，就要顺着近乎垂直的沟壁下到沟底，再从另一边爬上去。如果有人率军从东方攻打潼关以西，仅仅一条禁沟就需要折腾许久才能通过。

潼关也是后秦防守的最关键所在。在刘裕的计划中，大军必须先在洛阳进行休整、集结完毕后，再西进潼关。

当时洛阳也不掌握在东晋手中，而是被后秦占领。于是，东晋的战略就成了这样：先派遣各路大军从不同的道路赶往洛阳，在洛阳集结完毕再一同西进潼关。

派往洛阳的部队走的路线也各不相同，其中先锋部队由龙骧将军王镇恶和冠军将军檀道济率领，另一支陆军由新野太守朱超石、宁朔将军胡藩率领。建武将军沈林子和彭城内史刘遵考率领水军，从黄河顺水而上。

在这些军队之后，是刘裕亲自率领的主力。大军从江南出发，沿淮河和泗水赶往彭城，利用位于现山东巨野的一个大湖巨野泽（沟通了黄河与泗水）进入黄河河道。水路的运输能力，既能保证大军的运输，也保证了后勤补给。

大军出发后，最初的进展出乎意料地顺利。王镇恶、檀道济顺利攻克洛阳，第一阶段的战略目标达成。

两位将军应该等刘裕的大军前来再一并兵发关中。但王镇恶和檀道济被前面的胜利所激励，没有等刘裕的大部队到达就率军西进，直达潼关城下。在这里，他们遭遇了后秦的顽强抵抗，虽然突破了潼关，但后秦军队随即退到距离潼关不远的定城，两军陷入僵持。

先锋已经陷入苦战，刘裕的大部队却由于绕远，迟迟无法到达。加上当时黄河的两岸属于不同的国家，北面是北魏的领土，南面则被东晋占领。由于担心晋军"假道灭虢",北魏派出大军边设防边骚扰晋军,拖慢了刘裕的速度。刘裕于几个月后才到达河南与陕西交界的陕县(现河南三门峡陕州区),与两位将军距离不远了。

就在人们揣测接下来的战争应该怎么打时,一条意想不到的消息传来。原来,刘裕曾派遣沈田子率领三千人马进军武关,希望对敌人进行骚扰和牵制。不想,当后秦在潼关一带投入大军抵御王镇恶时,却漏掉了对沈田子的防御。沈田子不仅攻克了武关,还率军直达蓝田的青泥关,已经进入关中平原,距离长安只有百里之遥。

仓促之间,后秦皇帝姚泓不知道沈田子的部队有多少人,连忙将征召来防守潼关的大军派往青泥关应对沈田子。而刘裕知道沈田子人手不够,连忙派遣士兵从华山翻山而过,走险峻的小道支援沈田子。

沈田子的出现吓破了后秦将士的胆。在随后的战斗中,沈田子以极少的兵力击溃后秦军队。这次决定性的胜利也帮助了潼关一带的将士。在王镇恶的率领下,晋军一路掩杀,直达长安,敲响了后秦政权的丧钟。

这次北伐帮助刘裕获得了黄河以南的中原以及整个关中地区,本来可以成为一次历史教科书式的远征。但是,当军事成功之后,局势变得更加复杂。

由于在建康安插的心腹死亡,刘裕急忙赶回江南,去稳固自己的势力并组织禅让,从东晋皇帝手中接过政权。他把关中留给了未成年的儿子刘义真(时年十二岁),并让大将王镇恶辅佐刘义真。王镇恶是前秦丞相王猛的孙子,在关中地区有着很高的威望,他的留守有利于稳固关中。

但刘裕又不完全放心王镇恶，害怕他寻求独立，于是又安排沈田子监督和牵制王镇恶。不想他离开后局势随即恶化，沈田子害怕王镇恶谋反（这可能是子虚乌有），先下手为强杀死王镇恶。王修又以沈田子滥杀大臣的名义，诛杀沈田子。随后，刘义真又杀了王修。

王镇恶和沈田子，两位在北伐中功劳最大的将领就这样死于非命。

更严重的情形来自外部。在北方，一位叫赫连勃勃的匈奴人建立了政权，号称大夏，对关中地区早已虎视眈眈。当他听说刘裕退兵后关中闹起内乱，立刻率军进入关中。他采取"关门打狗"的战略，进攻潼关，同时封锁武关以北的两座要塞青泥和上洛。这三个地点的封锁，让关中的晋军没有退路，要想直接回中原和江南已经不可能。之后，赫连勃勃对长安发起攻击。

刘裕一看事态恶化，连忙召回儿子，让大将朱龄石负责关中事务。但由于王镇恶的死亡，关中百姓已经不再信任晋军，跟着赫连勃勃一同反对晋军，朱龄石逃跑时被抓获并斩首。

刘裕北伐进军关中，虽然获得过阶段性胜利，最终却一无所获：折损数员大将和大量的军队，却为他人作嫁衣，将关中让给赫连勃勃。

这次北伐的命运，也是其他历次北伐的一个缩影。在整个东晋及南朝两百多年的历史中，南方政权发起的北伐大都虎头蛇尾，以失败和得不偿失告终。

比如，在东晋刚建国时，旅居在京口的祖逖就曾率军北伐，表示不收复中原不回头。他攻克了江淮间的某些地方，以寿春为基地进行抗战，直到死亡。祖逖的弟弟祖约卷入苏峻的反叛，死于内战之中。这次北伐没有跃出淮河流域，更别提收复两京。

东晋永和五年（公元349年）开始，东晋以殷浩为首组织了三次北伐。第一次以彭城和长安为目标，第二次以后赵的国都邺城为目标，第三次到了许昌，最后全都吃了败仗而回。

东晋永和十年（公元354年），权臣桓温以长安为目标发起北伐，到达灞上，距离长安只有一步之遥，但仍然失败而回。东晋太和四年（公元369年），桓温以前燕为目标发动北伐，再次失败。

前秦与东晋的淝水之战后，北方大乱，本来是收复中原的好时机，但东晋的进攻仍然只能停留在黄河以南，最多只是在如今的山东境内更向北一些。

刘裕的北伐最接近于成功，但吊诡的是，刘裕攻克了长安，却无法持久占领。人们立了许多假设来证明刘裕已经成功，比如刘裕不回去争夺皇位而是留在北方，也许长安就不会丢失；东晋大将如果不出现纷争，就没有赫连勃勃的机会，等等。但这些假设即便应验，南方仍然很难守住长安。

进入南北朝时期，仍然有北伐。比如宋元嘉七年（公元430年）宋文帝的北伐，一举打到黄河沿岸，占据了数个战略要塞，但最终仍然败还，留下"元嘉草草，封狼居胥，赢得仓皇北顾"的千古遗憾。

到了后来，南朝的政治越来越糟糕，实力越来越弱，就只有等待北朝南征的命运了。

如果把历史界限放宽，我们就会看到，从蜀汉时期开始直到元朝，都没有南方统一北方的案例。后来朱元璋利用元朝末年的混乱成功了，但这个特例并不能改变南弱北强的事实。

第二部　分裂时代

那么，为什么南方的北伐大都以失败告终，无法取得持久的成就呢？答案隐藏在战略地理之中。

东晋南朝时期，南方的政治地理中心在长江边的南京，一旦南京失守，就宣告南方政权的结束，所有的抵抗也会走向终止。皇帝即便想逃也没有地方可逃：在当时浙江杭州一带仍然属于边缘地带，政治影响力不足，少数民族多，逃到那儿就基本上丧失了对中原的影响力；荆州一带虽然是战略要冲，但由于它四面临敌，如果实力不足，逃到荆州就等于陷入了死地；湖南和江西如同两个布袋，一旦进去就难以出来。所以，南方政权就相当于南京政权，北方攻克南京就等于大功告成。

而北方的政治地理却要复杂得多。在北方没有一个一旦失守就能让所有抵抗土崩瓦解的中心。

比如，刘裕可以攻克长安，但是在山西、河北、甘肃仍然可能会有大量的抵抗力量；一旦刘裕松懈，这些力量就会将他赶走。在洛阳也是如此，如果不获得山西的控制权，仅仅占领洛阳是没有意义的，因为山西的敌对势力随时可以渡过黄河进攻洛阳。在东面，仅仅占领河北也没有意义，同样是山西的存在，使得占领成本太高，无人能够承受。

所以，南方政权如果要北伐成功，必须控制洛阳和长安；为了稳定控制洛阳和长安，必须获得山西；而为了获得山西，必须进攻塞外。就这样环环相扣，南方政权没有人能够完成如此大量的任务。

历代历次北伐行动，只有刘裕完成了攻克长安这一步，而大部分甚至连洛阳都没有攻克，北伐就已经结束。更多的则陷入了在淮河流域或者荆襄地区对某一个具体城市的争夺，在耗尽了军事资源之后就撤军了。

最终，秦岭—淮河就成了军事地理的分界线。如果南方政权能够控制秦淮一带，就能暂时稳定住，但他们最多也就是达到秦淮一线，无法继续向北。只有北方政权能够一举而下，冲破秦淮防线，攻克南京，统一全国。

　　直到近代，热兵器的普及、机械化的使用，才有可能改变南方的命运。但即便如此，北方在战略地理上的优越性，可能仍然无法被超越。

第九章　南朝：长江混沌战[1]

长江下游的建康与长江中游的荆州组成长江轴心，形成两极争霸，主导了东晋南朝的政局。

在轴心的一端，是以国都建康为中心的长江两岸，这里是皇帝的居所，朝廷所控制的区域；在轴心的另一端，是以荆州为中心的江汉平原和襄阳盆地，这里往往由某个权臣占据。一旦占据荆州这个仅次于建康的经济中心，这个权臣的实力足以和中央对抗。

围绕着这个轴心，南方的内乱常常是荆州与建康的对抗，工具就是水军，道路就是长江。

南方的"建康—荆州"权力轴心，会在三个方向上发生变奏。三个方向分别是：第一，国都建康北面的长江、淮河之间地区，这里也是南北政权交战的主战场；第二，国都建康东面的苏州、杭州一带，这里是建康的粮仓，稳定国都的关键；第三，江西赣江谷地和湖南湘江谷地，顺赣江和湘江可以直达两广地区，是长江的重要侧翼。

---

[1] 本章涉及的时间范围是公元307—581年。

要想理解南方的军事行动，必须记住一个轴心、两个重点区域（建康、荆州）、三个湖（洞庭湖、鄱阳湖、巢湖）、四条江（长江、汉江、湘江、赣江）和五座城市（镇江、马鞍山、九江、岳阳、武汉）。

东晋开国时期王敦与晋元帝的关系，为后来的"皇帝—权臣"模式提供了样板。南朝在这个模式中颠簸了三百年才被北朝灭亡。

东晋的第二个权臣是位于荆州的陶侃，但他本人野心不大，不想篡夺皇位，只想守住权力。陶侃击败反叛者苏峻，帮助东晋稳定了政权，并得到南方人士的承认。

从重庆通往成都的河流主要有三条，分别是内水（涪江）、中水（沱江）和外水（岷江）。两晋南北朝时期四川盆地内的战争，往往从这三条河流中选择进攻线路。

桓温、桓玄父子作为第三代权臣，没有完成改朝换代的步骤，却为接下来的刘裕提供了榜样。刘裕作为第四代权臣完成改朝，建立了南朝宋。

卢循是中国古代历史上从广东进攻北方的开创者。从广东进入北方的主要通道是赣江谷地和湘江谷地，北伐往往在这两条路中进行选择。

南朝梁末年荆州的丢失，决定了南朝再也没有能力与北方抗衡，下一个统一时代即将来临。

在南京老城城西，有一石头城。如今的石头城被开辟成一个国防园，还摆放了一些武器模型供游人参观。

历史上，石头城曾是南京最险要的要塞，是南京城的拱卫之一。

石头城如今已经是南京城墙的一部分，但在历史上却是单独的一座小城池。孙权时期，为了守卫国都建业，在建业旁边毗邻秦淮河的清凉山（石头山）上修建了一座城，命名为石头城。

建立石头城就是为了屯兵和守卫国都。从东吴开始，到东晋南北朝，各个在南京建都的朝廷都特别重视对于石头城的守卫。那些企图进攻国都的人也都知道，要攻克国都首先要占领石头城这个制高点。

直到明朝，修建新的南京城墙时才将城市面积扩大。石头城也包括在新的城墙以内，整个石头山就成了城墙内的最高点。在修建城墙时，有一块岩石过于突出，无法包在城墙内，于是城墙外就露出了一块大石头，如同巨大的鬼脸，人们因此称它为"鬼脸城"。

由于石头城并入南京，久而久之，南京就有了"石头城"的别名。

从东晋南迁开始，到陈朝灭亡，国都建康成了南方最大的战场。这里经历过历次改朝换代的战争，那些企图篡权的野心家也时常率军来到这里。从王敦、苏峻、祖约到侯景，都进攻过这座长江边的城市。

南方政权纷纭扰攘，给北方带来了巨大的机会。每一次内战都削弱了南方的实力，北方借此蚕食着南方。南方的国土面积在逐渐缩小，从最大时期的抵达黄河南岸，到最后丢失了四川、荆州和长江以北的所有地区。陈朝建立时，南方只剩下江东地区与赣江谷地，丧失了淮河流域的一切战略据点。到这时，南方被北方灭亡只是时间问题。

当长江流域的南朝发生内战时，除了建康这一个战略地点，还有另一个点同样重要，那就是位于西面的荆州。如果朝廷能够同时控制这两座城市，就控制了南朝的政局；如果朝廷只拥有建康，而将荆州让给权臣，那么政局就会陷入巨大的不稳定。

长江混战的奥秘，就隐藏在对这两座城池控制权的争夺上。荆州和建康也因此见证了两晋南北朝三百年的血雨腥风。

荆州与建康的两极争霸

如果我们要根据地理来总结战争模式,那么南方比北方要相对单调一些。在北方,最重要的几个地理特征是:黄河、关中平原、山西山区、洛阳盆地、南襄隘道、秦岭、太行山、华北平原、淮河;次一级的地理特征包括:固原盆地、河套地区、陇西、汉中、太行八陉、渭河、汾河等。任何一个制定战略的人都必须吃透这些地理特征,才能确立精准的战略模式来指导军事行动。

南方由于山区太多,直到魏晋时期仍然发展得不如北方,因此人们大都居住在河谷地带。具体而言,南方的居住区主要在建康所在的长江中下游(江东)、九江和南昌所在的赣江谷地、两湖盆地、四川盆地这几个地方。两湖盆地还可以细分,包括长沙和岳阳所在的湘江谷地、以荆州(江陵)和武汉为中心的江汉平原。

这几个地方有一个共同点,它们的交通主要依靠几条河流,分别是长江、赣江、湘江和汉江。南方的战争也主要围绕着这几条河流展开。

在东晋南朝时期,内部冲突中都包含一条明显的哑铃状的权力轴心,这条轴心由两个区域界定:轴心的一端,是以国都建康为中心的长江两岸,这里是皇帝的居所,朝廷所控制的区域;而轴心的另一端,是以荆州为中心的江汉平原和襄阳盆地,一直延伸到武汉一带,这里往往由某个权臣占据。占据了荆州这个仅次于建康的经济中心,这个权臣的实力足以和中央对抗。

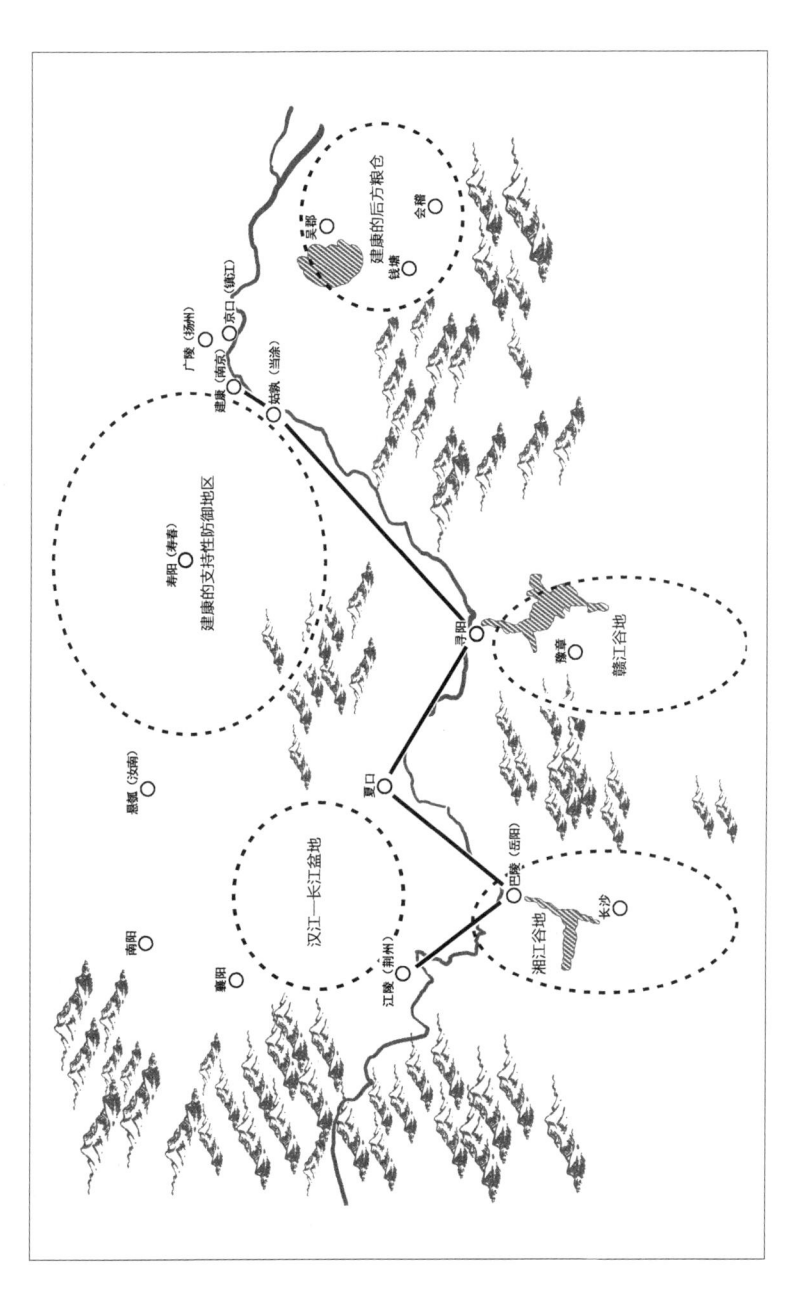

图 12 南朝沿长江形成的权力轴心

连接建康和荆州这两大中心的是长江，于是建康、荆州和长江共同构成了东晋（包括南朝）的权力轴心地带。

围绕着这个轴心，南方的内乱常常是荆州与建康的对抗，工具就是水军，道路就是长江。双方的战争形式也较为简单，就是率领水军沿长江而动，不是你把我赶到长江头，就是我把你逼回长江尾。

这个巨大的权力轴心地带还有几个小小的分支：围绕建康，上游的马鞍山一带是一个巨型渡口，下游的镇江地区是另一个巨型渡口，这两个地方也都有通道可以进入淮河一带。所以，人们除了争夺建康，也利用这两个地方的淮河通道进行军事行动。

在建康东南的江浙一带，以苏州和杭州为主。这些地方政治势力有限，却是建康的粮仓。

围绕着荆州（直到武汉）也有若干种变化。比如，从武汉可以顺着汉江直达襄阳，而从襄阳可以走陆路到达荆州，于是，襄阳、荆州、武汉组成的三角地域以内，又是一个军事行动密集的地区。

顺着湘江和赣江向南，可以直达南岭地区。同时，湘江谷地和赣江谷地也是出产粮食的好地方。于是，人们在争夺哑铃两端的建康和荆州时，又往往将湘江谷地和赣江谷地当作中间目标。

除了这些要地，其余地方覆盖着山脉和森林，很难展开作战。所以，要想理解南方的军事行动，必须记住一个轴心、两个重点区域（建康、荆州）、三个湖（洞庭湖、鄱阳湖、巢湖）、四条江（长江、汉江、湘江、赣江）和五座城市（镇江、马鞍山、九江、岳阳、武汉）。理解了这些重点区域，也就可以看透纷繁复杂的南方战争了。

王敦:"皇帝—权臣"模式的开创者

永昌元年（公元322年）闰十一月初十，东晋开国五年之后，晋元帝司马睿亡于宫中。他死前已经心灰意冷。虽然他是东晋的建立者，却作为失败者逝去。

在半年多以前，大将王敦发动了一次针对皇帝的战争，攻克国都建康，杀死尚书令刁协，赶走了镇北将军刘隗。

王敦占领国都后，晋元帝写信给他，表示如果王敦心里还有晋朝，就息兵让天下安定。如果王敦心里已经没有了晋朝，皇帝就回到琅琊（晋元帝当皇帝前是琅琊王），退位让贤。

王敦暂时没有废黜晋元帝，却开始为禅让做准备。半年后，晋元帝离世，将不确定的未来留给继任者。

王敦与晋元帝的关系，也为后来的"皇帝—权臣"模式提供了样板。在这种模式下，权力从皇帝的手中转移到众多的地方霸权者手中，并在这些霸权者之间形成一种脆弱的平衡。一旦这种平衡被打破，就会产生一个超级巨头，这个巨头的权力比皇帝还要大得多，到这时就变成了超级巨头与皇帝的对抗。如果对抗成功，就到了改朝换代的时候；如果对抗失败，那么皇帝周围就会产生新一批霸权者，等待下一次机会。

在东晋时期，前几次超级巨头与皇帝的争夺都是失败的，但为后来的人积累了经验；直到刘裕取得成功，推翻了东晋建立了南朝宋。刘裕的榜样作用又带来了接二连三的跟随者，直到最后一个超级巨头侯景出现。侯景的反叛打碎了梁武帝时期的繁荣，由于破坏性太大，导致南方政权疲弱到再也无力抵抗北方政权。北方政权的统一战争结束了南朝的

"皇帝—权臣"模式。

西晋永嘉元年（公元 307 年），当西晋在少数民族的打击下解体时，执政的东海王司马越看到北方已经乱成一团，便派琅琊王司马睿到江东地区镇守。司马睿邀请王导帮助他治理当地。而王导的堂兄弟王敦则被司马越任命为扬州刺史，随后王敦为司马睿所用，成为东晋的开国元勋。

东晋从开国伊始就形成了权臣掌权的局面。其中王导在国都建康和中央政府层面制定政策、安抚民心；而王敦则使用武力，从扬州出发，将上游不肯听从司马睿指挥的各个州郡一一征服。

在最初无人服从司马睿的管理，后来王敦征服扬州，再向上游夺取江州（治豫章，即江西南昌）、湘州（治长沙）、荆州（治襄阳），成就了东晋的江山。"二王"功勋卓著也大权在握，被称为"王与（司）马，共天下"。

随着东晋政权的稳固，晋元帝也开始考虑削夺权臣权力的问题。自从汉朝以来，皇帝就享有着近乎独裁的权力，直到西晋八王之乱，这种权力才告松动。既然已经恢复了半壁江山，晋元帝便考虑整理内部事务。

他重用中书令刁协、侍中刘隗，并疏远了王氏兄弟。王导为人洒脱，不在意功名，并没有太多抗议；而王敦则不仅加强了防备，还为王导鸣不平。

当王敦表现出不满时，皇帝与超级巨头的对抗就成了一种危机。皇帝将王敦的不平当成了反叛的信号，加紧削夺其权力；皇帝的进一步削权，又让王敦担心皇帝要拿自己开刀，不得不备战将来。

王敦与皇帝的部署，也代表了未来斗争的样式。皇帝的基地在建康，而权臣的基地则设在权力轴心另一端的荆州，双方各据基地，在长江上寻找战场。

在晋元帝与王敦的对抗中，这个权力轴心更偏向于王敦。如果要让两边平衡，那么权力轴心的中间点应该在从江西九江到湖北武汉之间的某个点上，一人占据东部，一人占据西部。而王敦的实际控制区域却到了芜湖一带，距离建康已经很近了，从这里出发进攻建康可谓易如反掌。

皇帝的控制区除了建康，还包括江北的淮阴与合肥一带，依靠这两地作为补给基地，才勉强维持了独立性。

永昌元年（公元322年），王敦轻而易举地攻陷建康的堡垒石头城，随后进入建康，控制了皇帝本人。晋元帝郁郁而亡。

不过，让晋室感到幸运的是，王敦并没有比晋元帝多活太久。晋元帝死后，王敦也得了重病，加上他本人没有后嗣，只有一个养子，这就失去了创立一代王朝的必要条件。

王敦病重时，其余的人看见了出头的机会，他们团结在晋明帝周围，制订反对王敦的计划。

王敦在死前试图扶养子上位，却有心无力，讨伐大军已经与他的军队开战了。这次的大军主要来自建康北方的江淮一带，也就是从马鞍山到镇江这段长江的北方，皇帝控制的主要城市是寿春、临淮（又名盱眙）、广陵，这些地方也是建康常用的后方基地，在历次内战中都能起到关键作用。

王敦的反叛被平息，使得东晋度过了第一次危机，但是，"皇帝—权臣"的模式、"建康—荆州"的权力轴心都已经出现，东晋和南朝注定不太平。

陶侃：力挽狂澜

平定王敦后，掌权的人换成庾亮。王导在控制中央的时期，由于不在乎个人得失，做事公允，政策宽容，赢得了人们的好评。即便王敦作乱，王导也一直忠于皇帝，并帮助皇帝一同对抗王敦。

到了庾亮时期，情况变了。庾亮的妹妹是晋明帝的皇后，晋明帝死后，庾亮借助太后势力成了权臣。与王导相反，庾亮做事毛糙、性格偏激，很快就引起朝内大臣和朝外权臣的不满。

庾亮的敌人主要有两个：第一个是位居上游荆州的陶侃，他占据了原本王敦的位置，成为下一个超级巨头；另一个则是实力较小却距离国都更近的苏峻，苏峻在征讨王敦的战争中功勋卓著，被封在历阳（现安徽和县），与军事枢纽马鞍山仅一条长江之隔。

庾亮最初防范陶侃时，并没有把苏峻放在眼中，但在他清理政敌的过程中牵连到苏峻，庾亮就决定对他进行讨伐。

苏峻得知此事，先发制人。东晋咸和三年（公元328年），他从历阳起兵，向建康进发。

苏峻起兵之后，各地纷纷表示要帮助朝廷镇压反叛者，远在荆州的陶侃也愿意提供帮助。但庾亮错误地估计了形势，他把陶侃当作更大的敌人，担心陶侃会乘机占领国都，于是拒绝其帮助，由此变成了朝廷军队孤军奋战。

朝廷没有帮手，苏峻却找到了帮手。在淮河流域的寿春，是豫州刺史祖约的地盘。祖约的哥哥就是著名的祖逖。在西晋末年的大乱中，祖逖率军北上，在长江"中流击楫"，发誓不收复中原不再南渡。但最终，由于实力不足和缺乏支持，祖逖只占了寿春地区，成了一个小型的军阀。他死后，弟弟祖约继续盘踞。祖约对庾亮在中央的政策也极为不满，听说苏峻起兵后，也跟着发兵攻打建康。

叛军进攻时，庾亮一再犯错。在国都的上下游，各有一个重要的军事重地，分别是上游的姑孰（又名当涂，在现安徽马鞍山）以及下游的京口。苏峻出发的历阳就在姑孰西面的长江彼岸。在他进攻时，姑孰除了有军事地理上的战略重要性之外，还储存着大量的粮食。中央军守住此地，不仅可以避免粮食落入敌人之手，还可以牵制敌人，不要让他们过快进攻建康。

但姑孰被庾亮放弃。苏峻占领姑孰后继续前进，他没有走水路，而是从建康以南的陆路直接打击国都。

在苏峻、祖约的联合攻势下，东晋政权遭受了第二次国都之围并很快沦陷。庾亮逃走了。

与王敦相比，苏峻的反叛更缺乏政治目的，纯粹是对庾亮政策的一种应激反应。另外，与王敦不同，苏峻并不是权臣中的超级巨头，以实力而论，他比占据荆州的陶侃要小得多，也没有能力征服陶侃。因此，攻陷建康的那一刻，就是苏峻真正危机到来的一刻。

此刻的超级巨头陶侃并非一个野心家，而是更乐于维持现状的中庸分子——只想保持自己现在的地位，对东晋的皇权不感兴趣。苏峻破坏了这种现状，就成了陶侃的敌人。于是，"建康—荆州"这个权力轴心有了新的变奏：这一次忠于朝廷的不是建康这个国都，而是荆州这个次中心。

被苏峻赶走的庾亮放下架子向位于荆州的陶侃求救。陶侃也放弃了对庾亮的防备,出兵攻打苏峻。

陶侃没有犯庾亮的错误,他率军东进,首先攻击了姑孰,切断了苏峻(在建康)和祖约(在历阳)之间的联络,造成了祖约的后勤无法解决。

陶侃击败祖约后再继续前进,围困了建康。此刻,苏峻的败局已定,剩下的只是挣扎多久的问题了。

苏峻、祖约之乱被平定后,陶侃又平定了发生在江州(现江西九江)的一次小反叛——郭默反叛。陶侃的出现,让东晋进入了一个平静期。他位高权重又不图谋帝位,由他镇守权力轴心的上游,能够让东晋尽快稳定下来,也避免了下一个超级巨头的产生。

这次稳定,也让南方人终于对这个摇摇欲坠的政权产生了信心,不再把它看作外来政权去排斥。从这个意义上说,陶侃击败苏峻起到力挽狂澜的效果,挽救了东晋政权,也避免了南方重陷军阀混战。

但这样的好局面并没有维持太久。由于地理上的不平衡,十几年后,又一个权臣在路上了。

颠覆东晋的权臣父子

东晋永和二年(公元346年),桓温率领晋军从荆州西进,目标直指在四川的大成国(成汉)。

桓温并不出身于著名的世家大族,却在东晋乱世中崛起。这一年,担任安西将军、持节都督荆司雍益梁宁六州诸军事、领护南蛮校尉、荆州刺史的桓温,听说成汉与北方后赵准备联合伐晋,决定先下手为强,向四川进军。这是东晋历史上第一次将势力范围扩展到四川盆地。

桓温的军队从荆州出发，顺长江直上，经过三峡进入四川盆地。在晋代，随着人们在长江的航行经验的丰富，从三峡向西进攻成都的水路已经非常通畅。

从三峡到达重庆后，通往成都方向的河流主要有三条，分别被称为内水、中水和外水。

所谓"内水"，指的是嘉陵江的支流涪江，这条江水可以到达成都东方的德阳（现遂宁，并非现德阳），或者成都北方的涪城（现四川绵阳），从德阳或者涪城走陆路直插成都。

所谓"中水"，指的是沱江，这条江北上经过成都东面。

所谓"外水"，指的是岷江。岷江在历史上曾经被人们当作长江的主干道。顺外水北上可以到达成都南面的彭模（现四川彭山），或者成都西面的都江堰，再改走陆路。

三条水路各有优劣，其中外水的登陆点距离成都最近，水路却最长。内水的劣势是登陆点距离成都较远，却可以抵达成都北方的绵阳，与北方的金牛道相呼应，形成两方的联动。

桓温此次选择的是外水航道，直达彭模向成都进军。成汉政权一触而溃，从此四川进入东晋的版图。后来，四川在桓温的儿子桓玄之乱中，曾经短期脱离过东晋政府，由谯纵割据。东晋大将朱龄石再次征服成都。朱龄石选择的仍然是外水航道，但他在内水做了一次佯动，又向中水派遣了一个支队。

征服四川增加了长江混战的复杂性。在之前，人们考虑的主要是"建康—荆州"权力轴心。现在，在荆州的西部又占有了四川，是否权

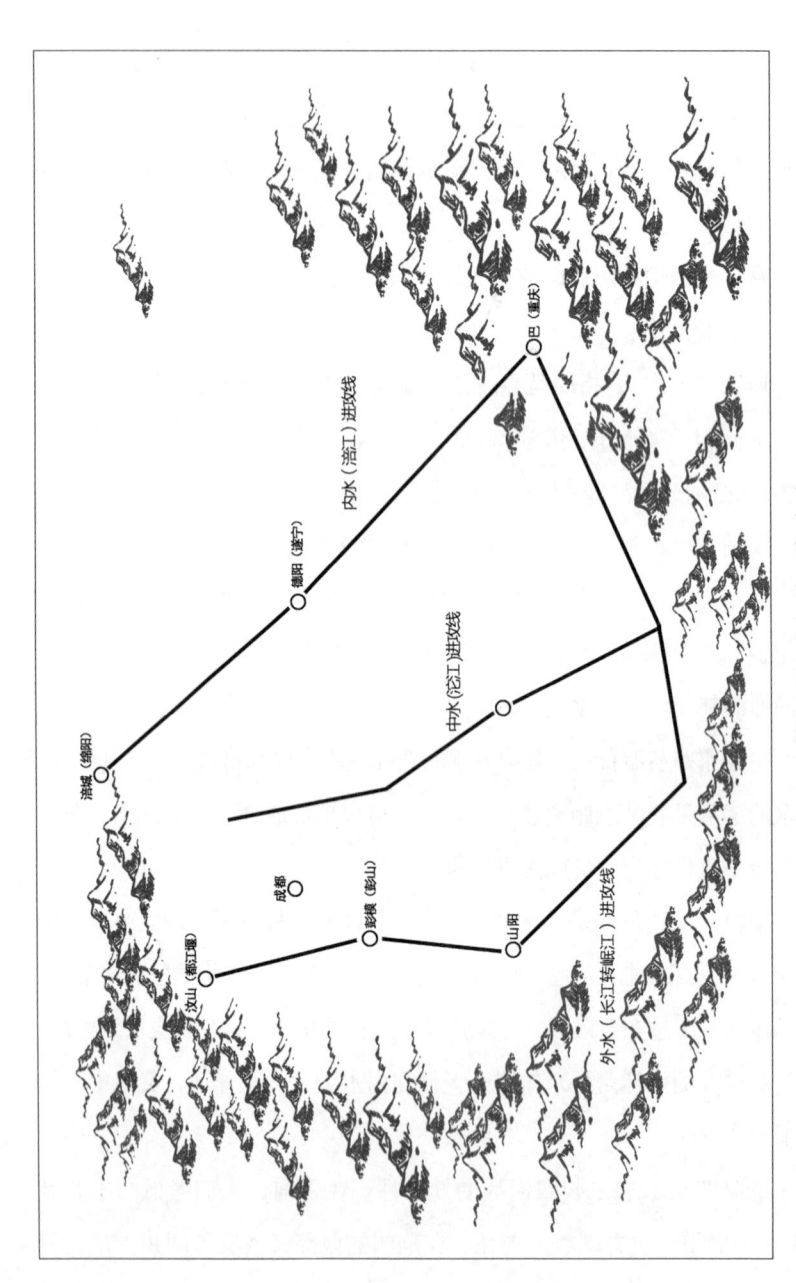

图 13 重庆通往成都的三条水路

力轴心也变成"建康—荆州—成都"了呢？答案是：成都虽然增加了斗争的复杂性，但不能高估这种复杂性。

作为朝廷抵抗荆州分离倾向的工具，位于建康的朝廷总是希望向四川派遣可靠的人，让他从上游对荆州施压，避免离心力。但由于四川距离荆州太远、太险，对荆州的压力有限，甚至本身也有很强的离心力，因此在大部分时间里，四川作为一个单独的地域而存在，对东部的纷争影响不大。

桓温占据了长江中游的荆州、江州（九江）等地，而下游的建康则是围绕在皇帝周围反对桓温的基地。到了晚年，桓温曾经有篡夺政权的企图，却由于几次失败的北伐而威望下降，加上在建康主政的谢安对桓温采取了拖延战术，桓温直到死去仍然没有完成改朝换代的手续。

桓温死后，由于其子桓玄太小，权力交给桓温的弟弟桓冲。桓冲对于晋朝的忠心超过了他的权力欲，他决定与在建康的谢安合作，东晋王朝度过了这次改朝换代的危机。

前秦南侵的淝水之战时期，桓冲负责以荆州为核心的长江中游防务，以建康为核心的下游防守则交给谢安。东晋王朝在这种权力分配机制下团结一致，从而击败了前秦。

淝水之战后，桓冲和谢安相继离世，东晋的政治分裂就越来越明显。先是东晋宗室司马道子在建康擅权，司马道子的胡作非为又引起了荆州刺史殷仲堪和青州、兖州刺史王恭的不满，两者联合起兵，兵败被杀。

在两刺史起兵的过程中，原本已无实力的桓温之子桓玄突然间势力大增，成了统治西部地区的最大军阀。

在朝廷的一再退让下，桓玄除了任荆州刺史、江州刺史，还都督荆州、司州、雍州、秦州、梁州、益州、宁州、江州这八个州，[2] 以及扬州、豫州所辖八个郡的军事。加上桓氏家族其他成员还占据了诸多官职，桓玄已经权倾朝野。

东晋元兴二年（公元 403 年），桓玄率军从荆州出发，顺江而下，到达姑孰，以此为基地兵分两路，攻克了国都建康。

第二年，晋安帝禅位给桓玄，桓玄建国号大楚。如果桓玄能够稳固政权，就可以成为新王朝的开国之君。但占领建康之后，桓玄放松了警惕。他以为从荆州到江州再到建康都已经是他的势力范围，却忽略了建康以东的京口、广陵地区，也就是现在的镇江和扬州一带。

这里有一条古运河——邗沟，它沟通了长江和淮河，又可以控制吴越。

当桓玄将这里忽略时，有个人却抓住了机会，他就是刘裕。

刘裕家境贫苦，与东晋时期担任权臣的世家大族形成了鲜明的对比。他出身行伍，从低级军官做起，逐渐成长为著名将领，拥有丰富的军事经验。

刘裕一眼就看到桓玄棋盘上的漏洞，决心利用这个漏洞起兵反对桓玄。在他的号召下，扬州一带的城市纷纷起义，提供了士兵和物资，让他得以向建康挺进。桓玄甚至都没有组织有效的抵抗，就匆匆决定率军

---

[2] 东晋南迁后设置了很多侨郡，将北方某郡的人口安置在一起，名字则沿用北方的郡名。所以司州、雍州、秦州等地并不一定就是其实际所在，而是侨郡所在的地方。

撤离，逃往西部。

于是，篡位者从西方赶来篡位不久，就又向着西方匆匆逃去。这也成了东晋南朝战争的模式：将军们在长江上一会儿上行，一会儿下行，他们来也匆匆，去也匆匆，往往一场战斗就决定了他们向哪个方向走。

桓玄逃亡西部时，四川也反叛了，谯纵夺得四川，建立了一个新的蜀国，史称谯蜀。

谯蜀的建立，让桓玄又丧失了进一步西逃的可能。当刘裕最终占领荆州时，桓玄以及他的桓氏后继者的命运就走到了尽头。

赣江、湘江变奏曲

在东晋的"建康—荆州"权力轴心中，偶尔会出现一些"变奏曲"，使得战争的范围超过长江，进入更加广阔的领域。

这些变奏曲主要出现在三个方向：一是国都建康以北，长江、淮河之间的地区，这里也是南北政权交战的主战场；二是建康以东的苏州、杭州一带，这里是建康的粮仓，稳定国都的关键；三是在江西赣江谷地和湖南湘江谷地，沿赣江和湘江可以直达两广地区，是长江的重要侧翼。

发生在东晋义熙六年（公元410年）的卢循反叛就是第三种变奏曲。发生在南朝宋泰始元年（公元465年）的晋安王刘子勋反叛中，建武将军吴喜对吴越等地区的进攻则属于第二种。南朝梁太清二年（公元548年）导致南朝彻底衰落的侯景之乱则属于第一种。

在此，我只说卢循反叛（以及其前奏孙恩反叛）和赣江、湘江的作用。

卢循反叛是一次政策失误造成的。在东晋大臣司马道子执政时期，曾经试图削弱士族门阀的权力并增加兵源。在当时，许多人为了不当兵、不成为官奴，纷纷跑到世家大户手下充当佃客。一旦成了世家的佃客，就不用服兵役，也不用缴国家赋税了。由于国家人口不足，司马道子的儿子司马元显决定将这些佃客从世家大族中清除出来，送到国都由政府征用。

这项政策不仅引起那些佃客的不满，也引起拥有佃客的大户的不满。东晋隆安三年（公元399年）琅琊人孙恩乘机起兵，得到当地许多人的支持。

东晋政府先后数次攻打孙恩，后来孙恩逃到东海的海岛上，并以此为基地对沿海地区进行骚扰。在打击孙恩的数次军事行动中，有两个人的功劳特别突出：一个是东晋大将刘牢之，另一个则是正在崛起的刘裕。

东晋元兴元年，孙恩兵败投海自尽。他的妹夫卢循将残部集结起来渡海南走，进入广东地界，在南海郡（治所番禺）盘踞下来。

随着东晋政府在桓玄之乱中疲惫不堪，卢循也受到招安，摇身一变成为广州刺史、征虏将军、平越中郎将。

义熙六年（公元410年），刘裕率军北上并吞南燕，卢循以为有了机会，在姐夫徐道覆的劝说下开始北伐东晋。

在地理上，长江中下游与广东、广西之间隔着一座山脉——南岭。南岭在历史上称五岭。所谓"五岭"，指的是现今江西大余县与广东南雄之间的大庾岭、湖南蓝山县和广东连州之间的都庞岭、湖南郴州和宜章县之间的骑田岭、湖南江华县和广西钟山县之间的萌渚岭，以及广西兴安县北面的越城岭。

秦伐南越时，曾经在五岭开辟了五条通道。到了后世，较为常用的通道变成了两条主道，以及由主道分岔形成的若干支道。

所谓"主道"，指的是由五岭而下的两条长江支流——湘江和赣江。这两条河是长江中下游地区长江南岸最重要的支流，一条从南岭北上穿过整个湖南地区，在洞庭湖一带流入长江；另一条是江西的主动脉，从南岭北上贯穿江西，最后从鄱阳湖流入长江。

赣江道没有支道，从古至今人们都是顺赣江而上，在大庾岭上梅岭关翻越进入广东南雄，再经过韶关进入岭南低地直达广州。

湘江道有若干支道，最著名的支道是一条水路——灵渠，由秦朝官员史禄开凿。当年史禄观察到，从南岭发源的两条河一条向北流，另一条向南流，分别是湘江（向北流入长江）和漓江（向南流入珠江），这两条河道的上游距离很近，只有几十里，湘江的水位比漓江稍微高一点。于是史禄就开凿了一条人工运河，河水从湘江流入漓江，这就是灵渠。有了灵渠之后，人们就可以方便地从湘江经过水路进入漓江，再汇入珠江直达广州。这条水路便于物资转运，使得大规模的军事辎重运输成为可能。

但这条水路有一个缺点：太长。由于漓江向西转了个弯，先要进入广西，再折入广东，这就拉长了行进的距离。为了抄近路，可以从广东韶关或者连州北上翻山进入湘江谷地。所以，从两广进入湘江的道路就有了两条主要支路：水路远些但运输量大，陆路近些但险峻。

除了河道之外，人们还可以走海路到达岭南。海路在东吴时开通，但一直不够安全。东晋南朝时期,如果是小规模的海盗,还可以考虑走海路;如果是大规模的军事调动,仍然以陆路和内水为主。几条道路之外的大片山地,还覆盖着原始森林,无法通过。

卢循从广州攻打东晋,也通过湘江和赣江两条水路。

两路大军的出发点都在广东的始兴,在这里,卢循率军从湘江下长沙,经过巴陵,向长江中游的江陵进军,而徐道覆则从赣江过豫章,经过寻阳(现江西九江),向建康进军。如果能攻克江陵和建康这两个最重要的城市,也就拿下了东晋的江山。

一路上,两支军队的进展都颇为顺利。徐道覆按计划攻克了豫章、寻阳,沿长江向建康挺进。卢循在经过长沙、巴陵之后,原计划向江陵进军,突然听说东晋大将刘毅率领大军从姑孰赶到,害怕徐道覆一人应付不了,就改变计划,顺江而下,与徐道覆合兵共同击败了刘毅。到这时,建康的防线已经向卢循洞开,当年的海盗即将成为一个国家的主人。

但一件意想不到的事情干扰了卢循的计划。在他们制定战略时,就指望刘裕还在北伐燕国的途中,没有办法南下救援。他们不知道的是,刘裕已经攻克南燕,听说南方有威胁,便马不停蹄地从北方赶回,在建康加强了防守。

在建康,刘裕占据了石头城,加固了城墙,加强了守卫。卢循快速占领国都的计划失败了。

经过几场拉锯战,卢循损失了不少人马。他的军粮跟不上了,而整个建康地区也已经坚壁清野。

情急之下,卢循决定退守寻阳,再按照原来的计划进攻荆州,试图占据长江中游，对下游形成持久的压力。他派遣徐道覆率领三万人马进攻江陵，却再次失败。

最后，卢循只能率领人马按照来时的道路向南逃窜。由于路远，选择长沙和湘江的道路已经不可能，只好从豫章沿着赣江回到了广东。由于他战败的消息已经传回广东，根据地也不再稳固，卢循在一路逃窜中被杀，结束了他的帝王梦。

卢循作为中国古代历史上第一个借助广州向北进攻的军阀被记入史册。在此之前，广州和珠江三角洲一直是中原的附庸，缺乏军事地理的重要性。卢循的探索为将来的军事行动提供了一种新的可能性。广州地处偏远，却并非毫无价值，一旦中原内乱，群雄割据，从广州出发也不是没有逐鹿中原的可能性。

卢循之后，陈朝开创者陈霸先、唐朝末年的黄巢，都有过成功从广州北伐的经历。

南方王朝的衰落

东晋元熙二年（公元420年），刘裕废黜了晋恭帝司马德文，灭东晋，建立南朝宋。

刘裕一生南征北战，除了篡晋，还灭了南燕和后秦，重新掌握了四川，将南朝的领土扩张到最大。宋武帝、文帝时期，也是南朝发展的巅峰。这个时期，南朝的疆域一直扩张到了黄河的南岸，与北朝相对峙。而作为中部战略据点的彭城、下邳、寿春、南阳、南郑等地都掌握在南朝手中。

除了与北朝在中部地带厮杀之外，在南方沿着长江的内斗仍然是主旋律。南朝宋第二个皇帝宋文帝想改立太子，被太子刘劭杀死于宫中。随后，武陵王刘骏在长江中游西阳（现湖北黄冈）起兵对抗，得到荆州势力的支持，率军沿权力轴心进攻建康，杀掉刘劭并继位，史称孝武帝。之后荆州势力又拥立南郡王刘义宣起兵反抗孝武帝，被镇压。

孝武帝死后，十六岁的皇太子刘子业继位。刘子业由于声色犬马和倒行逆施，最终被刺杀，史称"前废帝"。这时，在权力轴心的两端出现了两个皇位竞争者。

在下游的建康继位的是宋明帝刘彧，而在权力轴心的另一端则是镇守江州的晋安王刘子勋。刘子勋是孝武帝的第三个儿子，而宋明帝刘彧是孝武帝的弟弟、宋文帝的第十一个儿子。从继承世系上来说，刘子勋更有资格继承皇位。

刘子勋起兵也更早，在前废帝刘子业还在位时就举起了反抗的大旗。不过，由于前废帝是在建康被杀的，刘彧就乘机登上了皇位，占据先机。

形势对刘彧非常不利。全国大部分的地方官员都选择了支持刘子勋来对抗刘彧。徐州、冀州、郢州、豫州、益州、湘州、广州、梁州等地都是刘子勋的支持者。而刘彧获得的支持，只有建康以及丹阳、淮南等几个郡。由于大部分州郡都选择支持对手，所以粮食都不送往建康，刘彧的处境就很危急。

在以往的对抗体系中，双方往往各据权力轴心的一端，一方占领荆州及其周围，另一方占领建康及其周围，而战场往往设在江西九江到湖北武汉之间，并逐渐向战败的一方境内推移。在刘彧与刘子勋的作战中，刘子勋占据了权力轴心的中间位置（九江），整个权力轴心的荆州方向都是他的支持者。除此之外，从江西赣江、湖南湘江直到广东也都支持刘子勋。更致命的是，在以往，建康以东往往是建康方面的支持者，特别重要的是长江下游的吴越地区，属于国都的巨大粮仓，这一次也加入了刘子勋的队伍，这就将建康从东面包围了起来，使刘彧方面成了孤军。

刘彧唯一的机会，就在于平定吴越，收回这个后方的粮仓，这样才有可能集中兵力西向，沿着权力轴心向九江、荆州进攻。在四面楚歌之下，到底谁有能力完成这项逆天的任务呢？

一位名叫吴喜的人出现了。东晋南朝时期受重用的往往是武将，而吴喜却是个典型的文人，掌管图书、卖弄刀笔，在当时并不为人所重视。此刻，吴喜要求刘彧给他三百人马前去平定吴越。由于要求不高，刘彧强压下各方的质疑，将吴喜派往东南战线。

吴喜虽然是文人出身，却出使过几次吴越地区。他做事公道，性情平和，得到了当地人的信任。当他进军时，各地纷纷望风而降。

吴喜从太湖西岸掠过，直插钱塘（现浙江杭州），再进攻会稽，并派一支人马进攻吴郡，于是整个东方被迅速平定。

东方的安定使得刘彧有机会西进与刘子勋在长江决战，扭转了败局，成为皇位竞争的胜利者。

吴喜的平吴之战，也为后世提供了一个长江攻防战的另类样本：苏杭地区的不稳定，对建康的破坏力是巨大的，如果想对外作战，必须首先平定东方，才有可能获得持续的支援基地。

事后来看，宋明帝刘彧的掌权对于南朝而言并非福音。宋明帝性好猜忌，心狠手辣，杀了所有威胁他的宋室王侯，让南朝宋本来就不稳固的执政基础变得摇摇欲坠，为萧道成的篡权提供了机会。对功臣，他也绝不手软，就连立了大功的吴喜也被杀死，原因仅仅是他太受欢迎，恐对皇太子不利。

宋明帝去世后，萧道成逐渐掌握大权，并以国都建康为基地消灭了占据上游荆州的沈攸之。最后，萧道成篡夺了南朝宋的皇位，建立了齐，这是南朝的第二个朝代。

经过太多厮杀的南朝越来越弱小，并逐渐丧失了北方的土地。最先丢失的是现山东境内黄河以南和以东的土地，随后在中原地区的势力也逐渐缩水，到后来，不仅黄河流域全失，就连淮河流域也丢了一半，也就是淮河以北的地区大都被北朝占领。到此时，南朝越来越无力与北朝对抗了。

而对南朝衰落影响最大的，除了宋明帝以来的内乱，还有梁朝时期的侯景之乱。

侯景之乱与南朝末日

南朝齐变乱不断，皇帝任意诛杀大臣，北方的外患不已，江南经历了二十多年的颠簸。南朝齐中兴二年（公元502年），萧衍取代齐和帝，建立了梁朝，是为梁武帝。之后的四十多年里，南朝在梁武帝的统治下变得富裕和平，形成了一次中兴。

萧衍厉行节约，推行文化，尊崇佛教，在乱世之中形成了一片礼仪的孤舟。甚至北朝人都对此羡慕不已，东魏权臣高欢就说过："江东复有一吴翁萧衍，专事衣冠礼乐，中原士大夫望之以为正朔所在。"[3]

梁武帝萧衍开创了一个时代，本有希望在安详中死去。一场出人意料的灾难出现了，令人猝不及防，不仅让萧衍失去了皇帝的荣耀，也造成了整个南朝的衰落。这场灾难就是侯景之乱。

当时，不管是南方还是北方，都有收留敌国流亡者的传统。比如东晋王敦反叛时，在皇帝一方败北后，晋元帝最倚重的大臣刘隗逃向北方，投奔后赵的石勒，官至太子太傅。

南北朝时，各方的大臣交流频繁，战场上的叛变层出不穷，两边的朝廷也都习以为常。只要对方的将领接洽投降，能够带来一定数量的军队，或者贡献一两个城池，就会被接受。至于他的忠心有多大，并不重要。投诚的将领也绝不是因为忠诚而投降，只是因为成了斗争的失败者。

萧衍统治的晚期，北方的东魏发生了一次权力更迭，权臣高欢去世，他的儿子高澄继承了职位。高澄的上台让高欢手下的大将侯景感到不安，因为他和高澄一直不和。侯景率军投靠了南方的梁朝。

侯景是羯族人，曾经在北魏权臣尔朱荣手下效命；当高欢征讨尔朱氏时，他又改换门庭效命于高欢。

侯景的投诚在南朝引起了震动。要了解这个震动有多大，就要明白侯景的权力有多大。在他叛逃时，他是东魏的太傅、大将军、河南大

---

[3] 见《资治通鉴·梁纪十三》。

行台、上谷郡公，统治着东魏黄河以南的广大地区。按照侯景自己的说法，是"函谷以东，瑕丘以西，豫、广、郢、荆、襄、兖、南兖、济、东豫、洛阳、北荆、北扬等十三州"，黄河南边仅有青、徐数州或许不包括在内。

这片地区在南朝宋时期曾经归属于南方，后来被北方逐渐吞噬。这里是南北方的主战场，谁占有了它，就占据了南北战争的主导权。

自从南朝宋后期丧失此地之后，历代南朝皇帝费尽心机地北伐都无法取得这片土地，却被侯景一股脑儿地送给了梁武帝，可见诱惑之大。

经过与大臣的讨论，梁武帝决定接受侯景送出的大礼，封他为河南王，并派遣军队从悬瓠（现河南汝南）出发接应侯景。

梁武帝只看见了利益，却没有想到获得利益的难度。发现侯景叛逃后，东魏的高澄立刻派兵日夜兼程向侯景进攻。这时，南方的接应还没有到，侯景在远水无法解近渴的胁迫下，又向北方的另一个政权——西魏——求救。西魏的国都在长安，根据地在关中地区。侯景将河南地区靠近西魏的土地又许给了西魏，这些土地就成了"一女二嫁"。

此刻侯景向梁武帝保证，割让给西魏一部分是为了获取西魏的救助用以活命，而剩下的部分仍然要割让给南朝梁，他的最终归宿也是南方。梁武帝接受了这种说法。

谁知，西魏获得了侯景的部分土地后又与侯景闹翻。而梁军与侯景合兵后遭到了东魏的进攻，最终将侯景所辖的土地丢失得一干二净。南朝没有捞到任何实惠，只捞到了一个大麻烦——侯景本人。

侯景丢失辖地后，需要新的落脚点。他率领残余人马来到梁军据守的寿阳一带，强行将此城攻占，变成自己新的基地。于是，南朝梁不仅没有任何收益，还赔上了寿阳。侯景只是名义上属于梁朝，但寿阳的行政权已经脱离了梁的控制。

梁武帝做了亏本买卖，却从道义上同意让侯景盘踞寿阳。但梁军与侯景的摩擦随即而起，让侯景意识到寿阳并非久居之地。

这里位于东魏和梁的中间地带，又是各家必争的战略要地，如果只占领这一个地方，用不了多久就会遭到兵灾而陷落。只有占据了更广阔的基地，才能保证此处的安全。

侯景面临的选择只有两种：一种是向北攻东魏，占据现在的山东作为新基地，变成另一个南燕；另一种是向南攻梁朝，占领建康一带，变成另一个梁朝。他选择了更加软弱、更容易攻打、好处更大的梁朝作为目标。梁武帝萧衍本来以为占了大便宜，最终却发现接了杯毒酒。

侯景向南方发动进攻。梁武帝最初并没有把他当回事，认为这只丧家之犬虽然善于打仗，却无法和一个王朝对抗。他派出四路大军从四个方向向寿阳集结，准备包围和消灭这支实力并不算强的部队。

出乎意料的是，就在梁军向寿阳进发时，侯景却铤而走险，迅速向建康跃进，经过历阳、采石、姑孰直捣国都。经过长期围困后，侯景攻克了建康。

梁武帝成了侯景的阶下囚，这位八十六岁的老皇帝本可以安度晚年，却由于"侯景之乱"而死于非命，与他一起被埋葬的还有南朝的黄金时代。

侯景的反叛路线，属于从淮河流域入侵国都建康的经典案例，战争局限在"建康—荆州"权力轴心的一端，并没有进入荆州一极。

按照侯景的设想，当他占领建康，控制梁朝的皇帝之后，就可以挟天子以令诸侯，消灭各地的反抗。但他没有吃透南方的权力轴心，也不理解南方的皇帝权威并没有那么大，在权力轴心另一极的荆州不会听从他的调遣。

反抗侯景的力量主要来自两个方向，一个方向是轴心的另一极荆州，而另一个方向则是南方的广州。广州的领袖是始兴太守、西江督护陈霸先，他从广东出发，经过大庾岭北上进入江西的赣江，再从赣江直指寻阳进入长江。荆州的领袖是湘东王萧绎，他派出征东将军、尚书令王僧辩向东顺江而下。

此时，侯景的机会只有一个：先不管广州北上的敌军，而是迅速击败荆州获得整个长江轴心，再回头从东西两方夹击陈霸先的部队。

但侯景并没有这么做。他分散了兵力分别应对两支敌军，结果一支被陈霸先击溃，另一支则被阻于巴陵，随即也被击败。

巴陵一战成了这次战争的转折点，侯景失败后转向东逃，回到国都。随后又被逐出建康，流落在江东一带，直到被杀。

湘东王萧绎在江陵继位称帝，是为梁元帝。由于元帝的权力基础在荆州，"建康—荆州"权力轴心暂时向荆州倾斜。

侯景之乱给南朝带来的危害，实际上是南朝衰落的转折点。之前，南朝在梁武帝的治理下虽然问题重重，却有着小康的家底；在侯景之乱后，南朝疆土迅速缩小，许多战略要地丢失。

首先出现的是两帝争立。除了在江陵的梁元帝，还有武陵王萧纪在成都称帝，于是梁朝出现了两位皇帝。更致命的是，两位皇帝距离位于关中的西魏太近，给了西魏插手的机会。梁元帝为了消灭四川的竞争对手，决心向西魏求助。于是，西魏的军队攻占了四川，再以四川和武关为基地攻克江陵。[4]

对于梁朝来说，江陵的失去意味着"建康—荆州"轴心不再完整，荆州已经成了敌国的领土。丧失了四川和荆州，也就意味着长江中游防线的崩溃，孤立的建康再也没有力量保护自己。

这次领土的变迁甚至改变了北方两大政权的实力对比。在这之前，东魏和西魏的争夺中西魏是弱势的一方，其领土主要在关中地区；而东魏则由于占据了广阔的华北平原和黄淮地区，资源更加丰富，兵力更充足。但自从荆州和四川归了西魏，双方的实力对比发生了巨变，西魏已经获得了如同秦朝和汉高祖一样的优势地位，不仅占据了荆州、四川两大粮仓，还占据了一系列的战略要点。

如果说，在梁朝内乱之前东魏更可能并吞西魏，那么梁朝内乱之后以西魏为基础统一全国成了更有可能的选项。

在西魏从南朝夺取大量土地时，东魏也从南朝夺走了长江、淮河间地，将战线推到长江边，东魏与梁隔江相对。丢失了淮河流域的南朝已经失去防御的完整性，加上长江上游的丢失，灭亡已经是迟早的事。

梁绍泰元年（公元555年），镇压侯景之乱的两大功臣陈霸先和王僧辩发生冲突，陈霸先击斩了王僧辩。

梁太平二年（公元557年），陈霸先取代了梁静帝，篡位称帝，建立陈朝。陈朝的领土只局限在长江以南到洞庭湖的狭小区域内。在北方

---

[4] 之后，西魏在江陵建立了一个傀儡政权，史称"后梁"，后为隋所灭。

的两个大国——北周（取代了西魏）和北齐（取代了东魏）——谁能并吞另一方，谁就可以顺势而下统一全国。

中国古代历史上第二次大分裂时代在南朝衰亡的基础上进入尾声，唐宋时代即将来临。

第三部

失衡时代

（公元384—907年）

第十章　北朝：从黄河到长江 [1]

南朝刘宋时期，鲜卑人统一中国北方，建立北魏。北魏文明程度落后于南方，却在一张白纸之上建立新的制度，避免了南方积累几百年的弊端，并在国力上逐渐压倒南方。

北魏孝文帝迁都洛阳，从战略上意味着北朝将战争重心转移到南方，为将来统一打下基础。

玉璧古战场位于汾河以南的台地上，诉说着当年东西魏的厮杀，也见证了历史上最后一次东西对立。此后，随着江南的进一步发展，分裂模式变为南北对立。

玉璧城正好卡在从汾河进入黄河的岸边。这座城市的存在，让东魏不敢越过黄河进入关中平原，从而保证了关中的安全。

西魏对东魏的打击主要针对中路的洛阳，却由于河阳三城与虎牢关的存在，让西魏即便占领了洛阳也无法越过洛阳进攻豫东和太原。

西魏乘南朝内乱取得四川与荆州，这两个超大粮仓成了改变战争局

---

[1] 本章涉及的时间范围是公元384—589年。

势的胜负手，使得西魏一跃成为当时中国最强大的政权。

隋唐时期，长安和关中平原已经不再是经济和军事中心，随着长江流域的经济发展，关中盆地虽然还有一定的战略重要性，却已经成了中原的附庸。在这种情况下定都长安，导致中国古代在军事战略上进入一个失衡的时代。

淝水之战后，七拼八凑的前秦崩溃，另一少数民族政权却正在复国。

在如今山西省北部，曾经存在着一个鲜卑人的小国——代国。其地理位置偏远，国土面积也不大，与中原接触不多。前秦王苻坚统一北方时，在兼并其他地区的空隙间顺便将代国也并吞了。

前秦在淝水之战失败后，各个北方少数民族部落纷纷独立。代国前首领拓跋什翼犍的孙子拓跋珪乘机崛起，重建代国，定都盛乐（现内蒙古和林格尔）。后又改国名为魏，史称北魏。在随后的扩张中，北魏重新获得山西北部地区，又跨过黄河，拥有了陕西以北的河套地区。

在拓跋珪扩张时，北部的前秦已经消失，地图上换成了占据关中的后秦（定都长安）以及拥有中原的后燕（定都中山）。此外，在山西的长子还有一个小国西燕（也是前燕王室后裔所建），在甘肃河西走廊是前秦大将吕光所建立的后凉。

这些敌人中，最直接和最具威胁的是同处于北方的后燕，两国只隔着一座太行山。后燕位于平原之上，缺乏制高点，这给了拓跋珪机会。

不过，先动手的是后燕。北魏登国十年（公元395年），后燕王慕容垂派遣八万大军从中山出发，越过太行山的井陉关口进入晋阳，再从晋阳北上经过平城，出雁门，向北魏的国都盛乐进发。

第三部 失衡时代

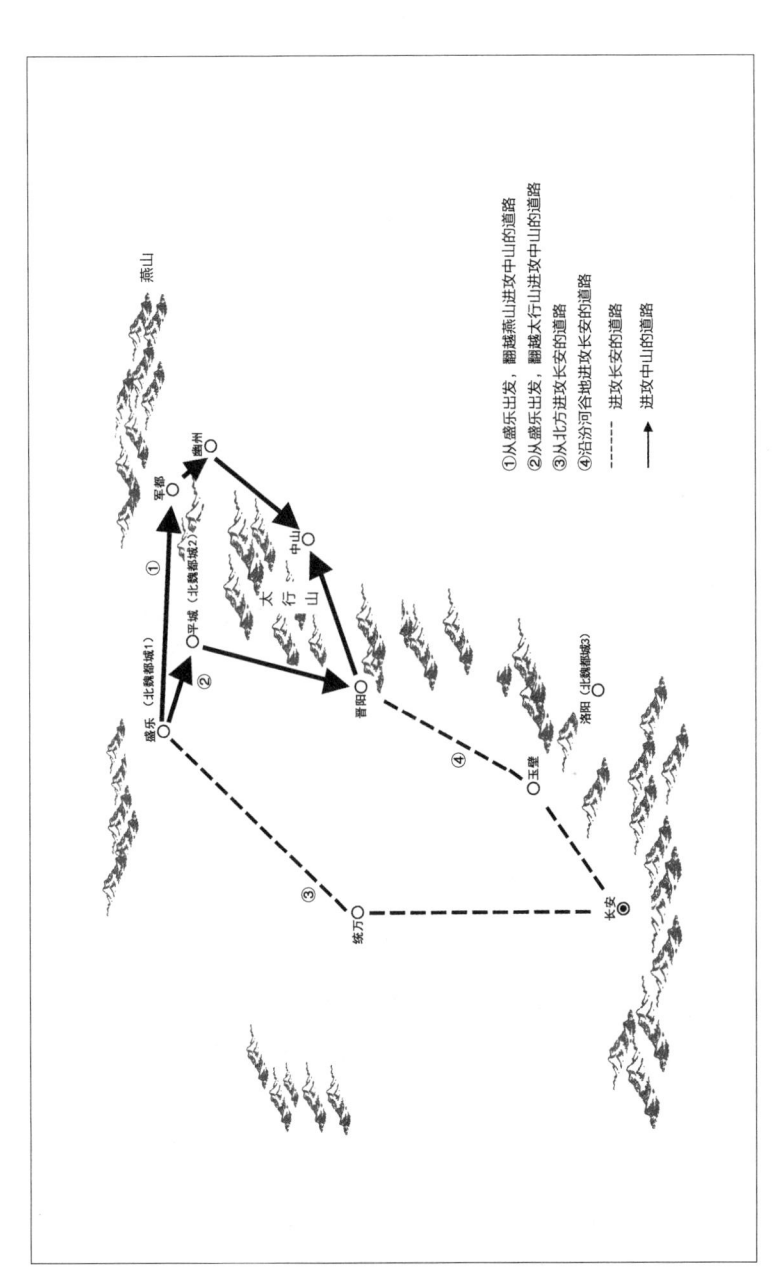

图 14 北魏灭后燕与南征路线

事实证明，山西北部和内蒙古地区并不适合闪击战。当后燕大军到来时，北魏迅速向西方撤退，一直撤退到千里之外的河套地区。后燕由于无法保障后勤，进退两难，被机动性更强的拓跋珪击败，[2] 大部分降卒被坑杀。

第二年，拓跋珪再次击败燕王的部队，并投入反攻。

拓跋珪占领的地区主要是山西和内蒙古地区的草原地带，想要通往华北平原，主要道路有两条：一条从北京以北的军都陉（现居庸关）穿过燕山山脉，进军幽州；另一条从山西北部南下，经过马邑，攻克晋阳（现山西太原），再从井陉穿越太行山，直达后燕的国都中山。

拓跋珪两道并进，大破燕军，灭了后燕。

后燕的灭亡，让拓跋珪得到了山西北部和河北地区。山西提供了险要的地形，河北提供了粮仓。之后，北魏将国都迁往平城，成为北方的豪强。

北魏灭后燕时，恰好也是南朝宋刘裕向北扩张时期。南朝最远占据了黄河南岸，北魏则拥有黄河北岸，双方以黄河为界对峙。

与此同时，在北方的西部，关中平原上的主人已经换成了匈奴人赫连勃勃。当年刘裕北伐关中，灭亡后秦，但他攻克长安后匆忙南返，位于陕西北部的匈奴人赫连勃勃趁机进入长安和关中，建立了夏国。

对北魏而言，北方唯一的强大敌手就是夏国，其余的小地方政权已经不构成威胁。

---

[2] 拓跋珪使用了堪称经典的计策：派兵封锁燕军交通线的同时招降燕军的传信兵，将燕王去世的假消息传递给燕军，从而扰乱军心，击败燕军。

即便是夏国，实力也无法与北魏相比。北朝时期的关中地区由于常年战乱，早已不再是富庶之地，无法与华北相抗衡，北魏只需要采取蚕食战术就可以慢慢将夏国消灭。从北魏始光元年（公元424年）九月开始，到神䴥元年（公元428年），北魏用五年时间灭了夏国。

之后，北魏击溃了位于辽东的慕容家族残余势力北燕，并击败北方强大的柔然，统一北方。

北魏统一北方时，南方的刘宋仍然处于巅峰时期。但随后，南朝进入衰落期。鲜卑族建立的北魏启动了建立国家制度的过程，将一个以游牧为主的民族部落变成了定居的国家。随着一系列制度的确立，政权更加中原化。

于是，此消彼长之间，天平已经向北方倾斜。

定都洛阳的利弊

北魏太和十七年（公元493年），南朝齐武帝逝世，魏孝文帝率军从国都平城向南进发，准备乘机攻击南朝齐。

但天公不作美，大军到洛阳后，一直淫雨绵绵，将士们疲惫不堪，不想继续向南。孝文帝不得不屈服于将士们的意愿，但他提出一个要求：如果此次不进行南征，就必须迁都洛阳。

多数大臣都留恋平城，迁都意味着他们必须放弃安逸的生活，带着家眷千里迢迢地随孝文帝到洛阳重建家园。但是，相比起南征，他们宁愿选择迁都。于是，迁都洛阳就成了孝文帝的既定政策。

大臣们没有料到，所谓迁都其实只是孝文帝南征的一个步骤而已。

迁都后，北魏与南方政权的军事冲突迅速增加，进入持续战争时期。

孝文帝时，北魏的制度建设已经进行了数十年，与汉族政权在文化水平上不相上下。

特别是在孝文帝时期，由冯太后主导的一系列改革更是成为历代改革的范本之作。在冯太后的主持下，太和八年（公元484年），北魏实行官员的班禄制改革。在这之前，北魏的中央官员都没有俸禄，官僚阶层依靠许多不正规的手段，如战争劫掠和霸占土地获得收入。随着战争的远去，官僚阶层没有了战利品，更多地依靠骚扰民间来获得收入。太后决定给官员发俸，钱则来自从民间征收的一笔特别税。

为了从民间征税，冯太后又在第二年启动土地改革，将土地分给百姓去耕种，建立了一套影响深远直到唐朝仍然继承的土地制度。

分地进行得并不顺利。要向百姓分发田地，必须掌握百姓的户籍资料，可是北魏的统治者还不知道怎么去统计和管理户籍。冯太后在内秘书令、南部给事中李冲的建议下，开始建立社会基层组织，在县以下建立三级村民机构（三长制），由这些机构负责基层的户籍和税收管理。

班禄制、土地改革、三长制，环环相扣，让北魏的官僚制度成为当时最先进的范本。

而在意识形态领域，北魏也同样从落后到反超。北魏历代皇帝都很重视佛教的发展，纷纷开凿石窟，发扬佛法。南朝的佛教往往注重繁文缛节和奢侈豪华，而北朝的佛教则更注重义理和修行，在影响力上丝毫不比南朝差。

北魏还是一个尊崇儒教的国家。由于对中原文化的尊崇，儒教在皇家的扶持下逐渐成了气候，并主导了一系列神化皇权、加强仪式感的运动。而在南朝，儒教呈现衰落状态，到了唐朝，当人们想回归儒教的时候，只能从北朝的传承中去学习。

在政治上，北朝的各个皇帝都很在意制定一套符合时代的法律。由于南朝继承了两汉魏晋时期的社会制度，许多利益集团已经彻底把持了政治，任何改革都不再可能。北魏却是在一张白纸上建立法律制度。结果，北朝的法律制度很快超过了南朝，不论公平性，还是统一性，都成为后代的样本。

北魏的改革高峰随着冯太后的离世告一段落。当孝文帝独立行使权力时，他想继续改革，却总是改得不是地方。为了表现出比冯太后更加汉化，他加强意识形态特征，进行了一系列改革，比如改汉姓、穿汉服、说汉语等。这些改革措施看上去很激进，却意义不大，只是激起了鲜卑人与朝廷的对抗，正是这些对抗导致了北魏的分崩离析。

虽然孝文帝其他的改革措施不尽如人意，却有一项改革意义非凡，那就是迁都洛阳。

人们往往把迁都洛阳也作为魏孝文帝汉化改革的一部分。但实际上，迁都不是为了汉化，而是服从战略需要。

北魏平城时期，人们只要看一眼地图，就会发现南北两大王朝之间的地理错位。南朝的国都设在长江边上的建康，而北朝的国都在遥远的平城。

之所以定都平城，与北魏建国初的政治形势有关。在建国初期，北魏的对手一直是柔然、燕国、夏国等北方国家，与南朝的交往并不多。

北魏统一北方后发现如果要南征，面临的最大问题是出兵的战线太长。

以孝文帝的南征为例。孝文帝在平城组织军队，亲自率军南下。平城位于现山西北部，从平城南下必须首先经过太原，再从太原南下上党，渡过黄河，进入洛阳地区。到洛阳时，士兵们已经翻山越岭走了一千五百多里路，就算是没有大雨，也必然疲惫不堪，而此刻军队还未出境。

因为国都太靠北，北魏已经吃过一系列的亏。在北魏灭后燕后，燕国流亡者在山东境内建立了一个小国南燕。如果北魏的国都在洛阳，就很容易沿黄河向东灭掉南燕；但由于国都距离太远，出兵不便，反而让刘裕乘机北上夺得了山东。这是当时南方政权边境最靠北的一次，甚至威胁到北魏在河北地区的统治。

北魏历次与南方的作战，虽然拥有兵力优势，却大都因为距离太遥远，指挥不便，不得不半途而废。

孝文帝此次迁都，不是因为大雨被迫留在这儿，而是希望借助迁都来巩固北魏的南疆，并以此为基地出发打击南朝，节省一千多里的道路。

孝文帝迁都两年后再次南征。这次进军以失败告终。更为严峻的是，虽然这是一个颇具战略眼光的决策，却由于与孝文帝一系列不必要的改革混在了一起，成了保守集团攻击的对象。北魏的政治被撕裂，从而影响军事。北魏分裂了。

孝文帝的迁都，为后来的东魏和西魏打下了基础。也是从这时开始，北方从更短的用兵线出发，将战线南移，获得了绝对优势，为后来的统一做好了准备。

最后一次东西对峙

山西稷山县是一座在汾河北岸的城市。汾河水向南流经临汾后,经过襄汾和新绛,然后折向西方,经稷山、河津,最后汇入黄河。如果从黄河出发,汾河就成了进入山西(特别是临汾、太原)的一条最便捷通道。

除了沟通长安和太原之外,从汾河谷地的新绛县向东南翻越中条山,可以经过垣曲到达济源,这是另一条沟通汾河与黄河的道路。从济源既可以渡河去洛阳,也可以在黄河北岸继续向东去往河北。

两条路的交叉,赋予汾河谷地(新绛到河津段)以特殊的意义。稷山县恰好就处于这一段河道上。

从稷山县向西,在汾河北岸行走两公里,再向南渡过汾河继续前进两公里左右就来到了白家庄。这个村庄在东魏与西魏时期大名鼎鼎,即便到了现在也仍然保持着古战场的形态。

在白家庄村外的西面,有一个巨大的黄土台地,顶部平坦如桌,边缘垂直如削。在台地四周还可以看到一圈古人修建的土墙遗迹,这就是当年的城墙。台地顶上,古代的瓦片、骨片俯首可拾。西缘有一条巨大的冲沟,将整个台地刻成"凹"字形(那一凹,就是冲沟的位置)。在冲沟边缘的土墙下,依然可以看到厚厚一层完整的人类骨架,大腿骨叠压着脊椎骨,下颌骨上的牙齿显示死者大都是二三十岁的青壮年。当地人称这里为万人坑。

这些骨架是一千四百多年前死去战士的遗骸,可能达到数万具之多。除了人的尸骨之外,还可以找到马的尸骨,说明当年战争的惨烈。

在台地上还能看到地道的痕迹，这些地道是当年攻城者挖掘的，他们希望从地下攻入城中，却又被守城者放火封锁。一千多年后，地道犹存，甚至在地道口还可以找到大量骨片，那可能就是攻城者留下的。

这座城市叫玉壁城，是当年西魏楔入东魏的最深入堡垒，承受了难以想象的围困和攻击，却依然屹立。

由于人口众多，人类活动明显，历史上的古战场大都不能保持原样。玉壁却由于位于临河的台地上，人口相对较少，躲过了人类活动的破坏，向我们诉说着当年的杀戮。

孝文帝之后的北魏王朝，经历了一系列的内部纷争而衰落。北魏末年，一场席卷北方的大骚乱打乱了这个刚刚步入正轨的王朝。

北魏时期，除了与东、西、南三方的敌人作战之外，在北方还有一个强大对手——柔然。太武帝拓跋焘曾经大力打击柔然，将其赶向更北方。为了防止柔然回来，他在黄河以北、大漠以南，沿阴山山脉建立了六个军镇，分别是武川镇（现内蒙古武川）、抚冥镇（现内蒙古四子王旗东南）、怀朔镇（现内蒙古固阳）、怀荒镇（现河北张北）、柔玄镇（现内蒙古兴和）和沃野镇（现内蒙古巴彦淖尔）。在六镇中担任将领的大都是鲜卑贵族，士兵以鲜卑人为主，也有来自中原的汉人。六镇起着保卫国都平城的作用，在北魏的军事和政治中有着很强的影响力。

孝文帝迁都洛阳之后，北方的重要性在北魏朝廷中降低了，六镇再也感觉不到皇权的照耀。

北魏正光四年（公元523年），沃野镇和怀荒镇首先举起造反大旗，随后从关西到河北地区都发生了反叛。

为了镇压这一系列反叛，北魏朝廷不得不借助秀容（现山西忻州境内）军阀尔朱荣。于是，尔朱荣就成了北魏版的董卓，受朝廷邀请进入洛阳，执掌大权，另立了皇帝（孝庄帝）。尔朱荣按照自己的理想改造北魏政权，他在镇压反叛的同时大肆杀戮不服从的官员。

不肯充当傀儡的孝庄帝杀死了尔朱荣，却又被尔朱荣的从弟尔朱世隆所杀。此刻，尔朱家族的权力已经遍布天下，许多家族成员都身居要职。但最终，尔朱家族被以高欢为首的武装集团消灭。

在一系列纷争过后，北魏形成了以高欢为首、以晋阳和邺城为核心的东部集团，以及以贺拔岳为首、盘踞在关中的西部集团。贺拔岳死后，西部集团权力落到其部下宇文泰手中。

高欢和宇文泰从北魏皇族中选择不同的人担任皇帝。于是，北魏分裂为东魏和西魏。高欢和宇文泰死后，他们的后代分别篡位，建立了北齐和北周。

在中国古代历史早期，当中华文明仍然以黄河流域为主时，不同政权大都是以崤山和黄河为界，东西对立；到了后来随着江南的发达和关中的衰落，就变成以秦岭、淮河为界的南北对立。东、西魏（北齐、北周）是中国古代历史上最后一次东西对立。

双方大致以关内和关外的传统分界作为边界线，也就是以现陕西和山西之间的黄河为边境。边境线从黄河到蒲坂后，离开黄河，经过潼关，南下武关，在襄阳西北与南朝梁的国境接壤。

唯一的例外在陕北地区靠近内蒙古的地方，这里在黄河以西有一座城市叫统万城，曾经是夏国的国都，被东魏占领。

双方的边境线决定了不管是东魏进攻西魏，还是西魏进攻东魏，都主要沿三条路线进攻，这三条路线从战国时期以来就一直是沟通关内外的主要通道。

以率先发起进攻的东魏为例。东魏军队可以从晋阳沿着汾河谷地，经过临汾、稷山等地，从龙门或者蒲坂渡过黄河进攻西魏（北路），也可以从洛阳出发进攻潼关，然后再向长安进军（中路）。除了这两条路线之外，还有第三条路线，即从南面的武关进攻上洛、蓝田，直捣长安（南路）。因为这条路过于遥远，山路难走，对补给要求高，往往只是作为协同使用。

在进攻中，东魏的高欢喜欢两路并进，一路从太原沿着汾河谷地过黄河（北路），另一路从洛阳进攻潼关（中路）。这两条路中，北路的利用率更高一些。这主要是因为山西地区是高欢曾经的辖地，也是重兵布防的所在，调兵方便。

西魏的宇文泰则喜欢在北路持守势，而在中路使用攻势，数次派出大军经过潼关直捣洛阳。由于西魏掌握潼关天险，又逐渐占据了位于现在三门峡的陕州区一带，从中路进攻到达洛阳，已经相对容易。在历次征伐中，西魏都能顺利地到达洛阳，并继续向北，企图突破黄河直插山西的晋阳，或者向东进攻位于河北的东魏都城邺城。

但西魏在洛阳东北的黄河边，却总是遭遇决定性的失败。

在洛阳以东，有两个决定战争走势的军事据点。一个是位于汜水的虎牢关，距离如今的河南省会郑州只有几十公里。虎牢关地处黄河边，附近就是著名的荥阳城，刘邦和项羽曾围绕荥阳展开过激烈的争夺。到了北朝，人们在荥阳旁的黄河边上修筑了一座关口，就是虎牢关。

虎牢关位于黄河南岸，这里全是黄土构成的悬崖台地，台地之间沟壑纵横，难以通过。如果沿着汜水而上，就可以进入一个如同大肚宝瓶一样的谷地，谷地的四周都是峭壁，即便老虎进入这里，也如同进入笼子。虎牢关就卡住了笼子的入口。如果西方的军队要向东前往豫东地区，必须占据虎牢关，否则就会被虎牢关从背后卡住脖子。

另一个决定走势的据点是距离洛阳更近的河阳三城，离位于洛阳东北的黄河渡口孟津不远。这里的黄河中心有一座小岛，在岛上和黄河两岸各筑有一座城池，加起来一共三座，三座城池以浮桥相连。西魏在占领洛阳后，如果要渡过黄河向北进攻上党、晋阳，那么必将河阳三城拿下，才能顺利渡过黄河并且没有后顾之忧。

西魏的军队就在虎牢关和河阳三城这两个据点屡屡遭受失败。虽然西魏每次都可以进攻并占领洛阳，但由于军粮耗尽，无法防守，最后只能退出洛阳盆地，回到陕县或者潼关。

西魏在中线的进攻无法得手，在北线的防守却总是非常成功。在如今的山西运城地区，有一个战略地位非常重要的三角地带，夹在黄河、汾河之间，在古代称之为河内地区。这个三角地带是北路和中路交会的中间地带，如果东魏占领了这里，就可以沟通北路和中路，形成策应，协同打击敌人；如果西魏占领了此地，就如同一个揳入敌人七寸的楔子，让敌人不敢越过黄河进攻关中。

在这个三角地带，西魏大将王思政发现了一个最具有战略意义的地点。这个地点在如今稷山县西南五公里的地方，在汾河南岸的一个高土台上。这个土台四面绝壁（只有东面相对高一些，但是这里筑有坚固的城墙），顶部平坦得像一张桌子。在土台的西壁，又有一个巨大的冲沟，使得整个土台变成向西的"凹"字形。

如果在这个土台上筑城，就等于扼住了汾河的咽喉，东魏如果派兵从汾河进入黄河，就必须从玉璧城下经过。由于地势险要，东魏将士几乎不可能打下玉璧。如果东魏将士想要绕过去继续前进，玉璧城的守军就会从后方掐断他们的补给线。

王思政认为，只要占有玉璧，就防守住了北路，让东魏无法通过此路进攻关中。这里在黄河东岸，已经深入东魏的境内，对于西魏来说，要守住这样的城市也有很大的难度。

幸运的是，西魏在黄河南岸占有潼关和弘农（现河南三门峡陕州区），这两座城市与玉璧恰好构成一个三角形，潼关和弘农就是三角形的两个底角。"潼关—弘农—玉璧"三角正好与"黄河—汾河"三角重合，西魏占据这里之后，东魏就很难从中路和北路进攻关中。

玉璧城自从建成之后，就成了两魏战争中最血腥的战场。高欢每次率军进攻西魏，首先要进攻该城。他利用地道、攻城车等，尝试过所有的武器，却只留下了数万具尸体，被迫撤回。

正因玉璧的存在，西魏才巩固了北部的边防，有力量组织军队对洛阳实施打击。西魏本来比东魏弱小，却能在历次战役中不落下风，这就是得益于玉璧这座城市的杰出防卫作用。

对西魏更加有利的是，梁朝的侯景之乱改变了南北方的实力对比。在东西对抗的同时，西魏（北周）还腾出手来夺取了南方的四川和荆州地区，获得了两个超大的粮仓。于是，北方双雄的胜负手已经悄然变换，原本资源处于劣势的西魏已经成为最强大的政权。在经过多年的鏖战之后，西魏的大反攻开始了。

统一与失衡

北齐武平三年（公元 572 年），一场针对左丞相、咸阳王斛律光的阴谋正在进行中。

斛律光是北齐名将，甚至可以说是北齐当时唯一的依靠。他的父亲斛律金同样是名将，他的女儿是当朝皇后。更难得的是，斛律光本人毫无野心，忠心耿耿地服侍北齐皇帝。

但这时突然传出了很多民谣，比如"百升飞上天，明月照长安"，又如"高山不推自崩，槲树不扶自竖"。在古代的计量单位中，一百升就是一斛，而明月则是斛律光的字，北齐的皇族姓高。这些民谣所指向的都是斛律光，暗示他有野心，要篡位。

在南北朝时期，北方政权在学习中原文化时往往以汉朝为蓝本，而汉朝流行天人合一的谶纬，对民谣中蕴含的各种暗示充满了警惕。这些民谣的出现，必然令北齐的统治者慌张。

在民谣的助推下，权臣祖珽和穆提婆构陷斛律光，劝说北齐君主高纬杀掉斛律光。

高纬以奖励斛律光一匹马的名义，召他前来谢恩。斛律光没有丝毫怀疑。高纬的卫士刘桃枝从背后偷袭并杀死他。斛律光在死前故意不做反抗，以此表示自己没有做过任何对不起朝廷的事。

斛律光的死与当年南朝宋的名将檀道济一样，成了自毁万里长城的典型。檀道济是帮助南朝宋武帝刘裕打天下的人，却由于南朝宋文帝的猜忌而被杀。檀道济临死前说："乃复坏汝万里之长城！"檀道济死后，北魏君臣额手称庆，庆幸南方再也没有能够打败他们的将领了。斛律光死后，北齐的对手北周庆祝得更为夸张，北周武帝干脆在全国范围内举行大赦。

斛律光之死除了是奸臣所害，还是北周大臣韦孝宽的计谋，那些民谣就出自他手。韦孝宽一辈子立下两宗大功：一宗是守卫玉壁，气死了高欢；而第二宗就是除掉北周的最大对手斛律光。

在斛律光执政的最后年代，强大的北齐由于制度的失灵已经衰落，弱小的北周得到荆州和四川后却变得强大起来。只是由于斛律光等人的拼死搏杀，才保持了相对的均衡。

在斛律光死前九年，北齐河清二年（公元563年），北周曾经发动过一次激烈的统一战争。这次战争中，北周选择了与突厥人联合，试图从一条北齐意想不到的线路进攻。突厥人和北周大将杨忠从山西的正北方向晋阳进攻，而另外两支部队则沿着传统的北线和中线，分别进攻平阳（现山西运城境内）和洛阳。这次拼凑的进攻以失败告终，特别是在北线和中线，斛律光先是在平阳阻击北周军队，又驰援南方逼退洛阳的敌军，可谓战功显赫。

斛律光死时，北周武帝的下一次战争已经在准备了。

这一次，他决定不再像上次那样分散兵力，而是集中在一个方向进行重点攻击。到底选择北路，还是选择中路，就成了战略决策的焦点。

北周武帝希望选择中路。他亲率大军直攻洛阳，再以洛阳为跳板，过黄河，进攻北齐的国都邺城。这条路接近于当年武王伐纣的道路。有

第三部 失衡时代

三位大臣建议走北路，从汾河进攻晋阳，以晋阳为中间目标，再越过太行山进攻北齐的国都邺城。这条路近似于当年韩信袭击赵国的道路。

北周武帝经过衡量，被洛阳古都的气质所吸引。不过，他对计划也做了变通，不准备直接进击洛阳，而是顺河而下，先进攻洛阳东北黄河上的河阳三城。

北周武帝的军队长驱直入，攻克了位于黄河南岸的河阴城，阻止北齐军队从山西前来救援洛阳。然而，位于河水中间的中潬城和北面的河阳城久攻不下，洛阳城也一直在坚守，不肯投降。山西方向北齐的救兵又快到了。

北周武帝只好撤军。由于选择进攻方向的错误，他丧失了第一次机会。

事实证明，在从陕西向东进攻河北时，中路之所以不如北路，在于中路的战略中间点洛阳处于平地之中，从洛阳打击河北，缺乏制高点，也过于遥远。如果平地作战，必须有足够的机动性，打闪击战，但黄河的阻隔让进攻者的机动性丧失了，快不起来。

对手占据了山西的高地，可以很容易地实施打击。在这种情况下，北周的进攻就只有失败一条路了。

一年后，北周武帝再次伐齐。这次，他吸取了前面的教训，选择了北路。与中路相比，北路位于山西的崇山峻岭之中，由于一直顺着汾河谷地前进，比起洛阳道的形势更加简单。

山西地区的晋阳由于位于各条山脉的中心，拥有居高临下的气势，有着控制河北、河南的作用。所以，北周武帝此次的目的，是利用晋阳从高处控制华北，再居高临下对北齐国都邺城进行打击。

这次的策略奏效了，在北周的打击下，北齐灭亡。

随着北周统一北方，南方的陈朝政权的灭亡已经不可避免。

公元581年，杨坚灭掉北周，建立隋朝。

隋开皇七年（公元587年），为了给伐陈做准备，隋文帝灭掉了位于江陵的傀儡国家后梁，进一步部署军事计划。

隋开皇八年（公元588年）年底，占据四川、荆州和整个长江北岸的隋文帝开始安排一次类似于西晋伐吴的军事协同行动。

隋朝大军兵分八路向陈朝猛攻。在西面，隋军经过一个月的战斗，占领长江中游地区，而对东面的进攻选在了春节时。由于在春节期间陈朝将领们纷纷请假回家过年，士兵也没有防备，隋军顺利渡过长江。二十天后，建康城破，陈后主被俘。

经过两百八十年的乱世纷争，中国再次统一在一个政权之下。

历史上从东汉末年开始的大分裂，中间只经过西晋的短暂统一，大部分时间都处于南北对峙状态。三国时期，曹魏统一北方，南方的蜀、吴分别制定了北伐战略，却由于南方的分裂，无法集中资源完成北伐。

东晋之后的南方在大部分时间里都处于统一状态，而北方却分分合合，一直不够稳定，这本来是南方反攻北方的好时机。

但事实证明，南方反攻北方的难度比诸葛亮和张纮想象的要大。南方之所以难以反攻北方，在于北方的地理纵深更长。南方即便攻克了洛阳，也未必能攻克由潼关保护的长安；南方即便进入了长安，抵抗者仍然可以退到山西，借助地理优势居高临下地打击北伐者。

北方进攻南方时，只要攻克了建康，战争就算结束；而南方进攻北方时，即便占领了华北平原、洛阳和长安，战争也只是刚刚开始。

不过，即便从南方很难完成统一大业，东晋南北朝的大分裂也丰富了南方的战略。在这段时期内，南方政权在经济发展上也取得了巨大成就，同时开发出一条"建康—荆州"轴心，长江也成了战略调兵的通衢大道。同时，广州也进入了战略视野，卢循和陈霸先两次利用广州为基地进攻长江流域，前一次失败，而后一次取得了成功。

南北对峙下，人们进一步认识到淮河流域的战略价值。"要守长江，必守淮河"已经成为南方政权的魔咒，在未来一直得以遵守。任何守不住淮河的政权必然丢失整个国家。

分裂虽然不利于百姓的生活，却是发展战略的最佳时机。南北朝之后，中原的战争战略基本已经定形，只有向外扩张时才由于新的地理因素的引进而有所发展。

但令人担忧的是，由于北周是从长安起家的，它的后续王朝隋和唐也都定都长安。在隋唐时期，长安和关中平原已经不再是经济和军事中心，这里已经供养不起一个大国的消耗。随着长江流域的经济发展，关中盆地虽然还有一定的战略重要性，却已经成为中原的附庸。

在这种情况下仍然选择定都长安，必然引起新一轮的失衡，不管是和平时期供给长安物资，还是战争时期保卫长安，都必须付出足够大的代价。于是，中国古代在军事战略上进入一个失衡时代。

第十一章　唐朝建国：关中的最后辉煌[1]

隋炀帝组织了上百万人（号称两百万）参加的东征高句丽行动，由于无法在如此庞大的军队中进行有效协同而告终。历史证明，军队人数不是越多越好，超出需要的军队无法组织协同，还会把军粮吃光，反而成了失败的根源。

隋朝的崩溃在于财政机器太高效，将高于民间承受能力数倍的税收从民间抽走。由于财政收入来得太容易，刺激了皇帝的野心，修建了一系列大工程，并发动了数场耗资巨大的战争，拖垮了隋朝。

在各地反叛时，隋炀帝本应该留守北方镇压反叛。但他选择去战略地位远不及北方的扬州，在实际上放弃了北方，这也宣告隋朝的统一结束了。

隋末杨玄感起义时，李密向杨玄感提出上、中、下三策，其中进攻洛阳是必败的下策。杨玄感采取了下策，兵败身死。当李密成长为隋末最重要的领袖时，他又一次面临进攻关中还是进攻洛阳的选择，却仍然

---

[1] 本章涉及的时间范围是公元589—622年。

选择了进攻洛阳这个下策,错过了机会,被李渊捷足先登占据了关中。

李渊进攻长安最大的障碍不是军事,而是安抚北方的匈奴和南方的李密,趁他们放松警惕的时候实现自己的作战目标。李渊利用低姿态迷惑了他们,从而完成了军事计划。

李渊是最后一次利用"关中—四川"模式统一全国的开国君主。他的策略是:先从山西借助汾河谷地进入关中地区,获得四塞之地,再将汉中、四川收入囊中,并平定甘肃、山西境内的反抗势力,拿下所有对关中可能产生威胁的战略点。一旦关中安全,就东进洛阳和华北平原,取得这个巨大的粮仓和后备基地。而南方由于支离破碎,已经无力抵抗北方的攻击。

唐朝之后,关中的地位继续下降,依靠关中就不可能再赢得整个国家了。

隋炀帝大业六年(公元610年)正月,是一年一度百戏大会的日子。

自从大业二年(公元606年)开始,为了炫耀国家的富裕和强大,隋炀帝每年都会组织盛大的集会和游行活动,会集了海内外数万的乐工和舞者。

这场集会从春节开始,持续十五天。各种戏法应有尽有,神鳌负山,幻人吐火,千变万化,旷古莫俦。百官起棚夹路,从昏达旦。

春节还是万国来朝的时期,大量的外国人涌入,在戏场上来回穿梭,惊叹于中国的富裕和繁荣。

大业六年(公元610年)的春节,突厥的启民可汗与许多小国的国王一同前来东都。这一年的百戏大会设在天津街。朝廷拿出上万亿的经费来组织。各种奢侈的器玩，华丽的衣服上缀满了珠宝金银，修饰着锦绣罗绮，蜡烛火炬映红了天空，众人目不暇接。[2]

但在欢乐的背后，隋炀帝正在组织一次大规模的远征。他向天下的富人加税，购买马匹，又下诏征兵，于北方的涿郡（现北京）集结，准备东征高句丽（现朝鲜半岛北部和中国东北）。

隋文帝时期修建了从国都大兴城（长安）到潼关的广通河，当粮食从中原地区经过黄河运送到潼关附近，就可以转广通河直达国都。

隋炀帝时代则开通了三条运河，并疏通了一条已有的河道。第一条是从洛阳到淮河南岸的山阳（现江苏淮安）的通济渠，这条河从洛阳引谷水和洛水入黄河，再引黄河水入淮河。第二条从淮河到长江，则采用了春秋时期吴王夫差修建的邗沟旧道并进行了加宽，这条河从山阳直到江都。第三条是渡过长江之后，从江都对面的京口到余杭（现浙江杭州）的江南河。

这三条运河构成了"洛阳—杭州"运河的主航道。

另外还有第四条运河，是向北连接的永济渠，从黄河北岸延伸到涿郡。这条河将洛阳与北方连接起来，直达现在的北京附近。

涿郡也就此成了北伐的转运中心，不管是物资还是士兵，都会首先运到涿郡，再经陆路朝东北出发。

第二年，征伐高句丽的军事行动继续准备，皇帝下令建造三百艘海船集结在东莱海口（现山东烟台），作为从海上打击高句丽的基地。劳工们日日夜夜造船，甚至为了赶工期不敢上岸，腰部以下都生了蛆。

---

2 见《隋书·音乐志下》。

炀帝本人则在四月抵达涿郡，随后下令建造五万辆运输车，送到高阳（现河北高阳县，位于保定东南），再由士兵拖往前线。七月，江淮以南的民夫开始将大量的粮食从洛阳附近的洛口仓、黎阳仓运送到涿郡，运河中一时挤满了船只，千里不绝，路上奔波的运输工达到了数十万，死亡的不计其数。

所有的粮食被运送到涿郡后，就无法使用水路了。接下来，要由民工用牛车运到下一站怀远（现辽宁阜新境内）。由于东北地区较少开发，一路上坎坷泥泞，又造成了大量的伤亡。

许多人经不起折腾，走上了逃亡或者反叛的道路。沿着运河各地，反叛此起彼伏，隋炀帝命令各地政府进行镇压。

那么，如此折腾的运输，到底组成了多大一支军队呢？答案是：一共征发了正规部队24军，加上御营军，一共凑了30个军和12卫，共113.38万人，号称200万人。

这些人又分成水军和陆军，水军以东莱为基地，渡海直接打击敌人的重要城市；而陆军则从陆地经过三道防线，进攻敌人的国都。

第一道防线是在辽东（现辽宁辽阳）的辽河防线，第二道是现在中朝边境的鸭绿江防线，第三道是在如今朝鲜境内的萨水（清川江）防线。

大业八年（公元612年）正月初二，隋炀帝下达出发的命令。每天出发一军，每军相隔四十里。一共用了四十天，所有的军队才出发完毕。隋军在绵延上千里的进军线路上旌旗招展，蔚为壮观。

隋炀帝动用如此庞大的军队去征服高句丽，不是没有反对的声音。实际上，许多人看到了问题所在：中国古代历史上还没有出现过一支号称两百万的部队，这支庞大的部队必然导致协同的不畅，引起效率的低下，从而被敌人各个击破。即便不会在战场上失败，吃饭问题也会压垮补给线，造成军队的分崩离析。

隋军在进攻过程中果然问题不断。最合适的进攻方法是由段文振提出来的：为了避免军需压力，应该水陆并进，快速打击，直接进攻平壤，速战速决。

但是隋炀帝并没有采纳这个提议。于是，这支笨拙的大军就以每天四十里的速度向高句丽的边境进发。

三月十四日，隋炀帝到达辽河，准备渡河事宜。为此需要架起三道浮桥，但工部尚书宇文恺造的浮桥却比河宽短了一丈有余，结果士兵们上了桥仍然无法到达彼岸，只好撤回，还丢下了大量的尸体。十天后，隋军才终于渡过了河。接着，隋军的任务是攻克辽东城。这项看似不麻烦的任务又耗去隋炀帝两个多月时间。

辽东城曾经多次想要投降，可隋炀帝要求将军们不能自作主张，必须向他汇报。可每一次将领们找到他，报告完毕，又经过他决策之后，敌人已经重新安排好守备开始继续抵抗。

到了六月初，隋炀帝嫌攻城太费时间，于是分出了9个军共30.5万人先行东向，渡过鸭绿江进攻平壤。这支由于仲文和宇文述领导的军队本来要和水军会合，可是由于陆军行动太慢，水军已经被高句丽先期击败退走了，陆军只好单独出发。

到了鸭绿江边，高句丽派遣大臣乙支文德前来商谈投降事宜。将军们在自作主张和听从皇帝之间摇摆不决，又耽误了不少时间，还放走了乙支文德。

隋军终于开始了攻城行动。

但就在这时，宇文述又发现新的问题：隋军的粮食吃光了。出发时，本来每个士兵带了百日的粮食，可由于粮食和武器装备太重，士兵们偷偷把粮食遗弃。结果，围困平壤的行动还没有开始，最先感到饥荒的反而是隋军。

宇文述只好退军。在士兵们渡过萨水不到一半时，高句丽人发起了进攻。隋军向鸭绿江奔逃，庞大的三十万大军只有两千多人逃回。

这次远征是一次军事协同作战的巨大失败。在本来需要协同的各个环节都出现了极大的失误。实际上，以当时的技术能力，任何人都不可能组织如此大规模的军事行动。要想获胜，就必须减少士兵人数，降低后勤保障难度，只有这样才能增加协同性——军队的数量不是越多越好，而是要合适。

进攻高句丽，也是隋朝崩溃的开始。这次远征刚开始，运河沿岸的人们就已经造反。随后，隋炀帝又进行了第二次远征。刚上路，就经历了大臣杨玄感的反叛，所有军事准备、巨大的人力物力消耗都白费了。

大业十年第三次远征以高句丽王表面服从而告终，但这时隋朝社会已经失控，朝廷再也无力挽救局面了。

隋朝崩溃于"大跃进"

隋朝建国后的政策可以称得上是一次古代版的"大跃进"。

隋文帝本人生活节俭，为人刻薄，特别重视财政，并以财政来衡量民间的富裕程度。由于经过长期分裂之后刚刚统一，隋文帝的雄心壮志也造成了一定的问题。为了表现盛世繁荣，隋文帝很重视户籍和土地的增长情况：一方面加大核查人口的力度，将每一个不纳税的逃籍户都找出来；另一方面加强对土地的丈量和分配，务必做到全国没有被隐藏的土地。由于隋朝的税收是根据土地、人口和户数三方面进行征收的，土地和人口的增加就能提高政府的财政收入。

结果，隋朝的土地和户籍统计数据在政府的倡导、官僚的浮夸下极严重地失真。以土地数据为例，开皇九年（公元589年），根据政府的统计，隋朝的土地有19.4亿亩[3]，约合现在的21.3亿亩，远远超出中国现代的耕地面积。而事实是，在汉唐时期，耕地数量在5亿亩（现代亩）左右徘徊，明朝之后才大幅度攀升。[4]

隋朝的土地统计数据偏离实际数据四倍，如果按照这个数据征税，必然导致税率水平抬高4倍。到了隋炀帝时期，浮夸风更加严重，官员上报的数据是55.85亿亩[5]，已经超过实际情况十倍。

人口数据虽然没有这么离谱，却也有些惊人。根据统计，恢复和平没有多少年的隋朝户数达到890万户，人口4 602万人。[6]作为对比，唐太宗贞观年间，官方统计的人口不过300万户[7]，相当于隋炀帝时期的1/3而已。

正是隋朝的财政丰盈，才导致隋文帝和隋炀帝父子二人都热衷于大规模的工程建设。他们在国都大建宫殿楼堂馆所，开凿和疏浚了五条大

3　见《通典·食货二》。
4　见赵冈、陈钟毅著《中国土地制度史》（新星出版社，2006年）。
5　见《隋书·地理志》。
6　同上书。
7　见《新唐书·食货志一》。

运河，在洛阳附近修建了一系列大型的仓库堆放粮食。经过两位皇帝的不断消耗，民间的粮食仍然源源不断地堆满粮仓。

财政丰盈时，皇帝就很难抑制对外战争的冲动。

隋炀帝曾经向南发动战争，进攻如今在越南中部的林邑国，也就是后来的占婆国。又遣兵进攻东方海上的流求国（有学者认为位于现在的中国台湾）。在北方，为了震慑突厥人，修筑了位于黄河、燕山以北的三千里御道，花费了大量的人力。而在西部，也对位于新疆和中亚的西域诸国进行了打击。

隋炀帝最著名的远征，是向祁连山中的偏僻谷地进军。

在如今，如果从张掖南下去西宁，汽车先是在河西走廊的干旱土地上行驶，接着就会进入山区[8]，顺着河谷逐渐爬升，植被也从农田变成了山区林地，最后是草原，在道路的两侧则是祁连山脉四千米高的白色雪峰。这里现在被称为扁都口，古代被称为大斗拔谷。

随后，汽车翻过山口，进入一片巨大的草场，峨堡古城遗址在草场上耸立；经过草场后，爬过一连串雪峰，就进入青藏高原。

这条路在夏天到处是绿草和鲜花，到了冬天则白雪封路、天寒地冻。在古代，由于没有现代的道路系统，人们只能沿着陡峭的河边行走，行军则更是极其艰难。

这条路是历史上著名的一条行军道，连接青藏高原与河西走廊。

大业五年（公元609年），隋炀帝举行了一次著名的远征。为了征伐吐谷浑，他率军向西出发，进入甘南，再向西北进入如今的青海西宁

8　从西宁到张掖的高速铁路也经过这一著名的山区，最高海拔在两千米以上。

一带,这里就是吐谷浑所在地。

隋炀帝并不以到达西宁为满足,他从这里北上,翻越祁连山脉,经过大斗拔谷。在谷地里,风雪弥漫,天昏地暗,隋炀帝与他的随从失去联系,士兵也冻死了一大半。

翻越祁连山到达张掖后,隋炀帝接受高昌王麴伯雅的朝见,高昌王向隋炀帝献出了位于新疆的大片土地。隋炀帝在那儿设置了四个郡:西海、河源、鄯善和且末。这是隋朝疆土的鼎盛时期。

从河西走廊回来后,隋炀帝就准备东征高句丽。在此之前,隋朝的社会经济已经在巨大的财政机器下被压榨得嘎嘎直响,而这个高效的机器却又总能继续压榨,给皇帝带来巨大的幻觉。

这种幻觉随着远征高句丽带来的巨大的军事财政负担最终破灭了。隋炀帝三征高句丽结束时,全国陷入了持续的动荡,各地纷纷反叛。

即便如此,隋炀帝仍然有财力举行下一次征伐,他率领大军进入山西北部的雁门,却被突厥人围困,差点被俘。

解围后,隋炀帝本应该迅速从雁门回到国都坐镇,指挥镇压反叛。当时从雁门回长安的道路有三条:一条是从雁门走北方的河套地区,从陕北直达长安;另一条是经过太原,走汾河谷地,渡过黄河回长安;最后一条也是最远的一条,是经过东都洛阳,再走潼关回长安。

隋炀帝本来应该选择走前两条路,以最快的速度回去。但他先是贪恋洛阳(军队、大臣的家属大都在洛阳),决定走最后一条路;到了洛阳之后,又决定不回长安,而是前往南方的江都。

江都虽然富裕,但在军事上的重要性却远低于北方。当北方陷入战乱时,隋炀帝想学习东晋的做法在江都建立国都。这种做法很失策:第一，北方统一南方容易，南方反攻北方却非常困难，隋炀帝的做法实际上是放弃了北方；第二，皇帝的部下大都是北方人，且有家属在北方，他们开始表达不满。

这时，大臣宇文化及乘机杀掉隋炀帝，率军北归。

隋炀帝的死亡意味着隋朝的统一已经不可能实现，全国分成了几十个小政权互相混战，滑向又一次乱世。

李唐：低调示人的黄雀

在隋朝的所有反叛者中，最有希望继承正统的是李密。

隋炀帝第二次东征期间，在黎阳（现河南浚县）督运军备的礼部尚书杨玄感突然反叛，导致东征失败。

在隋朝，围绕着东都洛阳，朝廷曾经在各个河口交汇处建立了一系列大型仓库，便于全国的税收（当时以粮食为主）调拨。其中比较重要的几座是：位于洛河与黄河交汇处的洛口仓，围绕着东都洛阳的回洛仓、含嘉仓和河阳仓，以及主要负责供给北方粮食的黎阳仓。杨玄感占据了黎阳仓，也就切断了隋炀帝在北方的军事补给。

杨玄感的知交李密从长安赶往黎阳，加入反叛队伍。对于反叛何去何从，李密给杨玄感提出了上、中、下三策。

上策是：从黎阳向北方进军，占据北京，然后出兵临榆关（山海关），与高句丽前后夹击攻击隋军。由于杨玄感切断了隋炀帝的粮道，不用多久就可以战胜隋炀帝。这样做，隋炀帝几乎不可能逃过被击败的命运，反叛成功的可能性很大。

中策是：从黎阳向西进军，尽快占领关中地区和长安，利用关中的有利地形守备，再逐步统一全国。这样做必然可以获得关中地区。但由于关中的地位在全国已经下降，得到关中不一定能够统一全国，反叛首领很可能成为地方军阀。

下策是：进攻距离黎阳最近的东都洛阳，因为出征将士、百官的家属大都在这里。但洛阳的防卫极其坚固，易守难攻，如果在百日之内无法攻克，等到各地勤王的军队到来之时，就是反叛者的败亡之日。

出乎意料的是，杨玄感选择了下策。他的盘算是，先占据洛阳，把在洛阳的官兵家属当作人质，让隋炀帝的军队瓦解。

事实证明，李密的预测是对的。叛军久攻洛阳不下，各地勤王军纷纷到达，杨玄感的军队处于绝对劣势。他被迫转向中策，向关中进击。但此刻改弦更张已晚，加上进军路上犹豫不决，屡屡为城池所累，最后失败。

杨玄感失败后，李密改名换姓踏上逃亡之路，他逃到瓦岗寨（现河南滑县境内），加入翟让领导的瓦岗军。

由于李密是文化人，逐渐成了瓦岗军的首领。离开瓦岗寨之后，向南占领了恒山南方的阳城（现河南登封告城镇境内）。在这里，李密制订了进军洛口仓的计划。在当时，洛口仓位于洛河与黄河的交界处，粮食储备是隋朝几大粮仓中最为丰富的，又地处交通要道，封锁了洛口水路就截断了东都最主要的补给线。

大业十二年（公元 616 年）二月，李密率军从嵩山西面插入，经过轘辕关进攻洛口仓，乘机占领了这里。

此刻，李密面临着与当年杨玄感同样的局面。在洛口仓获得粮食之后，他有两种选择，要么向西进攻关中和长安，要么就近进攻东都洛阳。

当年李密给杨玄感制订计划时，将进攻关中作为中策，而把进攻东都洛阳当作下策。[9]

李密的部下提出要进攻长安，获得关中四塞的天险，利用关中来平定全国。

成为统帅的李密此刻却否定了这个提议。他认为，进军关中的确是最好的战略，可是考虑到自己手下的素质却无法做到。李密的兵大都来自翟让领导的乌合之众，他们更看重眼前的胜利，不在意全盘的形势。如果连东都都攻不下，没有人肯相信李密，也就无人跟着他去攻打长安。

从大业十二年到十四年（公元616—618年）这三年时光，这支隋末曾经最亮眼的军事力量在进攻东都洛阳的战役之中被消耗了。隋朝大将王世充与李密对峙，虽然败多胜少，却成功地阻止了李密的西进。

在江都杀掉隋炀帝的宇文化及率军北上，希望回到关中地区，却被李密在黎阳击破。宇文化及辗转于河北、山东一带，被另一支叛军窦建德所杀。王世充也趁着李密战胜宇文化及之后的骄傲与疲惫，击溃了李密。

就在李密与王世充缠斗、失去进攻关中机会的时候，"螳螂捕蝉，黄雀在后"，另一支重要的军事力量乘机向关中进军。这支力量就是唐王李渊和他的三个儿子。

大业十三年（公元617年），就在李密与王世充在东都对决时，担

---

9 当年的上策已经失效，此时皇帝已经不在北方，也就无法北上进攻皇帝了。

任太原留守的李渊按捺不住了。

李渊是北朝贵族世家，在隋朝担任唐国公，也曾多次担任地方长官。后来由于受猜忌，被召回隋炀帝的身边。隋炀帝被突厥人围困时，李渊再次被起用，镇守太原。

李渊赴任时，社会局势已经乱到极致。李渊作为朝廷命官，有数千人马随行，当他率领人马沿着汾河谷地前往太原时，竟然遭到民间反叛分子甄翟儿的袭击，被围困在山西介休一带的雀鼠谷中，如果不是儿子李世民及时相救，他差点遭遇不测。

到达太原后，李渊迅速平定了周边。

此刻，隋朝江山已经分割成无数小片，除了李密，在河北有窦建德，河南有卢明月，鲁郡（现山东兖州）有徐圆朗，马邑有刘武周，朔方（现陕西横山区）有梁师都，榆林有郭子和，陇西有薛举，河西有李轨。

在李渊身边有一群人敏锐地认识到，想恢复隋朝曾经的荣光已经不可能了。现在看谁能脱颖而出，统一全国。

此时李渊已经五十二岁，对古代的开国帝王来讲却是黄金年龄。

虽然人们通常认为年轻人的冲劲更足，但在开创一代新王朝方面，年轻人往往不够成熟。群雄灭秦之时，刘邦已将近五十岁，而项羽只有二十几岁。刘邦积累了足够的人脉，得到众多的帮手来完成多方出击的战争。年轻的项羽却无法获得人才优势，只能依靠单方面的武力，他走到哪儿就胜到哪儿，但他照顾不到的地方却屡屡吃败仗。

刘邦之后的历代开国者大都年长，只有东汉光武帝刘秀是个例外（三十岁称帝）。还有几个实行禅让的朝代，在父亲打好基础后，由年轻的儿子完成禅让的最后一步。

李渊在太原起兵时已经积累了足够的人脉资源，有足够的阅历来处理与部下将领的关系，形成多头出击的局面。令人羡慕的是，他的三个儿子都野心勃勃、能力出众，弥补了他作为老人的体力和胆量的不足。

更难得的是，李渊是一个合纵连横的高手，围绕着最终目标，在螳螂和蝉争斗之时，只是静静地行动，绝不打扰他们；当其他人缠斗完毕，回头一看，才发现李渊已经占据了先机，此时，他的优势已经不能动摇了。

大业十三年（公元617年），在儿子和属下的鼓动下，李渊杀掉隋炀帝派去的副手王威、高君雅，获得了绝对的权力，随后在太原起兵，向西南方向进攻长安。

虽然目的是进攻长安，但最首要的任务是保卫好自己的后方和侧翼。由于太原北方还有突厥和刘武周的威胁，而在南方的洛阳势力最大的是李密，李渊只有安抚好突厥、刘武周、李密这三方势力，才能保证在出兵长安时不会丢失太原基地。

李渊派人前往突厥，向突厥人献上厚礼并称臣，表示了联合的意向。他提出，出兵之后，自己只要土地，而劫掠的财产归属突厥。突厥人接受了这个提议，并送了两千匹马作为支援。由于马邑的刘武周也是投靠突厥的，李渊搞定了突厥，也就搞定了刘武周。于是，李渊的北方边境安定得到了保证。

对南方，李渊则派人与李密联系，放低了自己的姿态，奉李密为盟主。李密获得了沾沾自喜的资本，而李渊巩固了南方边界。

唐军进军关中，难度最大的问题不在军事上，而在人际关系。当李渊以低姿态摆平了几个竞争者之后，他已经占据了先机。

这只小心翼翼的黄雀最终会让当初忽略他的人大吃一惊。

在太原与长安之间，最便捷的通道是向西南汇入黄河的汾河谷地。在谷地中最险的一段，是介休附近的雀鼠谷，谷地向南经过贾胡堡到达霍邑（现山西霍州），霍邑就是李渊起兵中的第一大障碍。

从霍邑向南，经过临汾，就到达了隋朝重兵守卫的绛郡（现山西绛县），此是为第二大障碍。

从绛郡出发向西南，当时人们最常走的路是经过河东（现山西永济），在蒲坂渡过黄河，进入关中平原的道路，而河东城更是重兵把守之地，此是为李渊进攻的第三个障碍。

过河之后，在渭河边上有一个巨大的仓库——永丰仓，唐军获得了重要的补给，此是为进攻长安之前的一个中间目标。

李渊出兵一个月后，到达霍邑城下，此刻守卫霍邑的是宋老生。隋军的最佳战略是守险不战，直到进攻者筋疲力尽再消灭他。但缺乏经验的宋老生在李渊的挑战下贸然出击，被断了后路，霍邑被轻松攻克。

霍邑的失守引起了连锁反应，李渊迅速向南推进，先后占领了临汾和绛郡，半个月后唐军已经站在了龙门的黄河边。

此刻，在黄河的东岸仍然有一大威胁等待着唐军，就是位于河东的隋朝守将屈突通。河东位于黄河蒲坂道的枢纽地带，屈突通又是有经验的老将，难以攻克。李渊在尝试之后，决定采取另外的策略：从另一条稍微绕远的道路，也就是汾河与黄河汇合口附近的龙门渡过黄河，同时留下一部分人马进攻河东，避免屈突通从后面骚扰。直到李渊进入长安之后，河东据点才被攻克。

渡过黄河，李渊的唐军占领永丰仓，获得大量的补给。打开仓门，开仓放粮，得到了人们的拥护。接着，他兵分数路，一面围攻长安，一面分兵在渭河谷地四下平定反叛。两个月后,当长安城最终被攻克时,长安周边已经基本平定。

在之后的数个月内,李渊除了攻克河东和潼关之外,还得到汉中、四川、陕北、灵武、南阳等多个地方,关中四塞基本上都掌握在唐军手中。由于李渊还占据了四川和汉中,已经获得了秦朝和汉朝统一之前的地理优势。既有粮仓,又有险关,一条像当年秦始皇、汉高祖统一全国一样的道路展现出来。

在隋唐时期,关中的优势衰落,中原的富庶、江南的崛起让关中的经济地位下降。李渊即便占领了关中和四川,还有没有可能再一次利用"关中—四川"模式完成统一呢?

有人说,李渊比起当年秦始皇与汉高祖的优势在于,他还掌握了山西高地,对于中原地区有压迫性。但实际上,山西并没有全面掌握在李渊的手中,在山西的马邑还有刘武周,限制了这方面的军事优势。

那么,李渊如何行动,来使自己的优势最大化呢?

清理后院的战争

在夺取关中之后,李渊接下来的最大任务是占领东都,而要占领东都,最大的敌人是李密、王世充和窦建德。随着李密被王世充打败,李渊在北方最大的对手就只剩王世充和窦建德了。

与李渊相比,王世充和窦建德虽然实力强劲,可所占地域都处于平原地区。一些小军阀实力不如他们,却占据了险要,如果不把他们清除掉,在唐军向东方进攻时,他们就会在背后进攻,牵制唐军的军事行动。

这些小军阀位于陇西、河西走廊和山西北部，只有清理了这些后院，解除后顾之忧，才能放手应对位于中原和华北平原上的敌人。

这些较小的反叛者是：在甘肃南部，以天水、临夏、兰州为中心，盘踞着军阀薛举和他的儿子薛仁杲；在河西走廊地区，是号称凉王的李轨；在山西的马邑则是投靠了突厥人的刘武周。

另外，在幽州，还有军阀罗艺。李渊进入长安后，罗艺投诚效忠。幽州的臣服，使得李渊在遥远的北方获得了一个坚定的同盟者。

最先对李渊发难的是位于甘肃南部的薛举。隋大业十三年（公元617年），薛举以天水为基地，向唐军发起了进攻。

在隋唐时期，从天水进攻关中平原的道路主要有两条。一条是最常用的（南路），从天水经过陇山，下陇山后到达现陇县一带，继续向东进攻扶风（现陕西宝鸡凤翔区境内）。扶风位于群山之中，有五条河流（汧、渭、漆、岐、雍）交汇于此，是长安城西面的屏障。一旦拥有扶风，就拥有了从渭河上游打击长安的地理优势。

另一条（北路）是从北边绕远的道路，从天水经过六盘山，在如今的固原南面顺着弹筝峡向东去平凉，再下泾州（现陕西泾川）。这一条路连接固原地区，从长安去往塞外就走这条路进入固原。

薛举使用了最直接的陇山—扶风道，他的儿子薛仁杲下陇山围困了扶风，但被李世民率领的援军击败，薛仁杲不得已退回陇山之上。

当南路被唐军扼守时，薛举转而寻求从北路突破，大举进攻泾州。唐武德元年（公元618年），薛举率军从天水出发，进入北方的泾州地区，击败唐军，向长安进军。

此刻是李渊最危急之时，如果丢失了长安，就意味着关中地区的混乱。即便未来唐军能够夺回长安，由于失去了时间，东部群雄可能也已经整合完毕，不容易进攻了。

幸运的是，薛举突然死了，其子薛仁杲的威望和能力都不足，无力发动新的攻势。

同年下半年，唐军大举反攻，逼迫薛仁杲投降。

薛仁杲的灭亡，消除了唐军在关中地区最大的隐患。第二年，唐军又击败了盘踞在河西走廊一带的军阀李轨。到这时，李渊紧锣密鼓地准备进攻洛阳。

在洛阳地区，击败了李密的王世充已经杀掉了隋朝的傀儡皇帝杨侗，自立为帝，建国号为郑。而在河北、山东一带，窦建德也已经称王，国号夏。

就在唐军准备东征时，突然传出了北方军阀刘武周入寇的消息。刘武周曾经在隋朝担任过武官。当隋末群雄并起之时，他在马邑树旗，并依靠突厥人占据了山西北部地区。

当李渊从太原率军进入关中开创一代王朝时，在他的背后，刘武周决定全盘照搬，复制他的军事行动。

刘武周决定利用自己在山西北部马邑的地理位置，首先进攻太原，将李渊发迹的老巢据为己有，再顺着李渊进攻长安的道路向西南进军，进攻长安，夺取关中地区的控制权。

刘武周在大将宋金刚的帮助下率军南下。由于太原驻扎着李元吉（李渊之子），刘武周绕过了太原，进攻太原南面的榆次，再南下占领平遥和介州（现山西介休），并以介州为基地，击败唐军的数次援军。

在如今介休东南十公里左右，有一个叫张壁的小村子。这个村子建设在一个三面环沟的土塬之上，沟深数十米，是个易守难攻的军事宝地。如今的张壁村仍然城墙环绕，街道两旁房屋高大、小巷狭窄，带有强烈的军事色彩。在张壁村保留着复杂的地道，这些地道四通八达，又分为数层，是中国少有的古代地下系统。

当年刘武周就利用这些地道和坚固的堡垒击败唐军的进攻，切断了太原和南方的联系。由于唐军的救援无法到达，李元吉逃离太原，将这个山西最重要的军事重镇拱手让给刘武周。

刘武周继续南下，先后攻克晋州（现山西临汾）、浍州（现山西翼城）等地，并控制了渡过黄河的龙门通道。这时，除了西南一隅（河内地区）之外，整个山西都在刘武周手中掌握着。

刘武周的南下，让李渊不得不推迟进攻洛阳以保证侧翼安全。为了避开敌人的势头，有人提议唐军撤出山西，退到黄河以西，再集结力量与刘武周决战。

这个提议被李世民否决。他率领军队东进，与刘武周相持在绛州一带。在如今新绛县以西的汾河南岸，有一个叫柏壁的小村子。这个村子距离东魏、西魏玉壁大战的战场玉壁城只有四十里左右，同样属于黄土台地地貌。

柏壁村的位置恰好位于几条道路的交会点附近，它西可以通黄河的龙门通道；东南可以经过垣曲县，到达济源，再过黄河前往洛阳；北可以沿汾河谷地而上，去往太原。李世民选择柏壁的意图很明确。和当年西魏占据玉壁一样，李世民只要占有了柏壁这个位于高台地上的堡垒，刘武周就不敢贸然向西进攻长安，而它在几个方向上的交通线也都会受到柏壁的骚扰。

为了克服柏壁的屏障，宋金刚率军围困了这里。李世民一面下令运输粮食囤积在柏壁，做好长期被围困的打算；一面坚守不战，以消耗敌人的物资为主。再派军破坏敌人的交通线，造成了敌人的粮食匮乏。

半年后，宋金刚放弃了速胜的打算，由于粮食无以为继，终于率军撤走。在撤退途中，宋金刚遭到唐军毁灭性的打击。

刘武周进攻时势如破竹，在撤退时也崩盘得非常迅速。一路上，他放弃了占领的所有据点，退回到北方的马邑，又逃入突厥，最终被杀。

刘武周的失败，让唐军消除了一个心腹大患。到这时为止，影响关中地区的所有战略点都已经被唐军控制。王世充与窦建德固然凶猛，但他们处于地理上的绝对劣势之下，唐军巩固了关中和山西堡垒之后，出关向最大的敌人进攻了。

关中的最后辉煌

唐武德三年（公元 620 年）六月，经过多次耽搁之后，唐军进军东都的战役终于爆发。

此刻，由于唐军的迟迟不发，王世充已经借机占据了大片领土，南方直达襄阳，东方达汴州（现河南开封）、杞州（现河南杞县）。在东北方向则与另一个军阀窦建德相接，窦建德占据了河北和山东的广大地区。

唐军进攻时，王世充的主要兵力除了分布在洛阳和几个卫星城之外，还有襄阳、虎牢、怀州（现河南沁阳）等交通要道。

王世充的薄弱点在西面的崤山、函谷关一带。由于唐军占领了从关中到河南的天险潼关、陕州（现河南三门峡陕州区）一带，王世充在西面缺乏抵御唐军的地理优势。为此，王世充采取的方法是"机动防御"与"固守国都"的结合。

所谓"机动防御"，指的是由于缺乏天险，只能派出机动军队，在唐军主力的方向做防守。另外，自从隋朝以来，洛阳就汇集了天下的粮食，建立了一系列的粮仓。王世充希望在洛阳做防御，当唐军久攻不下且粮食又出了问题时就会撤军。

唐朝大军在李世民的率领下东进。王世充采取了机动作战形式，派出三万人阻挡唐军的前进，却被李世民击败。他只好东撤，回到洛阳一线，放弃了机动作战，开始认真组织洛阳防御战。

为了应对王世充的坚城防御，李世民则采取蚕食战略。他知道一时无法攻克洛阳，就从外围入手，首先切断洛阳与周围的联系。

洛阳的南面，与江汉平原的联系主要通过龙门山（现龙门石窟所在地）上的伊阙塞进行，可以前往南阳、襄阳。李世民派军向南进军伊阙，切断洛阳与南方的联系。

洛阳的北面是黄河和孟津渡口。黄河以北是军事重镇怀州，而在黄河以南则是著名的粮仓回洛仓，是洛阳的粮食基地。李世民派军进攻怀州，再从怀州向黄河进军，切断回洛仓与洛阳的联系。

洛阳的东面是另一大仓库洛口仓，也是李密当年进军洛阳的基地。李世民派军占领了洛口仓。

李世民本人则率领大军继续进攻洛阳城。

在唐军的节节进逼之下，王世充退入越来越逼仄的空间，大批军队投降唐军。外围的据点逐渐被清理干净，洛阳越来越成为孤城。

然而，对唐军来说，这样的策略也有巨大的风险。在唐军与王世充对垒时，位于河北、山东地区的军阀窦建德的走向令人关注。如果他乘机加入反对唐军的一方，必然导致唐军腹背受敌。

为了拉拢窦建德，李渊在进攻洛阳之前就与窦建德取得了联系，约定建立同盟关系共同出击王世充。但在实际战争中，由于窦建德忙于平定东部的军阀孟海公，并没有参与对王世充的军事行动。

当王世充逐渐失去领土，唐军也因为食物匮乏而出现厌战情绪时，王世充向窦建德求救。此刻窦建德突然明白：如果他继续与唐军联合，那么等王世充灭亡后，下一个目标就会是他。

窦建德及时改弦更张，开始与王世充联合。他派出使者，希望双方罢兵。窦建德的提议让唐军感到紧张，因为唐军也到了强弩之末，很难再抵御新的敌人。

但李世民决定孤注一掷，坚决不撤兵。

唐武德四年（公元621年）三月，窦建德大军呼啸西进，荥阳、阳翟（现河南禹州）等地应声而下，大军直达虎牢关东面的东原。东原在历史上以广武而知名。在楚汉相争时期，广武城分为楚国占据的东广武和汉军占领的西广武，两个广武城中间是一条深深的大沟，即鸿沟的所在。

在西广武西面二十余里，就是著名的虎牢关。李世民占据了虎牢关，与窦建德的东广武遥遥相对。唐军主守势，窦建德被阻挡在虎牢关以东，无法救援洛阳。

此刻，窦建德的下属提出"围魏救赵"的建议：既然无法前往洛阳，就应该率领大军向北渡过黄河，沿着黄河北岸向怀州、河阳进军，越过太行山到达上党地区，再进入汾河谷地，向关中进军。这样一方面可以占据山西的高地，居高临下监视洛阳；另一方面又可以震慑关中，逼迫唐军放弃洛阳，回关中守卫长安。

窦建德想采用此计，却又禁不住王世充三番五次地求救。他的犹豫不决直接影响了士气。在这之前，处于两方夹击之中的唐军显得更绝望。但随着时间的拖延，窦建德的军队士气下降，唐军的局势又开始好转了。着急的反而成了窦建德，他必须尽快打一个胜仗才能解决军队的士气问题。

到双方真的在战场上相见时，李世民利用窦建德急于决战的心理，故意拖延布阵，让布好了阵的窦建德军从辰时足足等到午时，方才利用对方人困马乏之际展开战斗。这次战斗的结局是：唐军一举击溃对方，俘虏了窦建德。[10]

李世民一战封神，却带有很大的侥幸。双方上战场之前都面临着许多不利因素，在地理上也没有一方具有绝对优势。可以说，胜面只是五五开。但心细胆大的李世民却孤注一掷，利用一切机会拖延和消耗敌人，将敌人的心急和厌战情绪尽量放大，这才取得了胜利。

虎牢关一战同时解决了唐军最难缠的两个对手，窦建德被俘后，王世充见援军没有了，只好举城而降。

唐军占领了东都和山东，幽州的军阀罗艺一直是唐朝的友军。整个北方已经为唐所有，到了收拾南方的时候了。

---

[10] 窦建德部将刘黑闼后来继续抗唐，三年后被平定。参考《新唐书》。

在南方，割据的军阀势力主要有以下三家。

占据荆州地区的是南朝梁的皇室后裔萧铣，他趁隋末大乱占据江陵，希望恢复南朝的统治。唐军占据了襄阳和四川后，在三峡和襄阳与萧铣对峙。

占据如今江西省地域的是军阀林士弘，他定都豫章，自称楚帝。

而盘踞江淮一带的则是军阀杜伏威。在李渊称帝后，杜伏威与北方幽州的罗艺一样，一直是唐朝的忠实盟友，并称臣于唐。当唐平定南方时，杜伏威为了防止唐皇的猜忌，主动要求进京交出兵权。但他离开后，大将辅公祏却举起了造反的大旗。

这三家互不隶属，由于地盘不大，本身并不构成太大的威胁。唐军采取了各个击破的原则，兵分三路，灭了萧铣，之后进攻林士弘，最后平定辅公祏。

当最后一个军阀被唐王朝平定时，一个足以比肩汉朝的强大王朝屹立在中国大地。这一次，它存在了 289 年。

李渊最初起家于山西，他的策略在于首先从山西借助汾河谷地进入关中地区，获得四塞之地，再将汉中、四川收入囊中，并平定甘肃、山西的反抗势力，拿下所有对关中可能产生威胁的战略点。

一旦关中安全，就东进洛阳和华北平原，这里是巨大的粮仓和后备基地。获得北方后，南方已支离破碎，必然无力抵抗北方的攻击。

这是中国古代历史上最后一次利用陕西统一全国。唐朝之后，关中的地位进一步下跌，人们发现，如果同时占据山西和华北平原，依靠山西的地势和华北的粮食，实力已经远远超出关中地区。

唐朝的统一已是关中的最后辉煌。

第十二章　安史之乱：缺乏制高点的叛乱[1]

节度使的出现源于唐朝财政问题的恶化。唐朝的财政一直不健康，财政收入不够养兵，节度使就是为了解决军事财政问题而一步步出现直至彻底失控的。

安史之乱初期，安禄山占据洛阳后，由于叛军缺乏制高点，唐军本有望通过侧翼进攻的方法，在河北一带切断叛军，击败安禄山，但这个机会被杨国忠等人浪费。

在杨国忠等人的威逼下，唐军将领哥舒翰不得不搁置自己死守潼关的正确战略，率军出击。哥舒翰被击败后，安禄山突破关中，逼迫唐玄宗逃走。

安禄山的军事计划包括四个方面：第一，保住河北和北京的大本营；第二，由于出征的距离遥远，必须保证军事补给线的畅通；第三，必须尽快破坏敌人的军事补给线，让敌人在财政上无法支持战争的消耗；第四，出其不意，迅速占领两京，瓦解唐王朝的指挥中枢。

---

[1] 本章涉及的时间范围是公元 622—763 年。

保护自己的补给线，掐断敌人的补给线，这两条充分展现了安禄山的军事谋略。

唐朝国都长安必须靠江淮的物资来养活。江淮到国都的通道包括两条，一条走大运河，另一条走武汉、汉江到汉中，再翻越秦岭到达长安。安禄山成功地封锁了第一条通道，在封锁第二条通道时却失败了。

由于忽略了山西，安禄山的军队被困在反 L 形的平原之内。缺乏制高点，无法应对侧翼攻击，这是他战略上最大的失误。

郭子仪打通朔方到太原的通道，使得唐军控制了一条从侧翼进攻安禄山后方的道路，这条路在整个安史之乱时期都发挥了重大作用。

长安失陷前，唐军采取关门打狗的战略：将安禄山限制在北京到洛阳的平原地带，将四周封死，利用山西高地，打击敌人的侧翼，直到安禄山疲于奔命。但这个战略由于杨国忠等人的干预而失败。

运河失守后，唐朝建立的第二物资转运线成了支撑战争的生命线。这条线路是：江南和江汉的粮食汇集在荆州、襄阳一带，沿着汉江到达汉中地区，再从汉中地区向北翻越秦岭，绕过长安，从西面直达宝鸡一带，然后继续北上，经过固原送往北方前线。

长安失陷后，李泌提出了一个大胆的战略：暂时不收复两京，而是借助两京拖垮安禄山，再从北方塞外出奇兵直捣他的老巢，将其击败。这是中国古代历史上最具想象力的战略之一，却没有被皇帝采纳。唐军虽然收复了两京，却无法彻底击败叛军，使之造成了更长久的破坏力。

为了镇压安史之乱而设立的内地节度使，种下了唐中期藩镇割据的苦果。安史之乱结束时，全国已经有三十六个节度使。

唐天宝十五年（公元756年）中，起兵造反的安禄山第一次尝到了四面楚歌的滋味。此刻，他已经占领了唐朝的东都洛阳，并在这里称帝。

然而，唐军的顽强抵抗也让他始料未及。按照计划，他从幽州发动叛乱，挥师南下，经过河北，渡过黄河，占据洛阳之后，应该一面率领军队过潼关占领唐朝的国都长安，另一面则派人继续南下，从淮河、襄阳两个方面切断唐朝南方的税收，彻底瓦解唐王朝。

大唐是一个失衡的王朝，它的政治中心在长安，但经济和税收中心则转移到江淮一带，一旦被人切断了税收线，整个国家就如同缺血一般陷入困境。

事情的发展出乎安禄山的意料。他的大军占领洛阳之后，却在三个方面都遭受挫折。

在西面，由哥舒翰率领的唐军据守潼关，挡住了西进的道路，安禄山无法在短期内突破哥舒翰的防线。

在东南方向，安禄山的大军也同样遭受了顽强的抵抗，两座不起眼的小城挡住了叛乱者的大军。这两座小城是雍丘（现河南杞县）和睢阳。张巡血战不屈，先是据守雍丘，后来退到睢阳，致使安禄山的大军无法越过睢阳而占据江淮的粮仓。

在西南方向，南阳太守鲁炅在叶县设防，后来又退到南阳，阻挡安禄山占据南襄隘道。

张巡和鲁炅二人的顽强抵抗，起到了阻止战局恶化的作用，为唐军争取了反击的时间。

唐军的抵抗将安禄山压制在一个反L形的平原地带，这个反L形以幽州为顶点，伸向郑州附近的平原区域，在这里转折向西，到达另一个顶点——洛阳。

这个反 L 形区域位于富庶的中原地带，是唐朝领土的中部位置，将剩余疆土隔得四分五裂。

而安禄山方面有一个致命的弱点：缺乏高地，也就是战略防御点。这个反 L 形的四面都有唐军对其形成压迫，最重要的地点在太行山背后的山西，这里是高原地带，具有居高临下的作用，却由唐军牢牢掌握。

如果安禄山不能突破这个反 L 形区域，迟早会如同风箱中的老鼠一样，在唐军的攻击下疲于奔命。

果然，形势逐渐逆转，就连安禄山的老巢也遭受了唐军的打击。安禄山发难时担任着平卢、范阳、河东三镇的节度使，同时担任河北道的采访处置使，是整个唐王朝疆域东北部的最高长官，他的根据地在幽州与河北一带。

安禄山进攻洛阳后，根据地却逐渐陷入混乱。先是有颜杲卿和颜真卿兄弟在河北反抗安禄山，宣布效忠唐朝。其后，李光弼和郭子仪先后率军从太原方向打击河北，要切断安禄山在洛阳与根据地幽州的联系。

安禄山忧心忡忡，在留守洛阳还是返回幽州的问题上犹豫不决，至于进军关中、占领长安，此时已经是遥不可及的目标了。

此刻也是安史之乱的第一个关键点。如果唐玄宗能够把握好时机，继续让哥舒翰、张巡、鲁炅等人死守，同时让郭子仪、李光弼等人从背后打击安禄山，那么叛乱者的军队很可能会溃散，这场叛乱在两年之内就会被迅速剿灭。如果是这样，大唐的江山也不至于伤筋动骨，开元盛世的基础犹在。

但突然间,朝廷犯了一个严重的错误,让安禄山绝处逢生。他不仅没有退回幽州,反而占据长安,并将唐玄宗逐出关中。

错误的缘由来自唐朝内部的争斗。在唐玄宗后期,李林甫和杨国忠先后擅权,引起了人们巨大的不满。有人劝说驻守潼关的天下兵马副元帅哥舒翰,让他率军先进长安把奸相杨国忠清理掉,再去处理安禄山的问题。哥舒翰拒绝了,但杨国忠却担心有朝一日哥舒翰会重新想起这个提议。他一方面培养亲信做防范,另一方面则催促唐玄宗命令哥舒翰赶紧出战。他的情报显示,安禄山在潼关以东的兵力薄弱,如果哥舒翰出击,一定能获得胜利。

哥舒翰、郭子仪等人都主张不要与安禄山硬拼,在潼关采取守势,在敌人的背后(河北)进行打击。这种侧翼迂回攻击的效果远大于正面对抗。但在杨国忠的一再催促下,哥舒翰别无选择,他大哭一场,率军上路。

果然,杨国忠的情报是错误的,那些战斗力不强的老弱病残只是诱饵。当唐军将士进入山谷之中时,被敌人从山上扔下的大石块砸死无数,随后又被放火焚烧,唐军大败。

之前,唐玄宗由于听信了宦官边令诚的谎言,杀掉了镇守潼关的大将高仙芝和封常清,换上哥舒翰。此时哥舒翰失败,为了避免遭遇与高仙芝同样的命运,他投降了安禄山。

原本陷入绝境的安禄山竟然交上好运,享受了一场意想不到的胜利。唐玄宗在潼关陷落后闻风丧胆,向四川境内逃跑。

一场更大的灾难席卷了大唐江山,盛世一去不返。

都是藩镇惹的祸

要想看清安史之乱的根源,就必须追溯唐朝初期建立的制度。

唐朝继承了隋朝和北周,建立了以府兵制为基础的军事制度。所谓"府兵制",指的是士兵以府为单位聚居,他们既要在战时负责打仗,也要在和平时期种粮食养活自己。

之所以要让士兵自我谋生,与唐朝极其简化的财政制度有关。唐初的前两位皇帝都不重视正规的财政税收,而是想建立一套自我经营的养官体系,不用太多的税就能让官员和士兵自我生财。

简单来说,就是划出一部分土地给士兵和官员,士兵种地供应军费开支,而官员分得的土地叫职分田,他的主要生活来源就是出租这些职分田以获得收入。就连官府的办公经费也不依赖于正规税收,而是由朝廷划拨一部分土地出租,这些土地被称为"公廨田"。

除了土地,朝廷还一次性给每一个政府机关一笔钱,让它们放高利贷,把利息作为办公经费,这些钱叫"公廨钱"。

唐高祖和唐太宗都认为,这个架构完成了政府机关的自我维持,不需要朝廷划拨太多的财政款项就可以照常运转。由于对财政税收依赖小,唐朝前期的税收一直不正规。

然而,这套自我维持系统被证明是失败的。虽然府兵们有土地,可是随着惰性的增加,士兵并不乐于种地;而划拨的土地也不够维持他们的军事行动经费,最后只能靠政府拨款。

官员们的职分田也引起了麻烦,许多官员理财不善,收不上足够的租金,最后政府只好再给他们发一份俸禄。

充任各级政府办公经费的公廨田和公廨钱也都失败了,特别是公廨钱,由于官员不会管理公家财务,放出去的钱收不到足够的利息,甚至出现了亏本,到最后只好依靠强买强卖,把钱硬是贷给一些富户,强迫他们按照年率百分之百地给政府交钱。即便这样,办公经费仍然不够,朝廷还是得调拨经费。

就这样,一方面自我维持系统失败了,另一方面政府的财税体系又没有建设好,唐朝财政一直处于紧张之中。

财政收入不够的同时,财政支出却越来越大。唐朝恰好处于一个周围的少数民族势力都很强大的时代。唐朝皇帝们要应对的,除了传统的突厥人之外,还有薛延陀、回鹘、吐谷浑、奚、契丹、突骑施等,以及周边国家(政权),包括高昌、龟兹、高句丽、百济、吐蕃及大理。

如此庞大的战争需求给不健康的财政系统带来了极大的压力,随着府兵制的恶化,到唐玄宗时期已经没有办法依靠正规财政来供应军队需求了。

唐玄宗执政初期是两种思想的碰撞时期。其中一种思想认为,要解决财政问题需要节省开支;而另一种思想坚持,要解决财政问题必须增加收入。

这两种思想区分了两个集团,可以分别称为"贤相集团"和"聚敛集团"。在唐玄宗执政前期,贤相集团在朝廷占据优势,但随着财政的恶化,聚敛集团逐渐兴起。唐玄宗后期,聚敛集团已经将贤相集团排挤走,控制了朝政。这样,朝廷就被一群以聚敛为目的的技术性官僚所控制。他们执政是以财政为目标来考虑政策的,任何能够带来财政收益的都是好手段。

在聚敛集团的主导下，唐朝的军事制度出现了巨大的变革。

唐初采取的府兵制中，全国各地设有总管府（都督府），这些府只管军事，不负责民事，地位在各州之上。有的都督府驻扎在一个州内，又节制周边的数个州，形成了一种复杂的结构。但基本上而言，军事与民事是分家的，而军事又直接受朝廷节制，不参与地方财政。

唐高宗时期，由于军事行动需要协调各方关系，唐高宗给一些军事官员（都督）授予节度使的称号。他们由中央派出，带着皇帝的令符，负责节制当地的军事。这时的节度使并不是一个官职，只是临时性的称号。

景云二年（公元711年），由于西北方向用兵的需要，唐睿宗给凉州都督贺拔延嗣一个新的名号——河西节度使，节度使由此作为官职正式出现。

所谓"节度使（藩镇）"，既不同于之前的都督，因为都督只负责军事，不参与民事；又不同于地方的州刺史，因为刺史不管军事，只负责民事；它还不同于观察使，因为观察使只有监察权，没有军事权和民事权。节度使是将所有权力合而为一、权力高度集中的官职，不仅负责招兵买马，还负责民事和税收，同时可以选择下属官员，拥有任命权和监察权。[2]

节度使的兵员也不再依靠府兵制，而是直接从民间募兵，这样，士兵就会和其直接长官结成非常强烈的忠诚关系，与皇帝的关系反而边缘化了。

---

2 见《新唐书·兵志》："及府兵法坏而方镇盛，武夫悍将，虽无事时，据要险，专方面，既有其土地，又有其人民，又有其甲兵，又有其财赋，以布列天下。然则方镇不得不强，京师不得不弱，故曰措置之势使然者，以此也。"

为什么要设立节度使？因为军事财政需要。唐朝没有足够的钱养兵，府兵制的战斗力又太差，设立节度使的意图就是让将军们除了带兵之外，还负责地方财政，从地方上直接搜刮钱财养兵，而朝廷不再过问。

由于士兵们脱离了劳动，节度使的军队战斗力更强，当他们守卫边关时对少数民族的威慑力更大。从表面上看，这是一项有利于军事作战的改革。但问题在于，以前的兵都由朝廷直接控制，而现在由于节度使搜刮钱财养活士兵，士兵们就认为自己是节度使的私家兵，对节度使的忠诚逐渐替代了对唐朝政府的忠诚。

由于节度使军队的战斗力更强，又不用花朝廷的钱，唐朝政府开始削减其他军队。到最后，边关地区的藩镇兵已经占了全国士兵总数的大半，局面严重失控。

唐玄宗时期，围绕着唐朝边关，北方、西南、东南，一共设立了十个节度使。

表4　唐玄宗时期的十节度使[3]

名　称	治　地	统　摄	兵　力
安西节度使	龟兹	统龟兹、焉耆、于阗、疏勒四国	兵2.4万人，马2700匹，衣赐62万匹段
北庭节度使	北庭都护府（现新疆吉木萨尔县）	防制突骑施、坚昆、斩啜管瀚海、天山、伊吾三军	兵2万人，马5000匹，衣赐48万匹段

3　根据《旧唐书·地理志一》整理。

（续表）

名 称	治 地	统 摄	兵 力
河西节度使	凉州	统赤水、大斗、建康、宁寇、玉门、墨离、豆卢、新泉等八军，张掖、交城、白亭三守捉	兵7.3万人，马1.94万匹，衣赐岁180万匹段
朔方节度使	灵州（现宁夏灵武）	统经略、丰安、定远、西受降城、东受降城、安北都护、振武等七军府	兵6.47万人，马4300匹，衣赐200万匹段
河东节度使	太原	统天兵、大同、横野、岢岚等四军，忻、代、岚三州，云中守捉	兵5.5万人，马1.4万匹，衣赐岁126万匹段，军粮50万石
范阳节度使	幽州	临制奚、契丹，统经略、威武、清夷、静塞、恒阳、北平、高阳、唐兴、横海等九军	兵9.14万人，马6500匹，衣赐80万匹段，军粮50万石
平卢节度使	营州	镇抚室韦、靺鞨，统平卢、卢龙二军，榆关守捉，安东都护府	兵3.75万人，马5500匹
陇右节度使	鄯州（现青海乐都）	以备羌戎，统临洮、河源、白水、安人、振威、威戎、莫门、宁塞、积石、镇西等十军，绥和、合川、平夷三守捉	兵7万人，马600匹，衣赐250万匹段
剑南节度使	成都	统团结营及松、维、蓬、恭、雅、黎、姚、悉等八州兵马，天宝、平戎、昆明、宁远、澄川、南江等六军镇	兵3.09万人，马2000匹，衣赐80万匹段，军粮70万石
岭南五府经略使	广州	统经略、清海二军，桂管、容管、安南、邕管四经略使	兵1.54万人，轻税本镇以自给

唐玄宗时期的另一个错误，是对节度使的控制力太弱。最初为了保证节度使的忠心，皇帝还特别注意派遣可靠的官员，比如请一些退职和没有退职的宰相来担任或者兼任节度使。

随着贤相集团的崩溃，唐朝的宰相职位被聚敛集团掌握。聚敛集团有着严酷的内斗传统，为了打击政敌，获胜的人不会把节度使的职责放给那些失败者（退职宰相）。

唐玄宗后期，李林甫成为宰相后决定再进一步，将节度使授予归顺的少数民族。于是，唐朝边境的军政大权经过数次演化后，交给了少数民族将领。安禄山、史思明、高仙芝、哥舒翰等一批少数民族名将掌管了庞大的唐朝军队。

李林甫时期，依靠着个人魅力和手腕，他能够保证这些少数民族节度使的忠诚。但他一离任，这种平衡立即被打破。

李林甫的接任者杨国忠不仅没有魅力，还与节度使们起了冲突。他首先要应对付的是兼任平卢、范阳、河东三镇节度使的安禄山。此刻，安禄山的力量已经发展到几近失控的地步，如果他想叛乱，没有任何力量能够阻止他。

杨国忠想削弱节度使的职权，他的削藩举动又进一步激起了安禄山的疑心。双方的不信任感越来越重，到此时，一场叛乱已经不可避免。

安禄山的智慧与失误

天宝十四年（公元755年），长安城内发生了一次秘密搜查行动。这次行动由宰相杨国忠授意，搜查安禄山在长安的宅邸，抓捕了他的食客李超、安岱，并在御史台将二人勒死。接着，杨国忠把安禄山安插在京城的亲信贬出长安。

杨国忠这么做有几个目的：一是为了动摇安禄山在国都的根基；二是寻找证据让唐玄宗醒悟；三是激怒安禄山，让他露出马脚。

可惜的是，杨国忠的策划并没有让唐玄宗醒悟，反而让安禄山铁了心要反。他打出的名义就是诛杀皇帝身边的奸臣杨国忠。声名狼藉的杨国忠没有想到，当安禄山打出这个旗号时，大部分人竟然拍手称快。

安禄山最初的计划，是以献马的名义派精兵护送马匹到洛阳，一举拿下洛阳后再进攻长安。这个计划还没有实施，就被河南尹达奚珣识破。随后，安禄山制定了另一个自认为更加可靠的战略。

安禄山占据的土地是平卢、范阳与河东三地，具体说来包括三部分：一是现在北京附近，二是北京以东的辽东地区，三是山西北部的大同地区。

与安禄山势力范围接壤的地区中，太原在朝廷手中，而河西地区则是朔方节度使郭子仪的地盘。幸运的是，唐朝由于掌握了山西与河西，无意之间占有了战略地理上的优势。只要能够守住太原及其以南地区，就把控了华北的屋脊，将叛军压制在平原地带。这一点决定了后来的战局。

在河北地区，安禄山由于是河北采访处置使，也拥有较强的控制力。但在河北道所辖的二十五个州仍然由各州的民政长官控制，安禄山只有监察权。他必须依靠自己的权威镇住河北，巩固北方基地。

综合上述形势，安禄山制订了计划，这个计划一方面表现了他卓越的军事战略才能,另一方面又展现了他的不足。

安禄山的计划可以分成几个方面:第一,保住大本营;第二,由于出征的距离遥远,要想获胜,必须保证军事补给线的畅通;第三,必须尽快破坏敌人的军事补给线,令其在财政上无法支持战争的消耗;第四,出其不意,迅速占领两京,瓦解唐王朝的指挥中枢。

安禄山对于"保护自己后勤"和"破坏敌人后勤"这两方面的强调,尤其显示出一个军事家的智慧。

针对上述四个目标,具体的计划如下。

第一,安禄山的大本营是大同、幽州、辽东一带,三地又以幽州最为重要。而对幽州造成最大威胁的是唐军在太原的基地。从太原到幽州,中间隔着一座太行山。为此,安禄山一方面在太行山的主要通道井陉布设了军队,防止太原唐军从这里过境;另一方面,派遣大同的军队进攻太原,期待攻克这座城市,彻底保证侧翼的安全。

第二,安禄山的基地是幽州,要进攻的第一目标是洛阳。从幽州到洛阳最重要的通道是隋炀帝开通的运河永济渠。为了保证这条运河的安全,安禄山在运河沿线设下重兵进行防守。

第三,在唐朝,长安实际上已经处于一个非常尴尬的位置。唐朝的经济中心已经转移到江淮一带,关中的粮食产量已经无法供应庞大的国都人口,必须依靠从江淮地区转运粮食来维持国都的消耗。

从江淮转运粮食到国都,有一条主要通道和一条次要通道。主要通道是从淮河通黄河的通济渠(大运河),一旦通济渠被截断,长安的粮食就会立刻陷入紧张。次要通道则是利用长江将物资转运到武汉地区,在武汉转入汉江,经过襄阳地区,最后到达陕西汉中,再从汉中走陆路,翻越秦岭，到达长安。次要道路需要经过陈仓道或者褒斜道，虽然都是古代重要的通道，却并不好走，在翻越秦岭时必须放弃水路而走陆路，所以并不经常使用，只是作为应急道路。

安禄山为了切断长安的粮食供应，在进入黄河流域后就派人去攻占江淮，以切断主要通道；同时又向襄阳进军，以封锁次要道路。

如果这两条通道得以封锁，时间持续久一点，长安可以不战而溃。

第四，军队到达黄河后，打闪击战，尽快攻克洛阳和长安。

但百密一疏，安禄山作为军事家又是不合格的。他虽然制订了复杂的计划，却轻视了一点——山西。之前，不管是东汉光武帝还是刘渊或石勒，他们在攻打洛阳之前，都必须首先考虑山西。由于山西地处高原，不先拿下或者与之结盟，当进攻洛阳时，就很容易受到从山西发动的侧翼进攻。

安禄山必须考虑首先拿下山西的太原盆地、长治盆地和临汾盆地，才能够封锁侧翼进攻线；否则，即便攻下了洛阳，唐军只要仍然控制着山西，就随时可以从高处调兵打击叛军。

安禄山并非不重视山西，只是由于最初的进攻过于顺利，起兵不到一个月就已经过了黄河，并向东都洛阳进逼。当进攻东都迫在眉睫时，山西问题就被搁置了。

山西被搁置引起的问题暂时不会显现。但时间长了，叛军始终在反L形的平原内活动，随时被山西压迫，这时想起来当初的决策才会发现失误有多大。

叛军进攻洛阳时，唐玄宗仓促任命安西节度使封常清为范阳、平卢节度使，前往东都招兵。封常清飞驰洛阳，紧急招兵六万人开赴虎牢关。此时安禄山已经攻克了荥阳。在两军对峙中，由于封常清的士兵没有经过训练，缺乏战斗力，被安禄山击溃。当年十二月十二日，安禄山占领洛阳。

安禄山占领洛阳达成了一个重大目标：长安的交通命脉被切断了。洛阳控制了从江淮地区到长安的水路，这也是唐朝最主要的粮食运输道路（也就是长安、江淮两条交通道的那条主道）。洛阳一失守，长安就陷入恐慌之中，道路被封锁后，时间长了，必然会导致物资和粮食的匮乏。

封常清撤退到陕州，与唐玄宗仓促任命的副元帅高仙芝会合，二人商议退守潼关，凭借天险阻挡安禄山进攻长安。高仙芝与封常清都是唐朝名将，在边关征战多年。近代英国探险家奥雷尔·斯坦因在中亚探险时，曾经探访了克什米尔地区一系列的高山峡谷。这些峡谷在一千多年前曾经被高仙芝征服。高仙芝曾率军从现在的新疆西南部出发，进入喀喇昆仑山的崇山峻岭之中，完成奇袭，征服了小勃律，即便是现代人借助现代机械仍然很难到达此地。

高仙芝与封常清退守潼关是军事上非常正确的决定：一方面，将安禄山封闭在从洛阳到幽州的低地上；另一方面从侧翼袭击他，在正面战场却暂时不与他作战，以免他攻破战线进入长安。

但固守的做法在政治上很难被采纳。一方面，由于安禄山切断了长安的粮食运输线，皇帝担心长安会缺粮，希望能够尽快打通交通线；另一方面，宫廷内斗使得更多的人质疑将军们坚守不战的做法。

大宦官、监军使边令诚利用了这种质疑，乘机上告唐玄宗要求诛杀两位将领。唐玄宗竟然批准了这个请求。[4]高仙芝和封常清的死亡显示了唐军的混乱与唐玄宗的昏庸。

就在这时,安禄山遭遇了第一次转折——他的好运似乎就要结束了。

唐军的"关门打狗"战略

就在安禄山制定战略进攻两京并破坏了朝廷的经济和交通动脉时,唐军也逐渐适应了战争,局部反攻的时机到来了。

反攻最关键的地点就在安禄山忽视的太原。虽然安禄山也试图从大同出兵进占太原,甚至派人渡黄河打击位于陕北和宁夏的朔方节度使郭子仪。但由于战略没有落实,真正将山西利用起来的反而是郭子仪。

郭子仪一面组织人马击败来犯的敌人,另一面派遣大将李光弼、仆固怀恩等人出兵向大同反攻,占领了中途的马邑、雁门一带。虽然大同仍然掌握在叛军手中,但马邑和雁门却有一条路通往太原。这样,郭子仪就控制了从朔方到太原的关键道路。唐军源源不断地通过这条路支援太原,再从太原出发,通过井陉进入河北骚扰安禄山。安禄山的后院开始受到威胁,他千方百计保障的交通线和后勤线不再稳固。

当郭子仪从山西高处打乱了叛军的战略意图时,河北也开始抵抗。在河北率先起事的是颜杲卿和颜真卿兄弟。

颜氏兄弟都在河北道任职,颜杲卿担任常山(现河北正定)太守,颜真卿担任平原(现山东平原)太守,本来都受安禄山节制。特别是颜

---

[4] 封常清在死之前仍然上书皇帝:"臣死之后,望陛下不轻此贼,无忘臣言。"

杲卿所在的常山，就在井陉口的东侧，与太原隔太行山相对，是安禄山阻击太原的前线。

安禄山叛乱后，率军从河北掠过，南下进攻洛阳，在背后的颜氏兄弟则先后起兵效忠唐朝。在他们的鼓动下，河北各郡纷纷响应。

河北二十五个州郡中，一共有十七个郡反正归唐，真正铁心效忠安禄山的只有范阳、卢龙、密云、渔阳、汲、邺等少数几个州郡，形势开始对唐朝有利。

为了应对颜氏兄弟，安禄山派大将史思明从北方赶来加入混战。颜杲卿战败被杀，颜真卿继续抵抗。

当河北战局再次向安禄山倾斜时，唐玄宗派李光弼出兵井陉，过太行山进入河北加入战局，击败了史思明。山西的战略地位再次得以显现。

李光弼出兵后，安禄山在河北的困境并没有出现根本变化。

河北大乱时，南方也并没有按照安禄山的战略顺利进行。按照计划，一旦占领了东都洛阳，叛军就要兵分三路：一路向西攻打长安；一路向东南方向进攻，经过淮河到达长江，占领江淮地区的大粮仓，彻底破坏唐朝的军事和财政系统；最后一路则向西南进攻南阳盆地、襄阳和荆州，夺取长江中游。

但这三路的进军都遭到了抵抗。在西路，唐玄宗又任命了边关悍将哥舒翰担任守将。哥舒翰沿袭了高仙芝的战略，在潼关坚守不战，以消耗叛军的锐气。

在叛军截断了大运河到黄河的物资运输线之后，唐王朝匆忙间搭建了另一条物资运输线（也就是原南北交通的次要道路），沿长江而上，到达武汉，再转汉江，过襄阳，沿着汉江进入陕西汉中地区，再从汉中走陆路送往长安。这种做法舍近求远，却避开了叛军占领的地界，让唐朝勉强可以维持战时的财政需求。

要想截断这条新的运输线，必须向西南进攻南阳、襄阳，从襄阳断掉唐朝的运输船队。安禄山的第三路军正是要攻打襄阳。

叛军到来后，南阳太守鲁炅（后升职为南阳节度使）率军北上叶县，抵抗两个月后退守南阳，与敌军僵持了整整一年，随后弃南阳保襄阳。这种有计划的抵抗和撤退，始终没有让叛军摧毁襄阳的运输线。

而在东南，安禄山的军队在小城雍丘和睢阳也遇到了顽强的抵抗。雍丘令张巡和睢阳太守许远坚决阻止敌人南进，一共抵抗了二十一个月，直到叛军势头过去，已经无力南侵，才告沦陷。

到这时，安禄山的军队正式被限制在一片广大的反 L 形平原地带：从现北京向南，抵达华北平原，但在南阳—许昌—睢阳一线被唐军阻止，无法继续南进；在西面则被阻于潼关；他虽然占领了山西北部的大同，但以太原为中心的山区直到黄河北岸，也就是所谓华北屋脊地带仍然由唐军占领。

唐军战略也已经成形，可以归结为"关门打狗"战略：把安禄山逼在一条狭长的平原通道内，将四周的门封死，你打一下我打一下，让他四处乱窜直到最终被消灭。

唐军的战略是几员大将不经意间配合的结果：哥舒翰负责关上潼关的门；李光弼负责骚扰安禄山的北方基地；郭子仪则在太原聚集军队，准备从上党地区南下黄河，进攻安禄山占领的洛阳，完成对他最后的击破。

但就在这最紧急的关头，由于宰相杨国忠的私心，他逼迫哥舒翰出战,被安禄山乘机利用,攻破了潼关,冲破了唐军设下的"牢笼"。形势急转直下。

李泌奇谋空叹息

潼关失陷当天,消息就传到长安。一天后,宰相杨国忠提议西逃四川。第三天,皇帝召集百官商议,所有人都惊慌失措,无人提供对策。大量的官员开始逃亡,到了第四天上朝时十无一二。第四天晚上,皇帝也开始做逃跑的准备。第五天一早,唐玄宗带着皇子、皇孙、妃子、近臣踏上了逃亡之路。

在长安西面的马嵬坡,跟随唐玄宗的将士发动反叛,杀死宰相杨国忠,逼迫皇帝绞杀了杨贵妃。

将士们希望唐玄宗不要进入四川,因为四川是偏安一隅的地方,一旦去了四川,就失去了对北方的控制权。唐朝即便没有完全灭亡,也会变成一个龟缩在四川的小政权。

安禄山虽然攻入关中平原,但关中四周的险要(除了潼关之外)都还掌握在唐军手中,唐朝并非没有希望。特别是在北方,以灵武和太原为中心,已经是反击安禄山的核心,随时可以打击敌人的侧翼。

灵武是朔方节度使郭子仪的地界,他是唐军最坚强的后盾。如果皇帝能够撤向灵武,对唐军无疑是一大鼓舞。

但灰心丧气的唐玄宗没有接受这个提议,撤往四川的大后方。太子李亨决定留在北方,与父亲分道扬镳后,前往灵武称帝,是为唐肃宗。

唐肃宗前期,是唐王朝最艰难的时期。潼关的失守导致大好形势瞬间反转：郭子仪和李光弼被迫离开河北，撤回太原和朔方；在河北一直抵抗的颜真卿等人被迫转移，将整个河北留给叛军。

安禄山占据了华北和关中，唐朝控制的领土七零八落。西北的朔方和太原是主要的军事集结地区，但这两个地区缺粮，必须从外界运粮救济。江南、江淮、江汉和四川地区虽然有粮食，但运河交通线被敌人破坏后，如何把这些粮食运到北方，成了必须解决的问题。

在江南地区，唐朝的宗室永王李璘也反叛了。由于南方的粮食大都囤积在江陵一带，驻扎在这里的永王决定自立门户，不再听从唐肃宗的领导，想在这里建立一个新的南方政权。

永王沿江东下，直取江东。为了应对永王，唐朝廷不得不继续分权，新设立了几个节度使，让高适担任淮南节度使、来瑱担任淮西节度使、韦陟担任江东节度使，由他们镇压永王李璘。

节度使的随意设置，让唐王朝变得更加支离破碎，为未来的藩镇割据打下了基础。

所幸的是，唐朝危急的时刻，安禄山也犯了错误。

占据长安之后，他本应该继续以长安和洛阳为基地，迅速平定关中周边的关塞，以及山西南部。如果能够有效控制北方的制高点，就形成了有效占领，唐朝失败的可能性就很大了。

但安禄山此刻却出现了战略空白期，除了继续向江淮和江汉用兵，在关中却缺乏合理的战略，导致叛军盘踞在长安不知所措。出了长安不远，就已不在叛军的控制之中。

长安西面的扶风地区仍然掌握在唐军的手中。唐军利用扶风、宝鸡形成一条新的通道，从南方向北方运输粮食。

这条通道是这样的：江南和江汉的粮食汇集在荆州、襄阳一带，沿汉江到达汉中地区，再从汉中地区向北翻越秦岭，绕过长安，从西面直达宝鸡，然后继续北上，经过固原送往北方前线。

这条路绕了极远，却勉强解决了唐军的后勤保障问题，使得唐肃宗能够继续领导平叛行动。

在山西地区，史思明在潼关陷落后向太原发动了进攻，却被李光弼死死守住。保住了太原，也就能继续从太行山后出兵，从侧翼打击河北。

在南方，张巡、鲁炅的抵抗仍在继续，确保了江南的安全。

与此同时，李泌进入唐肃宗的幕僚团队。李泌是中国古代历史上最具传奇色彩的人士之一。他才思敏捷，声名远播，当年唐玄宗有意让他入仕，却被拒绝。李泌以布衣的身份与当时的太子李亨结交。后来为了避开杨国忠的迫害，他隐居于湖北。

唐肃宗继位后，李泌再次前来，却坚持不要官，仍然以布衣身份帮助皇帝，成为皇帝的首席幕僚。

针对当时的形势，李泌敏锐地观察到安禄山的处境并不比唐军好。唐朝的地盘虽然分散，却以大包围的形势将安禄山裹在当中。安禄山南过不了淮河，北占不了太原，虽然占领了长安，但长安城外几十里就是唐军的势力范围，留给他的只有长安和洛阳之间的一条通道。

针对这个形势，李泌提出了一个大胆的设想：暂时不收复两京，而是借助两京拖垮安禄山，再捣毁他的老巢。

这个战略具体的内容如下。

第一，派遣李光弼从太原出井陉，扰乱安禄山控制的河北。由于北方是安禄山的老巢，李光弼可以拖住安禄山在河北的大将史思明和安守忠。

第二，派遣郭子仪从冯翊（现陕西大荔）渡黄河进攻河东。由于河东在潼关以北，威胁潼关、华阴，郭子仪可以拖住安忠志和田乾真。

安禄山拿得出手的大将除了这四位，还有阿史那承庆。

郭子仪在占领河东之后，不需要进攻潼关和华阴，给安禄山留一条在洛阳和长安之间的通道。由唐肃宗、郭子仪和李光弼轮流在长安以西、长安与洛阳连接部以及河北三地打击叛军，让安禄山率领阿史那承庆四处救火，直到士气消耗殆尽。

第三，再派唐肃宗最英勇善战的儿子建宁王李倓率军从北方塞外出发，绕过河套，从燕山以北进入北京，与李光弼南北夹击，端掉安禄山的老巢。失去了老巢，位于两京的叛军无处可去，就只有灭亡一途了。

李泌的战略有两点最值得称道：第一，出其不意，从大北方绕道北京以北进行大包围，直捣安禄山老巢。这条路虽然在隋朝就已经打通，但是在军事上一直没有引起足够的重视。到了李泌时期，北方道路才进入战略视野，并在未来宋、元、明、清的战争中成为一条战略要道。第二，唐肃宗曾经认为这个战略过于麻烦，不如率军直捣两京来得痛快。何必放着眼前的两京不打，反而千里迢迢去攻击遥远的幽州？李泌说出了这么做的好处：如果直捣两京，的确可以把敌人赶走，但是不能把敌人歼灭。即便唐军收复了两京，安禄山率军逃回老巢，事后还将卷土重来。

唐肃宗采纳了李泌战略的前两步，派遣郭子仪、李光弼分别进军河东与河北，但是拒绝了最关键的第三步——他还是选择了直接进攻两京。

事情果然如李泌所料。在经过几次尝试后，唐军在回纥人的帮助下占领了两京，而此时安禄山已经被儿子安庆绪杀死，安庆绪率军回到河北的邺城。

安禄山的大将史思明投降了唐军。李光弼试图除掉史思明，史思明再次反叛。

史思明南下救助被围困在邺城的安庆绪。唐军派出由九位节度使组成的大军将邺城团团围住，却被史思明击溃。

史思明进入邺城，杀掉安庆绪取而代之。

唐肃宗没有采纳李泌的策略，导致唐军无法彻底击溃敌人的老巢。史思明父子代替安禄山父子继续叛乱，给唐朝造成了更多的伤害。

李泌奇谋与当年秦取四川统一中国、蒙古借道云南包围南宋一样，是最具想象力的战略。如果唐肃宗不急于夺回两京，而是选择从北方夺取幽州，那么战争后朝廷仍然可以重树权威，唐朝可能不会陷入后来的藩镇割据局面。但由于唐肃宗没有完全采纳李泌的建议，这个奇谋只剩下了一声叹息，留在历史的夹缝里供人讨论。

安史之乱的后半段变成了消耗战。史思明已经失去夺取全国的可能性，但唐朝也一时无法消灭他。

唐军邺城战败后，战线再次被拉回洛阳一带。史思明乘机占领汴州和洛阳。统率唐军的李光弼（郭子仪为战败负责而被撤职）再次以山西为依托，与史思明作战。他不急于进攻洛阳，而是占据了洛阳北面、黄河上的河阳城。如果史思明向西攻打长安，李光弼就从河阳出兵，在背后攻击他；如果史思明进攻河阳，李光弼就采取固守的策略，利用背后的山西支援河阳。

只有在叛军完全疲劳之后，李光弼才会从山西出发，对河北、洛阳的敌人分别进行打击和切割，各个消灭。

但李光弼的作战意图没有实现，干扰他的还是唐肃宗和太监。太监鱼朝恩游说唐肃宗，逼迫李光弼出兵洛阳，导致唐军在洛阳北面的邙山下惨败，丢失了河阳城。形势再次变得对唐军不利。史思明秣马厉兵，又准备进攻长安。

幸运的是，这时叛军再次起了内乱，史思明的儿子史朝义杀父篡位，叛军内部的风雨飘摇让他们对长安的进攻无疾而终。

经过长期的拉锯战，叛军的力量终于开始削减。唐军在新统帅仆固怀恩与回纥兵的帮助下最终收复了洛阳，把战线推回到河北。

在收复河北的过程中，仆固怀恩为唐朝留下了最后一个隐患。为了尽快结束战争，仆固怀恩认为，应该争取史朝义的几员大将反正。除了对他们反叛的经历既往不咎，还由朝廷委任他们为当地的节度使。

在仆固怀恩的安排下，史朝义的大将薛嵩、李宝臣（原名张忠志）、田承嗣、李怀仙都成了唐朝的节度使，继续统治着河北。这些河北的节度使将成为未来战争的主角，是使唐朝统治支离破碎的罪魁祸首。新的反叛种子已经种下。

安史之乱结束时，全国已经有了三十六个节度使，这些节度使有些是以前的，有些是为了镇压反叛在临敌的前线临时设置的，还有些则是河北的降将。

节度使们拥有地方统治的全权，有兵权，又控制着地方财政，朝廷的权力被逐渐消解，最终形成了藩镇割据的局面。有的节度使甚至对抗中央，实现了权力世袭。唐朝早已经面目全非。

第十三章 藩镇的群狼谋略[1]

唐朝后期，每一个藩镇都是一个小军阀，他们不能独活，但依靠抱团取暖顽强地存续。朝廷无力消灭藩镇，只能孱弱地活在几十个军阀的夹缝里。

节度使并没有当皇帝的野心，他们只是为了自保。为了自保，他们采取了两个措施：一是抱团，二是世袭。这既确保皇帝无法将他们调走，又能通过联盟关系对抗皇帝的"军事入侵"。

朝廷失去了地方控制权，藩镇却由于过于碎片化，必须依赖朝廷名义上的授权来维持自己的地位。

朝廷与藩镇争夺最激烈的是征税权。谁控制了征税权，谁就有能力组建更强的军队。最初征税权被藩镇拿在手中，但唐宪宗时期收回了部分征税权，达成了一定的平衡。

唐德宗时期，最危险的藩镇有六个，分别是位于河北地区的河北四镇、位于襄阳的山南东道节度使和位于许州（许昌）的淮西节度使。六镇控制了河北与江南的税收路线，成了朝廷的心腹大患。

---

[1] 本章涉及的时间范围是公元763—820年。

唐德宗征召藩镇的军队必须付给藩镇三倍的军粮作为补贴。这导致藩镇出工不出力，拿到了补贴却作壁上观，或者谋求自我利益。朝廷在战争中花费巨大而成果有限。

唐德宗时期的泾原兵变显示出藩镇战争的复杂性。为了镇压淮西，唐德宗动用了泾原的军队。但由于唐德宗付不起军费，泾原军叛变，将唐德宗赶出长安，一场局部战争演变成全面战争。

泾原兵变表明朝廷的财政能力已经无法支撑军事行动，由于军事财政无法得到保证，又引起了更大的混乱和崩溃。

唐宪宗依靠武力收回了一部分藩镇权力，但也耗空了唐朝国库，使得唐宪宗的中兴昙花一现，并且再无力阻止唐朝的分崩离析。

唐代宗时期的节度使周智光，代表了唐后期藩镇的特点。

在唐代宗时期，吐蕃成了唐朝的心腹大患。由于中原发生了安史之乱，唐朝平叛无暇他顾，吐蕃从青藏高原下来，占领了新疆南部、整个陇右（甘肃南部）和河西走廊。另外，从川西到云南也是吐蕃的势力范围。

唐代宗继位不久，吐蕃军继续向东，下陇山进入关中。唐代宗一看大事不好，连忙抛弃长安逃难去了。这是唐朝皇帝第二次逃离国都。吐蕃进入长安大肆劫掠，由于无法形成有效统治，最终撤离。

吐蕃并不是唯一的威胁，平定安史之乱的功臣仆固怀恩也出了岔子。由于功高震主，仆固怀恩与朝廷之间无法建立信任关系。他担心成为朝廷的打击对象，决定先下手为强，勾结吐蕃和回纥进攻唐朝。

为了应对仆固怀恩，唐代宗派出由各路节度使组成的联合军队北上抵抗，其中一支部队就由同华节度使周智光率领。

周智光出身卑微，在军队服役，靠巴结太监鱼朝恩上位。虽然被征召，但周智光并没有认真应对叛军。他在攻击吐蕃人时，率军到了忠于朝廷的鄜州（现陕西富县）。当时的鄜州属于鄜坊节度使杜冕，刺史是张麟。周智光与杜冕有仇，乘机攻下鄜州，杀死刺史张麟，并把困在城里的杜冕家人八十一口全部活埋。

鄜坊节度使被灭门，朝廷竟然毫无办法，只能听之任之。当军事行动结束后，周智光继续担任他的同华节度使。

所谓同华节度使，主要是镇守长安东方的同州（现陕西大荔）和华州（现陕西渭南华州区）。华州是从关中通往中原的交通要道，而同州则是通往山西的必经之路。正是两座城市的战略地位，让周智光成为唐代宗时期的一霸。

他召集了大量无赖子弟，随意地截留送往关中地区的漕粮，掠夺各级官员的财物。按照传统，到长安赶考的学子在去往京城的路上要到每个地方的官府里点个卯，当他们听说了周智光的所作所为后，赶赴京城时都避免惊动他。周智光听说学子们故意避开他，勃然大怒，率军袭击，造成大量伤亡。

就连朝廷官员也一样，只要一语不合，周智光就随意杀伐。陕州与同华节度使控制的地盘相邻，周智光与陕州刺史皇甫温翻了脸，将皇甫温的手下张志斌杀死并做成了菜。

周智光如此猖狂，就连唐代宗也拿他没办法。唐代宗听说周智光杀了杜冕一家之后，根本不敢主持公道，只是悄悄地把杜冕送到南郑躲起来，免得被周智光发现。

周智光听说后，出兵想截住前往南郑的杜冕，但没有成功。随后，他向皇帝讨要陕州、虢州、商州、鄜州、坊州五个州，皇帝不答应，他就立刻出兵自己去拿。

皇帝之所以拿周智光没有办法，是因为朝廷已经孱弱到无法镇压藩镇的地步了。

最后，皇帝实在忍无可忍，偷偷地下令让郭子仪出兵干掉周智光。皇帝不敢明着下令，因为同华距离国都太近，万一郭子仪来不及赶到，周智光却先进攻长安，那时自己的性命都难保。

周智光只是藩镇的代表之一，虽然他最终被灭，但唐朝中央政府的孱弱地位却很难改变。

这样的藩镇在唐朝有几十个，其控制者大权独揽，名义上属于朝廷，却有相当的独立性，甚至职位都可以世袭。他们如同一个个土皇帝，收税、招兵、截留朝廷的收入，将国家变成一盘散沙。

既然安史之乱已经结束，唐朝为什么无法恢复开元年间的稳定，反而陷入藩镇割据中呢？

其中既有朝廷的失误，又有藩镇的私心，共同形成了一个特殊的时代。在这个时代中，由于各地充斥着犬牙交错的小型军阀，他们每一个都无法独活，却又依靠抱团取暖，大部分都顽强地生存着。

正是由于每一个军阀的力量都不够大，孱弱的朝廷才能在夹缝中继续存在，起起落落，又维持了一百多年才最终被取代。

割据，是为了自保

唐宝应元年（公元762年），原山南东道节度使来瑱的死亡让地方将领们感到心寒。

来瑱是平定安史之乱的功臣，镇压过永王李璘的叛乱，阻止过安禄山军队的南侵。他守卫的南阳具有极其重要的战略意义，如果南阳丢失，那么朝廷建立的汉江运输线就会断掉，而朝廷之所以能够组织起对安禄山的反攻，这条运输线又是必不可少的。

正因为来瑱的功劳大，他先后担任过淮南西道节度使、河南节度使、山南东道节度使和陕虢华等州的节度使等重要职位。

安史之乱临近结束，皇帝担心这些节度使的独立性太强，会学安禄山和史思明发动叛乱，便削弱他们的权力。来瑱被调回中央，担任兵部尚书、同中书门下平章事（宰相），仍然兼任山南东道节度使，却不再赴任襄阳，而是留在长安。

这时，会揣摩唐代宗意图的人来了。大太监程元振以前曾经请求来瑱办事，遭到拒绝后一直怀恨在心。他发现唐代宗对来瑱很是警惕，于是上告来瑱谋反。唐代宗听信程元振的说法，将来瑱贬到贵州，又在途中下诏赐死。

来瑱的死亡让所有的将领感到寒心：一个太监在皇帝面前蝇营狗苟就能决定功臣的生死。他们意识到，此刻的朝廷已经不再可靠，任何人没有了手里的军队，被调回长安，都可能遭遇与来瑱一样的命运。

来瑱死亡最直接的冲击有二：一是安史之乱第三号功臣仆固怀恩的反叛，二是来瑱所在的山南东道的变局。

在安史之乱后期，唐代宗想遏制郭子仪和李光弼的声名，派仆固怀恩担任战争的总指挥。仆固怀恩平定反叛功劳巨大，且一家四十六口死于王事。但关于仆固怀恩功高震主的谣言也越传越烈，他不得不担心自己的处境。

从后来的情况看，唐代宗并没有干掉仆固怀恩的意图。但在皇帝与将军之间却无法建立互信，而各级官员的所作所为也让仆固怀恩寒心。

由于镇压反叛动用了回纥军队，加之仆固怀恩是回纥可汗的老丈人，在他送回纥兵出境时，河东节度使辛云京在太原故意把他们当敌人一样防范，不给补给，不犒劳军队，惹得仆固怀恩上书控告。

为了解开二者的矛盾，朝廷派太监骆奉先前来调查。骆奉先收了辛云京的贿赂，仆固怀恩却不知道送礼。骆奉先回京后造谣说仆固怀恩反叛。皇帝与将军的正常沟通渠道已经不存在了，只能依靠太监居间传话。

恰好此时，来瑱的死变得尽人皆知。不管皇帝如何安抚仆固怀恩，都无法再让他放心。仆固怀恩终于与回纥、吐蕃联合起来，对抗唐朝。

仆固怀恩病故于反叛的前线。唐朝借助郭子仪的名声与回纥达成谅解并击败了吐蕃，躲过了一场新的劫难。

但躲过外来的灾难，却无法避免内祸。来瑱去世后，他的部下、山南东道裨将梁崇义立刻抓住机会，杀死了唐朝在襄阳的官员，自封山南东道节度使。梁崇义继承了来瑱的职位，大声为来瑱喊冤。他给来瑱立庙烧香，声称来瑱是无辜的，要求惩罚罪犯和凶手。

皇帝只好找替罪羊，借机贬斥程元振，并承认梁崇义的篡权，册封他为正式的山南东道节度使。

这件事让人们意识到皇帝原来已经这么虚弱——梁崇义明显的篡权行为不仅不受惩罚，反而得到承认。节度使只要不去京城长安找死，紧紧手握地方兵权，就可以为所欲为。节度使的命运戏剧般地两极化了：要么待在驻地称王称霸，要么回到长安被皇帝处死。

那些身居最紧要地位的节度使开始考虑如何进行长久统治的问题。他们大部分并没有灭亡唐朝的野心，而且仅仅靠一个节度使管辖区也不可能完成这样的任务。他们的目的主要是自保。

为了自保，节度使们采取了两个措施。第一，形成互保联盟，在节度使之间通婚，依靠婚姻关系形成复杂网络。一家有难，其他家立刻来帮忙，哪怕是对抗朝廷也在所不惜。这很像是一种群狼战术，一头狼在自然界很难生存，可一旦结成了群，战斗力立刻发生质的变化，令狮子都不敢小觑。第二，谋求世袭制，脱离朝廷的官员任命体系，不准朝廷任意调动他们的职位，自己将职位传给子孙。世袭制一形成，士兵就有了归属感，不用担心节度使死后秋扇见弃，对节度使的忠诚度加强了。

在唐玄宗后期，只在边关设了十个节度使。在安史之乱时期，为了应对安禄山和史思明，原来民事、军事和财政分家的地方政治体系已经不适合保卫领土了，朝廷必须在与叛军接壤的地区设立大量的节度使，只有同时掌握了财政、军事和民事全权，才能协调足够的资源来守城和抵抗。这个时期，在华北、江淮、江汉一带都有大量的节度使出现，大的控制十几个州，小的控制三四个州，唐代宗时期节度使有三十六个，后来又增加到四十多个，藩镇（节度使）已经遍布全国。

安史之乱后，节度使尾大不掉，朝廷已经不可能回到民事、军事与财政分离的体系中去。

对朝廷来说，最可行的方法是保留节度使，承认他们在地方上的全权,同时设法让节度使不要世袭,而是由朝廷任命。只要朝廷能随时调动节度使,他们就无法发动反叛。

到这时,朝廷和藩镇的目标有了极大的冲突。朝廷的目标是把节度使变成流官,也就是随时可以调往别处的官员,而节度使的目标却是世袭,永远不离开自己的领地。

当目标矛盾时,二者之间的冲突就爆发了。

唐德宗:失衡的关中与高昂的军费

唐代宗死后,唐朝又迎来了一位雄心勃勃的皇帝——唐德宗李适。童年时在唐玄宗宫廷成长的唐德宗试图恢复开元盛世。为了实现目标,必须把不听话的藩镇干掉,让朝廷能够控制藩镇的辖地。对朝廷来说,最重要的是税收权;只有能够从全国征税,朝廷才能建立更加强大的军队来实现实质上的统一。

在唐朝,经济中心不再是关中地区,已经转移到了华北和江淮。不幸的是,经济中心落在各个藩镇手中,藩镇又控制了征税权,让皇帝无法从这些发达地区获得足够的收益。

最危险的藩镇有六个,分别是位于河北地区的河北四镇、位于襄阳的山南东道节度使和位于许州的淮西节度使。

早前,为了让安史之乱尽早结束,仆固怀恩建议唐朝接纳了史思明的几个大将,让他们留任河北地区的节度使。这些降将名义上服从朝廷,但由于担心落得与仆固怀恩、来瑱一样的下场,他们不理会朝廷的征召,拒绝离开驻地,又通过婚姻、联保等各种方法,达成了互相支援的协议——一家受攻击，另外几家都要出兵帮助。这些藩镇号称"河北四镇"，分别是以下四家。

淄青节度使李正己（他的儿子李纳继任），是河北四镇中规模最大的，最初下辖淄、青、齐、海、登、莱、沂、密、棣九个州。唐代宗时期发生了魏博节度使田承嗣的反叛，李正己帮助唐代宗镇压反叛又得到德州。在汴宋节度留后（代理节度使）李灵曜反叛后，得到曹、濮、徐、兖、郓五个州。这时，李正己一共统治了十五个州。

魏博节度使田承嗣（他的儿子田悦继任），下辖魏、博、相、卫、洺、贝、澶七个州。田承嗣曾经在唐代宗时期反叛，唐代宗无法通过军事行动解决他，只好达成和解。这次和解也让河北地区的藩镇看到了唐代宗的虚弱。

成德节度使李宝臣，下辖恒、易、赵、定、深、冀、沧七个州。

幽州节度使朱滔，下辖幽、蓟、妫、檀、莫五个州。

河北四镇控制了最繁华的华北地区，让朝廷几乎无法从华北收税，也无力镇压他们。更糟糕的是，除了他们之外，还有另两个节度使地处交通要道，分别是淮西节度使李希烈和山南东道节度使梁崇义。他们的辖区分别位于淮河地区和汉江地区，唐朝粮食的转运主要依靠淮河、运河与黄河，从扬州一带转运到长安必须通过淮西节度使的辖区，一旦淮西节度使将运河封锁，长安就会出现饥荒。如果不走运河，从扬州一带向长安转运粮食，还有一条备用路：从武汉走汉江到襄阳，继续沿汉江到达汉中，再转运长安。山南东道节度使的辖区恰好封锁了这条备用路。

一旦淮西节度使和山南东道节度使同时反叛，江南的税收就无法进入长安。如果六个藩镇一同反对长安，那么江南与华北两大粮仓的粮食就都被截断。

由于地理位置的重要性，六个藩镇对朝廷充满了戒心，也不肯轻易服从中央。当胸怀大志的唐德宗开始削藩，试图加强朝廷权威时，首先面对的就是失衡的地理以及孱弱的中央。长安的地理弱点，也让唐朝成为最后一个定都于此的全国性政权。唐朝之后，看清了长安劣势的开国皇帝们纷纷选择距离经济中心更近的华北地区定都了。

建中二年（公元781年），成德节度使李宝臣去世，他的儿子李惟岳按照传统请求接任。但这次，唐德宗试图打破世袭的传统，他拒绝了。李惟岳随即与魏博节度使田悦、淄青节度使李正己、山南东道节度使梁崇义发动反叛。

在这次反叛中，幽州节度使朱滔和淮西节度使李希烈最初选择支持唐德宗，派兵协助镇压反叛。但他们的目的是扩大自己的地盘，而不是为了朝廷。特别是李希烈，从一开始就对准了山南东道，试图将势力范围扩展到长江流域。

在唐德宗的指挥下，各路大军纷纷赶来参与镇压四个反叛军阀。然而，这场战争的代价也是高昂的。按照规矩，中央政府征调藩镇的军队必须支付军事行动的开支。在唐德宗与藩镇间军费的分配如下：如果藩镇只是在自己的统治区里调动军队，那么军费由藩镇负担；如果藩镇的军队接受皇帝的命令离开了自己的统治区，那么从离开的那一天起，皇帝必须支付给藩镇一笔丰厚的军事补贴，叫"出界粮"，每个士兵的花费相当于平常的三倍。[2]

许多藩镇为了拿补贴,故意把军队派出境外,却只作壁上观。朝廷的任何军事行动都花费高昂,效果却有限。

以李希烈为例:当他进攻山南东道时,皇帝必须支付给他三倍的军粮;而攻克襄阳后李希烈想占据襄阳不走,把山南东道也纳入其藩镇。朝廷负责开支,利益却归藩镇,对藩镇而言,显然这是一笔合算的买卖。幽州节度使帮助皇帝打仗,也是为了从成德、魏博的手中获得足够的利益。

这场战争起先规模并不大,几个月后,李希烈已经打败梁崇义,占据了襄阳。一年后,在幽州朱滔的帮助下,其他三个反叛的河北藩镇形势也岌岌可危,眼看就要失败。

就在此时,事情却发生了变化。李希烈想占据襄阳,但皇帝没有给他。朱滔指望获得更大的利益,皇帝也没能满足他。于是,李希烈和朱滔转身加入反叛者一方,形势急转直下。

在河北地区,由于马燧、李抱真等名将的参与,朝廷逐渐控制了局势,将朱滔赶回幽州。但在淮西地区,局势却越来越不妙,直到彻底失控。

泾原兵变:回到原点

在镇压淮西时,朝廷最初从附近的藩镇调兵,但都被李希烈打败了。

---

[2] 见《新唐书·食货志二》:"是时,诸道讨贼,兵在外者,度支给出界粮。每军以台省官一人为粮料使,主供亿。士卒出境,则给酒肉。一卒出境,兼三人之费。将士利之,逾境而屯。"《旧唐书·德宗纪》:"凡诸道之军出境,仰给于度支,谓之食出界粮,月费钱一百三十万贯。"

为了继续镇压，必须从更远处寻找兵源，调兵的半径从中原地区转移到陕西西部。

在长安的西面有一个泾原节度使辖区，管泾、原、渭、武四州。由于距离淮西太远，如果不是迫不得已，皇帝是不会调动这里的军队的。

随着战局的拖延，唐德宗命令泾原节度使姚令言率军经过长安，再向东去援助在襄城被围的唐军。但调兵的同时皇帝没有足够的经费来支付泾原军的出界粮，唐德宗的官员们采取了拖延战术。

泾原军的士兵并不知情，他们远道而来，满怀着对丰厚赏赐的憧憬。

泾原军到达长安附近时，遭受了第一次打击：皇帝不让他们进入近在咫尺的长安，也没有给他们一丁点赏赐。直到从长安城外走过，到了东部的浐水时，京兆尹王翃才匆匆忙忙地为他们准备了粗茶淡饭。

理想与现实的巨大差距让士兵们拒绝前行，谣言在军队中四散传播，说长安城里有数不尽的金银珠宝，皇帝一个人享受着荣华，却置士兵的生死于不顾。[3]

唐德宗大惊失色，下令安抚泾原军，并派人前去犒劳。这次的赏赐是每人两匹帛。当赏赐下发时，士兵们更加愤怒了。他们感觉皇帝如此吝啬，不仅不值得替他卖命，还应该把他推翻。

泾原节度使姚令言已经失去了对军队的控制，任由士兵转头前往长安，怀着对财宝和劫掠的渴望，冲向国都。泾原兵变爆发。

---

3 见《旧唐书·姚令言传》："泾师离镇，多携子弟而来，望至京师以获厚赏，及师上路，一无所赐。时诏京兆尹王翃犒军士，唯粝食菜啖而已，军士覆而不顾，皆愤怒，扬言曰：'吾辈弃父母妻子，将死于难，而食不得饱，安能以草命捍白刃耶！国家琼林、大盈，宝货堆积，不取此以自活，何往耶？'"

泾原兵变是一个复杂的产物，表明朝廷的军事开支已经超越了财政能力；军事财政无法得到保证，又引起了更大的混乱和崩溃。

在唐德宗仓皇逃离国都前往长安西面的奉天避难时，造反的泾原军却陷入两难境地，他们既无法建立稳定政权，又不能投降。

于是，他们把幽州节度使朱滔的哥哥朱泚抬了出来。朱泚本来是幽州节度使，为了防范，唐德宗将他调离，居住在长安。朱滔造反时曾经试图联络哥哥一同反叛，信件却被唐德宗截获。唐德宗认为朱泚并不知道弟弟的消息，没有追究他。

对反叛者而言，朱氏兄弟是最有可能建立新政权的人物——弟弟掌握幽州，哥哥占据长安，控制了北方的很大一部分。在士兵的拥立下，朱泚称帝，率军攻打唐德宗所在的奉天，但是失败了。

朱泚的失败说明，朝廷虽然失去了地方控制权，藩镇却由于过于碎片化，必须依赖朝廷名义上的授权来维持自己的地位。这时的唐朝很像春秋时期的周王朝，周王的权力逐渐缩小，却又必不可少，屹立不倒。

不过，屹立不倒并不意味着没有困境。唐德宗在奉天不得不发出罪己诏，向天下人承认错误，宣布"改过自新"。这份罪己诏除了对皇帝本人大加贬斥，还总结了战争失败的根由。唐德宗认为，自己轻率地发动战争，没有考虑到战争成本，是失败的根源。[4]

4　见《旧唐书·德宗纪》："不知稼穑之艰难，不恤征戍之劳苦。泽靡下究，情不上通，事既壅隔，人怀疑阻。犹昧省己，遂用兴戎，征师四方，转饷千里。赋车籍马，远近骚然；行赍居送，众庶劳止。力役不息，田莱多荒。暴令峻于诛求，疲民空于杼轴，转死沟壑，离去乡里，邑里丘墟，人烟断绝。天谴于上而朕不寤，人怨于下而朕不知。驯致乱阶，变起都邑，贼臣乘衅，肆逆滔天，曾莫愧畏，敢行凌逼。"

由于低估了战争消耗,唐德宗本来以为对四镇的征伐是很容易的事,却没有想到,随着越来越多的士兵被征调,其影响早已超出了河北和江淮一带,全国都要承受战争成本。军饷需要从千里之外运到,士兵也要大量换防。人力不足,也造成了大量的田地荒芜,战争引起的社会动乱已经初现端倪。

因为唐德宗的苛捐杂税太多,在泾原兵变中,长安城里的人并不支持皇帝,而是迅速与叛军合流——叛军进城时只想掠夺皇帝的宝库,对民间却是免税的。

到这时,唐德宗的战争已经不可能再打赢了。他必须缩小规模,对一些反叛者进行安抚,把有限的财力运用到最主要的地方,才有可能回到长安。

在罪己诏中,唐德宗宣布大赦,大赦范围之广超乎想象。在最初反叛的四镇中,山南东道节度使梁崇义已经灭亡,成德节度使李惟岳也被灭了,此二人不牵扯赦免问题。而淄青节度使李纳和魏博节度使田悦都得到赦免。后来加入反叛的李希烈以及代替了李惟岳的王武俊也被赦免。

更难得的是,幽州节度使朱滔的哥哥朱泚已经在长安篡位称帝,是大逆不道、应该灭族的罪行,但皇帝仍然赦免了朱滔,继续让他担任幽州节度使,只追究他的哥哥朱泚。

这种做法,实际上是想将大部分叛军争取回朝廷阵营,因为皇帝已经打不起仗了。付出的代价,就是这些节度使仍然耀武扬威地控制着自己的地盘,不听朝廷的命令,统一王朝继续向着四分五裂滑去。

这场战争以朱泚的被杀、皇帝回到国都为结局。反叛的各个诸侯命运也各不相同。淮西节度使李希烈不肯投降,还自称大楚皇帝,但由于唐德宗的罪己诏已经团结了大部分人，李希烈被李勉等人击败。

李希烈死后，淮西节度使的职位落入军阀吴少诚手中。吴少诚和后代继续抗命朝廷，一直持续到唐宪宗时期。

河北四镇中，田悦的弟弟田绪杀了哥哥继任节度使。王武俊和李纳都被赦免，继续把持本部。朱滔被赦免后不久就死了，幽州的大权留给了部将刘怦和他的儿子刘济。总的说来，四镇擅权依旧，朝廷毫无办法。

唐德宗浪费数年时间，花费银两无数，换来的结果既没有更糟，又没有更好。这就是唐朝藩镇割据的实质：每一个藩镇都想保护好自己的土地，但每一个藩镇都没有实力一争天下，不管哪一方付出巨大的努力，到最后都回到原点，对全盘形势没有太大的改善。

唐德宗在位后期，想尽一切办法积攒财力，为未来唐王朝的中兴做准备。他期望有朝一日能够重新获得全国的控制权。他的搜刮的确积攒了大量的军费，有了重新统一的资本，但他没有看到中兴的那一天就死去了。

中央王朝的回光返照

唐宪宗元和十年（公元815年）六月三日清晨，宰相武元衡正准备去皇宫上朝。他骑上马，带上侍从，刚刚从静安里东门出来，突然间听到有人呵斥他们把蜡烛熄灭。随从由于跟着宰相，有恃无恐，也朝对方叫嚷。

就在这时，从暗中突然飞出一支箭来，射在武元衡的肩膀上。随即在阴影里冲出几个人，将他的随从驱散，用棒子击打武元衡的左股。这群人拉住武元衡的马向东南方向走了十几步，然后将他杀害，并将头颅割下带走。

随从们带着救兵回来时,发现无头的宰相躺在血泊中。他死亡的地点,距离他家的东北角只有一墙之隔。

当时黑夜还没有过去,路上大都是上朝的官员和随从,这些人呼喊着四下传播,都说宰相被杀了,声音一直传到了朝堂上。文武百官面面相觑,不知道哪个宰相死了(唐朝宰相不止一个)。武元衡的马还按照既定路线,一路走到了上朝的地方。看到了马,人们才知道死的是谁。

唐宪宗走到紫宸门,才听说了武元衡的死讯,他惊讶万分又沉痛不已。另一位官员裴度也遇刺却逃过了一死,说明这是一场精心策划的行动。

事后,人们查找杀武元衡的凶手。在当时,朝廷正与淮西节度使吴元济开战,武元衡和裴度都是坚定的主战派,他们的遇刺一定与吴元济有关。

吴元济的帮手是成德节度使王承宗,二人有可能是王承宗刺杀的。可后来,人们又认为凶手是淄青节度使李师道。

宰相的死亡虽然成了悬案,却给了唐宪宗清理藩镇的最佳借口,也是唯一的时机。

唐贞元二十一年(公元805年),忍辱负重的唐德宗去世。太子继位后由于身体有病,又让位给儿子李纯,是为唐宪宗。

唐宪宗时期,全国节度使增加到四十九个。但与唐德宗时期相比,由于财政状况的好转,朝廷已经有了更强的实力去平定藩镇。雄心勃勃的唐宪宗发起了清除不听话的藩镇的行动。

与唐德宗一样,唐宪宗的目的仍然不是为了废除节度使制度,因为它已经深深地扎根在唐朝的官僚制度之中，动摇不得。唐宪宗想做的只是：第一，将不肯听话的藩镇拿掉，换上听话的人；第二，在做到第一步后，再有限地剥夺藩镇的财权和兵权，让他们没有实力与中央抗衡。

与唐德宗时期相比，随着藩镇的世袭化，节度使们也丧失了当年的锐气，与朝廷抗衡的决心大大削弱，军队实力也不如当年，甚至有的藩镇决定投靠中央。这是对朝廷有利的一面。

除了当年的河北四镇和淮西节度使之外，唐宪宗时期决心与中央抗衡的藩镇还有两处，分别是位于四川西部的西川节度使和位于现在江苏镇江的镇海节度使。

唐宪宗的策略是从容易的入手，先收复不听话的外围藩镇，树立朝廷的威信，然后再对最难解决的河北四镇动手。

与河北四镇的互相勾结、形成联保不同，西川和镇海二镇处于孤立状态，在它们四周都是服从中央的地区。四川自古以来就有着易守难攻的特质，但此时的四川被分割成东川和西川两部分，从关中去往四川的蜀道大都在东川境内，所以西川并没有天险可供防备朝廷进攻之需。

永贞元年（公元805年），唐宪宗刚刚继位，原镇守西川的节度使韦皋去世。韦皋对朝廷忠心耿耿，但他去世后，其副手刘辟夺取了西川。最初刘辟只要求皇帝册封，随后又想攫取更多的土地，与朝廷对峙。

皇帝派神策军使高崇文率军平定西川。高崇文从褒斜道进入汉中，再过剑阁，一路过关斩将，用了八个月时间就平定了西川。

这次平定刘辟，给皇帝增加了极大的威望，人们憧憬这位雄心勃勃的皇帝能够恢复当年的盛唐气魄。

皇帝对镇海节度使李锜的镇压，更让人们看到了希望。李锜除了担任镇海节度使，还担任浙西观察使、诸道盐铁转运使。在唐朝后期，盐铁转运使是最有油水的职务，相当于朝廷外派负责财政的专员，管辖各地的官营企业，并将其利润转运到朝廷。在这个过程中会形成大量的结余收入，供转运使本人支配。唐宪宗为了加强中央权威，将财政权力回收，只给他保留了镇海节度使的职位。李锜心怀不满，不服从命令，被唐宪宗抓住把柄，派兵征讨。朝廷的军队只用了一个月就平定叛军，李锜也被送往长安腰斩。

唐宪宗征讨藩镇时遇到的最大障碍是成德节度使。元和四年（公元809年），成德节度使王士真去世，他的儿子王承宗希望继承父亲的职位。

唐宪宗不同意世袭，王承宗立刻以反叛回应。

在征讨成德时，唐宪宗选择宦官吐突承璀担任讨伐军的总指挥。在宦官的指挥下，政府军徒劳无功。不过，吐突承璀却暗地里与王承宗议和，让他上表归顺，皇帝也顺水推舟地将节度使授予他。

议和的结果，是朝廷权威再次下降，各地藩镇又各自为政。唐宪宗的集权努力眼看就要失败。突然间，魏博节度使辖区发生的变局，让形势柳暗花明。

元和六年（公元811年），魏博节度使田季安病故，他的儿子太小，亲戚田兴（也叫田弘正）逐渐掌握了权力。与其他节度使不同，田弘正已经嗅到了变天的气息，他力排众议，决定投靠朝廷。在以后的历次平叛中，他都毫不犹豫地选择和朝廷站在同一阵线。

田弘正的反正，如同一枚致命的楔子插入河北四镇之中。在魏博的配合下，开展了数次平叛战役。

首先是应对淮西节度使吴元济。元和九年（公元814年），由于得不到皇帝的册封，吴少诚的儿子吴元济反叛。这次反叛一直持续到元和十二年（公元817年），才在名将李愬的努力下平定。李愬雪夜袭蔡州，也成了唐朝平定藩镇反叛中最有名的战役。

平定吴元济后，四面楚歌的王承宗决定投降，朝廷保留了他节度使的位置，却让他的两个儿子入朝做人质。

由于后来查明武元衡是淄青节度使李师道派人刺杀的，元和十一年（公元816年）朝廷又开始了对李师道的讨伐。三年后，李师道被杀死。淄青节度使辖区是河北四镇中最大的，最多时曾经下辖十五个州，即便在唐宪宗时期也有十二个州。为了便于管理，李师道死后，皇帝将淄青辖区一分为三，防止未来这个藩镇再出问题。

元和十五年（公元820年），成德节度使王承宗死亡，他的弟弟王承元被调任别地。朝廷将原魏博节度使田弘正调任成德节度使，再派遣名将李愬担任魏博节度使。这样，原本世袭的职位变成了由朝廷任命的流官，也就不会再有坐地虎了。

幽州节度使刘总看到周围的节度使们都一个个倒下，意识到好日子结束了。他决定弃官去当和尚，落发之后不知所终。于是，朝廷的最后一个心腹之患也消失了。

历史上习惯于把唐宪宗时期称为"中兴"，除了他平定了各个反叛的节度使之外，还由于他想从机制上约束所有的节度使，不管是顺从的还是不顺从的。

唐宪宗推出了两个改革措施来限制节度使的权力。元和四年（公元

809年），唐宪宗针对地方财政制度进行改革。改革前，地方上缴中央的财政是上贡式的：州政府征税后留一部分给自己，剩下的交给节度使；节度使留够了自己的，剩下的才会上缴（或者进贡）给中央。

唐宪宗试图限制藩镇的征税权。由于每一个藩镇都下辖几个州，藩镇选择其中的一个州作为驻扎地（直辖州）。皇帝规定，节度使驻扎的那个州的征税完全交给节度使支配，朝廷不再指望这个州的财政。但是对于其他的非直辖州，其财政则完全上缴中央，不再经过节度使。[5]

这种自断一臂保全身体的做法，其实将节度使的权限减少了。之前的节度使可以对下辖的几个州的财政全部插手，现在只能插手一个州，相当于将节度使的财政权力降到了和州同样的级别。

十年后，皇帝推出了另一项制度：节度使直辖州的军事完全归节度使统辖，而非直辖州的军事权力被授予州的刺史，州刺史所辖军队也不再听从节度使的调遣。[6]

这是朝廷第一次将军事权交给州刺史，表面上看是加强了地方分权，但由于削弱了节度使的军事权力，藩镇对朝廷的反抗能力大幅度减小。

唐宪宗的改革与军事征服已经是唐朝的回光返照。唐宪宗依靠他的

---

5 见《新唐书·食货志二》："分天下之赋以为三：一曰上供，二曰送使，三曰留州。宰相裴垍又令诸道节度、观察调费取于所治州，不足则取于属州，而属州送使之余与其上供者，皆输度支。"
6 见《旧唐书·宪宗纪》："丙寅，诏：诸道节度、都团练、防御、经等使所管支郡，除本州外，别置镇遏、守捉、兵马者，并合属刺史。如刺史带本州团练、防御、镇遏等使，其兵马额便隶此使。如无别使，即属军事。其有边于溪洞连接蕃蛮之处，特建城镇，不关州郡者，不在此限。"

祖父唐德宗积累的中央财政完成了重新统一。但军事行动消耗了大量的财政,又让社会付出了代价。

元和十五年(公元820年),雄才大略的唐宪宗被宦官陈弘庆谋杀。之后,各地的藩镇又陷入了和朝廷的摩擦之中。只是此时,朝廷已经没有钱,很难再组织起大规模的军事行动令藩镇归顺。

黄巢起事后,唐朝在黄巢的军事打击和藩镇的割据之下,终于分崩离析。

第十四章　黄巢：最漫长的征途 [1]

由于经济中心的转移，唐朝之后，长安再也没有成为统一王朝的国都。相继成为国都的洛阳、开封、南京、北京都在东部。东部诸城市缺乏长安的形胜，使得国家的军事战略也出现了变化。唐朝之前军事行动主要依托于战略地理，守住城池是战争胜利的关键因素；宋朝之后，机动战的特征更加明显，守城逐渐让位于野战和机动战。

唐朝末年，一群思乡的士兵在庞勋的领导下在桂林发动起义，开始流动战，千里跃进向徐州进军。庞勋起义提供了一条可贵的战争经验：在朝廷控制力已经衰退时，运动战比起守城战更适合实力弱小的起义者。黄巢、李自成等都借鉴了这条经验而取得成功。

王仙芝前期由于坚持机动战，成了唐朝的心腹大患；但后期放弃了机动战，被唐王朝击败身死。与此同时，黄巢却坚持机动战的打法，他转战数万里，活动范围从山东到广东、陕西，最终拖垮了唐王朝。

黄巢的流窜作战提供了一个机动战的样本，并为后来的军事流窜

1　本章涉及的时间范围是公元 859—907 年。

作战做了榜样。它的特征是：以运动战和流窜的方式，寻找中央王朝的薄弱点进行打击，利用机动性拖垮王朝的财政，从而造成王朝的分崩离析。

黄巢从广州数千里跃进，直到攻克唐朝国都长安。但此后，黄巢也陷入运动战和守城战的悖论。运动战意味着可以通过劫掠来获得给养，而守城战却必须在固定的地盘上解决粮草问题。随着机动性的丧失，黄巢灭亡了。

黄巢也是中国古代征战距离最远的军人。那些更加出名的后来者从距离和难度上，都无法超越这位前辈。

唐朝的繁荣和社会发展把关中的地理劣势暴露得一览无余。关中在秦汉时期仍然是中国最繁荣的地区，并拥有着地理上的战略优势，在函谷关（潼关）、武关、大散关和萧关的保护下，易守难攻，是成就帝业的基地。

然而，经过东吴、东晋、南朝的拓展，到了隋唐，长江下游地区已经成了新的经济引擎和粮食基地，其产量和经济活跃程度超越了关中。函谷关以东的黄河下游地区曾经是湖沼遍布的泥泞土地，随着湖沼的干涸，变得更加适合作物生长。与这两个粮仓相比，关中地区已经不再具有经济上的优势。

唐朝时，关中已经不再适合作为国都。国都长安发展成为一个国际超级大都市，这里充斥着来自全国各地的商人、官员以及从中亚来的大量外国人，众多的非生产性人口需要大量的粮食来养活。在西汉，可以通过关中平原的生产来满足长安的粮食需求；到了唐朝，狭小的关中平原即便把所有出产都贡献出来,也无法满足长安所需的口粮。

隋炀帝已经看到了类似的问题。他的解决之道是在更靠近全国粮仓的洛阳和扬州设立新的中心城市,并修建运河将各个行政中心连接在一起。

在修筑运河的过程中,通往关中地区的河道仍然是最困难的。隋唐时期,江南的粮食需要在扬州集结,沿古邗沟北上进入淮河,再沿着通济渠(大运河)进入黄河,从黄河进入渭河体系,或者进入与渭河平行的广通渠到达长安。最困难的河道有两段:一段是从运河进入黄河时,由于黄河水每年有荣枯,只有数月能够通航,运输粮食的船只在黄河口往往需要等待很久;另一段是进入黄河后的三门峡河道,这个河道中间有数座巨大的礁石山,沉船无数,充满了艰险。

重重困难导致从江南向长安运输粮食极其不易。即便运粮成功,也由于路途遥远而时间漫长,形成了巨大的统治成本。

作为首善之地,国都必须更靠近经济中心,而长安已经不再适合这个角色。

在安史之乱时,叛军切断运河通道造成的国都粮食恐慌还历历在目,让人们看到了关中的软肋。秦汉时,守住关中四塞就能利用形胜而获得军事优势,但在唐朝,只要切断中原通往关中的粮道,就能让关中变得羸弱不堪。

唐朝到宋朝,正是这种趋势的强化时期。唐朝之前,长安是历代皇帝心目中理所当然的国都。唐朝之后,长安就再也没有成为任何一个统一王朝的国都。与此同时,洛阳、开封、南京、北京等地相继崛起,它们距离国家的粮仓更近,也更加容易完成后勤补给。

不过，在军事地理上，不管是洛阳、开封，还是南京、北京，与长安相比都有地理上的劣势。开封是四面平原的四战之地，易攻难守，最不适合做国都；南京、北京、洛阳虽然也有天险可守，但四面的关防却缺乏长安的完备性。

随着行政中心的转移，国家的军事战略也发生了较大的变化。在长安时代，最常见的军事战略，是借助地理上的战略枢纽，固守城池，将进攻方拖疲，最后依靠反攻来取得胜利。

唐朝之后，由于东方区域缺乏长安这样的形胜之地，战争双方越来越多地依靠机动战来取胜，城池的重要性减弱，野战和闪击战大幅增加。

这种趋势在唐末已经得到了体现。唐末的两次底层反叛，都带有很强的军事流窜特征。由于东部河网纵横，平地千里，缺乏有效的山脉阻隔，叛军在东部流窜的广度和深度都远超后来的模仿者，为中国军事史上的机动作战提供了战略样本。

在唐朝之前，除了西汉末年的赤眉军短暂地利用流动作战攻克了国都，大部分情况下，要想取得政权，首先必须考虑在一个战略要地扎根（通常为长安或者山西高地），再以此为基地并吞周围的平原地带，稳扎稳打地获得胜利。唐朝末年的黄巢没有建立战略基地，而是在大半个中国之内流窜，依靠闪击战攻城略地，不断壮大，直到攻克长安。

黄巢的成功让人们看到了国都防守的脆弱性，并确立了一种作战风格：当朝廷控制力衰退时，以快速行军为基础，不断地寻找朝廷防守最薄弱的地区，攻城略地，并快速转换作战阵地，直到朝廷在军事和财政上完全无法承受而垮台。

前奏：思乡武士反叛记

唐懿宗咸通九年（公元868年）七月，一场爆发于桂林的兵变吹响了唐王朝解体的号角。

这场兵变的缘由可以追溯到云南的大理王朝。在唐朝，位于云南洱海边的南诏国一度强盛，成为唐朝和吐蕃之外的第三种力量。南诏国长期依附于吐蕃，后来改为依附唐朝。南诏国由于唐朝云南太守张虔陀的不法而反叛，与唐朝爆发了大规模的战争。天宝十年（公元751年），唐将鲜于仲通出征南诏大败，六万人战死；三年后，唐将李宓率军七万攻打南诏，又全军覆灭。

现在的大理下关有两座巨型古墓，号称千人冢和万人冢，据说就是当年唐军将士的集体墓葬。虽然战争过去了千年，大理人仍然通过集体记忆，记得当年唐军将士进入洱海盆地后在龙尾关外的平地上被全歼和埋葬，他们的死亡之地现在成了下关市中心区，附近的街道被当地人称作"战街"。

这两次战役让唐朝的军事情况更加失衡。由于主持战争的是宰相杨国忠，这也从侧面助长了他与安禄山对抗的可能性，导致安史之乱。

唐朝晚期，南诏再次发动对唐朝边疆领土的进攻，主要进攻点除了四川、贵州、广西，还有现在的越南河内（交趾）一带。为了平定边关寇乱，朝廷派出高骈去收复交趾，并在内地征兵戍边。

征兵命令传到徐州境内，这里分配了两千名的征兵名额。被征集的新兵统一前往南方集散地。在南方集散地，又有八百人被二次分配到桂林。

按照规矩，戍边三年后，士兵就可以调回原籍。然而由于缺乏兵源，地方政府并不能很好地遵行朝廷定下的规矩。三年期满，徐州的行政长官突然决定延长服役期三年。军队中牢骚不断，但士兵们仍然服从了朝廷的命令。

咸通九年（公元868年）是戍卒们六年期满的日子，徐泗观察使崔彦曾再次命令戍卒们延长服役一年。对于地方政府来说，戍卒迭代的成本是非常高昂的，这牵扯到从徐州招兵，再把士兵派往数千里之外，同时把远方的士兵调回去。运输、军供成本大都由地方财政承担。士兵们就成了政府节省经费的牺牲品。

士兵们这一次不情愿了。他们意识到，如果不反抗，政府会将他们无限期搁置在边关，永远地离开父母、老婆和孩子。他们哗变了。

哗变的领导者是庞勋，他是这支部队的粮料判官。庞勋率领士兵杀了主将，开启归家之路。

与普通的反叛不同，士兵们并没有多少野心，他们的诉求只不过是回家看望亲人。中央王朝的庞大规模对人们生活的影响已经显露无遗：大理、交趾距离徐州有五千里，而桂林距离徐州也有三千多里。为了遥远的大理和交趾的争端，徐州的士兵必须远赴三千里之外的桂林。当他们起义后，又必须跨越三千里才能回到家乡。其间需要经过无数城市和节度使辖区，处处都有军队可能拦截他们。这区区的八百人能够跨越地理上如此遥远的距离，与亲人见面吗？

幸运的是，唐末的一个特征帮助了这群思乡的武士，让他们不仅没有被吞没，反而逐渐壮大。这个特征就是节度使制度。

唐朝的节度使一度形成了藩镇割据的局面，唐宪宗时期，开展了对节度使的一系列战争，剥夺了他们的一部分兵权，又承认了他们一定的独立性。到了唐末，藩镇制度继续异化：一方面，朝廷的命令在藩镇的领地内都会打折扣；另一方面，藩镇本身也老化了，不仅朝廷的兵力不足，就连藩镇本身也没有太多可用之兵，有的城市只有几十人、数百人，且大都无法作战。

当战争的威胁传来，地方政府首先想到的不是打仗而是自保，或者把起义者引入别家地盘，只要不威胁自己就可以了。

在这种特征下，庞勋率领归家士兵们很少被阻拦，甚至受到各州县的款待，只求他们尽早离开。

从桂林前往徐州的路是这样的：在桂林北上严关，可以到达灵渠，这里是长江（湘江）流域和珠江（漓江）流域的分界线，顺着漓江南下可以进入珠江水系，而顺着湘江北上则进入长江。庞勋的士兵们进入湘江后，顺流而下，直达潭州、岳阳，进入长江，再顺长江而下，到达大运河的长江起点扬州，顺运河进入淮河，转泗水进入徐州。

随着离家越来越近，庞勋的士兵担忧起自己的命运来。他们通过起义实现了见到亲人的愿望，可之后又该怎么办？他们能够得到朝廷的原谅吗？由于地方官员的错误，他们有足够的理由起事，但朝廷能够听到他们的呼声吗？实际上，地方政府早已在报告中将他们当作彻头彻尾的反叛分子了。

这时，庞勋和他的士兵们密谋如何得到朝廷的承认。在他们面前，有一个现成的例子可循：唐穆宗长庆二年（公元 822 年），武宁军节度使崔群被其部下王智兴发动兵变驱逐，朝廷由于鞭长莫及无法镇压，只好承认王智兴的合法地位。庞勋认为，只要他们用武力打下徐州并能巩固住地盘，朝廷就会被迫承认他们的地位，士兵们不再是反叛分子，还能统治自己的家乡。

按照计划，他们顺利地打下了徐州，并以徐州为基地向四面扩张，希望控制淮河、泗水及运河流域的土地。

庞勋的计划看上去很完美，却忽略了一个事实：在唐末，当一个流寇比当一个坐寇要有利得多。由于地方的守备不足，流寇可以一跃千里，向政权的薄弱处渗透。可一旦他们想以某个地方为基地停留下来，立刻就侵犯了周围各个藩镇的权力，也为朝廷所不容。

在历史上，徐州是一个战略要地，它控制着黄河、淮河之间的地带，四周平原物产丰富，历代政权都将徐州视为必须控制的地区。这使得任何一个想控制徐州的军阀都要花费数倍于他人的努力。

庞勋选择以徐州为基地，就意味着这支部队凶多吉少。果然，为了夺回徐州，朝廷派出大军，在周围藩镇的配合下对起义者发起进攻。士兵们竭尽全力支撑了一年，最终被朝廷军队剿灭。

庞勋以失败告终，却为后来的起义者提供了有意义的借鉴。与普遍的认知相反，如果起义者力量还不够强大，就不要在一个地方死守，而应该打运动战，流亡四方。在流亡的过程中不仅不会被政府的军队消灭，反而会越来越壮大。另外，打运动战应该指向政权力量薄弱的地区，直到实力足够强时再跃进中原，甚至进攻关中，往往能取得出奇制胜的效果。守住徐州也许是比攻克长安更加艰难的任务。

庞勋的经验被黄巢习得并付诸实现。

王仙芝：失控社会的流窜作战

庞勋起义对唐朝政府的打击，不仅是军事上的，而且是财政上的。由于朝廷动用了大量军队参与镇压起义军，本就捉襟见肘的财政平衡被打破，民间经济越过了能够承受压榨的临界点，唐朝也随即进入了起义频发的末期状态。

唐僖宗乾符元年（公元874年），濮州（现河南濮阳境内）人王仙芝因饥荒造反；第二年，冤句（现山东曹县）人黄巢加入王仙芝的队伍。这次起兵是西晋末年以来最大的一次民间行动，也向世界展现了运动战的魅力。

不管是王仙芝还是黄巢，都充分发挥了起义军擅长的游击战优势。唐末地方政府割据分隔，他们很难对持续运动的军队形成有效打击。朝廷也没有足够的财政来支持战争，只能仰仗地方割据势力。而战争制造的流民又源源不断地加入起义队伍，使得起义军规模越来越大。起义军规模超过了地方藩镇势力之后，就没有人能够阻止他们直捣关中了。

王仙芝、黄巢的起义可以分为两个阶段——以王仙芝的死亡作为分界点。在前一个阶段，起义者的活动范围还有所收敛，被朝廷军队围困。而到了后一个阶段，黄巢开始了极为大胆的征战，在唐朝的边境地区穿插发展，使得朝廷无力应付。

最初两年，起义军的活动范围主要在如今的山东西部一带，以濮州、曹州为中心，并向东南方进攻沂州（现山东临沂）。为了镇压起义，朝廷派出了周围的五路节度使军队，分别是镇守郓州（现山东东平）、曹州（现山东菏泽）、濮州的天平军节度使和镇守江都的淮南节度使，还有忠武军节度使（现河南周口淮阳区）、宣武军节度使（现河南开封）、义成军节度使（现河南滑县），后来又调动平卢节度使宋威参与救援。

但朝廷犯了一个错误。宋威率军在沂州城将王仙芝、黄巢击败后，以为二人已经死亡，就上奏朝廷请求罢兵。罢兵之后要想再次召集军队，势必引起更大的不满，甚至士兵的哗变，对于镇压起义更加不利。

王仙芝、黄巢兵败后，离开了他们的老家根据地，开始了更大范围的军事机动。从这一刻开始，唐朝传统的镇压方法变得不再有效，因为藩镇兵不愿离家太远，无法跟上起义军的行军速度。

王仙芝的下一站进入河南境内，很快攻克阳翟、郏城（现河南郏县）等八县，这些城市都靠近许昌、郑州一带，距离洛阳已经不远，威胁唐朝的东都。

朝廷被迫部署东都的防守，并派人守住潼关，以避免王仙芝流窜进入关中平原。此刻，王仙芝的军事实力还不够强，虽能够攻克一系列的城市，却无力攻打东都。他在朝廷的逼迫下，继续向西南方机动，寻找薄弱点。

王仙芝寻找的薄弱点是洛阳南方的邓、唐一带，以这里作为跳板向汉江流域的南襄平原进军。南襄平原是江汉平原的一部分，在湖北的西北部，自古以来就是中原进入湖北、湖南的跳板，占领了这里就扼住了两湖与中原之间的最主要通道。

王仙芝与黄巢在南阳、襄阳地区攻城略地，攻克郢州（现湖北钟祥）、复州（现湖北仙桃）、随州、安州（现湖北安陆）等地，又派人向东面的淮河、长江流域渗透，攻打申州（现河南信阳）、光州（现河南潢川、光山）、寿州（现安徽寿县）、舒州（现安徽安庆）、庐州（现江西九江）等地区。如果这些地区丢失，意味着从中原到长江流域交通的阻滞。唐朝从中原到长江中下游，只有南襄隘道、武汉以北的义阳三关、寿州以南的巢肥故道以及大运河四条路可以走；王仙芝的活动区域扼住了前三条通道，只有最后一条通道尚未触及。

唐朝的地方官员为了自保，纷纷闭关不出，也不参与讨伐。朝廷感觉到无力镇压，于是考虑封赏和招降王仙芝。

此时王仙芝和黄巢之间也有了矛盾。王仙芝不排斥招降，而黄巢则是更加坚定的起义者。

第一次招降虽然没有成功，却分化了王、黄二人。此后，黄巢北上回到山东根据地，并在山东、河南、湖北的宽广区域内来回迁移，而王仙芝的活动范围则主要在湖北中西部、河南西南部。

到此时，二人的命运也有了区别。黄巢仍然把军事机动贯彻到底，攻克州县是为了劫掠，不是长期占领。如果碰到拥有绝对优势的敌人，就明智地避开。王仙芝由于受到招降的影响，开始寻找根据地，他的目光盯在湖北西部。他攻克鄂州，但随着盘踞意识的增强，机动性大大下降，随着伤亡的积累，军队力量也逐渐被削弱。

王仙芝的军队力量被削弱后，唐朝的招安意识也越来越淡，更倾向于武力镇压。

在南襄地区无法立足的王仙芝企图夺取荆州作为基地，但进攻失败。他的军队实力、士气等都受到了严重打击，最终他本人在黄梅被杀。

王仙芝早期的成功在于他的机动性作战原则。机动作战使得朝廷调动军队的能力超出了极限，不得不招降他。王仙芝要么接受招降，要么坚持机动性，但他在二者之间犹豫不决，最终丧失了机动性的他不得不承受失败的代价。

在王仙芝兵败被杀后,他的搭档黄巢开始了历史上最大胆的机动行军,并在这个过程中逐渐壮大,直到拥有了推翻唐王朝的实力。

黄巢:最漫长的征途

在福建与浙江之间的深山里,藏着一条古代进出福建的主要道路。如今的人们要到达这里,必须先从福州坐火车前往建阳,再从建阳乘坐汽车到达浦城——这是一座深藏在武夷山中的小城市。武夷山横亘在江西与福建之间,自古以来将福建与其他省份隔绝开,如同一处巨大的桃花源。

从浦城坐车向浙江方向前行,在达坞村下车,再步行前往龙井。这座村庄在半山腰,过了村子,就是前往仙霞岭的古道。

在中国漫长的历史进程中,人们要想前往福建,只有两条道路可以选择:一条是从浙江进入福建,从杭州沿钱塘江(浙江)经过金华、衢州、江山,再翻越仙霞岭,到达福建的浦城、建瓯,进入闽江流域,这一条是主路。另一条是从江西翻越武夷山,从上饶地区进入福建的武夷山市,这一条路在后期发挥了更大的作用。两条路之间的距离并不远,都位于如今福建的西北角。

在仙霞岭主道上至今仍保存着古代的卵石路面,从福建翻山进入浙江后,在北侧的山坡上有一座现代人竖立的武士像,这就是黄巢的塑像。

当年,黄巢就是借助仙霞岭进入福建的。他率军进入福建沿海,并凿山开路从福建进入广东。

在唐朝，虽然海上交通已经发达，但从浙江到福建、广东一带仍然属于偏僻的边疆区域。

在黄巢之前，反叛者一旦向边疆逃窜，就意味着进入衰亡期，不再对中原王朝构成威胁。只有黄巢是个例外：当他消失在茫茫武夷山中时，皇帝一定松了口气；不料黄巢随后却从广东杀了回来，变得坚不可摧了。

乾符五年（公元878年），王仙芝死后，黄巢的境遇也危险起来。此刻，他盘踞在家乡附近的沂州，朝廷的军队正从四面八方赶来，试图剿灭反叛者的最后武装。

黄巢决定跳出包围圈，向东都洛阳所在的河南进军。唐朝调拨部队坚守在洛阳和潼关来打击黄巢。

这时的黄巢和唐朝都已经到了崩溃的边缘。从朝廷的角度看，财政已经崩溃，再也拿不出更多的钱财来组织战争，只能听任各个节度使和地方政府自己组织抵抗。

朝廷临近崩溃时，黄巢也已精疲力尽，无力打仗。到底谁能先缓过劲来组织最后的打击呢？

黄巢决定以退为进。他率军南下，渡过长江，向边缘地带撤退。他进入江西，到达饶州（现江西上饶），饶州已经在武夷山的北端，属于江西、浙江、福建的三角地带。从此地出发，他率军进入浙江，想劫掠嘉兴所在的太湖平原。这时，他遇到了此生一大对手——高骈。

在唐末，朱温、李克用等人崛起之前，高骈是唐朝最强的战将。他前往交趾打过南诏，又担任静海军节度使镇守边关。朝廷为了对付黄巢，将高骈调任镇海节度使（治所在镇江）。他果然不负众望。

黄巢认识到，浙江仍然不够偏远，他需要到更远的地方去休整，于是向南撤退，进入武夷的茫茫大山之中，经过仙霞岭到了闽江流域，在福州等地劫掠。

高骈在黄巢身后紧追不舍，黄巢看到福建仍然不够遥远，于是继续撤退。他沿海岸线前进，再经过福建与广东边界的山区进入广东并围困了广州。

此时，黄巢已经跳出了高骈的辖区。按照规矩，节度使出辖区是要经过批准的。高骈只好上报朝廷，请求越区打击，但遭到皇帝的拒绝。

在唐朝，广州已经成了著名的大城市，也是面向东南亚的巨型海港。这里海外商人云集，据说聚集了十几万的阿拉伯人、波斯人、犹太人等，是少有的国际型城市。黄巢攻克广州后，士兵将这座城市的财富劫掠殆尽，并杀死了所有他们能够找到的外国人。

在广州的休养，让黄巢获得了足够的财政支持。休养过后，他决定率军北返。与之形成对比的是，朝廷并没有得到足够的休养，财力没有恢复，士兵疲于奔命。

黄巢没有考虑按照来时的路返回，因为这条路过于偏僻。在唐朝，从广州北返的通道除了福建还有两条：一条是翻越梅岭进入赣江的通道，另一条是经过桂林和严关进入湘江的通道。后一条路是庞勋所走的路，黄巢也选择了这一条。湘江通道可以直达湖北和湖南，距离洛阳和长安这两个政治中心更近，离黄巢最大的敌人高骈更远。

黄巢从广州沿珠江（西江）和漓江直上，攻克桂州（现广西桂林），顺湘江直下到达潭州，并北上攻克荆州。就在一帆风顺的黄巢自信满满地继续向两京靠近时，第一次打击来到了：他在进攻襄阳时被唐军击败，被迫南撤。

他收集了残军，撤往鄂州，并再次转战江西。到这时，他不得不再次面对高骈。

幸运的是，此刻的高骈也陷入唐王朝内部纷争之中。由于高骈打击黄巢有功，已经升任天平、淮南、镇海、西川、荆南、安南六镇的行营兵马都统，权力更大。但妒忌高骈的人也越来越多，他本人也更加谨慎地防范有人与他分功。

黄巢利用高骈的心态，先是宣称要投降，骗取高骈将其他各路军队遣返。威胁解除后，他转而击败高骈的大将张潾。之后，随着与朝廷矛盾的激化，高骈干脆自保一方，只要黄巢不入境，他也不再出击。

高骈态度的改变让黄巢安全地通过了他的辖区，渡过淮河向北挺进。唐朝的主力军队主要由高骈领导，分布在江淮地区，一旦黄巢过了这个区域，在茫茫的北方就很少有军队能与之抗衡了。

黄巢的大军横扫安徽、河南，攻克了东都洛阳。此刻，在长安的唐僖宗终于意识到他的敌人比他还强大，于是匆忙间率领百官逃往兴元（汉中）。黄巢随即攻克潼关，占领长安，建立了大齐政权。

占领了长安的黄巢突然间陷入了两难的境地。此前他以运动战击溃了政府军，占领长安之后，他的作战模式从运动战变成了守城战。

运动战意味着可以通过劫掠来获得给养，而守城战必须在固定的地盘上来解决粮草问题。另外，唐朝虽然失去了国都，大部分藩镇对唐朝也并没有太深的感情，但相比起草莽起家的黄巢，他们宁肯接受唐朝的领导。

黄巢控制了长安及其周边地区，却无法在更广的范围内建立统治。各藩镇在回过神之后，决定恢复一个屡弱的唐朝。他们组织了一次大联合，除了各个藩镇的兵马，还请来了沙陀人的骑兵，共同打击黄巢。

于是，运动战专家黄巢突然间变得笨拙，被唐朝军队围困，最终失败。他率军逃离关中，退回河南，直到被围困并击毙。

缩短的分裂期

黄巢起义之后，统一的唐朝实际上已经消失了，取而代之的是一个分崩离析的国家。

在这种分崩离析的状态下，皇帝虽然还在位，却不再受到尊重。各节度使几乎都拥有了独立的权力。他们之所以还承认中央政府，是因为每一个节度使的实力都不够强大，无法统一全国，在无政府状态下也无法保证自己不被他人蚕食。对他们来说，最有利的选择莫过于维持现状——维持一个屡弱的朝廷却不用遵守朝廷的规则。

但是，暗地里取代唐朝的努力开始了。节度使们互相并吞，从小变大，直至产生出最后的胜利者。

在众多的节度使中，有几位强大的候选者。

最强大的一位是宣武节度使朱温（治汴州，即开封）。朱温曾经是黄巢手下的将领，后来投靠唐朝，获得封官。朱温不学无术，却懂得扩张的重要性。他以汴州为基地，并吞了山东、河南、河北、安徽、湖北的大片地区，最后又进攻关中，获得了关中长安一带的控制权。

与朱温针锋相对的是河东节度使李克用（治晋阳，即太原），李克用是沙陀人，在镇压黄巢起义中荣立首功，分封到了太原。他以太原为基地，控制了山西的大部分土地，他也学刘渊和石勒，想同时掌握山西与河北，于是向东扩张进入河北，被朱温击退。

他的地盘虽然小一些，也没有平原地区富庶，却由于他控制了山西的形胜之地，是朱温最大的威胁。朱温地盘虽然更大，却由于缺失了山西这个制高点，显得危机重重。

幽州是卢龙节度使刘仁恭的地界。刘仁恭最初依靠李克用起家，随后又投靠了朱温。他的实力较小，没有能力统一。

在关中的凤翔地区，是陇右节度使李茂贞的地盘，他控制了从陕西西部直到甘肃南部的区域。他曾经与朱温联合，在朱温称帝后又与李克用联合反对朱温。

江淮地区是高骈的部将杨行密的天下。高骈被他收留的（黄巢）降将毕师铎所杀。杨行密击败了毕师铎，获得了长江中下游和淮河流域的控制权。从控制面积上来说，杨行密是仅次于朱温的第二大军阀。

湖南长沙一带，由马殷控制。湖北荆州一带，则是高季兴的势力范围。盘踞两广的是刘隐。四川盆地则由王建控制。在福建，王潮成了名副其实的主人。浙江沿海的吴越地区则由钱镠控制。

唐朝末年的军阀割据基本上是地理形势的自然延伸，由于朝廷控制力不再，节度使们从自己的辖区向外扩张，直到地理形势不允许他们继续。

只有在北方的中原地区，由于这里是广阔的华北平原，形成了一个

"超级军阀区",谁控制了这个区域,谁就有了号令天下的权力。而其他区域则分裂成一个个的小政权。

所谓"五代十国",就是这些军阀控制区的自然演变。那个巨大的"超级军阀区"换了五次控制人,于是就有了梁、唐、晋、汉、周五代的更替。五代无法控制的小区域内,小军阀们纷纷独立建国,就构成了十国的基础。

首先控制"超级军阀区"的是朱温。朱温获得关中后,废掉唐朝皇帝,建立后梁。后梁控制的领地只有河南、河北、山东大部,以及安徽、湖北的一部分。

后梁只存在了十六年,就被盘踞在山西的李存勖(李克用之子)所灭。后梁只在华北和关中平原地带,没有山河之险。李存勖充分利用山西的形胜,在后梁强大时,可以与它分庭抗礼;当后梁衰弱时,就从高地下来灭亡了朱家王朝。

李存勖建立了后唐。后唐的领土稍大,除了继承自后梁之外,还包括山西、北京(击败了幽州的刘仁恭父子),关中的李茂贞也向后唐臣服。在大将郭崇韬的努力下,又并吞了四川。

在内乱和契丹人的联合攻击下,后唐也灭亡了。

后唐灭亡后,这个"超级军阀区"又相继出现了后晋和后汉,二者的国土面积中减去了四川。后汉又被后周篡夺,后周让位于宋。之后,宋朝开始了统一全国的步伐。

在"超级军阀区"之外,则是各个小军阀独立后的国家。幽州的刘仁恭被李存勖的后唐灭亡。陕西李茂贞服从后唐,没有单独成国。王建在成都建立了前蜀。前蜀被后唐灭亡后，后唐大将孟知祥又盘踞四川建立了后蜀。

杨行密在江淮地区建立了吴国。他死后，吴国被徐知诰（即李昪）篡夺，建立了南唐。高季兴建立了荆南国。刘隐建立了南汉国。钱镠建立了吴越国。王潮建立了闽国。马殷建立了楚国。另外，在后汉被后周取代后，后汉的残余势力盘踞在晋阳建立了北汉。

吴、南唐、前蜀、后蜀、荆南、楚、吴越、闽、南汉、北汉构成了十国。

从原因上来讲，五代和十国都只是唐王朝崩溃之后的小碎片。它们要么努力自存，要么并吞他人。但在走向统一的道路上，五代十国都成了失败者。

直到宋朝，中国才又合成一个整体。与南北朝时期的大分裂不同，这次分裂时间不过五十几年，也说明统一的观念已经深入人心。

进入中央政权模式后，中国古代历史上最大的分裂时期是魏晋南北朝时期，过了这个时段，随后的王朝更迭中，分裂的时间都很短就结束了。

分裂时间的缩短，除了说明人们已经习惯了统一带来的巨大好处，也是军事技术和军事战略进步的体现。随着全国地图的打开，人们对于山川地理有了全面的了解，军事行动更加坚决和快速。

秦朝对于中原地理，三国对于长江形胜，都摸索了足够长的时间，才彻底了解了新的区域。隋唐时期的战争已经将几乎所有信息都汇集起来，战略显得更加完整和丰富，战争的速度也加快了。安史之乱席卷了大半个中国，黄巢起义更是席卷了全国，但规模巨大的军事行动都可以在短短的数年间完成。五代时期，国家分裂成如此众多的小碎片，把它们捏合起来也不过用了几十年。

时间虽然缩短，但战争的破坏性并没有减小。事实上，随着技术和战略的发展，战争带来的平民和军人的死亡数量都大幅增加。对于社会经济的破坏和军事财政的消耗也呈几何级数上升。

第四部

中原时代

(公元 907—1279 年)

第十五章　后周世宗：新王朝的奠基人[1]

作为合纵连横的高手，后梁太祖朱温从汴梁出发，将华北和山东的军阀一一剿灭，成为一代霸主。但由于山西制高点掌握在对手李克用手中，朱梁一直无法统一北方。在南方，后梁也被位于江淮的杨行密击败，江淮也因此成了五代的边界。

后唐李存勖借助山西的形胜灭了后梁，并击败北京的割据势力刘仁恭父子。在关中臣服后，进军四川灭了前蜀。但李存勖没有解决扩张之后的稳定问题，在进攻江淮前于内乱中被杀，浪费了五代时期第一次统一的机会。

后晋和后汉将燕云十六州割让给契丹后，中国北方缺少了对游牧民族最重要的战略防御点。后晋和后汉还丧失了四川，后周比起后汉又少了山西。周世宗柴荣的统一之路并不平坦。

后周与北汉的初次对决，决定了大方向。如果周世宗获胜，就可以制定统一全国的战略；如果北汉获胜，依靠契丹人的北汉只能建立一个

1　本章涉及的时间范围是公元907—979年。

弱小政权，拖延统一的时间。

由于后周缺乏天险，周世宗在继位初期，首先获得了陇右地区，以防止来自四川的进攻，又夺取了南唐的淮河流域，将防线压到长江，这两步确定了后周的战略安全。之后，周世宗并没有立刻灭亡南唐，而是让南唐帮助维持南方的稳定。他首先向北方开战，夺取燕云十六州。他始终知道，对于中原威胁最大的是契丹所占据的燕山以南的土地。

陈桥兵变后，赵匡胤为了避免下一次兵变，改革了官僚制度。简单来说就是加大官员和兵员的冗余度，让这些冗官和冗兵互相制约，互相监督，避免有人拥有过大的权力来发动政变。

周世宗想先解决燕云十六州问题，再统一南方政权。赵匡胤的大部分思路继承自周世宗，又做出了一点改变：先解决南方，再解决契丹和燕云十六州。这点改变，决定了北宋永久性地失去燕云十六州，因为一旦获得了南方，就需要投入精力维稳，也就缺乏足够的锐度去进攻北方了。

宋朝大致统一了全国，有几个地区却被排斥在外。除了北方的燕云十六州归属于契丹，南方的安南也在此时获得了独立，云南全境和四川西南部也有大片地区流失。

后周显德元年（公元954年），在当年秦赵长平之战的战场上又发生了一场具有决定意义的战役。这次战争的双方是刚刚失去开国君主的后周和前朝余党北汉。

三年前，后汉隐帝刘承祐大肆杀戮功臣，被大将郭威追杀身死。郭威立武宁节度使刘赟为帝。刘赟是后汉河东节度使刘崇的儿子，刘崇是后汉高祖刘知远的弟弟。

第四部　中原时代

刘赟称帝不久，郭威在率军讨伐契丹的途中，在澶州（现河南濮阳）突然被士兵披上黄袍，发动兵变。郭威回军汴梁，杀死刘赟，自立为帝，建国号周，历史上称为后周。

刘赟的父亲刘崇听说儿子身亡，便在晋阳称帝，继续称汉，历史上称为北汉。

刘崇为了给儿子报仇，挥师南下，被郭威击败。三年后，后周太祖郭威逝世，继承皇位的是养子郭荣（一名柴荣）。刘崇听说郭威死去，再次起兵进攻后周，试图夺回江山。这次战争是对柴荣的第一次考验。

刘崇的军队从太原到达上党地区后继续南下，准备渡河袭击汴梁（后周国都）所在的大平原，柴荣则派兵北上天井关，双方大军在高平相遇。

这是一场充满了偶然性的战争：如果柴荣获胜，这位年轻有为的君主将凭借战争建立起的威望，制定统一全国的战略；如果刘崇获胜，由于他勾结契丹，只能建立又一个儿皇帝政权，推迟统一的时间。

幸运的是，这次战争的胜利方属于周世宗柴荣。高平之战胜利后，他率军围攻太原，但由于他是被迫应战，没有准备好进一步行动的计划，最后只得撤兵。

柴荣意识到：如果没有一个完整的战略，就很难有计划地击败对手，乃至统一全国。

为了做好军事行动的准备，他首先进行了一系列改革，诸如改编军队以增强其战斗力，并建立了面对契丹的北方防线，防止在战争中遭受契丹的骚扰。同时，他鼓励粮食生产，治理水患、发展漕运。为了促进人们从事生产，他甚至开展灭佛行动，减少寺庙数目，强迫僧人还俗从事生产性活动。

在他的努力下，经过五代混乱的全国第一次出现了生机勃勃的气象，人们开始幻想重新统一。柴荣就是在这样的背景下开始了他统一全国的大战略。

与唐朝的统一不同，后周（和宋）是中国古代第二次从中原出发开展的统一战争。之前的统一往往从关中开始，[2] 只有后汉光武帝利用关中的混乱，捡漏式地从中原完成了统一。

周世宗时期，关中已经失去了战略重要性，国家的重心转移到东部，最大的两块领土是后周所在的华北地区和南唐所在的江南地区。光武帝依靠王莽引起的混乱而统一，可在五代时期各地军阀牢牢地掌握着手中的地盘。华北的地形也并不算有利，因为这里是大平原，缺乏战略制高点。

北方的制高点是山西，如果周世宗拥有了山西，那么会更加容易发动南方战争。可山西却掌握在与后周敌对的北汉手中，随时准备从后方袭击，这样的地理条件明显不利于后周。

周世宗如何在不利的地理条件下完成新的统一呢？

五代时期的军阀整合

自从唐朝经过黄巢起义破碎成十几个小块后，把全国重新捏合成一个整体的努力就在不断尝试之中。

最初做出尝试的是后梁太祖朱温。朱温的根据地是汴梁。在黄巢起

---

2 唐朝虽然从太原起家，但也首先抢占关中。

义失败后，中原一带的军阀势力分布是这样的：黄巢余党秦宗权占据了河南的西部地区，并向朱温所在的汴梁进攻；兖州一带，是天平军节度使朱瑄和泰宁军节度使朱瑾两兄弟的领地，兄弟俩分别以兖州和郓州为基地；徐州是武宁军节度使时溥的地盘。河北、河南、山东交界地带，则是魏博节度使罗弘信的辖区。山西是朱温的死敌李克用。

朱温是一个解读形势的高手。他知道自己一时无法消灭占据山西的李克用，便将主要精力放在并吞秦宗权、朱瑄与朱瑾兄弟和时溥上。只有这样，才能让朱温的地盘有足够的厚度来承受来自山西的冲击。

为了并吞几个猎物，朱温一方面严防李克用，一方面联合魏博节度使罗弘信。秦宗权选择主动出击朱温，是最先要应对的对手；朱温不惜联合朱瑄、朱瑾，击败了秦宗权。

随后，他决定先解除来自南方的威胁，出兵拿下时溥的徐州，从北、西、南三面形成了对朱氏兄弟的夹击，最终获胜。

到这时，朱温已经获得了河南北部、山东西部、江苏北部。他接下去试图应攻打江淮之间的杨行密，却以失败告终，江淮地区也就成了五代时期的南北分界。

既然南下不成，朱温转而北上。

李克用已经翻越太行山，占据邢、洺、磁等州。如果朱温不出击，那么很可能整个河北就成了李克用的天下。一旦李克用借助山西高地又获得了河北平原，就形成了对朱温的全面优势。

朱温率军北上，将李克用赶回山西。他甚至对山西发动进攻，虽然没有占领太原，却让李克用暂时无力对抗自己。

北伐让朱温得到河北的中部和南部。北京地区仍在刘仁恭的手中。

朱温接着向关中地区进军，进入唐朝国都长安。他成功地控制了皇帝，完成了禅代，建立了梁朝。他撤军后，关中地区由军阀李茂贞控制。

朱温最后的征伐是针对山东东部的淄青节度使王师范，在剿灭王师范后，后梁的疆域达到顶峰，包括如今的河南、山东全境以及河北的中部和南部、江苏北部。由于缺乏制高点，朱温东征西讨，后梁的局面却一直打不开，无法冲出低地的束缚。

后梁之后，轮到李克用的儿子李存勖进行新一轮的并吞。在朱温扩张的高峰期，李克用被死死地压制在太原一隅。朱温死后，李存勖首先巩固了晋南，然后越过太行山进入河北并开始扩张。

北京是幽州节度使（后来称燕王）刘仁恭、刘守光父子的领地。刘氏父子投靠过李克用，也臣服过朱温。他们的首鼠两端让李克用死前叮嘱儿子一定要灭掉刘氏父子。在大将周德威的攻击下，刘氏父子被消灭，李存勖得到北京，并顺利地进入河北，将战线推进到黄河，获得了对后梁的全面优势。

双方在黄河展开拉锯战，为了阻滞敌人，梁军不惜掘开黄河，制造黄泛区。李存勖利用大将郭崇韬的计策，避开梁军的正面，从东面绕过黄泛区，经过郓州、中都（现山东汶上）、曹州，直取汴梁。从出军到灭梁，一共只用了十天时间。

李存勖灭亡后梁建立后唐时，除了囊括后梁的疆界，还包括了山西和北京一带。关中的李茂贞死后，他的儿子李继曮归属后唐，使得后唐拥有了陕西和甘肃南部。

由于控制了几乎整个北方，统一全国的契机出现。在郭崇韬的建议下，后唐军队大举进攻前蜀的王衍（王建的儿子），灭了前蜀，拥有四川。到这时，只有江淮地区的吴国（杨行密）、荆州地区的荆南国、位于湖南的楚国、位于浙江的吴越国、位于福建的闽国、位于广州的南汉国游离在外。这些国家中，只有吴国是大国，其余国家都只是割据势力，一旦吴国灭亡，势必将顺应形势回归统一。

一切就绪，后唐却爆发了内乱。李存勖杀死功臣郭崇韬，又在兵变中被杀。继位的新皇帝李嗣源忠厚老实，却缺乏动力，后唐扩张的高峰期过去了。

在五代时期，最有可能统一全国而最遗憾的就是后唐。如果能够巩固新获地域，保持政治的稳定性，全国有可能更早统一。但李氏并没有能力解决快速扩张带来的整合问题。

再后来，李嗣源的女婿石敬瑭决定从契丹借兵来夺取江山。契丹人帮助石敬瑭打败后唐皇帝李从珂，建立后晋。

伴随着后唐的灭亡，位于四川的后唐大将孟知祥也脱离了中原统治，建立后蜀政权。后唐时的领土又开始分裂。

为了酬谢契丹，石敬瑭在从山西到辽东的北方国防线上，划出了十六个州送给契丹，这就是著名的燕云十六州。由此中原失去了北方屏障，契丹人随时可以大举南下，对处于平原地区的国都汴梁形成致命威胁。[3]

所谓"燕云十六州"，是从山西到河北的北方边境线上事关战略生

3　燕云十六州问题见本书第十六章。

死的十六座城市和附属土地，大约处于现在的北京、天津、河北和山西境内。属于现在北京的有四州：幽州、檀州（现北京密云）、顺州（现北京顺义）、儒州（现北京延庆）；属于现在天津的有一个州：蓟州（现天津蓟州）；属于现在河北的有七个州：瀛州（现河北河间）、莫州（现河北任丘）、涿州、新州（现河北涿鹿）、妫州（现河北怀来县东南）、武州（现河北宣化）、蔚州（现河北蔚县）；属于现在山西的有四个州：云州（现山西大同）、应州（现山西应县）、寰州（现山西朔州市马邑）、朔州（现山西右玉县）。

后晋很快就尝到了燕云十六州丢失的苦果。建国十一年后，两国反目成仇，契丹军队大举南下，灭了后晋。但由于契丹社会和政治上过于落后，无法在中原建立有效统治，位于太原的河东节度使刘知远乘机南下，恢复了中原政权，建立后汉。

后汉时期的疆域与后晋相当，由于这一朝只存在了短短的三年，更无力策划统一全国。随着郭威建立后周政权，后汉的残余又回到太原，是为北汉。于是，后周的领土相比后汉少了山西。

后周皇帝就是在这样的背景下开始谋划重新统一中国的。

周世宗的命题作文

后周显德二年（公元 955 年），周世宗突然下了道奇怪的诏令，让他的臣下写一篇"命题作文"。

这一年的出题人是皇帝，考生则是他的以翰林学士承旨徐台符为首的二十位大臣。题目有两个，分别是《为君难为臣不易论》和《平边策》。

周世宗的地位已稳固,他在考虑接下来如何避免后唐和后晋时期的混乱,并乘机平定南方。他希望大臣们帮助他思考,如何制定战略,才有可能做到统一。

大臣们大都只求稳当,对皇帝的题目并不感兴趣,也没有想明白皇帝为什么要让他们写这样的"命题作文"。

不过,大臣中也有个别人采取了不同的态度,这些人包括陶谷、窦仪、杨昭俭、王朴等,其中又以王朴的《平边策》最著名,令皇帝叹服。抛弃其中关于民心的陈词滥调,从技术上说,王朴认为统一的首要目标是南方,而南方目标中又以南唐为重。

在当时的所有国家中,除了后周,南唐的疆土最大、资源最富裕,与后周接壤的边境最长。王朴希望先施行骚扰策略,利用少量兵力疲敝南唐,再夺取长江以北的土地(淮河流域和长江、淮河间)。一旦失去了长江以北,南唐就失去了屏障,后周大军就可以随时大举平定了。

南唐如果灭亡了,那么剩下的南方国家都不构成威胁。一旦平定了南方国家,就可以兵向北方,夺取山西和幽州,完成全国的统一。

周世宗对王朴的作文非常感兴趣,他未来制定的统一战略采取的就是类似措施。

具体而言,周世宗的战略可以分为三个阶段:第一,自保;第二,平定南方;第三,平定北方。

周世宗继位时,后周的江山是五代中第二小的。后梁占据了天下七十一州,地域上只是在华北平原和山东半岛地带。后唐的疆土最大,为一百二十三个州。后晋由于割让了燕云十六州给契丹,最大时疆土为一百零九个州。后汉疆土一百零六个州。而到了周世宗初期,只有九十六个州。

与后汉相比，后周少了山西；与后唐时期相比，更是丢失了燕云十六州的北方屏障。这样，后周的土地只限于华北平原、山东半岛和陕西的一部分领土。

从地域上来说，这片土地是没有天险可守的。以往在北方，燕山是中原的屏障，可是自从丢了燕云十六州，契丹人在北方控制了燕山以南，随时可以长驱直入进攻国都汴梁。

山西的刘崇也虎视眈眈，希望从太行山上下来，夺回江山为儿子报仇。

在南方，江淮地区有一大部分在南唐的手中，从淮河进攻汴梁，只需要从水路直上就可到达。

在西部，后蜀控制了汉中地区和陇右地区，要攻打关中也很方便。可以说，后周控制的是一片军事价值薄弱、随时可能遭受攻击的土地。

周世宗首先要做的，不是如何统一全国，而是如何守住这片土地以自保。其战略的第一步，是将国境线推到安全线以外，通过构造天险实现存活。

要想守住中原，如下土地是必需的：第一，在西部的陇右之地，如果想要防止四川的后蜀进攻，只有占据了陇右的高地，遏制住陇山通道和故道（陈仓道），才能保证关中的安全；第二，对南唐，必须占领淮河流域，将国境线定在长江，以长江为天险，才能保证南唐无法进攻国都汴梁；第三，必须攻克契丹的燕云十六州，特别是位于燕山以南的几个州，防止契丹人从北方进攻。

夺取了上面的土地，才能保证这个国家长期稳定。其后，再按照王朴所说，从南方开始逐个消灭敌对政权。当南方统一后，再解决北汉和契丹问题，统一全国。

在历史上，山西一直是中原和陕西的最大威胁，可周世宗决定将山西留到最后解决。原因在于，山西必须与关中或者河北结合起来，才具有最大威胁。如果刘氏只是占据了山西，拥有形胜，却没有足够的物资，生产不出足够的粮食。

另外，刘氏也并没有获得整个山西，后周控制了山西南部的上党地区，实际上已经塞住了刘氏进军洛阳的通道，山西已经很难制造麻烦了。

周世宗定好了战略，开始了他南征北战的戎马生涯。

最初的战争在与后蜀的边界爆发。这是一次小规模的战役，不以进攻四川本土为目的，只求占领陇右，最多再试图占领汉中，使得后蜀无力从四川对中原形成打击。

战争攻克了秦州和凤州，保障了关中地区的安全，基本上达到了战略目标。

之后，周世宗对南唐的战争打响。此次战争的目的是占领长江以北的土地，特别是淮河流域。从淮河进攻国都汴梁，只需顺淮河的支流涡水（涡河）直上即可。要想保证国都的安全，必须占领淮河全域。

这是一场艰苦的战争，从后周显德二年（公元955年）年底开始，一直持续到显德五年（公元958年）初，共二十九个月。

在淮河流域，南唐最坚固的堡垒是寿州。淮河最大的支流颍水（颍河）从嵩山发源之后，经过周口、阜阳，在寿州境内汇入淮河。周世宗的军队顺颍水而下进入淮河后，首先遇到的障碍就是寿州。

南唐从寿州开始，沿着淮河大量布军，直达东面的楚州（现江苏淮安）。作为西面起始点附近的城市，如果无法攻克寿州，其必然成为淮河上游的威胁，即便后周军队攻克了下游的城市，也随时可能遭受来自上游的攻击。

除了沿淮河一线之外，在五代时期，从寿州还有陆路可以直达东面的定远、滁州、六合、扬州，到达长江北岸，威胁南唐国都金陵（现江苏南京）的安全。

然而，寿州的南唐守将刘仁瞻让周世宗大吃苦头。在十七个月的时间里，他屡屡挫败了周世宗的进攻。

由于久攻寿州不克，周世宗只好退而求其次，绕过寿州，派兵向淮河下游进军，在涡河河口附近大败南唐的援军。涡河是淮河的另一大支流，顺涡河直上，可以直接抵达后周的国都汴梁，打通了涡河河口，也算部分实现了保障国都安全的目标。

周世宗分出一支兵马，由殿前都虞候赵匡胤率领，离开淮河，经过定远、滁州、六合，直达长江边上的扬州、泰州，与南唐江南重镇润州（现江苏镇江）隔江相望。

由于寿州的威胁，周世宗南下的军队数次撤回。一年后，刘仁瞻得了重病，他的属下偷偷地投降了后周。进入寿州城，周世宗封刘仁瞻为天平节度使兼中书令，以示对这位不屈守将的褒奖。然而，刘仁瞻在当天就去世了。

赢得寿州后，后周军队沿淮河大举东进，攻克泗州、楚州，并沿运河线南下占领扬州，直捣金陵。这次军事行动逼迫南唐后主李煜割让长江以北的土地，并纳表称藩。

周世宗控制了长江北岸，南唐已经成其囊中之物。但周世宗并没有借机灭亡南唐,而是接受李煜称臣,甚至鼓励他修整甲兵,维持一方治安。为什么他不一举灭亡南唐呢?

因为统治难度太大。

周世宗知道,后周最危险的敌人在北方,只要燕云十六州仍然在契丹人的掌握之中,汴梁就随时有可能受到攻击。当年后唐并吞了前蜀,却被契丹所灭,这样的失败不能重演。

进攻契丹,必须有一个稳定的后方。如果消灭了南唐,后周必须拿出大量的精力来维持南方社会的稳定,稍有不慎就可能出现反叛,南方和北方同时受敌。与其浪费精力,不如暂时维持一个稳定的南唐。也因为后周已经获得了江北的土地,南唐不再构成威胁。当后方稳定之后,就可以放手向北进攻,夺取失去的燕云十六州了。

后周显德六年(公元959年),周世宗开始北伐,目标是收复燕云十六州。

不幸的是,刚刚收复了瀛州、莫州,周世宗突然得病身故。这位胸怀雄才大略的皇帝再也没有时间来完成他的统一战略了。

赵匡胤的军事变革

后周太祖郭威永远想不到,他一手导演的兵变大戏会被别人"依样画葫芦",用同样的手段夺了他的江山。

后周广顺元年(公元951年),率军北伐的郭威在澶州突然被士兵们披上一面黄旗当作黄袍,挥军入京取代了北汉。九年之后,同样的事情发生在大将赵匡胤的身上。这次,赵匡胤更加等不及,走到距离国都不远的陈桥驿,就被士兵披上了黄袍,是为宋太祖。

赵匡胤意识到,既然郭威和自己都可以通过兵变当上皇帝,那么在现有的体制下,一定会有下一个将军利用机会登上帝位。要想防止这样的事情一而再再而三地发生,只有从制度上来遏制。

五代时期最大的制度特征,是以节度使为代表的武将控制政局。节度使们成了每个地方事实上的统治者,他们拥有军队,用地方税收养兵,甚至有自己的官僚系统。

宰相赵普因此向赵匡胤提出三点计策:在政治上,削夺其权;在军事上,收其精兵;在财政上,制其钱谷。

政治上,为了加强中央集权,在正常的官僚制度之外,增加了许多附属性的监管措施,来防止官员擅权。为了分散宰相的权力,宋朝设置了副宰相(参知政事)。同时又将兵权分出去,划归枢密院。财政权力也被分出去,设置了三司使。

在地方官制上,财权、军事、行政权力也各个分离,官员皆由中央任命,并且互相牵制。宋朝是中国古代历史上官僚制度最复杂的朝代,各种官僚机构盘根错节,任何人想要反叛,都无法获得足够的权力。

军事上,五代时期为了对抗节度使的权力制定了枢密院领兵制度。为了限权,除了枢密使之外,还设置了殿前司、侍卫马军司、侍卫步军司组成的"三衙"。这三衙统领全国的禁军和厢军,负责军事训练。

于是,三衙负责练兵,枢密院负责调兵,而打仗时还要另设将帅领兵。路、州、县各个地方政府也设有各种各样的军事职务,负责当地驻军的监管、协调和后勤工作。

不管是官员还是军队,都没有独立的财政权。中央对地方和军队的制约，表现在财政上的"制其钱谷"。宋太祖剥夺了地方的独立财权，派遣大量的使职官僚下去。他规定，财政官员直接向中央负责。地方财政事务都由朝廷设立的转运使掌握，而地方长官（节度使、防御使、观察使、留后、刺史等）均不掌握财政事宜。通过这一做法，皇帝架空了地方机构的财政权力。

在中央层面上，皇帝设立三司使专管财务。三司与宰相、枢密院并立，号称计相。财政官员的地位提升，并独立于行政之外，皇帝更加掌握了对于财政的控制权。[4]

简单地说，宋太祖的制度变革，就是加大官员和兵员的冗余度，让这些冗官和冗兵互相制约，互相监督，避免任何人有过大的权力来发动政变。

这样做的结果是如此复杂的制度经自然生长，其复杂程度超出了任何人的控制范围，到最后就连皇帝都无法控制事态。北宋中后期，冗官和冗兵如同巨大的肿瘤生长在社会肌体上，不管怎么努力都无法去掉。

为了养活冗官和冗兵，宋朝不得不生成了极端复杂的财政体系，从官营企业、专卖制度、金融体系等各个方面，从民间抽取财富。即便这样，仍然无法满足政府的需要。

与此同时，士兵的战斗力却得不到保证。将军们由于没有足够的权力，处处受到制约，在战争中连吃败仗。

可以说，宋太祖在防止内部反叛上的极端成功，是以牺牲对外作战

---

4 见《宋史·职官志》："三司之职，国初沿五代之制，置使以总国计，应四方贡赋之入，朝廷之预，一归三司。通管盐铁、度支、户部，号曰计省，位亚执政，目为计相。其恩数廪禄，与参、枢同。"

能力为代价的。这个特征，决定了宋朝的战争大都是对外的，而内部的反叛规模小，也容易被镇压。

但在宋朝初年，弊端还都没有显现，宋太祖仍然可以借助后周的余勇来统一全国。

柴规赵随，统一全国

后周虽然被取代，历史却没有重演当年后唐的一幕。后唐庄宗李存勖差一点统一了全国，却由于内乱而身亡。周世宗制定的战略，在他死后由宋太祖赵匡胤继承下来。宋朝的统一，基本上继承了后周的思路。特别是在南方，完成了周世宗当年没有完成的统一。只是在北边由于战斗力不强，无法收复燕云十六州。

赵匡胤取代后周后，在数个月内接连发生了两次忠于后周的军事官员起义。其中昭义军节度使李筠所辖区域为潞州（现山西长治）、泽州（现山西晋城）、沁州（现山西沁县），位于山西南部的上党地区和黄河北岸，是山西进入河南和洛阳的交通要道。在地理上，从河南进入上党，需要翻越太行八陉之一的天井关，也是个易守难攻的地方。在山西太原地区还盘踞着北汉政权，如果李筠和北汉联手，就意味着整个山西都站在了宋的对立面。

在南方的淮南军节度使李重进则控制了扬州、楚州、滁州、和州、寿州、庐州（现安徽合肥）、舒州（现安徽怀宁）、蕲州（现湖北蕲春）、黄州（现湖北黄冈）、安州、沔州（现湖北汉阳）这十一个州，从淮河直到长江，从扬州直到武汉，这里是历史上最著名的战场，中原政权和江南政权的主要交锋区域就在这里。当年，后周世宗与南唐战争争夺的也是这个区域。

如果李筠和李重进联手，再借助北汉、契丹和南唐的力量共同进攻赵匡胤，那么宋朝这个新兴的政权必将腹背受敌。然而这五方力量有心联合，却又各自为政。赵匡胤利用各方无法协调的空当发动进攻，以迅雷不及掩耳之势首先灭掉李筠，随后挥军南下，乘李重进犹豫不决之际剿灭了他，化解了第一次危机。

在解决内部兵变之后，赵匡胤延续周世宗的战略，依次解决各个割据政权的问题。不过，他对周世宗的战略做了一定的调整。周世宗时，契丹是他想解决的首要问题；赵匡胤却把契丹问题当作最后要解决的，把优先的打击目标放在了各个弱小的南方政权上。

这点改变，让北宋永久性地失去了燕云十六州。因为一旦解决完南方，就要投入大量的精力去维持当地的治安；以北宋的架构，很难再有余力夺回燕云十六州。

在南方，最强大的政权是南唐，其次则是后蜀。江南和后蜀处于一东一西两极，而在它们的中间和南方，则有南平（中心在荆州）、湖南、吴越、闽国（在福建）和南汉（在广东）。

其中湖南由周保权占据。湖南原来是马殷所建立的楚国，被南唐灭亡，但南唐无力直接控制这里，导致政权几次易手，最终落入大将周行逢之手，后来又传给了其子周保权。

南唐、后蜀之外的五个小国无力抵抗宋军。征服五小国，可以将南唐和后蜀隔开，便于各个歼灭。宋太祖最初将位于南唐和后蜀之间的南平、湖南列入了打击对象。

恰好这时，湖南的周行逢去世，未成年的周保权无力控制局面，大将张文表乘机反叛。北宋以平叛的名义，借道南平，进入湖南。南平王高继冲知道不借道凶多吉少，而借道也是灭亡，便决定把居民、土地和册籍都上交并入大宋。宋军也乘机南进，将湖南并吞。

宋朝并吞了南平和湖南，向南可以进攻广东的南汉，向西可以进攻四川，向东则可以进攻长江下游的南唐。

赵匡胤选择对四川的后蜀用兵，兵分两路，分别从陕西的汉中地区、湖北的荆州地区进军四川。后蜀王孟昶无法抵挡宋军，选择投降。

宋军占领四川后，进行了严苛的经济掠夺。在宋朝，一个奇怪的现象是，每一个区域实行的经济制度是不一样的。以基础性的货币制度而论，宋朝大部分地区流行铜钱，可在四川却是铁钱，原因在于宋朝初期北方一直缺铜，形成了钱荒。在四川，孟氏政权则既发行铜钱又发行铁钱。宋征服四川后，为了解决北方的钱荒，就把四川的铜钱全部运走，只剩下铁钱留在了当地。久而久之，四川就成了著名的铁钱区。于是，四川的经济依然保持繁荣，可是金融却显得极为荒诞。由于铁钱太重，携带不便，四川人只好创造性地发明了纸币——交子。

压榨过度也导致了四川人的反叛，这就是著名的王小波、李顺起义。

平定四川后，为了孤立南唐，赵匡胤决定从湖南南下广东，先将南汉拿下，断绝南唐的后路，形成包围之势。

宋开宝三年（公元970年），宋军攻伐南汉，几个月后南汉投降，岭南地区也进入宋朝的疆域。

由于与北方的北汉发生冲突，攻打南唐的计划被搁置了几年。开宝七年（公元974年），宋军进攻南唐。由于南唐失去了淮河地区的保护，北宋又占据了长江中游地区的荆州，这次攻打的难度并不大。南唐抵抗了一年就投降了。

南唐灭亡后，仅剩吴越和闽（福建）。在此之前，它们之所以能够存续，只是因为南唐挡住了宋军的进路，到这时二者也纷纷表示献地给宋朝。赵匡胤完成了对南方的统一。

赵匡胤去世后，其弟赵光义从河北、河南两路进攻北汉，得到山西。到这时，宋朝的统一宣告完成。

但是，宋朝的统一又遗漏了哪些地区呢？

最著名的是北方燕云十六州，这些曾经属于唐朝的州郡被契丹人占领，没有回归。在南方，唐朝灭亡后，交州进入割据状态（安南），与南汉发生了长期的战争。

宋朝灭亡南汉时，统治安南的是丁桓所建立的丁氏王朝，后又被黎桓建立的黎氏王朝取代。丁朝和黎朝都只纳贡，不再受中央政府领导，这就是越南独立的起点。

在西南，由于唐朝与大理地区的南诏国有过长期的战争，赵匡胤在地图上用玉斧画线，表示大渡河以外不再是中国领土，导致云南和川西南的大片土地被排除在外。

所以，宋朝疆域是唐朝疆域的缩小版。但在国境内，由于信用的扩张和朝廷对于贸易的鼓励，经济发达程度超过了唐朝。随着印刷术的普及，宋朝的文化繁荣也远胜唐朝。从这个意义上说，宋朝是中国古代的又一个黄金时代。

第十六章　十六州忧思[1]

燕山作为游牧与农耕文化的分界线，起到了保卫农耕文明的作用。一旦游牧民族在燕山以南获得据点，无险可守的华北便处于危险之中。

燕山十六州之所以重要，在于围绕着幽州的数个州已经位于燕山以南，丧失这些山前州，意味着无法防范游牧民族对华北的进攻。

北方每一个城市作为国都都有弱点。长安（唐朝以后）由于不够富裕，无力承担和平时期国都的责任。开封没有险阻，无力承担战争时期国都的责任。洛阳比长安富裕，比起开封又四周环山，但它在财政、地理这两方面都很平庸，只是折中的选择。

定都开封，无险可守，北宋必须拥有大量的军队，给政府造成了巨大的财政压力。

与女真人、蒙古人相比，契丹人的战斗力不强，正因为此，北宋才能抵御辽国的进攻。在签订澶渊之盟后，北宋又与辽国和平共处一百多年，成就了双方的盛世。

---

[1] 本章涉及的时间范围是公元936—1125年。

为了保卫无险可守的河北平原，北宋在河北的各个城市堆积了大量兵力。由于北宋与辽国长期保持和平，冗兵非但没有起到保家卫国的作用，反而拖垮了北宋的财政。

从北京出发向北数十公里，经过昌平，再向西北方向进入山区，就到了著名的居庸关。这里也是中国气候和文明的分界线。

在北京的西侧和北侧，横亘着燕山山脉。从地理上看，燕山更像是太行山的一条余脉；对于中原文明来说，它显得非常重要。

在燕山以南是适合耕种的平原区域，燕山以北则进入风吹草低见牛羊的草原世界，这里也成为农耕社会保卫其文明的前线。

在古代，人们常说太行山中有八条通道，连接了太行山内外两侧，号称"太行八陉"，其中最后一条在燕山山脉与太行山交界地带，叫军都陉，在军都陉设立的关口就是居庸关。

从居庸关向西北方向，经过官厅水库，就到达河北怀来县和宣化区，这里在宋朝被称为妫州和武州，都位于燕山山脉所在的山区。

继续向北，可以到达河北张家口。从张家口向北，经过野狐岭，地势突然从绵延不绝的山地变成平坦的高原草甸，也就出了燕山，进入北方草原的范围。

在宋朝，这片区域更加著名，因为它就是燕云十六州之所在。后唐清泰三年（公元936年），大将石敬瑭与契丹签署协议，以燕云十六州为代价请契丹出兵灭掉后唐，两年后正式交割给契丹。

除了燕云十六州，还有三个州必须提到。在石敬瑭之前，契丹人已经从刘仁恭手中获得了营州（现河北昌黎县）、平州（现河北卢龙县）

和滦州（现河北滦州），这些州也都位于燕山山脉以南、河北的东部，契丹人占领了这里，就意味着可以从燕山以南出兵直接打击中原。等石敬瑭将燕云十六州割让给契丹，契丹就尽数占有北京和山西北方的重要战略地，随时可以进军中原。

燕云十六州的重要性各不相同，其中幽州（也称燕）和云州最重要，分别是从北方进入河北和山西地区的主要通道。山西北部的大同和太原分别在两个小型盆地之中，盆地中间夹着一座雁门山（古代称为句注山，或者勾注山），著名的雁门关就在这座山上。北方历次进攻山西的部队都是在云州集结完毕，乘机南下雁门关，向太原进攻。

按照燕云十六州的地理位置，又可以将其分为山前诸州和山后诸州。所谓山前州，是指位于燕山山脉以南和太行山以东的几个州（幽、顺、檀、蓟、涿、瀛、莫）；[2] 山后州则位于燕山、五台山、雁门山等山脉的北面。

对于北宋政治中心华北平原来说，占据山后诸州还没有那么迫切，只要把守好居庸关和雁门关，还可以阻挡敌人入侵。而山前诸州的丢失却是不可接受的，一旦丢失了这些州，就再也没有稳固的战略要地可以防守。敌人以山前州为基地，可以一马平川地将军队泼向华北平原，直至北宋国都汴梁。

除了幽州之外，瀛州和莫州的地理位置已经非常靠南，接近于中原的腹心。在周世宗的北伐中，这两个州被收复，解除了一定的威胁。但

---

[2] 关于燕云十六州有不同的说法，有时人们将营、平、滦三州算入，就变成了十九州。营、平、滦也位于山前。当瀛州、莫州被周世宗夺回后，人们又常把景州和易州加进去，仍然构成十六州。宋徽宗时期，与辽、金交涉时的十六州指的就是后者。

随着周世宗的去世,其余州仍然掌握在契丹人的手中。这时,人们又把契丹控制的山前的景州(现河北遵化)和易州(现河北易县)加进去,又凑够了十六州之数。

赵匡胤统一南方之后,燕云十六州的归属就提上了日程。但北宋无力解决这个问题,围绕着燕云十六州的争执持续了一百多年,直到双方都亡国。

东京汴梁的功与过

开宝九年(公元976年),北宋朝廷上发生了一次争吵。这次争吵的主题是应该把都城设在哪里。

在此前一年,随着南唐灭亡,宋太祖赵匡胤命人到唐东都洛阳查看。此时的洛阳由于战乱的影响,破烂不堪。当年的宫殿、城防早已损坏,城里的人也都走散,至于官衙宫庙更是不见了踪影。宋太祖命人对宫殿进行了抢修。

第二年,宋太祖率领群臣从汴梁来到洛阳。汴梁是前朝(后周)的国都,也是宋太祖暂时的都城,而洛阳是他心仪的新都城。但在洛阳,人们纷纷进谏宋太祖不要迁都。

其中起居郎李符的上表最为具体,他总结了迁都洛阳有八点难处:京邑凋敝、宫阙不备、郊庙未修、百司不具、畿内民困、军愿不充、壁垒未设、盛暑扈行。

还有人提出:汴梁是各大运河交会处,由于交通方便,粮食不会匮乏;如果迁都洛阳,则意味着要改造运河系统,工程量大,劳民伤财。

连宋太祖的弟弟、后来的宋太宗赵光义也说不便迁都。

宋太祖不为所动，甚至认为，迁到洛阳只是第一步，等以后还要想办法迁到长安去。如果宋太祖能够活长久一些，那么迁都也许会成为事实。但随着对北汉战争的准备以及当年宋太祖的离世，迁都的争议被搁置。

那么，为什么宋太祖坚持要把都城从汴梁迁到洛阳呢？这要从汴梁的地理位置说起。

在历代古都中，北宋国都汴梁的命运最为曲折。现在如果前往开封（汴梁），会看到巍峨的城墙和雄伟的开封府，将人们带回北宋当年的繁华。但这只是幻象，是现代旅游业发展的产物。事实上，与洛阳、西安等相比，开封很少有宋朝的遗迹保留下来。现在人们看到的城墙是清代后期修建的，那座巍峨的开封府更是现代人的产品。至于宋朝的开封，只存在于张择端的《清明上河图》以及十多米深的地下。

开封处于黄河改道南下后的河道旁，地势平坦，成了黄河最大的受灾区之一。历代的黄河泛滥将原来的文化层深深埋没。清道光二十一年（公元1841年）的一次黄河决堤，仅泥浆就产生了三米厚的地层，宋朝开封府也相应地下移了三米。

"开封城，城摞城"的历史，也反映了这座古老都市的命运。它处于河南东部的广大平原之上，属于华北平原的一部分，也是数条河道交汇之处，最著名的是汴河。这条河流早期是战国时期魏国开凿的鸿沟，沟通淮河和黄河，之后的隋唐大运河也是就着汴河的河道开掘的。除了运河，这里还有淮河支流涡河以及改道之后的黄河。

河流环绕，没有险阻，使开封成了一个经济富裕、四方争夺的地方。

所以这里本不该成为都城的。

战国魏曾以大梁为都城，魏国随后成了齐国、楚国、秦国争夺的战场。不管从北、南、西方，都可以轻易地到达开封，这导致了魏国后期的孱弱。

战国魏之后，开封一直作为一个重要城市而非战略城市存在。直到唐朝末期，后梁太祖朱温做节度使时被封到汴州，在开国之后就把国都定在这里。

后唐灭后梁，把国都迁到了洛阳，成了五代时期唯一把都城设在洛阳的朝代。后唐被契丹人灭亡后，洛阳城遭到了毁灭性的破坏，后晋、后汉、后周三代只好跟随后梁的做法，将国都设在汴梁。北宋又取代了后周，开封就这样阴差阳错地成了这个著名王朝的国都。

宋太祖统一全国之后，意识到五代之所以短命，一个很重要的因素就是定都不当。除了后唐是内乱之外，其他朝代由于都城在汴梁，难以经受北方的打击。只要契丹人从北方而来，一路上经过的是华北的广袤平原，几天就可以到达黄河岸边。而黄河作为防卫开封的唯一屏障，由于过河地点多，线路复杂，需要大量的士兵来守卫；一旦疏忽，就会被攻破。

如果要让国家稳定，必须迁都到一个有险阻可守的地方。不幸的是，在整个华北地区，除了北京有险阻可守，其余的地方都不够险，而北京还被割让给契丹了。

洛阳算是一个不坏的选择，它四面环山，又有黄河之险，中国古代许多朝代选择洛阳，就是看中了这一点。但洛阳周围的山并不算高，到了宋朝，随着游牧民族充分发挥了机动性，洛阳也并非不可攻破。

宋太祖认为洛阳至少比开封强，他甚至想最终迁往长安，就是担心洛阳也不够稳固。

但长安也有长安的问题。从地理上讲，长安的确是四塞之地，但由于陕西的经济落后，这里已经养活不了那么多人口。如果说，开封在战争时期无法承担国都的职责，那么长安在和平时期都无法承担国都的职责。毕竟和平的时间更长，因此长安也不再符合要求。

总结而言，在华北地区，每一个城市都不是完美的，相比较而言，还是洛阳的优势最大。

在与弟弟的辩论中，宋太祖提出：之所以要迁都，是为了利用山河的险固来减小军队的规模。军队规模减小了，又可以减少财政需求，从而刺激民间的发展。

赵光义则学究气地回答"在德不在险"。他试图从道德的角度寻找答案。

最终这次迁都未成。宋太祖因此发出感慨说，定都汴梁，未来一定会产生巨大的冗兵问题。果然，终宋一世，冗兵难消。

由于北方没了燕云十六州的险阻，北宋与辽国的边境顺着平原上的几条小河划界；又由于国都无险可守，辽可以随时进军，所以为了防范辽国，北宋在边境地区建立了大量的堡垒，构筑了三条防线，这就需要庞大的军队。

而士兵太多，又对财政形成了严重的威胁。为了维持军费，北宋从各个方面找钱，建立官营企业、开展特许经营、搞金融投机等，最后拖垮了社会经济秩序。

更可怕的是，即便有如此众多的士兵，仍然没有办法解除北方的威胁。金灭亡北宋之前，著名将领种师道曾经指出了汴梁的危险性，认为这里无法抵御金的进攻，宋钦宗必须立刻离开汴梁，迁到长安固守。在当时，由于洛阳也成了前线，同样不安全，将国都迁往长安是个保险的举措。

种师道的提议被宋钦宗的大臣们否决了。于是，金人长驱直入进攻汴梁，宋钦宗开门投降导致了北宋的灭亡。

从这个角度看，当年定都汴梁，就注定了北宋最后的命运。只要北宋无力抵抗来自北方的进攻，对方迟早会赶到汴梁城下，演出擒王的历史大戏。

要想避免历史向这个方向发展，只有一个办法：收复燕云十六州（特别是山前州），将防线重新推回到燕山之后，利用燕山的险阻来做防守任务。

宋太宗：失败的收复战

宋太平兴国四年（公元979年），刚刚征服了北汉的宋太宗赵光义率军从太原回到太行山以东的镇州（现河北正定）。他决定乘胜率军迅速北上，直指辽国在燕山以南的中心幽州。

宋朝大军用十天就攻克涿州，直达幽州城南，在现北京西直门外的高梁河驻扎。

宋太宗一面围城，一面派兵向北进军。在幽州北面的得胜口（现北京昌平区境内，距离居庸关不远）还有一支辽军，由南院大王耶律斛轸率领。宋军暂时阻止了耶律斛轸的南移，防止他援助幽州。

如果宋军能够做到彻底阻止辽国援军，那么通过围城迟早可以攻克幽州。然而，由于不熟悉地形，宋太宗并没有将辽国与幽州的另一条通路——古北口封锁。在北宋时期，从关外进入关内一共有五大关口，从西向东分别是：紫荆关（位于现河北易县）、居庸关、古北口、松亭关（现河北宽城县西南）和榆关。其中紫荆关和居庸关位于太行山，剩下三个位于燕山。

居庸关和古北口是距离北京最近、最常用的关口。现今北京通往承德的公路就经过古北口长城。

居庸关沟通的是北京向西北方向与河北、内蒙古的交通，而古北口沟通的是北京向东北方向与河北和东北的交通。由于东北地区经济不发达、开发晚，古北口的开发也比居庸关晚，南北朝时期的慕容氏燕国建立，才有人开始注意它。到了辽、金和清朝，由于中原的敌对势力已经转移到东北，古北口的重要性超过了居庸关。

宋初，人们的关注点仍然在太行八陉，宋太宗也因此忽略了古北口。所以他封锁了居庸关，辽国的援军却通过古北口进入北京盆地支援幽州的守军。

辽国派出大将耶律沙和耶律休哥各自率军前来援助，先后到达幽州城外。

耶律沙与宋军先开战，宋军赢了。就在宋军感觉疲惫时，耶律休哥的军队突然来到。他们联合耶律沙的残兵，加上耶律斜轸和幽州城内的守军，冲垮了宋军的战线。

赵光义乘坐驴车一直逃到涿州，又担心守不住涿州而继续南逃。大臣们因为找不到他，以为他阵亡了，甚至考虑另立皇帝。

此次战败，标志着北宋收复燕云十六州计划的复杂化：北宋进攻过后，轮到辽国反攻了。

与宋军单路出击不同，北方（辽国和后来的金国）进攻南方，往往同时选择两条线路进攻。一条是从北京南下河北，另一条则是从山西大同经过雁门关，南下太原，再从太原经过上党高地直达河南。两路大军隔着太行山，还可以通过太行山的几条通道互相联系。最主要的通道是通往石家庄的井陉和通往邯郸的滏口陉。

高粱河战役结束几个月后，辽军在元帅韩匡嗣的率领下，经过幽州向河北进军，在满城境内遭遇失败。另一支辽军从山西北部向雁门关进攻，也被宋将杨业（评书《杨家将》中的杨继业原型）击退。

在河北，形成了以益津关（现河北霸州）、瓦桥关（现河北雄县境内）、岐沟关（现河北涿州西南）为宋辽交界线。与其他的关口相比，河北三关都设在平地上，依靠不大的河流进行防守，难度很大。

第二年，辽军在耶律休哥的率领下，进攻瓦桥关。宋军以极大的损失阻止辽军的前进。第三年，辽军再次进攻，又被宋军击败。

宋军之所以能够守住河北、山西防线，与其说是宋军的英勇，不如说是辽军进攻能力的不足。

与后来的女真人、蒙古人相比，契丹人战斗力不强，当它所建立的国家重心转移到北京一带时，便已经失去了机动性。同时，由于地理位置偏北，缺乏大规模粮食生产的能力，契丹人的军队很难进行长时间的远程打击。

辽国的进攻模式往往是这样的：在攻克了前几个据点后，受阻于某一个城池无法前进；由于机动能力不足，很难越过据点进行远程打击；粮食辎重不足，又很难演化成长期进攻；已经占领的据点，由于难以建立有效统治，也无法固守；最终，在大肆掠夺之后辽军向北撤退，回到传统边界之后。

女真人和蒙古人的机动性更高，骑兵可以一跃千里，实行更加远程的打击，宋朝的厄运这才真正降临。

由于辽军进攻能力不足，加之辽国内部的权力更迭，宋辽休战了几年。宋太宗认为应该重新尝试夺回燕云十六州。雍熙三年（公元986年）春，宋军开展了一次协同作战，从山西和河北两个方向向辽国进攻。

宋太宗对战争做了充分的准备，派遣五路大军出征，最终目的是会师幽州。

简单来说，宋太宗制定的战略，就是"西部主攻，东部主守"。

在东部的河北境内，天平军节度使曹彬负责进攻涿州，彰化军节度使米信从雄州（现河北雄县）出发北进。这两路大军主要的任务是拖住敌人，牵制敌人的兵力，让敌军远离幽州和山西。

在西部的山西、河北交界和山西境内，宋太宗派遣三路大军负责进攻。第一路是静难军节度使田重进，他的基地在河北的定州，按照命令，他必须走河北、山西的交界地带，出太行山上的飞狐口（飞狐口南面就是紫荆关，沟通关内外五条道路的第一条，也是最西面的一条），进攻幽州东面的蔚州，从侧翼包抄幽州。第二路是太原的忠武军节度使潘美（评书《杨家将》中的潘仁美原型），他一面防守太原，一面从五台山出军，与田重进一起打通蔚州。第三路是云州观察使杨业，他从北方的雁门关出发，以收复山西北方的四州为目的，再转而向东，与其他各路军一起进攻幽州。

西面的军队攻克既定目标之后，东部的两路大军再转为积极攻势，兵向幽州，五路大军集结在幽州城下。

从战略上讲，宋太宗的部署颇有新意。与上次仓促北伐不同，这次的行动只要执行得当，的确可能成功。

但问题就出现在了执行层面。

战争开始后，西部三路军进展顺利。杨业在潘美的帮助下，很快攻克山西北方的诸州，包括战略意义仅次于幽州的云州。田重进的大军挺进飞狐口，顺利占领蔚州。潘美则与田重进会师于蔚州。辽军损失惨重。

东路军本来应该采取缓慢进攻的策略，等待西路军布置到位并占领各个城池后再快速进攻。然而东路军统帅曹彬却犯了抢功的错误，一路进攻，连下数城，快速推进到涿州城下。这从战术上看是一种胜利，但在战略上让辽军过早地明白了宋军的意图，将重兵收缩到幽州一线，对蔚州的防守强度也大大增加，对于整个战局来说非常不利。

当辽军在蔚州加强防守后，田重进、潘美的部队被阻挡在蔚州一线，无法按照预期越过太行山，会师于幽州。到这时，曹彬就只能孤军与辽军作战了。

宋军和辽军对峙于涿州城南的岐沟关一带。辽军统帅耶律休哥袭击了曹彬和米信的粮道，导致东路大军崩溃。

东路军的崩溃又影响了西路军。辽军随后对蔚州的田重进和潘美发动进攻，宋军突围撤退，损失惨重。

杨业攻克的山西北部四州无法独存，只能让居民撤离，留下空城还给辽国。在撤退中,由于潘美(他是杨业的上司)的指挥错误,杨业兵败被俘,绝食三天而亡。

当年年底,辽军大举进攻,大败宋兵于君子馆(现河北河间境内)。

岐沟关和君子馆的惨败,让宋军再也没有能力去谈收复燕云十六州。不过,辽国随后的进攻也没有成功。双方又回到了均势,维持了十几年。

至道三年(公元997年),宋太宗去世,他的儿子继位为宋真宗,辽国又借机发动南侵。

买来的百年和平

在二十四史中,元朝丞相脱脱主持编撰的《宋史》是规模最大的一部。编撰此书却只用了两年半时间,从元至正三年(1343年)三月开始,到至正五年(1345年)十月结束。

因为编撰时间短,《宋史》显得有些庞杂混乱,讹误众多。但也正因为缺乏精心剪裁,书中保留了许多非常活泼的文字,足以与司马迁的《史记》相比。宋朝宰相寇准的传记就有这样的特点。特别是在描写澶渊之盟的章节中,寇准的苦口婆心、皇帝的惊慌失措都跃然纸上,如同小说一般精彩。

辽国认为宋真宗占位未稳,是进攻北宋的好时机,先后发动了三次南侵,大肆劫掠北宋的土地,最终都由于无法固守而撤退。

辽国的入侵给宋朝君臣造成了巨大的精神震慑,甚至产生了谈辽色变的气氛。有的大臣甚至建议,国都汴梁和河北都没法待了,最好还是撤退得远远的，避开辽军的势头。

宋景德元年（公元 1004 年），辽军的骑兵部队再次在北宋境内骚扰，却有意不和宋军接触，宋军一进攻他们就撤退。当边将把这个消息上报朝廷时，宰相寇准立刻敏锐地意识到，这是辽军在搜集军事情报，于是立刻建议宋真宗进行战备。

辽军的进攻一般选择在秋冬季节。半年后，辽军果然开始进攻。当其他大臣如坐针毡时，寇准似乎胸有成竹。边关的求救文书一天来了五封，全被他扣押下来不交给宋真宗。他饮食自如，谈笑自若。

第二天上朝时，寇准的同僚们终于有机会见到宋真宗，将辽国入侵的消息上报给他。皇帝立刻陷入了恐慌，问寇准该怎么办。寇准徐徐回答说，应对入侵，其实只需要五天时间就够了。他请宋真宗御驾亲征，坐镇澶州抵抗辽军。

同僚们一听说寇准让宋真宗亲征，立刻想托词离开，避免与宋真宗一起送死。他们的托词被寇准挡了回去。宋真宗也想溜进后宫时，寇准对宋真宗说一旦皇帝回到后宫，就肯定躲着不见他了，到时候就大事去矣。寇准请宋真宗把亲征的事定了下来。

在寇准的软磨硬泡之下，宋真宗和群臣极不情愿地答应出征，但具体的措施仍然没有决定。

通过这段故事可以看出，在与辽国的战争中，北宋的群臣都恐慌到了什么程度。

这次辽国的军事行动规模比以往都要大。在以往，辽军往往推进到幽州以南数州，就会被宋军阻拦，很难到达黄河沿岸（黄河是北宋的最后一道防线）；最多能够派出一支偏军打破封锁，到山东、河北南部掳掠一番后就回北方。而这一次，辽军却成功地突破了河北诸州，直捣黄河北岸；如果突破了黄河防线，宋朝江山就可能易主。

澶州城在黄河岸边，由于防御的需要，这里设置了两座城分居黄河两岸，中间有吊桥相连接，是从宋都汴梁到北方的最主要通道。按照以往的作战经验，宋军兵败如山倒，敌人还没有到达北岸，南岸的士兵就都逃光。寇准把皇帝放在澶州，就是想借助皇帝的权威来稳定军心，避免出现崩盘的结果。

当敌人向澶州进发时，国都汴梁的君臣们仍然在争吵具体的行动方案。此时又有人跳出来宣称宋真宗不应该向北抗击，而是应该向南撤退。比如，作为副宰相的参知政事王钦若是江南人，他就主张宋真宗应该学习晋朝的经验去金陵避难并准备反攻，把国都留给辽国去掠夺。而四川籍大臣陈尧叟则主张宋真宗应该学习唐玄宗的经验，跑到四川成都去。

皇帝犹豫不决，询问寇准这两个人的看法怎样。寇准佯装不知是谁提的，大声说出这种馊主意的人就应该直接砍了！

宋真宗终于怏怏不乐地上路了。等他们到达黄河南岸的澶州南城后，宋真宗不想走了。大臣们心领神会，劝说宋真宗停在这里，查看军势。寇准连哄带骗地请求宋真宗继续上路，表示如果皇帝不过黄河，就是对胜利没有信心，士兵们知道了会心寒。再说，黄河以北还有足够强大的兵力对抗辽军，他们唯一需要的就是士气。

宋真宗仍然不肯前行，寇准只好私下里找到太尉高琼，请他帮忙劝说。高琼在皇帝面前也赞同寇准的言论。宋真宗这才心怀忐忑地过了河。

过河后，宋真宗登上北城的门楼，让远近的士兵都能望见御盖。士兵们欢呼雀跃，让辽军感到惊愕与害怕。

由于宋军的顽强抵抗，辽军遭受了重大损失。辽国的统帅萧挞览被宋军射死。当辽国皇帝发现进攻无望时，决定派遣使者商谈议和条件。宋真宗如同抓住了救命稻草，决定与辽国议和。

按照寇准的观点，希望一次性从辽国手中夺回幽州，哪怕和谈也要以幽州为条件。只有把辽军推回到燕山背后，才能保证河北不受到骚扰，进而保证国都的安全。

但宋真宗已经被吓破了胆，他派遣曹利用与辽人和谈，谈判策略则是以金钱换土地。宋方的要求是不割地，但可以赔钱。在私下里宋真宗告诫曹利用，只要是每年一百万两以内的赔偿都可以接受。而寇准则偷偷告诫曹利用，赔偿必须控制在三十万两以内，否则回来就等着被斩首。

曹利用最终达成条件：每年给辽国绢二十万匹、银十万两。当他回到宋营向皇帝汇报时，伸出了三个手指头。宋真宗大惊失色，惊叹怎么会达到三百万。过了一会儿，又转口说如果三百万能够息兵也值了。

宋太宗时期，北宋的财政收入大约是两千万两。宋真宗后期，则涨到了一亿五千万以上。[3] 三十万在整个财政盘子中，即便按宋太宗时期的标准，也只有百分之一多一点。以这样的代价换取两国的和平，对于北方防线孱弱的北宋来说的确是值得的。

这场以金钱换和平的协议，就是历史上著名的"澶渊之盟"。到了三十多年后的庆历年间，由于北宋和西夏的开战，辽国威胁重开战争，

3　见《宋史·食货下一》："至道末，天下总入缗钱二千二百二十四万五千八百。……天禧末，上供惟钱帛增多，余以移用颇减旧数，而天下总入一万五千八十五万一百，出一万二千六百七十七万五千二百，而赢数不预焉。"

要求增加上贡，于是北宋的上贡又增加了十万两白银和十万匹绢。

不过，辽国与北宋的确实现了相对和平，为河北和长江地区的经济繁荣创造了条件。辽国之所以愿意拿钱不愿意打仗，还是与它本身并不算强大的军事实力有关。拿钱息兵，对于辽国来讲，也是一笔划算的买卖。

从这个意义上讲，澶渊之盟并不公平，却以较小的代价实现了双方的受益，也维持了北宋核心地带一百年的和平，打造了中国古代历史上又一个盛世。

无险可守的边境线

我们来回顾一下北宋与辽国的边境线。

由于丢掉了燕云十六州，北宋与辽国之间缺乏天险，在河北广大的平原地区形成了一条难以守卫的边境线。

澶渊之盟签订后，北宋与辽国进入了和平状态。但为了防范未来的风险，巩固北方防线，北宋政府采取了广修城堡的策略，在边境地区修建了一系列堡垒。辽国如果要进攻北宋，必须突破这些堡垒，才能到达黄河地区。过了黄河，才可能接近北宋的国都汴梁。由于地势过于平坦，一旦敌军突破了黄河，国都基本上就没有了保卫的价值。

在北宋的防御体系中，可以分出三道防线。

第一道防线紧贴辽国占领区，在山西，以恒山、句注山为界，两国之间最著名的三个关隘是宁武关、雁门关和平型关。在河北，北宋在大清河、拒马河构筑防线，在河畔有益津关、瓦桥关和岐沟关三关。在霸州、雄州、易州、定州、保州（现河北保定）、祁州（现河北安国）等地，则设立了大量的堡垒驻军。

如果辽国攻克了第一道防线，则会遭遇北宋以滹沱河为中心构建的第二道防线，这道防线上有瀛州、沧州、冀州、贝州（现河北清河）、邢州（现河北邢台）等城池，可在受到进攻时互相援救，形成互保。

宋朝的第三道防线，也是最后一道防线，就是黄河防线，其中著名的城市是大名、滑州、澶州、濮州、郓州、博州（现山东聊城）、棣州（现山东惠民县）、齐州（现山东济南）等地。

宋太祖当年为军队的冗兵感到忧虑，直到北宋灭亡仍然无法解决冗兵问题，其原因就在于北方防线无险可守，只能靠人来堆积。

即便是和平时代，由于河北地区需要守卫的城池太多，仍然无法削减军队。河北平原本来是北宋的粮仓，但当它成为两国边境，需要投入重兵进行防卫时，其农业和经济价值也受到了影响。也是从这时开始，南方的经济正式超越了北方。

和平到来后，辽国的军事能力也在退化。由于长期不用打仗，加上地理位置偏北，辽国的经济一直无法适应大规模战争的需要。随着女真人和蒙古人的崛起，辽国显出了颓势，无力应对。

从战争和对抗程度上看，对北宋造成最大危害的不是辽国，而是西北的西夏。北宋与辽国的战争持续了二十几年就告结束，之后双方维持了一百年的和平。而北宋与西夏的战争却进行了一百多年，直到北宋被金灭亡，与西夏不搭界了，双方的战争才告结束。

为了应对与西夏的战争，北宋的财政陷入危机，皇帝四下找钱，始终无法满足战争的需求。从这个角度讲，北宋在河北的冗兵既拖累了财政，又没有起到保家卫国的目的，可谓得不偿失。

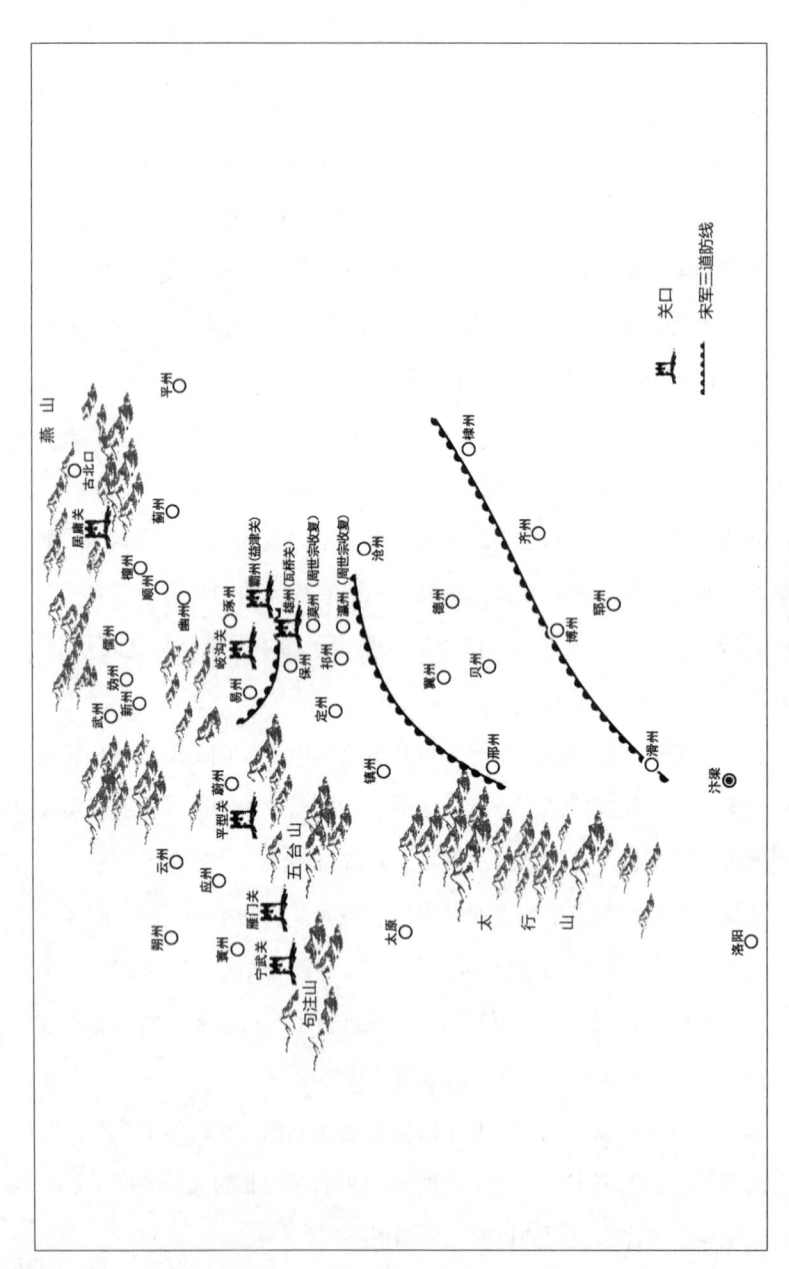

图 15　宋军三道防线

第十七章　西北争夺战[1]

保存至今的好水川战场上依然尸骨凌乱，诉说着当年宋夏百年战争的残酷。

北宋在与西夏的边境线上一共设置了六个路（行政区划），形成了四条进攻线路，其中鄜延路和泾原路境内的两条进攻线是最常用的。

宋仁宗时期的宋夏战争均以惨败收场。其中发生在泾原路的一系列惨败让皇帝痛定思痛，决定改革。但只坚持了一年改革就不了了之，停战后皇帝和大臣又都回到了原来的轨道上。

宋夏战争还导致了新型货币——盐钞的诞生，由于政府总是缺钱，只好以政府垄断的盐为信用，设计了复杂的机制发行纸质凭证。盐钞在北宋曾经作为纸币使用，到北宋末年由于政府发行过量而沦为废纸。

宋神宗时期最大的一次对夏协同作战有过成功的可能性，其间一共动用了五路大军，沿着宋、夏四条交通道（前两路共用东部通道）发起进攻，却由于宋军内部复杂的人事关系而行动迟缓、失败。

---

[1] 本章涉及的时间范围是公元982—1085年。

与西夏的战争消耗了北宋大量的财政，却徒劳无功。西夏对于北宋的拖累远超辽国。

清晨，士兵们正在做饭。他们在一座红色小山岗的侧面支了灶。灶火上，陶罐里正冒着热气，小米粥的香味引得人食欲大开。

就在此时，四周突然响起了号角，西夏人如同泼水一般从小山的背后冒出来，借着地形优势从高处冲下。正在做饭的士兵们手忙脚乱地寻找着武器，面对凶恶的敌人，准备不足的他们经历了一场大屠杀。

很快，宋军就溃散了。士兵的尸骨七零八落地散布在这座小山周围。灶火还没有完全熄灭，陶罐里还在冒热气，只是再也没有人回来享用了。

由于地理位置偏僻，这个战场很久都没人收拾，陶罐就一直放在那里，直到里面的粥都干了。尸骨和陶罐被埋在地下破成了碎片，干了的粥继续碳化。

974年后，我来到古战场，发现了那个破碎的陶罐。在碎片内部，有一些非常轻的黑色物质，经过仔细辨认，能确定那就是当年没有喝完的粥。在陶罐旁还散落着许多尸骨的碎片，它们属于那些死去的宋军将士。

2015年，我前往固原去寻找一个新发现的宋夏战争古战场，虽然经过近千年，北宋将士的尸骨仍然清晰可辨。

从甘肃东南的平凉到宁夏的固原，有一条从关中通往西北的大通道。从平凉向西，就进入充满黄土台地和沟壑的六盘山区。泾河通过弹筝峡奔流而下，先是向南，遇到六盘山后改为向东经过平凉。

在秦朝，这里有著名的关中四塞之一——萧关。

秦朝萧关的具体位置已不可考，但大致位置就在弹筝峡形成的河谷某地。现代人在泾河拐弯的附近修筑了一个类似于关口的建筑，算是一种纪念。

过了这个现代人修建的萧关，有一座秦汉时期著名的朝那古城，继续向前则是现代的固原城。固原曾经是秦的边关，秦长城就从这里通过，它至今仍然保留着其庞大的身影。

从固原坐车向西到达西吉县，这个县和北方的海原，加上固原，在现代被称为"西海固地区"。由于雨水稀少，是著名的贫困区，被列入联合国名册。对于古迹，雨水稀少反而是一种幸运；正因为这样，固原地区才保留了如此众多的古迹。

葫芦河与好水川在张家堡子相遇，两水交叉处的旁边有一座红色的小山，当地人称为红岗。

红岗曾经目睹了一场大屠杀。当年，西夏王李元昊把指挥中心设在红岗之上，宋军从好水川谷地西行，在进入葫芦河谷之前与西夏人遭遇，大败。

这场战役之后，红岗再次变成了一座无人过问的荒山。甚至人们都不知道当年战场的具体位置。直到现代人发现了大量的枯骨，才意识到这就是当年好水川战场之所在。

如今，在断崖上能看到大量的白色人骨，头盖骨、股骨、脊椎骨散乱地丢弃在地上。在战场所在的地层上，随处可见大量的陶器和瓷器的残片，或许当年的宿营地就设在这里。

那个破碎的陶罐就是在这里发现的。本章开头的战斗场景来自我的想象，历史记住的只是"宋军全军覆没"，没有人关心他们在死前到底经历了什么。

我把陶罐残片、黑色物质和将士的尸骨搜集起来,拍了照片,用土简单埋葬。

在好水川战场北向数十公里,还有另一处宋朝的遗迹——黄铎堡。在北宋时期,它叫平夏城,是当时的边关要地。在平夏城遗址附近曾经出土过西夏士兵的尸骨,与几十公里外的宋军尸骨一并诉说着战争的残酷。

除了好水川和平夏城,著名的定川寨之战也发生在附近某地,但现代人已经不知道定川寨的具体位置了。

这些古战场只是百年的宋夏战争的一部分。西夏作为北宋最难应对的敌人,从建国开始就与北宋纠缠厮杀,直到北宋灭亡才因为双方不接壤而不得不落幕。

北宋时期,随着中国经济中心的转移,陕西、甘肃已经落后,成为华北和江南的附庸,但西夏依靠凶猛的战斗精神和对于战略的精准把握,硬是成了北宋(在女真人出现之前)最难缠的敌人。

宋夏的四条进攻路线

谁也没有把一个小小的反叛分子当回事。北宋太平兴国七年(公元982年),党项人李继迁打出造反的大旗时,没人想到他会成为北宋王朝的心腹大患。

西夏的起源,按照史书的说法,可以追溯到北魏时期的皇族拓跋氏。实际上,它可能与川西甘南地区的羌族人有血缘关系。在唐五代时期,党项人一直是活跃在西北的一支重要势力，分布在现陕西西北、宁夏等地。

宋太宗时，党项首领李继捧向宋称臣，留在京师。宋朝派遣官员统治党项人的居住地。

李继捧归顺宋朝时，他的弟弟李继迁居住在银州（现陕西米脂县境内）。宋朝派员接收银州时，李继迁拒不合作，率领几十人逃往茫茫北方。在如今的内蒙古鄂尔多斯地区有一片巨大的沼泽地，叫地斤泽，那里成了李继迁的根据地。

李继迁和他的儿子李德明或战或降或叛，在不经意之间，攻克了宁夏、甘肃、内蒙古以及陕西北部的广大地区，在西北形成了割据。北宋前往讨伐的军队即便能够暂时获胜，却无法阻止李继迁的渗透。对于宋军来说，他们的进攻是"点状"的，李继迁在西北的势力则是"面状"的，而"以点控面"，必定无法成功。

党项人活动的中心地带，在灵州和兴州（现宁夏银川）地区，也就是如今宁夏的腹心地带，向西占据了河西走廊，向东到延安以北和以西地区，向南则抵达宁夏固原以北以及甘肃兰州附近。

在青海地区分布着一些吐蕃族的部落，他们与北宋保持友好关系。为了切断吐蕃部落与北宋的联系，西夏还进军到甘南地区，这里也就成了西夏人入侵的最南端。

当西夏的崛起成为事实，宋军采取守势，在西北边境地带建立了一系列堡垒进行防御。

北宋在陕西地区（包括甘肃、宁夏）主要有六个路，每个路以管辖的两个最主要城市命名，分别是鄜延路、环庆路、泾原路、兰会路、熙河路和秦凤路。

鄜延路以鄜州和延州（现陕西延安）为中心，是对西夏最东部的前线地带。环庆路以环州（现甘肃环县）和庆州（现甘肃庆阳）为中心。泾原路以泾州和原州（现甘肃镇原县）为中心。兰会路以兰州和会州（现甘肃靖远县）为中心。熙河路以熙州（现甘肃临洮县）与河州（现甘肃临夏）为中心。秦凤路以秦州（现甘肃天水）和凤州（现陕西凤翔区）为中心。

在上述六路中，实际上包括了四条宋夏对峙的军事线，也就是西夏攻打宋军的线路。

第一条在鄜延路境内，也就是从陕西的正北方，以延安为中心，经过陕北的大沙碛（北宋称为旱海）进攻银川。

第二条在环庆路，以环州为中心，从青刚川（现环江，黄河支流）直下，向黄河挺进，进攻银川。

第三条是从泾原路出发，经过镇戎军（现宁夏固原），沿鸣沙川（现清水河，黄河支流）向黄河挺进，到中卫再向北进攻银川。

第四条在兰会路境内，从兰州出发，沿黄河直捣银川。

至于秦凤路和熙河路，相对更靠南，从这两路前往西夏，往往要先经过泾原路或者兰会路，所以陕西六路一共有四条进攻线。

除了上述四条线路，从西夏到北宋的边界是一系列的山脉和沙漠。在北方河西走廊，是巨大的祁连山将西夏与北宋、吐蕃隔开；黄河与河西走廊之间则是广大的沙漠地带，无法通行。在南方则有六盘山、横山组成的陕北山脉，将关中平原与陕北沙碛隔开。

在这四条进攻线路中，尤其以鄜延路进攻线和泾原路进攻线用得最多，这两条路开通得最早，也是西北通往关中平原的最主要通道。在面对西夏所在的银川地区时，更是千里跃进的最佳位置。宋夏战争的发生地，大都在鄜延路和泾原路所在的范围内。

引发改革的惨败

庆历三年（公元1043年），宋仁宗起用范仲淹担任参知政事（副宰相），并由他负责组织宋朝第一次重要改革——庆历新政。

在宋仁宗时代，北宋的经济发展恰好达到了最高峰。宋仁宗个性宽容，生活节俭。那么，到底是什么动力让宋仁宗下决心推动改革呢？

五年前，北宋经历了一次军事危机。危机所带出的问题，使得宋仁宗痛下决心进行改革。

这次军事危机就是由西夏王李元昊引起的宋夏战争。

北宋和西夏的关系有过一段时间的缓和。当宋辽澶渊之盟达成后，北宋社会和平稳定，经济高速发展。

宝元元年（公元1038年），西夏的领袖换成了李继迁的孙子李元昊。与祖父和父亲不同，李元昊更加果敢，他不仅进攻甘南，切断了北宋与吐蕃人的联系，还大胆地要求与宋、辽平级，自称皇帝。

李元昊割据，北宋还能够接受和忍耐；他一称皇帝，立刻触及北宋的忌讳，双方爆发了严重的军事冲突。[2]

西夏最初的军事攻击点设在鄜延路所在的延州附近。宝元二年（公

---

2 见《宋史·夏国传》。

元1039年）和康定元年（公元1040年），接连两年，西夏大军虽没有攻陷延州，却屡次击败宋军，俘虏宋将。北宋在屡屡吃亏之后，派出一批较为能干的大臣守边，包括陕西都部署兼经略安抚使夏竦及其副手韩琦和范仲淹。

由于延州是西夏打击的首要目标，所以范仲淹前往延州组织军事。他加强了军事管理和训练，改掉了以前边关将士散漫的作风，又重视军粮的征集和运输，为战争打下了后勤基础。北宋习惯在国境线上修筑大量堡垒，形成链条互保，守卫边境。范仲淹也整顿和修整了各个堡垒，加强了边关的警戒和防卫。

经过范仲淹的大力整治，延州的防御有了较大的改观，西夏人从延州进攻，已经很难再占到便宜。这时，李元昊改变了进攻方向，频繁地向固原所在的泾原路进攻，环庆路距离泾原路较近，受到了波及。

康定元年下半年，转而进攻泾原路的李元昊再次战胜了宋军。这次的战争地点在三川寨，三川寨位于镇戎军附近。夏军的进攻杀死了宋军五千人。

为了应对夏军的进攻，宋仁宗决定采取攻势。但宋军的攻势却由于皇帝直接插手指挥权以及各个将领之间的协调失误，屡屡无法推出，反而是李元昊的反攻接踵而至。

宋太祖时期为了防止将领擅权，将军事训练和指挥权切割成碎片，授予不同的将领。这种设置让宋朝的军事行动总是迟缓，将领们互相成为对方的负担，在战场上无法做出快速响应。

李元昊进攻泾原路，这里归韩琦负责。韩琦派遣环庆路马步军副总管任福率领9.8万名宋军从环州出发，前往镇戎军，与泾原军配合作战。

这批士兵肩负着截断李元昊后路的重任，等李元昊回师时将其击破。

任福率军来到六盘山区，他的军队顺着两座平行的谷地前进，两座谷地相距数里，各有一条小河淌其中，其中一条就是好水川。

任福率军沿好水川前进时，西夏王李元昊已经率领精兵等待着宋军的到来。任福原想出其不意打伏击，却落入对方的伏击圈。此刻，由于长途奔袭，宋兵已经人困马乏，粮草不继。

就在任福率领先锋军来到好水川和葫芦河交汇的河口时，有人发现几个泥盒，里面有响声。任福打开盒子，从里面飞出百十只鸽子。随之西夏的伏兵四起，任福才知道中了埋伏。宋军在仓皇间拿起武器迎战，却无法阻止一场大屠杀。

葫芦河是一条从如今西吉县流向南方的河流，好水川是它的一条支流。在好水川口，红岗小山如同堡垒般镇守在这里，是整个战场的制高点。西夏士兵十万人埋伏在红岗的两侧，在旗帜的指挥下，从山后冲出，顺着地势从高处冲下，将宋军阵营击溃。

任福身中十余箭，换了三次马，最终死于阵中。夏军转而攻击宋军的后续部队。整个战斗结束时，宋军死亡一万零三百人。

好水川之战，是宋夏战争中最令人震惊的屠杀。在好水川之战前，宋军还有士气与西夏决一死战，并寻找主动出击的机会。屠杀过后，宋营里的求和声逐渐高涨，并最终取代了主战派，成为主流。

好水川之战后，李元昊转兵东方，从北方绕过范仲淹所在的延州，想进攻与山西交界处、极北方的丰州、府州和麟州。这三州都在陕西、山西交界处，位于黄河"几"字弯的右上肩部，是从北方前往山西的要道,也是宋、辽、西夏三国的边境地带。

在夺取丰州后,乘着北宋调兵遣将时,李元昊又千里跃进,转回泾原路,继续在固原盆地进行打击,在固原以北的定川寨击败了宋军,杀死将近一万人,泾原副都部署葛怀敏也被杀。

定川寨与好水川两次战役,成了宋夏战争中起到决定意义的会战。到这时,宋朝已经没有心思继续打仗,双方随即展开议和。

庆历四年(公元1044年),北宋与西夏议和。条约以类似于宋辽的方式由北宋支付一定的钱款换取与西夏的和平。最终议定北宋每年送给西夏银七万二千两、绢十五万三千匹、茶三万斤。

辽国也趁火打劫,要求增加岁币。经过谈判,北宋对辽的岁币在每年十万两银、二十万匹绢的基础上,再增加银十万两、绢十万匹。[3]

由于战争的屈辱,宋仁宗决定重用范仲淹,发起庆历新政。改革的重点是:减税、减少冗兵冗官、提高军事和行政效率。

然而,宋太祖设计制度时就注入了防范官员反抗的机制,这个机制本身必然产生相互制约和冗官、效率低下。所以范仲淹的改革措施得不到官员的真心拥护,庆历新政持续了一年就失败了。

新政的失败导致朝廷上下普遍的挫败感,也丧失了渐进式改革的最佳时机。后来的王安石开始激进化改革,所引起的党争最终毁掉了北宋政权。从这个意义上说,宋仁宗时期的军事危机成了北宋改革和失败的催化剂,从而改变了历史轨迹。

---

[3] 见《宋史·仁宗纪》《宋史·富弼传》《宋史·食货志下一·会计》。

与西夏的战争还引起了另一项影响人类的重大变革——盐钞。为了作战,北宋政府需要大量的钱财充作军费,但朝廷又拿不出这么多钱。庆历四年(公元1044年),太常博士范祥想出了一个办法,来解决困扰朝廷的军事财政问题。[4]

北宋是中国古代历史上各种专卖制度实行的高峰时期,盐、茶、香药、奢侈品等都只能由政府专卖。而专卖的钱就作为政府财政的补充,用来养官和打仗。

盐是生活必需品,只能由政府买卖,成了社会都乐于接受的商品。但是,即便是大商人也很难搞到盐——朝廷不允许。

范祥提出,可以由朝廷配给商人一部分盐,让商人去卖。不过这是有条件的,要求商人帮助朝廷解决军事后勤问题,把军队急需的钱、粮食等,由商人组织人力运送到边关,由边关发给其凭证(可以称为盐票),他送过来多少货就发多少盐票,商人再拿着盐票到山西运城的盐池去换盐。

由于商人们都很喜欢盐,他们都乐于通过向边关输送物资来换取盐票。后来,人们就给这种盐票起了个名字叫"盐钞"。再后来,盐钞甚至可以当钞票使用。有盐钞的人不一定要去换盐,他们只要用这张纸就可以换来所需要的其他商品。这样,盐钞实际上就变成了一种特殊的纸钞。

当北宋朝廷发现盐钞可以当纸币使用后,就偷偷地发行了很多。结果,盐钞的数量超过了人们对盐的需求,造成了盐钞的贬值,这就是通

---

[4] 见《宋史·食货志下三》。

货膨胀。北宋灭亡时，盐钞已经变得一文不值了。

盐钞作为中国古代历史上一次特殊的纸币实验，值得现代人研究和借鉴。这也是宋夏战争带来的一个副产品。

失败的协同战

北宋与西夏之间的最后一次大战发生在宋神宗时代。皇帝为了扭转国家积弱的现状，任用王安石发起变法运动，对财政制度进行了重大变革。

王安石变法的主要目的是谋求财政最大化。不过王安石的改革以失败告终，还形成了内部官僚系统的党争，使得中央政府的分裂倾向更加明显。为了增加内部凝聚力，宋神宗决定对外发动战争。

早在熙宁六年（公元1073年），在王韶的策划下，宋军从西夏人手中收复了甘肃西部和南部的河州、岷州（现甘肃岷县）、宕州（现甘肃宕昌县）、洮州（现甘肃临潭县）、叠州（现青海同仁县）。这些州是当年李元昊为了切断北宋和青海吐蕃人之间的联系而攻占的。宋军夺回五州，就断掉了西夏的右臂，也恢复了与青海的联系。

元丰四年（公元1081年），宋神宗计划以五路大军，从不同的方向进攻西夏的灵州。待会师之后，再进攻距离灵州不远的西夏国都兴州。

这次进军是最有可能获得胜利的一次对夏进攻。它的战略完备，利用了几乎所有与夏相接的通道，动用大军三十多万，民夫也使用了十多万，执行力度也达到了北宋能够组织的极限。

第一路在东面由著名将领种谔率领鄜延路士兵五万四千人，再加上另外三万九千人，从延州出发，向西北方的灵州进军。

第二路，大将王中正率领六万人从山西太原出发，越过黄河进入陕西北部，与种谔会合后一同进攻灵州。

第三路，在中部的环庆路，大将高遵裕率领八万七千人沿着环江向北直接攻击灵州。

第四路，在环庆路西面的泾原路，大将刘昌祚率领五万人北进。根据命令，刘昌祚应该受到高遵裕的节制，与高遵裕会合后再一同进攻灵州。

第五路，在最西面，由李宪率领熙河路和秦凤路的士兵向兰州和会州进军，沿黄河北进，进攻灵州。

这五路大军将宋夏之间的四条道路都囊括在内，又形成了一定的竞争与配合关系，让敌人顾此失彼，从而达到共进的目的。

在进攻初期，虽有一些意外，但整体的进军情况还令人满意。所谓意外，指的是东面两路大军的遭遇。种谔本来应该直接进攻灵州，向西北方前进，但为了与从太原出发的王中正配合，他不得不首先向北进攻银州、夏州等地，这就偏离了向灵州的方向。

种谔虽然偏离了方向，在进攻米脂寨（现陕西米脂县）的过程中却斩杀夏军八千人。夏军溃败，尸体堵塞了城外的无定河水。这是北宋历史上少有的一次大捷，起到了鼓舞士气的作用。种谔也乘机兵进夏州东南方向的石州。

在最西面，李宪的推进也极为顺利，他率领的大军攻向兰州和会州，并顺利地攻克了会州。

宋军的另一次大捷是泾原路的刘昌祚带来的。他率领人马北上，沿着清水河谷，到达磨脐隘后，遇到了西夏的军队。西夏军队预料到宋军会从环庆路和泾原路方向进攻，在这里布下了重兵。刘昌祚不惧与西夏的主力作战，一番鏖战后获得了胜利。在现宁夏，沿着清水河从固原前往中卫的路上，还有一个地名叫大战场，就是当年宋军与西夏军队交锋的地方。

在五路大军中，最不顺利的是从太原进军的王中正以及从环庆路进军的高遵裕。

王中正率领的太原军到达陕北时，已经落在种谔的后面。种谔一路上大砍大杀，立功很多。由于将士们的军功主要靠砍人头的个数，外快则主要来自掠夺，王中正晚到后，既找不到人头，又没有战利品，于是四处出击，以掠夺为目的作战。这不仅耽误了进攻灵州，还导致了军粮匮乏，士兵饿肚子。

高遵裕本来是刘昌祚的指挥官，节制环庆和泾原两路军队。刘昌祚在磨脐隘获胜后，继续北进，进攻了鸣沙（现宁夏中卫），获得了大量辎重，然后进攻到灵州城下，距离最终目的地兴州已经不远了。刘昌祚是第一个进攻到灵州的将领。高遵裕落在了后面，既缺乏粮食，又无力作战。同时，他还怕刘昌祚提前攻克灵州抢了军功，就令刘昌祚放慢攻打节奏。刘昌祚被迫在灵州城外等待上司的到来。

在等待中，机会过去了。

由于超过了预定时间，东路军还没有接近灵州就出现了食物匮乏。首先崩溃的是王中正从太原而来的部队。这支部队纪律性最差，四处掠夺，却仍然无法解决粮食问题。随后，种谔的部队也被王中正拖垮了，两支东路军在饥饿中被夏军击溃，成为溃军奔向延州。

李宪顺利地到达兰州和会州之后，接下来的进军却无法前行，被阻止在会州一带。

高遵裕继续北行，与刘昌祚会合。然而，高遵裕首先想的不是打仗，而是与刘昌祚争功。二人之间的冲突越来越激烈，高遵裕甚至差点将刘昌祚斩首。在内斗中，攻克灵州也成了空话。大军无法继续进攻，只得撤回。

这次协同战以不协同而告结束，也反映了北宋军队中复杂的关系，一个将领要应对的不仅仅是战场，还包括与同僚的争执。在某些时候，最凶狠的敌人不在战场的对面。

接下来的两年，西夏的反攻让宋军丧失了灭夏的可能。于是，双方再次回到了打打和和的状态。这种一直处于摩擦中但偶尔间断的状态持续到北宋末年，大量的物资被消耗在宋夏前线。

直到最后，金的出现结束了北宋的痛苦，接手了与西夏的国境线。

第十八章　变换的北方防线[1]

与辽国不同，女真人和蒙古人对中原文化虽然向往，却有很强的防范之心，希望保留好战的传统。

金灭辽的过程中，北宋本应该帮助辽国防御金军，让辽国充当北方屏障，以抵挡战斗力更强的游牧民族的冲击。却由于童贯等人的主张，北宋答应海上之盟，与金人瓜分辽国。

海上之盟包括两部分，即明的条约与暗的口头协议。即便能够遵守条约，口头协议也在不断变化。这也预示着双方不可能完全遵守条约。一旦金国了解了燕云十六州的价值，协议必然无法执行。

毁约的首先不是金国而是北宋，这给了金国更多的借口，在攻灭辽国之后转而进攻北宋。

金国的进攻策略是：西线从大同经过太原、上党直下河南，东线从幽州经过河北直下汴京。两路军之间通过太行山通道进行协同，并在汴京完成会师。

---

[1] 本章涉及的时间范围是公元1115—1208年。

第四部　中原时代

汴京之围和北宋灭亡，更凸显了北京和太原的重要性，表明这两地是防卫北方政权的关键点，一旦失去，就会处于被动。

宋高宗放弃北方四都的那一刻，也就放弃了中国北方全境，注定只能成为偏安的南方政权。由于地理的制约，王朝一旦退到南方，几乎没有再回中原的可能。

宋高宗撤往南方后，在宋、金的政治核心区域之间，有一千多里的空白区域（从北京到扬州的距离）。金军实施打击，必须克服地理上的距离；他们行军一千多里后，已经进入了疲劳期，难以完成致命一击。金军由于政治落后，无法在空白区域内形成有效占领，这导致他们不可能缩短进攻线，也无力灭亡南宋。

一旦国家内部出现困难，就容易借助对外战争来转移内部矛盾。但由于内部矛盾必然导致无法组织起高效的战争财政，这样的战争也必然以失败告终。

南宋建炎三年（公元1129年），金将金兀术（完颜宗弼）进行了一次令人吃惊的远程进攻。此时，金已经灭亡了北宋，是对宋高宗赵构所建立的南方政权进行打击的时候了。

此时赵构还没有来得及撤到杭州，而是在长江北岸的扬州停留。

金灭北宋后，由于无法控制庞大的疆域，曾向北方撤回兵力。其实际控制区只到达河北地区和山西太原一带。至于东京汴梁、西京洛阳以及江淮等地都还在宋军手中。宋高宗的大臣们曾围绕着一个问题争吵不休：到底皇帝应该留在北方，还是南下躲避？

宋高宗没有受制于大臣，他认定开封、洛阳都不能再待下去，选择了南方的扬州作为落脚点。扬州地处长江北岸，是大运河的重要停靠点，进可以去淮河流域，退可以渡过长江图保江南，是个不错的选择。

金军整顿完毕，再次挥师南下，他们派出三路大军，分别从陕西、山西和河北出击，向南方进军。其中东路军在完颜宗辅的率领下，从河北进入山东劫掠，与宋军大战于山东和淮河以北地区。

鉴于形势，宋高宗的大臣们讨论皇帝撤往江南的可能性。但由于战线还在淮河以北，朝廷迟迟没有行动。

但突然间，完颜宗辅派出一支五千人的骑兵部队，由金兀术指挥，昼夜兼程向扬州进袭。

正月二十七，金军从东平一带出发；正月三十，五千名骑兵已经到达了淮河上的临淮（现安徽泗县境内）。金军都戴着白毡的斗笠，与宋军装束完全不同。但宋军并不认识金军的装束，还以为是山东地区的溃军。直到抓到了几个骑兵之后才发现是金兵。守将一面派人向扬州汇报，一面阻止金兵渡河。但哪能阻止得了，金兵当天就渡过淮河，继续南下。

也是在当天，宋高宗得到情报，命令大臣讨论。朝廷终于动起来了，开始搬运行李，为向江南逃跑做准备。

二月初一，宋高宗乘着御舟在运河上转了一圈。人们发现了皇帝，以为他要逃走，整个城市如同爆炸了一般。为了平息民情，宋高宗决定暂时留下，派人偷偷地把国库的三分之一搬上了船。从扬州上船后，必须先走一段运河，到达瓜洲渡口，才能进入长江。长江宽阔，但运河只能容下一艘船的宽度，大量船只的涌入立刻堵塞了河道，造成严重的混乱。

二月初二，金兵到达天长以北，宋军闻风而逃。二月初三，金兵逼近扬州。此刻，宋高宗还在派人侦察金兵的动向。当有消息说金兵已经到达时，他连忙穿着甲胄骑上马，抛开臣下，向扬州城南逃去。

有人认出了皇帝，大喊官家跑了，于是城内大乱。大臣黄潜善是当初力主皇帝逃到扬州的，人们对黄潜善恨之入骨，想乘机杀了他，却错杀了司农卿黄锷。

由于运河河道堵塞，宋高宗先从陆路向长江上的瓜洲渡口逃窜，再登船直入长江，终于在金兵到来之前上了一艘小船，赶到长江对岸的京口。京口的军民听说金兵来了，也逃得精光。

当晚，金兵追到瓜洲，由于无船渡江，才不得不目送宋高宗离开。

在扬州的运河中，由于船只阻塞，大量的官廷物资无法及时运出，都被金兵截获。瓜洲长江岸边，十万民众聚集着等待过江，近半的人死在江中，即便侥幸渡江也都支付了昂贵的费用。金兵来后，更有人相拥投水而死。长江边上也堆满了金银珠玉，被金兵掳掠。

在扬州城内则是另一番景象。那些不打算逃走的人为了存活，张灯结彩地欢迎着金兵的到来。

那位越逃越远的宋高宗不敢在南京停留，继续奔向东南方，直到临安（杭州）才收步。

是是非非海上盟

北宋与辽和平共存了一百多年，原因在于契丹并不是一个好战的民族。从唐朝开始，契丹就与中原保持着密切的联系，对中原充满敬畏。即便五代分裂时期，契丹人也更多是中原的帮手而不是对手。

契丹人通过帮助石敬瑭取得中原来获得燕云十六州的统治权。在达成协议后，契丹大军从太原南下，帮助石敬瑭击溃后唐在山西南部的守军。还没有过黄河，契丹君主就对石敬瑭表示，既然大局已定，就不陪他进军河南了，契丹人如果前往河南，会引起当地百姓的惊骇。

他们承诺会待在山西继续观察战局，一旦石敬瑭在河南战线不利，就挥军去救他。直到石敬瑭获得了洛阳，他们才北返；北返前，还嘱咐"世世子孙勿相忘"。

从这些举动来看，契丹人并没有野心并吞中原。在宋辽战争过后，一旦与北宋达成和解，就满足于每年获得那些岁币，不再南下。

与契丹人相反，女真人和蒙古人都对中原政权没有太多的尊敬。他们对北宋的评价采取了另一个标准，崇尚马上打天下，对于所谓的经济和文化更加轻视，甚至认为文化会使一个民族软弱。

从完颜阿骨打祭起对辽国反叛大旗的那一天，女真人的顽强和武力就得到了完美的体现。从北宋政和四年、辽天庆四年（公元1114年）女真反叛，到北宋宣和七年、金天会三年（公元1125年）金灭辽，只用了十一年时间。

辽国的地理位置决定了其不稳定性。在燕山以北的关外地区，女真人对地理的熟悉程度不亚于辽国；而在燕山以南，辽国只有幽州周边的数个州，也容易探查。

辽国的国防线以防卫北宋为主，是朝南的，在幽州和云州以南布置了重兵堡垒；而在辽阔的关外北方，控制力很弱。

金兵在关外扫荡时，辽国的重兵仍然在北京和大同，即便这两个点对北方的防御也是薄弱的，特别是大同，由于地处塞外，从北方到大同没有太多阻隔。北京由于有燕山阻挡，相对进攻难度大一些，成了辽国最后的守卫地。一旦北京失守，辽国军队就只能向西北方逃窜了。

金军作战的顺序是：首先从完颜阿骨打起兵的最北方——松花江嫩江流域进攻辽国的宁江州（现吉林扶余），占据了现吉林和黑龙江境内的北方领土，再南下辽宁，进攻辽东，随后转向辽西。

辽国设立了五个都城，分别是东京辽阳府、上京临潢府（现内蒙古巴林左旗境内）、中京大定府（现内蒙古赤峰境内）、西京大同府、南京析津府（现北京）。金人从东向西，首先攻克东京、上京，再取得中京，将辽人压往与汉人地区接壤的西京和南京。

在最后两京中，由于燕山山脉的阻隔，金军先进攻西京，再兵向南京。辽国残余部队在耶律大石的率领下逃往现新疆西部和中亚地区，建立了西辽（也叫哈剌契丹）。

金军灭辽时，北宋朝廷经历着一场大辩论：到底是与金军一同瓜分辽国，还是帮助辽国防御金军呢？

主战派以当时的枢密使童贯为代表。童贯的主战可以追溯到政和元年（公元1111年）。当年北宋派员出使辽国，出使的大臣是端明殿学士郑允中和大太监童贯。童贯掌管枢密院，是朝廷的军事重臣。在辽国，童贯结交了马植。因为在辽国受到排斥，马植谋求对辽国的报复。他透露辽国已经很孱弱，建议北宋做好攻伐辽国的准备。

童贯将马植带回北宋后，马植改名李良嗣。到金军攻辽时，李良嗣通过童贯向宋徽宗建议，与金军联合进攻和瓜分辽国。

由于当时宋与金不搭界，北宋使臣必须从渤海坐船才能到达辽国境内,所以此次双方的结盟称为海上之盟。

双方约定从南方和北方共同夹击灭辽,北宋把给辽国进贡的岁币转给金,金同意将燕云十六州交还给北宋。

主战派的提议受到了主和派的反对。

在主和派中,比较典型的是安尧臣(他是前工部侍郎、兵部尚书,同知枢密院安悖的族子)。他上书表示,一个国家的祸端,往往是从和平走向战争的那一刹那。北宋之所以不和辽国争燕云十六州,也是考虑用土地换和平。既然已经维持了上百年,一旦重启战端,往往会得不偿失,让原本已经疲惫的民间更加无法承受。另外,辽国已经是一个开化、爱好和平的国家,与北宋是唇亡齿寒的关系。这个国家其实是北宋的北面屏障。一旦辽国没了,换成更加勇猛的女真人,那么北方就再也没有和平可言了。

宋徽宗最初同意了安尧臣的看法,但随后在蔡京、童贯等人的主导下,又偏向了战争。

就在金军进攻时,高丽国派人来求医,宋徽宗派了两名医生提供帮助。医生带回来消息:高丽全国都在为战争做准备;他们认为金国(女真人)是虎狼之国,建议北宋千万不要和金国联合。

最后,对于收复北方领土的渴望影响了宋徽宗,他决定与金人联合。李良嗣(后又改名赵良嗣)出使金,与金军签订了夹攻协议。

其实,海上之盟在一开始就有无数的问题。

金国之所以同意这个要求,不是经过认真考虑而是无知的结果。金国地处偏僻,对辽国充满了仇恨,而对燕云十六州的价值了解不深,眼中只有辽国的北方领土。

可也正因为这样，一旦它了解了燕云十六州的价值，就很难遵守协议。更何况所谓协议包括了两部分，一部分是明面的框架，另一部分则是口头协议。燕云十六州中燕山以北的诸州归属都是以口头协议的形式存在的，被遵守的可能性更小。

要执行宋金协议只有一个办法：北宋迅速进军，利用金军的无知，趁金军没有反应过来，就收回燕云十六州。否则两国必然陷入更大的纠纷。

然而这个办法却在北宋军队的拙劣表演中葬送了。童贯所领导的宋军仅仅攻占了涿州和易州，就被辽军阻挡，无力北进。反而是金人"解放"了大部分协议领土。

以幽州为例，这个州原本划归北宋去攻占。按照协议，金军不过燕山，燕山以南的州都交给宋军处理。但在进军幽州时，宋军屡吃败仗，只好求助于金军。金军这才获得了幽州。

到这时，金军仍然是守约的。辽灭亡后，金军交割了幽州和其他六个州（蓟州、景州、檀州、顺州、涿州、易州）给北宋。

只是在守约的大前提下，金军又勒索了北宋一笔钱作为赎城费。且金军在撤出之前大肆掳掠，带走人口，只留下了空空如也的城池。在山西方面，朔州、应州和蔚州守将向北宋投降。金国还将武州还给了北宋。

致命的是，通过与北宋打交道，金军逐渐了解了天下的广阔和燕云十六州的价值，也知道了赵宋君臣的懦弱与无力。

这个战斗的民族本来还比较严肃地对待政治协议，反而是北宋在许多方面屡屡破坏协议，给了金人足够的借口。

就这样，事情起了变化。

靖康之变：物质文明遭遇部落战争

辽国灭亡后，北宋原本占有了幽州，将防御线推进到燕山。但由于无力在新获得的几个州实施有效统治，所以宋金战争一开，北宋新获得的各州立刻被金军占领。

原本辽国与北宋对峙的边境线就成了宋金的新边防线。

北宋的防御线主要依托于河北的河流（如大清河、易水），以及山西的山脉（如恒山、管涔山、句注山），辅以城市防御。河北的战略点在霸州、雄州、保州、定州、真定，其中定州和真定是主要驻军区；山西的防线设在蔚州、代州和岚州，最主要的驻军区在太原。

如果敌人攻克了这道防御线，北宋就会退到黄河一线。在河北方向，有一系列城市（大名、澶州、浚州、滑州，以及黄河北方的瀛州、深州、冀州、邢州、磁州、洺州）作为防御，在山西则是隆德府（现山西长治）、怀州、河阳等黄河北方地带。

宋辽对峙时期，辽国进攻南方的线路主要有两条，分别是从山西大同直下太原、长治，渡过黄河进攻河南的西线，以及从北京出发，进攻河北，渡过黄河进攻汴梁的东线。

辽国在进攻时往往犹豫不决，到底是选择其中一路，还是选择两路并进。即便两路并进，也总是协调不好两路的关系，无法完成协同。

但金人从一开始就坚决地选择了两路齐头并进的思路。这一点也展现了金的军事力量比辽更加强大，也让北宋猝不及防。

在战略上，金与辽也有明显不同。辽深受中原影响，在战争中强调有效占领，尽量不要在战线背后留下没有被攻占的城市。他们偶尔也采取纯粹的掠夺式进攻，派军队进入敌人的后方大肆劫掠一通就撤回，大部分情况下仍然以占领为目的。

这种战略让辽国倾向于稳扎稳打，不会孤军深入，也缺乏锐度，无法一击致命。

由于是新兴的国家，金的战略体系还没有成形，反而能够打出孤军深入的经典战役。他们不惜在身后留下众多没有攻克的城市，冒险直达最远方。这种冒险性战略属于部落战争的典型打法。在部落战争时期，只要孤军深入将敌人的部落首领抓住，整个部落随即臣服，战争就此结束。

金人对北宋采取了类似的打法，意外地获得了最大化的利益：由于北宋怕打仗，一旦金国孤军深入直捣国都，皇帝就会吓得和谈甚至投降，并主动压制驰援国都的军队；北宋的其他区域虽然屯有大量军队，但很难快速行军救援国都。

在灭辽当年，北宋宣和七年（公元1125年）十月，金军兵分两路，分别从东线河北和西线山西进攻北宋。其中进攻河北的左路军（东路军）由南京路副都统完颜宗望（又名斡离不，宋人称之为"二太子"）率领，进攻山西的右路军（西路军）由左副元帅完颜宗翰（又名粘罕，宋人称之"国相"）指挥。

完颜宗望率领的东路军首先进攻的目标是现在北京所在的燕山路（原来的幽州，辽南京）。自从金军将燕山路割还之后，北宋就在这里驻扎大军防卫。如果军事部署能够起到作用，金军就很难越过燕山，从河北南下。

然而，金军从燕山进入檀州、蓟州之后，燕山路守将郭药师（原来的辽国降将）在白河与金军大战失利后，投降了金军，致使北京沦陷。

北京沦陷后，完颜宗望长驱直入，抵达河北。他们进攻中山（定州），无法攻克。但金军没有像当初的辽军一样与宋军相持，而是继续南进，直指北宋国都汴梁。经过庆源府（现河北赵县）、信德府（邢州，现河北邢台）、邯郸、浚州，到达黄河北岸。

宋军听说金军已经向黄河进发，就开始大溃逃。金军到达黄河北岸时，不仅北岸宋军已经无影无踪，南岸的士兵也烧毁浮桥逃走。金军在没有防卫的情况下，花了五天时间，用能够找到的所有小船将骑兵全部渡过黄河。如果宋军能够固守南岸，金军难有机会渡河。

金军渡河后，宋军最后的屏障已经失去了。

在完颜宗望兵围汴京时，金军的西路军却在太原受阻，无法与东路军会合进攻汴京。围攻汴京的只有东路军的六万人。北宋以士兵数量多著称，常备在一百万以上；只算在金兵围城期间，从各地赶来的勤王大军也有十几万人。最著名的是河北河东路制置使种师道和武安军承宣使姚平仲，朝内大臣最坚决的主战派则是兵部侍郎李纲。

从人员数量看，宋军更具优势；从防守看，汴京也有着完整的防御系统；从后勤上看，金军长途奔袭，本无后勤保障。

但宋钦宗急于与金军达成和议，以割让太原、河间、中山三镇为条件，换来金兵北归（三镇并没有完成交割）。完颜宗望获得大量的战争赔偿，心满意足。

如果宋钦宗与群臣能够达成共识，坚决抗敌，那么不用多久，金兵如果不北归，也必然会因为孤军深入而崩溃。

东路军撤离后，金军的西路军继续围困太原，击溃北宋数次援军，并最终攻克太原。

攻克太原使得金军在西路获得了极大的优势。在第一次南征中，由于东西两路大军配合出了问题，且西路受阻于太原，无法完成攻克汴京的战略目标。由于获得了太原，在第二次进攻时他们的战略必将更加成熟。

宋钦宗以为金军北归，事情就结束了。事实上，金军的东路军获得了大量赔偿，必然让西路军更加心动。金军实行的不是兵饷制，而是掠夺制。表面上，金国皇帝征召军队都是不出钱的，由各个部落自己组织军备，这样使得皇帝基本上没有养兵成本，在财政上极其灵活。但皇帝也必须允许士兵在攻克城池后进行掠夺，获得战争收入。东路军在第一次战争中获得了太多的收入，西路军却一无所获，于是完颜宗翰率领的西路军成了坚决的主战派。

靖康元年（公元1126年）八月，在完颜宗翰的推动下，完颜宗望和完颜宗翰分别率领东、西两路大军，再次进攻北宋。

他们仍然采用快速打击、略过坚城、闪击国都的方法。

与第一次相比，他们特别注意两路大军的协调，避免像第一次那样，当东路军赶到时西路军却无法会合。

西路军从长治方向过天井关渡过黄河，与此同时，东路大军仍然采取上次的线路进军，两支大军渡过黄河后在汴京城外会合。

北宋朝廷中，此刻主和派又占了上风。在第一次东京保卫战中立了大功的李纲已经被贬到南方任职，大将种师道已死。在死前，种师道预计金兵还会再来,向宋钦宗提出迁都陕西长安,利用潼关天险进行长期抗战。这个以空间换取时间的方法被宋钦宗否决。

汴京之围,表明了北京和太原在防卫游牧民族袭击中的重要性。它们只要掌握在南方王朝手中,就封死了北方的进攻线路;一旦两城丢失,就没有办法阻止游牧民族直达黄河了。

在一片慌乱中,东京围城战持续了一个月。由于经济和军事上的双重崩溃,外界的援军很难有效组织,加之城内的指挥失误,金军最终攻克汴京,北宋灭亡了。

金军进攻北宋的两次战役,也诠释了汴梁作为国都的不足之处。由于缺乏天险,足够强势的北方军队南下时可以快速渡过黄河,对国都形成围攻。闪击战之下,各地可能来不及救援,国都就已经陷落。

在灭亡北宋的过程中,金军还虚虚实实地使诈。即便在宋钦宗投降之后,天下的大势也并没有确定。各地勤王的部队虽然缺乏有效组织,但在数量上并不少,康王赵构也举起了反金复国的大旗。

金军一直给宋钦宗以希望,仿佛他们掠夺过后就会撤退,将江山还给赵氏。满怀希望的宋钦宗配合金军完成了投降之后的交接工作,甚至压制国内对金军的反抗。

直到最后,金军才告诉徽、钦二帝,要一网打尽,将两位皇帝以及他们所有的子女、妃嫔都带回北国。除了已经逃脱的康王赵构,两位皇帝及其子女、妃嫔全成了俘虏。

金军的做法在部落战争中并不稀奇,胜利者战胜一个部落,便将首领一家带走,换一个傀儡当首领。失败首领的儿子被迁到受监视的偏僻之地，女儿则嫁给战胜者。

根据这种做法，金军把赵氏全部带走，换上他们认为听话的张邦昌当皇帝。两位皇帝和他们的儿子们都可以保全性命（除非死于疾病），被分送到北方各地居住；他们的女儿和妃嫔则分别嫁给金军将领，或者充当官妓。

但北宋并不是一般的部落，皇帝也不是部落首领。在一般的部落里，首领家族并不大。但要将整个北宋宗室迁走，就造成了一次近两万人的大迁移。在各部族传统中，女人嫁给胜利者是理所当然的。但对于北宋人而言，宗室女子死的死，卖的卖，有的成了某些贵族的小妾，有的进了洗衣院（可能是面向皇帝的带有妓院性质的妇女储备机构），却是奇耻大辱。

靖康之变留给北宋人的，不仅仅是失去了两个皇帝，而是华夷失序所带来的哲学崩溃。这种创伤远远超过了徽、钦二帝的生死，直到现在仍然被称为华夏文明史上最大的耻辱之一。

逃往海洋的皇帝

历史习惯于将徽、钦二帝被金军掳掠当作北宋灭亡的标志，但实际上两位皇帝被俘并不一定意味着灭国。

虽然金军攻陷北宋国都汴梁，但要想把占有的土地都消化，却显得困难重重。

作为新兴民族，金军出征时并没有想到，它要征服的是一个面积达几百万平方公里的大国，更没有费心考虑如何去统治这个大国。他们对这片土地和社会都处于极其无知的状态。

两位元帅赢得国都汴梁，却由于无法建立有效统治，只有立傀儡这一条路可以走。

金军立的傀儡叫张邦昌，曾经是宋朝大臣（担任过少宰和太宰，都属于宰相）。金军北还后，将广大中原地区留给了摇摇欲坠的傀儡政权。

在一个拥有强烈君臣观念的社会，人们对张邦昌的认可甚至还不如对金军。张邦昌也很识时务，他放弃了帝位，迎接唯一没有被带走的徽宗之子康王赵构当了皇帝。所以，在当时的人看来，除了两位皇帝北狩之外，大宋江山又恢复了，甚至连汴梁和洛阳两个国都也都回到了汉人手中。

金人实际控制的土地是极其有限的：在北方，燕云十六州归了金；在山西，宋朝丢失了太原及其以北地区；在河北，金军借助占领了燕京的势头，逐渐南向渗透，但实际控制地依然只在北京以南数州，其余地区要么依附于宋，要么处于半独立状态。

宋朝仍然控制着山东、河南全部和山西、河北南部，以及陕西南部（其北部是西夏，不是金控制），所失去的领土并不多。北宋除了国都汴梁，还有三个陪都，分别是西京河南府（洛阳）、南京应天府、北京大名府。这四京之地都掌握在宋朝的手中。

宋高宗君臣的讨论大都关注如何利用大半河山完成抗敌，甚至收复山西、河北北部地区的问题。此外还有一个核心问题无法绕过：是否迁都？

由于北方领土的损失，汴梁已无险可守，太容易受到打击，不迁都很容易重蹈徽、钦二帝的下场。但如果迁都，则意味着放弃北方，影响士气。

围绕着迁都问题,朝臣分成了若干派别,比如宗泽主张不要迁都,以东京为基地进行抗战;李纲借鉴种师道的主张,认为可以迁都,但最好迁往陕西,利用陕西的天险与金抗衡;还有人主张迁都应天府,那里是宋高宗继位的地方,仍然属于北方地区,不至于影响士气。

这些人的主张有一个共同点,就是皇帝不要离开北方。不管是东京、长安,还是应天府,都在抗金的前线。皇帝只要留在北方,那么未来收复北方失土就是有望的。

朝廷中还有另一派人主张南迁,他们有的主张迁往东晋南朝的国都建康,有的主张迁往湖北的荆州。主张南迁的人始终无法应对的一个问题是:朝廷距离北方边境过远,很可能意味着北方领土的永久丢失。一旦皇帝离开,金人将重新蚕食北方,宋、金将形成以淮河流域为边境的新边界。到那时,所有的北伐都会成为空谈。

南迁派手中有一张王牌——皇帝的安全。宋高宗赵构并不是一个具有雄才大略的皇帝,经过靖康之变,皇帝首先要防止的是成为下一个宋钦宗。

争执过后,宋高宗决定迁都南方。他先退到扬州,将其建成暂时的国都(皇帝暂时驻扎的地方称为"行在所",或者简称"行在")。这次搬迁也决定了对宗泽、李纲等主战派的疏远。

南宋建炎元年(公元1127年),由于傀儡张邦昌退位,处于军事极盛期的金军再次南下。

此刻,更加了解南方地形的金军兵分三路,对长江以北三个最重要地带进行打击：西路军从山西进入陕西，试图征服这个地处西北的战略要地；中路军在元帅完颜宗翰的领导下，从山西南下，渡过黄河后向洛阳进军；东路军的右副元帅完颜宗辅及其弟完颜宗弼从北京出发，向河北、山东地区扫荡。东路军和中路军还负有一个使命，即南进后他们将合势再次进攻东京汴梁。

这次，金军取得了重大胜利：西路军攻克了长安；中路军攻克洛阳后，继续向南到达襄阳、房州、邓州，并向长江流域施压；东路军则掳掠了山东。但在东京汴梁，老将宗泽成功地组织了东京保卫战，阻止金军继续南下。其后由于金军的后勤出了问题，三路军都不得不退军，将所侵略的领土尽数让出。战争以宋军的战略胜利而告结束。

这也是金军第一次显出疲态。由于金是单一民族武装的国家，女真族人口不多，这支武装具有足够的锐度，却缺乏厚度，可以迅速奔袭，却无法维持占领。

当宋高宗撤到南方后，在双方的政治中心之间留下了庞大的空白地带，从河北直到黄河，再到淮河、长江之间，直线距离有一千多里；金军每一次发动袭击都必须跃进一千多里，才能抵达宋朝的新政治中心。而完成跃进后金军已经疲劳，进入衰竭时期。

如果想克服此处不利，金人必须将前进基地迁往南方靠近淮河流域的地方。但由于金的政治落后，无法形成有效统治，所以很难建立起稳定的政权来控制黄河、淮河地区。

对于金军来说，唯一的机会就是实行闪电战，进攻宋朝皇帝所在，迫使他迅速投降，利用皇帝的权威让全国归顺。

建炎二年（公元1128年），守卫东京的老将宗泽去世，金军随即开始了第二次南侵。这次南侵除了与第一次一样兵分三路，分别进攻陕西、河南和山东，还增加了机动性要求。在各个将领分兵掠地时，东路军的完颜宗弼则率领人马直捣扬州，试图在宋高宗没有反应过来时就兵围扬州，擒获皇帝。

于是，就有了本章最初的一幕：皇帝在金兵到来之前仓皇渡江，逃过了被俘的命运。由于金兵没有准备渡江，只得第二次撤军。

但是，此次偷袭扬州将宋高宗吓破了胆，他不仅不再考虑将国都迁回北方、收复旧土，甚至连长江沿岸都认为不再安全，将国都迁往更远一些的杭州。

宋高宗迁都杭州造成了两方面的影响：第一，金军的作战臂长很难到达杭州，这也决定了宋金战争将演变成长期的对峙；第二，随着皇帝南迁杭州，北方领土由于过于遥远，相继沦陷，北宋彻底灭亡。陕西的关中平原，河南的东京汴梁、西京洛阳，河北、山东全境，陆续被金人占领。双方对峙线向淮河地区南移，形成了以淮河流域为主体的新防线。

由于金人无力统治如此广大的领土，在山东、河南地区又设立了一个新的傀儡——号称齐国的刘豫政权。直到南宋绍兴七年（公元1137年）金的政治制度更加成熟后，才废掉了伪齐政权，对中原实行直接统治。

在宋金对峙转化成长期之前，金军做了最后一次尝试。

建炎三年（公元1129年）冬天，金将完颜宗弼以山东为基地兵下寿春，向江南扑来。在到达寿春后，又兵分两路：一路向江西境内扑去，追袭位于洪州（现江西南昌）的隆祐太后（宋哲宗的第一位皇后，也是汴京围城时唯一没有被金军带走的、当过皇后的女人);另一路则走传统的巢濉故道,兵下采石矶,渡过长江后进攻建康,再从此地向宋高宗所在的杭州进军,意图一举消灭南宋王朝。

与完颜宗弼大军相配合的,还有西路进军陕西和东路进军淮河岸边楚州的军队。

扑向江西的金军顺赣江而上,直扑洪州,却由于隆祐太后的南走没有成功,最后从江西绕道湖南,从潭州、岳州(现湖南岳阳),经过襄阳北归。

而完颜宗弼亲自率领的军队在采石矶渡江,击溃了建康的防务后迅速南下。一路上由于进军太快,守将根本无法完成防务。当地人即便看到金军,也以为是宋朝的溃军,直到金军射箭进攻,才意识到是金军来了,纷纷逃走避难。

金军到达杭州时,宋高宗已经逃走,到了东海边上的定海(现浙江宁波镇海区)。在这里,他乘船出海。这是中国古代历史上皇帝第一次为了逃难而到了海上。与唐玄宗逃到四川不同,茫茫大海上无法保证后勤,稍有不慎就是死路。由于船只不够,大量的士兵和家属都被扔下。金军一直追到了舟山群岛上的昌国,才由于对海洋战准备不足而失败。

这次著名的逃亡,成了南宋挫败金人速胜企图的最后努力。如果金人失败,必定无法再组织起下一次如此巨大规模的远征,双方将进入均势状态,以淮河为界各自统治一半中国。

完颜宗弼撤退时,在如今南京附近的黄天荡遭到韩世忠的阻击。韩世忠以八千人围困了金兵十万人达四十八天,金兵才另掘新的河道逃走。这次战役的象征意义远大于实际意义,破除了"金军不败"的神话,也终结了金人在军事方面的上升势头。

金人对河南地区的经营几经波折。由于经营不善,金国甚至想将汴梁、洛阳、长安还给南宋(绍兴十年,即公元1140年)。由于元帅完颜宗弼的力争,金人才没有这么做。最终,金人不得不在征服的土地上开展政治建设,消化中国北部;即便不情愿,也走上了汉化之路。

绍兴十二年(公元1142年),宋高宗以处死抗金名将岳飞为代价,与金国议和,维持了以进贡换和平的传统。此前,宋金之间的拉锯战又维持了十年,才以淮河为界形成了较为稳定的新国界。金人获得了包括陕西、山西、河南、河北、山东在内的北方地区。这是双方军事实力再平衡的产物,一旦进入均势,就很难再打破。

绍兴三十一年(公元1161年),新夺取帝位的金人海陵王完颜亮率军南侵,试图从采石矶过江灭亡南宋,却遭遇了决定性失败。海陵王也在兵变中身死。这时的金国已经如同当年的辽国一样,无力对南宋构成决定性的威胁了。

又到尴尬北伐时

南宋嘉泰三年(公元1203年)年底,辛弃疾匆匆赶往国都临安。他满怀激情与希望,因为当朝宰相韩侂胄召他去参与讨论北伐事宜。

辛弃疾出身于山东沦陷区,在海陵王南侵时曾经参加过敌后游击队。来到南方后,他又以激烈的主战姿态著称。

海陵王南侵失败后,隆兴元年(公元1163年),南宋孝宗乘机组织了一次北伐。这次北伐以失败告终,宋金达成隆兴和议。隆兴和议比起宋高宗时期的绍兴和议进贡有所减少,却被割去了商州(现陕西商洛)和秦州,所以二者并没有本质上的区别。

此后,宋金进入和平时期。

四十年后,亟须树立权威的宰相韩侂胄再次祭起北伐的大旗,立刻吸引了辛弃疾的注意。当时,金人北方的蒙古人已渐成气候,金人除了考虑南方的南宋,更要防备北方的蒙古人。韩侂胄显然想利用金人战略地位的削弱来先发制人。

辛弃疾被任命为绍兴知府兼浙东安抚使,半年后又被任命镇守江南重镇京口。在离开绍兴之前,辛弃疾拜访了隐居在绍兴的陆游。

陆游此刻已经七十八岁高龄,辛弃疾也已六十三岁。在起用辛弃疾之前,韩侂胄起用陆游担任权同修国史、实录院同修撰。但陆游很快看到韩侂胄军事准备的仓促,心灰意冷,便离开了朝廷继续隐居。

陆游并没有用自己的情绪影响辛弃疾,而是鼓励他上路。到达镇江后,心怀壮烈的辛弃疾登上了镇江的北固山。

如今的北固山已经成了著名的风景区,这座在长江边上的小山是三国时期孙刘联姻之所在,也是历代长江攻伐的见证者,在山上还有吴国大将太史慈的墓葬。

距离北固山不远,就是传说中"水漫金山"的金山所在。从山上向下望去,长江如同一条巨大的飘带横亘于北方。站在山顶上的北固亭里,辛弃疾写下了《永遇乐·京口北固亭怀古》,表达了对于北伐的渴望,以及对于韩侂胄北伐仓促的忧虑。

千古江山,英雄无觅孙仲谋处。舞榭歌台,风流总被雨打风吹去。

斜阳草树，寻常巷陌，人道寄奴曾住。想当年，金戈铁马，气吞万里如虎。

元嘉草草，封狼居胥，赢得仓皇北顾。四十三年，望中犹记，烽火扬州路。可堪回首，佛狸祠下，一片神鸦社鼓。凭谁问，廉颇老矣，尚能饭否？

显然，他也和陆游一样，看到了韩侂胄北伐中的问题。当时的人们普遍认为，韩侂胄之所以想北伐，是为了用这个不世功业来为自己涂脂抹粉。但所有人都被他的草率与仓促吓住了。

韩侂胄一方面大搞内部政治斗争，排除异己；另一方面却没有做太多军事准备，将帅任用不当，士兵没有经过严格训练，马匹不足，军事后勤工作也没有做，山寨堡垒都处于荒芜状态。在这种情况下，发动北伐必然引起极大的麻烦。

即便辛弃疾和陆游这样的主战派，最后也被排挤，不受重用。于是，这场北伐的结果就可以想象了。

不过，脱离当时人们的思维局限，从更大的战略角度出发考虑，我们也会发现：即便充分准备，南宋仍然没有成功的可能。很大原因就在于从南往北进攻的难度太大，南方缺乏地理上的战略支撑点，而北方只要占据了关中地区、山西、北京，就很容易在华北平原地区和淮河流域拖住南方的进军步伐。

要想克服这个地理上的劣势，必须拥有绝对的军事优势。而南宋根本称不上有军事优势。金人的军事能力尽管因为北方蒙古的崛起而大受影响，也仍然优于南宋。更何况，由于韩侂胄的执政，南宋的经济和金融正处于困难时期，更加大了北伐的难度。

最终，开禧北伐成了一场儿戏，宋军还没有打到中原地区，在淮河和襄阳一线就崩溃了。

为了满足金国的要求，宋宁宗不得不杀掉韩侂胄。这次和议，金国只要求增加岁贡和战争赔偿，没有要求割地。这使得南宋政权又苟延残喘了七十年。

金人如此慷慨，是因为他们想及早结束与南宋的冲突，好把力量用在北方与蒙古的对抗上。金虽然获得了对南宋的胜利，但它在二十六年后就被蒙古人灭亡了。

第五部

元明清时代

（公元1179—1911年）

第十九章　成吉思汗眼中的世界[1]

蒙古族是世界上最擅长迂回和奇袭的民族，在历次战争中都将迂回攻势运用到了极致。比如夺取金中都、灭金之战、迂回大理进攻南宋、迂回布哈拉包围撒马尔罕，都属于迂回战的经典案例。

蒙古本土的地理由三座山脉组成，自东向西分别是肯特山、杭爱山和阿尔泰山，这三座山脉之间有许多盆地，适合各个部族居住。成吉思汗在蒙古的统一，就是依托于一个超大型盆地将其他盆地并入一个统一旗帜下的过程。

西部的克烈部、乃蛮人、吉尔吉斯人，东部的塔塔儿人、瓦剌人、蔑尔乞人、洪吉喇部，以及属于蒙古本部的泰亦赤乌人、札只剌部，是成吉思汗统一蒙古的拦路石。

成吉思汗先平定了平坦但是拥有足够纵深的东部，再进攻西部两个巨型谷地（盆地），统一了蒙古。

成吉思汗在东方崛起时，花剌子模恰好在西方崛起，双方的战争就

---

[1] 本章涉及的时间范围是公元 1179—1449 年。

成为决定谁是世界霸主的战争。

花剌子模与蒙古的对决是两种战争模式的对决：花剌子模采取封建模式，士兵多从附庸国抽调；蒙古采取集权模式，每一个士兵都必须对上一级组织绝对服从，且被压榨出最大的战斗力。蒙古人的震撼战术也起到了作用，但是不抵抗的城市，民众可以几乎不受影响地生活。

蒙古第一次西征的主要目标是花剌子模国，除了灭亡花剌子模，还得到阿富汗、伊朗西部，最远向南到达巴基斯坦，向西越过高加索山脉，进入俄罗斯境内。

蒙古第二次西征（长子西征）的主要目标是从里海、黑海以北向现俄罗斯进攻，再向西南方，越过喀尔巴阡山进入欧洲的其他地区，特别是罗马尼亚、匈牙利等。

蒙古第三次西征的目标回到波斯和中亚，彻底灭亡了巴格达的哈里发国，并扫平了当年的伊斯兰教阿萨辛派。

西藏归顺蒙古，给蒙古带去了藏传佛教作为国教。蒙古人则把西藏并入中央王朝，并助其建立了政教合一的政治制度。

一个游牧民族占领了农耕文明地区后，有两条路可以走：第一，保持传统，无法保持对占领地的控制力，最后由于占领地的反抗而退走；第二，被同化，丧失原来的民族特性。元朝在这两条路中摇摆不定，国家也在摇摆中解体成了碎片。

明朝之所以能完成历史上唯一一次从南到北的统一，并不是自身的强大，而是元朝政权分崩离析后的无力造成的。

明朝时，蒙古人的旁支瓦剌人统一了中国北方。明朝为了限制瓦剌人，断绝了北方的正常贸易，却又开了一个口子，允许他们以进贡的形式开展贸易。这种贸易产生的冲突导致了"土木堡之变",明英宗被瓦剌人俘虏。

元太宗窝阔台二年(公元1230年),蒙古人开始准备一次天才的进攻。这次进攻发生在本书楔子描写的征服云南之前,但采取的方式却近乎一致——大迂回。

蒙古人进攻的目标是金。此前蒙古人夺取了金在北京、河北、山西的土地,金人也将都城从中都迁到当年北宋的国都汴梁。金主要的领土是河南以及长安所在的关中地区。

根据经验,要想从北方进攻汴梁,一般有两条路:一条是从山西直下上党地区,过黄河进入河南;另一条是从河北直下黄河。金灭北宋时就选择了从这两条路齐头并进,利用钳形攻势夹击汴梁。

但这两条路有一个缺陷:无法阻止南方政权继续向南逃窜。比如金军攻打汴梁虽然成功了,却留下了隐患——宋高宗逃到南方,金无法完全将宋朝消灭。

在金的南方还有南宋政权,本就无处可逃;但如果仅仅从一面压迫,也容易造成困兽犹斗的局面。蒙古人显然是不会这样随便进攻的,必须利用一次奇袭将金军彻底歼灭。

为此,窝阔台设计了一次经典的大迂回攻击。

他派遣拖雷从山西渡过黄河,进入陕西。由于金的兵力不足以同时防守陕西与河南,拖雷很快占领了关中平原。

在占领关中平原后,窝阔台兵分三路向汴梁进军,试图将金军残余势力包围起来。前两路采取了传统的攻击线路:一路从山东、河北向汴

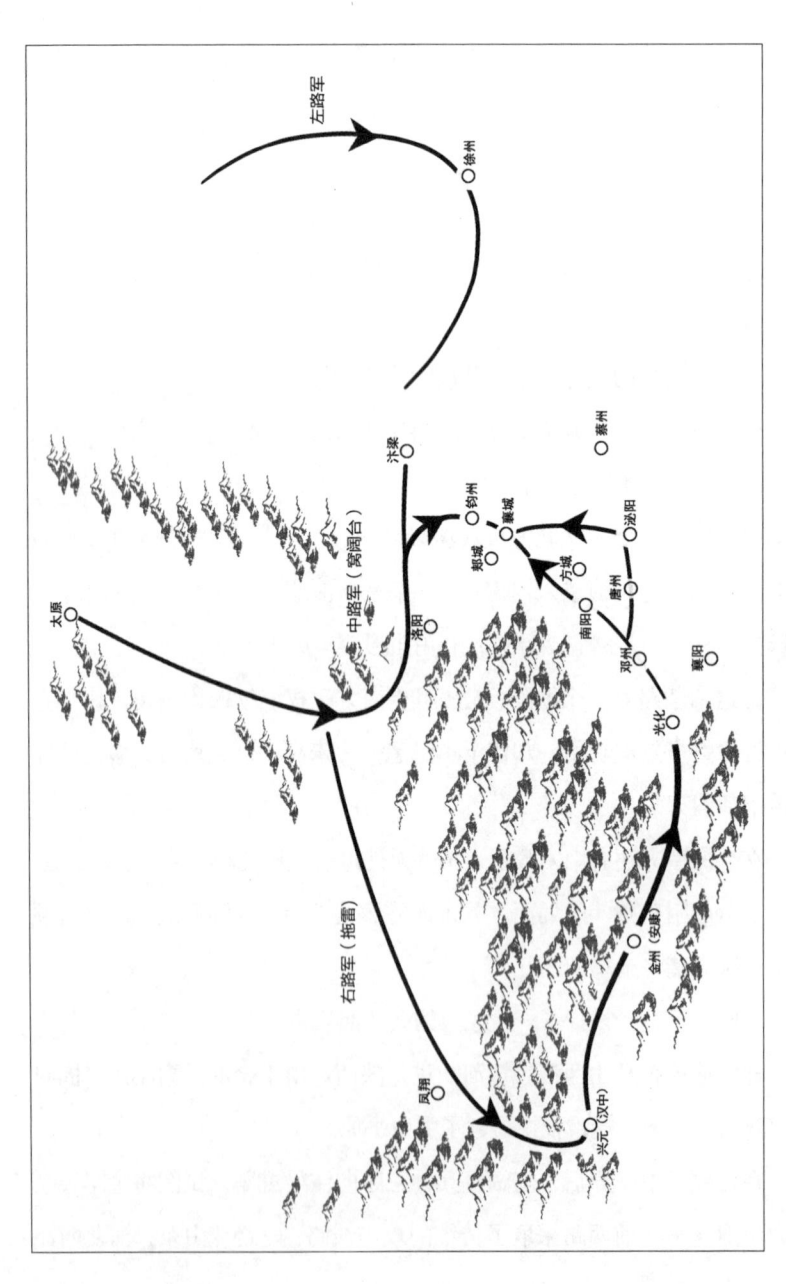

图 16　蒙古人的大迂回进攻路线

梁进攻；另一路由窝阔台亲自率领，从山西渡过孟津，逼近汴梁。令金军感到震惊的是拖雷所率领的第三路军，这路兵马只有三万人，却在对金战争中起着关键作用。

拖雷的兵马从陕西出发，沿着进入四川的道路，经过大散关到达汉中地区，再从汉中沿汉江而下，经过安康、襄阳，到达唐州和邓州一带，从南方抄后路进攻汴梁。

在中国古代历史上，第一次利用汉江进行大迂回的是蒙古军队。当时的汉中、安康等地都是属于南宋的领土，蒙古人选择这条路，实际上已经深入南宋的地界；仅仅以三万人挑战两个国家，可谓大胆的冒险。

为了防止腹背受敌，拖雷的军队进入汉中后兵分两路：一路向南对蜀道进行骚扰，避免南宋派军队从四川截断蒙古军队的后路；另一路则沿汉江而下，到达光化（现湖北老河口）一带。

蒙古人从光化花了四天时间渡过汉江，与金军遭遇。两军接触之后，蒙古人突然退却，消失得无影无踪。金军迷惑不解。实际上，蒙古人就躲藏在光化对岸的树林里，白天不吃饭，晚上不下马，让金军以为他们离开了。

四天后，蒙古人神不知鬼不觉地出现在金军面前，将其击败，溃兵进入邓州城死守。

由于暂时无法攻克邓州，拖雷略过邓州城向北方前进。泌阳、南阳、方城、襄城、郏城等地相继被蒙古人攻克。拖雷进军神速，金军在堵截中疲于奔命，顾此失彼。

双方的主力在钧州（现河南禹州）以南的三峰山相遇。此刻，正值冬天，大雪纷飞。金军中有女真人，也有汉人，但对寒冷的天气并不适应。蒙古人采取接连不断的骚扰战术。金军得不到休息,又冻又饿,被全歼于三峰山。

至此,拖雷的大迂回战术取得完胜。由于蒙古人已经取得了金国北方、西南方、西方、东北方,而金国的东南方又与南宋接壤,已经没有了后方基地可以利用,灭亡已成必然。

蒙古族作为世界上最擅长迂回战和奇袭战的民族,在历次战争中将迂回战术运用到了极致。在夺取金中都的战役中,蒙古人从山西迂回紫荆关,抄了中都的后路。灭金之战中,从陕西经过汉中进入湖北,迂回到金以南。在与南宋的对峙中,迂回到云南大理,以图对南宋实行全包围。在对中亚花剌子模的战争中,先迂回到更遥远的布哈拉,将国都撒马尔罕包围。

蒙古人的闪电奇袭,使其成为欧亚大陆上最强大的政权。

这个政权在创立之初只不过是亚洲北部一个小山谷里的一群牧马人而已。那个小山谷曾经是一个叫铁木真的孩子眼中的整个世界。当他死亡时,他的世界已经暴涨了数百倍。在他的一生中,这个世界是怎样扩张的?他又采用了什么步骤,获得了他的天下?

我们回到蒙古草原去寻找他的发迹之路。

从流亡者到蒙古之主

公元 2013 年,我骑车穿越了蒙古国的西部地区,对于那里的地貌有了极其深刻的认识,也理解了成吉思汗是如何从这个沙漠、草原、湖泊和山脉遍布的荒凉之地崛起的。

在成吉思汗之前，蒙古高原上有许许多多的大小部落，这些部落分布在众多的山间盆地之中。

打开蒙古国地图，对于军事地理而言最重要的是三列山脉。

在现蒙古国首都乌兰巴托之东是肯特山，这座山没有明显的走向，而是一群山峰的聚合，所以也可以称为肯特山丛。

在乌兰巴托以西、蒙古国中部偏西的位置，是杭爱山，这里也是汉朝远征匈奴最远到达的地区。在杭爱山东侧的草原上，也是匈奴、突厥等民族曾经的王庭所在。

蒙古国西部与俄罗斯、中国的交界处则是阿尔泰山，这条山脉是蒙古国的天然西界，中国新疆最著名的喀纳斯湖景区就深藏在阿尔泰山之中。

除了这三列主要山脉，蒙古国境内其余的山脉大都可以看成它们的延伸或者余脉。

三列山脉（丛）中最高的是阿尔泰山，山脉密布着海拔四千多米的雪峰。其次是杭爱山，其主峰接近四千米，夏天时峰顶只有少量的积雪。肯特山最低，最高峰亦不超过两千米。但不要小看肯特山，就蒙古文明发展的重要程度而言，最矮的肯特山却是最重要的。

肯特山和蒙古东部高原融为一体，在山南还有一个巨大的河谷平原，平原上有三条河流过，分别是克鲁伦河、图拉河和斡难河。这个河谷平原就成了整个东部地区最好的草场，也是成吉思汗成名前所居的土地。

除了三河河谷之外，整个东部由于地势平坦，许多部落居住于此；这些部落又由于地形关系，更容易被统一成一个整体。成吉思汗统一东部后，就在肯特山南面一个叫库库诺尔的小湖旁边成为蒙古人的头领。

西部的两座山脉由于更加高大，形成了若干易守难攻的战略地点。成吉思汗统一蒙古之后，西部的重要性逐渐上升。

在乌兰巴托西面四百公里的地方，位于杭爱山东麓的是鄂尔浑谷地。这片谷地曾经是匈奴和突厥人的王庭所在，可能是蒙古西部最大的谷地，后来成了蒙古古都哈剌和林所在地。

继续往西越过杭爱山，在杭爱山和阿尔泰山之间又有一个巨大的盆地，盆地中间有两个超大型湖泊——吉尔吉斯湖和乌布苏湖。由于气候干燥，乌布苏盆地宜居度远不如东部，但这里是进攻西方的前进基地。如果继续向西，越过阿尔泰山，就进入了新疆北部，也就是准噶尔盆地所在。

除了这几个巨大的河谷盆地，在蒙古还有许多小型的盆地，特别是中部和东部，每一个小盆地都可能是一个游牧部落的居所。

这些盆地四周都环绕着一圈山峰，部落只要占据了四周的制高点，就可以随时发现入侵者。至于盆地中间，则是上好的马场，也是妇孺的居所。这样的地理环境非常适合游牧部族居住，一个小盆地正好可以养活一个部落，部落的大小由盆地的大小决定。只有少数几个超大型盆地，可以容许几个部落共同使用。

部落之间的兼并战争，也在盆地之间发生。大的部落并吞小的部落，其实就是把对方的盆地攻打下来。超大型盆地内部的战争更加频繁，直到出现一个超级部落占据全盆地。由此，这个超级部落对于周围在小盆地上居住的小部落就有了优势地位。

成吉思汗的任务，就是依托最大的三河谷地（平原），首先将东部大草原上的各个部落统一起来，变成超级部落，再向中部和西部扩张，将中西部的部落也都纳入统一的旗帜之下。

与地理相对应的是成吉思汗早期的蒙古部落分布。

在现蒙古国最东部、靠近中国东北兴安岭的地方，居住着洪吉喇部，是当时成吉思汗妻子的部落。紧挨着洪吉喇部的西面，克鲁伦河以南，居住着强大的塔塔儿人。早先，塔塔儿是金的重要盟友，成吉思汗的父亲也速该就是被塔塔儿人毒死的。

塔塔儿的西北方，在克鲁伦河、图拉河与斡难河的河谷，就是成吉思汗早年所在的区域。不过，成吉思汗的父亲也速该死后，蒙古人的另一支系泰亦赤乌人与成吉思汗支系分裂了，成吉思汗所在的部落影响力已经微不足道。除了泰亦赤乌人，蒙古人的札只刺部也是成吉思汗的敌人，这个部落有一个领袖叫札木合，他曾经是成吉思汗的安达（拜把子兄弟），最后却成了竞争对手。

蒙古本部的北方还有两支不容小觑的势力，分别是贝加尔湖北岸的瓦剌人以及南岸的蔑尔乞人。

蒙古人（包括与成吉思汗敌对的泰亦赤乌人、札只刺部）、塔塔儿人、瓦剌人、蔑尔乞人和洪吉喇部，构成了蒙古东部的政治版图，也就是现乌兰巴托以东的地带。

杭爱山和阿尔泰山所在的蒙古西部则有另两个强大部落。最大的强权属于克烈部，克烈部的首脑叫脱忒邻勒，后来以"王罕"之名著称于世。王罕是成吉思汗父亲也速该的安达。克烈部居住在杭爱山以东地区最肥沃的土地上，蒙古最著名的鄂尔浑河谷就处于克烈人的控制之下。

克烈部以西（也是杭爱山以西）则是更加凶狠的乃蛮人。乃蛮人几乎是一切蒙古部落的敌人，在成吉思汗崛起之前他们不被认为是蒙古人。乃蛮人的中心在现乌里雅苏台和科布多地带，也就是杭爱山与阿尔泰山之间的地域。

蒙古以外，在现在我国的新疆境内，则居住着畏兀儿人，也就是古代回纥人、现代维吾尔人的祖先。回纥人原本居住在蒙古，后来被吉尔吉斯人赶走，在唐朝时进入新疆，后改称回鹘。克烈部的景教（基督教聂斯脱利派）信仰，就是从畏兀儿人那里传过去的。

除了克烈部和乃蛮两个相对开化的部族之外，在他们的北方，即现俄罗斯境内，还有一部分吉尔吉斯人。吉尔吉斯人是突厥人的一支，在唐朝时它赶走了强大的回纥人，成了蒙古中部的主人，可后来又逐渐被排挤到边缘地带，在蒙古的西北方游荡。

西部的克烈部、乃蛮人、吉尔吉斯人，东部的塔塔儿人、瓦剌人、蔑尔乞人、洪吉喇部，以及属于蒙古本部的泰亦赤乌人、札只剌部，成为成吉思汗统一蒙古的拦路石。

由于东部地势相对平坦，西部更加陡峭，成吉思汗在统一蒙古的过程中，采取了先平定东部再并吞西部的策略。

成吉思汗的崛起，得益于与两个部落的联盟关系，这两个部落分别是西部的克烈部和东部的札只剌部（首领札木合）。在成吉思汗年轻时，他的妻子曾经被蔑尔乞人抢走，他就是在这两个部落的帮助下才把妻子抢回来的。

在平定东部的过程中，成吉思汗首先瞄准的是蒙古人的公敌塔塔儿人。塔塔儿人是较为开化的游牧民族，一直依附于金，承担着帮助金守卫边疆的责任。由于塔塔儿人帮助金人镇压其他部落，成吉思汗攻打塔塔儿人的战争得到众多部落的支持。他甚至让金国相信塔塔儿人背叛了自己，与金联合夹击，消灭了塔塔儿。

塔塔儿灭亡后，随着铁木真日益强大，东部的敌对势力都聚集在了札木合的旗帜下。札木合曾经是铁木真的安达，他和铁木真同样拥有统一蒙古东部的雄心，因此二人迟早要发生冲突。

在与札木合的决斗中，成吉思汗得到克烈部的帮助。他们联合打败了札木合、泰亦赤乌人、蔑尔乞人。

洪吉喇部一直是成吉思汗的盟友。而瓦剌部远在北方，也逐渐被蒙古人征服。王罕地处西部，在位置上与新征服领土距离较远。就这样，整个东部就成了成吉思汗的天下。

统一东部后，成吉思汗与王罕的克烈部发生冲突，双方各发动了一次奇袭。首先是王罕发动攻击，将成吉思汗赶到蒙古与现今中国的交界地带。蒙古东部的后方有极大的纵深，成吉思汗通过撤退避开了打击。事实证明，蒙古人善于通过迂回打击敌人，截断敌人的退路，更善于通过纵深避开敌人的打击，避免被敌人截断退路。王罕由于进攻臂长超过了补给能力，不得不撤回，将蒙古东部还给了成吉思汗。

东部有纵深，王罕所在的西部却没有足够的撤退空间，在他的背后还有乃蛮人顶着，不可能无限制地撤退。当成吉思汗发动奇袭式远征时，王罕由于没有纵深，被击败。

王罕的灭亡，让成吉思汗的势力扩张到杭爱山东部，巨大的鄂尔浑谷地成了蒙古人的跑马场。人口增加，放牧地数倍增长，成吉思汗拥有了更强大的实力去应对蒙古本土的最后一个敌人——乃蛮人。

乃蛮人处于蒙古西部，在杭爱山和阿尔泰山之间，甚至扩张到现在我国新疆的北部地区。成吉思汗翻越杭爱山，击溃了位于乌里雅苏台地区的乃蛮人塔阳汗。

到这时，蒙古全境都纳入了成吉思汗的统治。平定了乃蛮人之后，成吉思汗一面继续平定蒙古的其他小部落，一面准备对外战争。

蒙古的帝国时代

成吉思汗对于蒙古之外的地理是逐渐认识的。

在他统一蒙古时，只知道在东南方向有一个大国叫金。塔塔儿就是金国的附庸。

为了防范蒙古人，金国曾经修筑了一道长达数千里的长城，从黑龙江直达山西大同。蒙古人和金国的边界以大兴安岭、苏克斜鲁山（大兴安岭南段）、阴山为界，金人在这条界线上修建了一连串的城池和堡垒。

成吉思汗认识的第二个国家是西夏。乃蛮人曾谋求与西夏合作对抗蒙古。虽然西夏没有出兵，却被成吉思汗当作劲敌。蒙古人与西夏的边界在阴山、贺兰山区。

再向西，则是畏兀儿人和西辽的地界。成吉思汗击败塔阳汗时，塔阳汗的儿子屈出律先是逃往畏兀儿人处；由于畏兀儿人投靠蒙古，屈出律继续逃窜，到了西辽，被西辽国国王耶律直鲁古收留。后来，屈出律取代耶律直鲁古，篡夺西辽政权。这次篡权使得西辽进入蒙古人的视野。

在更远方，则是位于中亚地区的大国花剌子模。花剌子模除了是一个国家的名字，更常见的是作为一个地区的名字。花剌子模地区位于中亚咸海南岸、里海东岸。花剌子模国最早是这个地区的一个小国家，以此为基地对外扩张，规模最大时甚至囊括了整个中亚。

巧合的是，当成吉思汗统一蒙古时，花剌子模也恰好处于扩张时期，刚刚统一了中亚。

关于花剌子模的起源，可以追溯到塞尔柱突厥人统治中亚的时代。在塞尔柱突厥人之前，从阿拉伯半岛到波斯、中亚的广大领土都属于阿拉伯人建立的哈里发国。随着哈里发国的衰落，从中亚出发的塞尔柱突厥人攫取了帝国的守卫权，他们表面上仍然尊奉哈里发，但实际上只当其是傀儡，塞尔柱人以苏丹（这个称号的地位低于哈里发）的名义统治着伊斯兰世界。

塞尔柱苏丹时期，有一位官员的奴隶由于勤奋和精明在朝廷中担任官职。塞尔柱朝的官职与封地是联系在一起的，一个官职对应着一片封地，官员靠封地的出产来供养自己。这位名叫讷失的斤的人封地在咸海南岸的一个叫花剌子模的地方。后来，这个地方就成了王朝的名字。

他的儿子获得了花剌子模沙的封号，他的孙子阿即思已经强大到可以和塞尔柱苏丹对抗。

随后的几代经历了混乱，直到帖乞失在哈剌契丹（西辽）的帮助下登上了花剌子模沙的位置。帖乞失先是和弟弟苏丹沙缠斗多年，之后南征北战。他的铁骑到达过中亚的每一寸土地，将大部分城池划入花剌子模的势力范围。

公元 1200 年，帖乞失离世时，花剌子模已经有了帝国的架构。接替帖乞失的是其子摩诃末。摩诃末在短短的十几年时间里合并了当时伊朗和阿富汗大大小小的政权，从山区的古尔王朝到里海南部诸国都统一在其手中。

在弱小时，花剌子模曾经是契丹人建立的西辽的附庸。强大后，摩诃末决定对西辽作战。西辽当时占领了中亚最富裕的河中地区，那里有历史名城撒马尔罕和布哈拉。借着和乃蛮残部屈出律的联盟，两家共同瓜分了西辽。

在当时人看来，花剌子模是比蒙古还强大的国家，是西部首屈一指的大国。成吉思汗对花剌子模并不了解，也不够自信，最初的野心只是针对西辽、西夏和金。

他首先选择进攻西夏。西夏位于金和西域中间，从军事角度讲很重要，是包抄金的很好的进攻点。公元1205—1209年，成吉思汗三次攻打西夏，迫使西夏皇帝求和。

西夏归顺之后，成吉思汗开始对金用兵。公元1211年，成吉思汗挥兵南下，从山西、河北、辽宁三地进入金人的领地。蒙古兵虽然打了无数胜仗，却始终无法攻入重兵把守的北京城（金中都）。

几年后，金人求和，皇帝主动将宫廷撤出中都，重新定都开封。这给了成吉思汗机会，他再次挥兵南下，从已经丧胆的守将手中夺取了中都——这里注定成为蒙古人未来的政治中心。

就在蒙古人要灭金时，突然从西方传来了令人震惊的消息。由于蒙古人靠掠夺和贸易来获得军需，他们对商人特别友好。公元1218年，当一群蒙古商人（四百五十人）到达讹答剌城（位于现哈萨克斯坦奇姆肯特市附近）的时候，该城的主帅得到花剌子模沙的默许，将蒙古商人尽数杀死。其中只有一个人逃离，并把悲惨的消息带给成吉思汗。

这件事成为两大强权之间对决的起点，也是蒙古人西征的开始。

双方的战术迥然不同。在战争起步时，人们更看好花剌子模。

花剌子模继承的是中亚和波斯人的战法，即战争中的军队以联军为主，从各个附庸国抽调兵力，指挥相对松散；主要运用政治手段打击敌人，利用合纵连横之法引诱敌人的盟友背叛。

成吉思汗创建了一套崭新的军事架构，每一个将领对大汗都绝对服从，而二级将领又完全服从于一级将领。采取全民皆兵的方式，蒙古各部落按照出兵的数量进行划分，设十夫长、百夫长、千夫长、万夫长进行统治。

一旦大汗下令出兵，看上去松散的蒙古游牧人群可以在极短的时间内聚集最多的兵卒，并保持对于大汗的绝对忠诚。他们会尽全力去争取胜利，不会背叛，更不会逃避。

另外，蒙古人在进攻西夏和金的时候，摸索出了一套心理震撼战略。在进攻城市时，最好的方式是制造恐怖。但是他们对于不抵抗的城市也给予优待。最顺从的城市几乎不会受任何影响，蒙古人只派一个人去担任象征性的最高长官，并不改变真正负责行政管理的架构。

蒙古人西征首先解决了盘踞在新疆一带的乃蛮人残部，也就是屈出律取代西辽后的政权。在蒙古大将哲别的打击下，屈出律未及交锋就落荒而逃，被捉住后处死。

解决了屈出律，蒙古大军兵分四路向中亚扑去。在蒙古本部与中亚之间，是现今中国新疆北部的准噶尔盆地，盆地的东侧靠近蒙古，隔着阿尔泰山，而在盆地西侧，经过天山余脉和伊犁河谷与两河流域（河中地区）相连。这两条河流发源于帕米尔高原的冰川之中，汇入内陆湖咸海，东边的河流叫锡尔河，西边的叫阿姆河（在成吉思汗时期阿姆河可能汇入咸海西面的里海）。

锡尔河与阿姆河所在的河中地区，与伊拉克两河地区以及中国的长江、黄河地区一样，依靠两条河流，在河流中间地带形成了繁荣的文明。文明的中心有三个：东南方的国都撒马尔罕，在撒马尔罕西侧、靠近阿姆河的布哈拉，以及在阿姆河下游的玉龙杰赤（在现土库曼斯坦境内）。其中玉龙杰赤是花剌子模的发源地，撒马尔罕、布哈拉一直是中亚最著名的两座城市。

成吉思汗的目标是：兵分数路越过东面的锡尔河，向撒马尔罕进军，消灭花剌子模。他首先派出哲别向南从疏勒（现新疆喀什）进攻两河的上游浩罕，让花剌子模以为蒙古人要从这里进军。但实际上他派出大军从更北方的伊犁向西进入锡尔河谷。在这里，他再将大军一分为四。

由次子察合台和三子窝阔台率领一支部队进攻讹答剌，就是这座城市的主帅杀害蒙古商人导致了战争。

长子术赤率领一支大军沿锡尔河向下，一路厮杀，目的地是下游城市毡的。

另外一支部队向锡尔河上游进军，攻打费尔干纳、浩罕等地。

成吉思汗亲自率领一支军队越过锡尔河，向布哈拉进军，从后方包围撒马尔罕。

与成吉思汗亲征相比，摩诃末只在后方指挥，依靠各地的将军作战。

蒙古大军摧枯拉朽般地扫到了锡尔河沿岸。在讹答剌，哈尔只（杀害蒙古商人的守将）坚持了五个月。这座城市分为外城和内城，外城由其部下守卫，部下乘夜间逃走了，蒙古人占领了外城。哈尔只在内城拼到只剩下他和另外两个人，最后被俘。

在费尔干纳首府苦盏，守将帖木儿蔑里在河中沙洲上建了堡垒，蒙古人的攻城器械和投石器使不上力，而他却时常派船出去骚扰蒙古人。当守军的人数终因消耗过大而越来越少的时候，帖木儿蔑里意识到除了逃走没有别的办法。他把辎重、财物搬上了七十艘船，自己率人登上一艘大艇，顺流而下。

蒙古人在岸上跟随着帖木儿蔑里的船队，被他用弓矢打退。当船队顺着河流到达费纳客忒时，才发现这座城市已经被蒙古人占领了。蒙古人拉起铁链想要拦住他们，帖木儿蔑里将铁链斩断，船队继续前进。

下游的毡的和巴耳赤刊都已经被术赤占领。术赤在毡的拉了一排船，在船上架好火炮，专门等待这些逃亡者前来。帖木儿蔑里上岸奔逃，一度只剩三支箭。他被三个蒙古人追上。他用一支钝箭射瞎一个蒙古人的眼睛，又对另外两个蒙古人说自己还剩两支箭，刚好够杀死对方。于是两个蒙古人退走。帖木儿蔑里抵达花剌子模，重新准备战斗。

不管花剌子模的将军们如何英勇，蒙古人还是荡平了锡尔河岸，布哈拉和撒马尔罕也相继被攻克。摩诃末逃往南方的呼罗珊地区（现伊朗、阿富汗与土库曼斯坦交界地带）。

成吉思汗再次分兵，让术赤、窝阔台、察合台向北进攻花剌子模的老巢玉龙杰赤；他本人率兵南下，去进攻花剌子模的阿富汗领地；他的小儿子拖雷向西南前进，征服呼罗珊；而两位大将速不台和哲别则率兵向更西方前进，追击逃窜的摩诃末。

蒙古人一路征伐，让中亚变成一片血海。这次西征彻底击溃花剌子模,占领了花刺子模在中亚、伊朗、阿富汗等地的领地,直达现在的巴基斯坦境内。

在消灭对手的同时,成吉思汗又打听到了更远处的消息。

原来,哲别和速不台追击敌人时,竟然到达里海和黑海之间的高加索山脉一带。高加索山脉是亚洲和欧洲的分界线,也是世界上最难翻越的山脉之一。

哲别和速不台越过高耸的高加索山脉,绕过里海,向北进入现俄罗斯境内。他们打败了土著钦察人,并击败了俄罗斯联军。

因为作战距离太长,哲别和速不台撤回。但他们带来的消息成了蒙古人第二次西征的主要出发点。

第一次西征后,成吉思汗回军继续处理西夏和金的问题。拥有攻城经验的蒙古人灭了西夏。在进攻西夏时,成吉思汗去世。

西夏被消灭后,蒙古人借道南宋,迂回攻打金国。南宋决定与蒙古人合作进攻。两国的军队合力攻克了金最后的据点——蔡州(现河南汝南)。

由于南宋急于在灭金之后抢夺失地,与蒙古人发生冲突,随之而来的是南宋与蒙古的战争。

在叙述宋蒙之战前,让我们先来看看蒙古的第二次和第三次西征。

由于哲别和速不台在第一次西征越过高加索山脉到达了欧洲,加上成吉思汗把他的大儿子术赤(以及术赤的儿子拔都)封在靠近欧洲的金帐汗国,蒙古人决定对欧洲境内发动一次新的远征。

这次远征并非由大汗窝阔台亲征,而是交给了四大支系的长子们,所以被称为"长子西征"。辅佐长子们的是老将速不台，目的在于利用他第一次西征经历和战争经验来保证此次西征的胜利。

这次西征的主要目标是：从里海、黑海以北向现俄罗斯进攻，再向西南方，越过喀尔巴阡山进入欧洲的其他地区，特别是罗马尼亚和匈牙利。

根据俄罗斯人的史书《诺夫哥罗德编年史》[2]记载，公元1223年，一群语言未知、名称未知、种族未知、信仰未知的人突然从东面的黑暗中冲出来，打败了俄罗斯人的邻居钦察人。俄罗斯人组织了庞大的援军与蒙古人作战，他们懒洋洋但趾高气扬地上马，以为是去解决个小问题就回家。但俄罗斯援军被蒙古人击溃，基辅公爵被抓住且折磨至死。就在俄罗斯人战战兢兢地等待蒙古人继续进攻时，哲别和速不台却撤退了，队伍消失得无影无踪，也不知道什么时候回来。

俄罗斯人在忐忑中等了近二十年，几乎忘掉了蒙古人，却在突然间遭遇第二次打击。蒙古人是以一种奇怪的方式到来的，他们派一个巫婆和两个随从到俄罗斯的梁赞公爵那里，要求俄罗斯人向蒙古人进贡。公爵回答表示除非他们都死了，否则不会让蒙古人占有该地。

蒙古人采纳了公爵的提议，对俄罗斯进行了毁灭性打击，攻陷了一座座城池。

之后蒙古人稍微休息了两年，又再次进攻，他们攻克了俄罗斯人的政治、文化中心基辅。接着，蒙古人从俄罗斯人的土地上经过进入东欧，他们在波兰打败了波兰人和日耳曼人的联军，进入摩拉维亚、匈牙利和

---

2 Nevill Forbes, Robert Michell, A. A. Shakhmaton, Charles Raymond Beazley, *The Chronicle of Novgorod*, *1016-1471*, BiblioBazaar, 2009.

奥地利，甚至到达达尔马提亚，前行到地中海附近。

就在这时，窝阔台大汗去世，长子们都要回去争夺大汗之位，第二次西征结束。在蒙古人回军时，他们最远到达的达尔马提亚与西欧世界的中心罗马只有一海之隔，直线距离不到五百公里。

第二次西征使得术赤的儿子拔都成为俄罗斯的主人，金帐汗国的领土面积到达顶峰。

在进攻欧洲后，蒙古人第三次西征再次回到了波斯和西亚。成吉思汗第一次西征之后，随着蒙古军队的撤出，花剌子模的后代扎兰丁又夺取了波斯的部分地区。蒙古派出绰儿马罕去收复波斯，扎兰丁在绰儿马罕的紧逼下节节败退，最后死亡。绰儿马罕得到了波斯和阿塞拜疆，他的继任者拜住则迫使小亚细亚的安纳托利亚地区臣服。

绰儿马罕和拜住的征服为第三次西征创造了条件。蒙哥进攻南宋时，派出了弟弟旭烈兀进行西征。

第三次西征的地域中有两处格外引人注目。

第一处是一个叫阿拉木特的堡垒。这座堡垒在里海的南岸，属于一个奇怪的小教派阿萨辛派，这个教派是什叶派下的伊斯玛仪派的一个小分支，在历史上以刺客闻名。

旭烈兀第二个打击目标是巴格达的哈里发。在蒙古人之前，阿拔斯朝的哈里发已经统治五百年了，即便哈里发早就失去了真正的权力，成了政治的摆设，可是没有人敢于废黜他们。不管突厥人还是波斯人，他们最多敢称"苏丹"，却不敢僭称"哈里发"。

在蒙古人的打击下，巴格达的哈里发王朝正式结束。蒙古人一直打到了现在的叙利亚境内，继续向南扩张时才被埃及的马穆鲁克王朝击溃。这也是蒙古人扩张的极致。

西藏、大理与蒙宋战争

在蒙古人征服的地理范围内，有两个特殊的地区值得一提：大理和西藏。

南宋淳祐七年（公元 1247 年），在西北的凉州发生了一件影响深远的事情。彼时恰逢蒙古人派兵越过四川进军大理的前期，蒙古王子阔端在这里会见了西藏高僧萨迦班智达。这次会见史称"凉州会盟"。

萨迦班智达来凉州，是代表西藏商谈投降条件的。当蒙古人征服西域和中亚并扩张到欧洲、西亚之后，西藏如同一个巨大的楔子横亘在蒙古人的统治地域中间。在蒙古人得到中国北部之后，当时西藏到中原的道路[3]经过藏东北的昌都地区，向北过无人区到达青海湖的东侧，这里毗邻蒙古人控制的陕西与甘肃，已经进入蒙古人的战争范围。

在宋朝，大理对于中原王朝而言仍然是不折不扣的附属国，保留着相当的独立性。而西藏在唐朝时曾经建立了强大的民族政权吐蕃，由赞普进行统治。安史之乱后，吐蕃一度成为唐朝最强大的对手，占领了西部地区，统治区域直达新疆，甚至攻陷过唐朝的国都长安。

最初赞普政权是一个带有当地宗教（苯教）色彩的世俗政权。松赞干布做赞普时，从尼泊尔和中国内陆引入佛教，成了国教。

3　这条路现在被称为"唐蕃古道"。

数代之后，由于佛寺占用了社会过多的资源，世俗政权的税收大幅度减少，吐蕃政府吃不消了。赞普朗达玛选择灭佛，由此引发了严重的教派、宗派斗争。唐朝末期，统一的吐蕃也分崩离析，藏域的佛教归于消亡。

一个多世纪后，印度僧人阿底峡再次把佛教带回雪域高原，佛教重新在西藏兴盛。但此时的西藏并不统一，各地由许多小型的世俗政权统治，即便有的国君归附了某个教派，也由于存在众多的政权竞争，很难说当时的政权是政教合一的。

当蒙古人进攻西藏时，西藏由于没有统一政权，群龙无首，甚至连个与蒙古谈判的人都不好选。人们想到了在藏域威望最高的僧人萨迦班智达，请他出山与蒙古人谈判。

萨迦班智达隶属于西藏萨迦地区的一个佛教支派——萨迦派（俗称"花教"）。萨迦班智达出使蒙古，表面上是将西藏地区和平移交给蒙古人，实现蒙古人在西藏的统治，实际上却意外地让蒙古本部人群皈依了藏传佛教。

蒙藏合流带来了一系列的影响。首先是蒙古人从此有了国教；其次，蒙古人帮助西藏建立了政教合一的政权；再次，蒙古人在西藏建立了官僚机构，这也是历史上西藏被纳入朝廷管辖的起始阶段；最后，西藏的归附也让蒙古人获得了足够的信息，经过吐蕃人的地域对大理发动了一场堪称经典的远程打击。

蒙古与南宋的冲突，开始于蒙古从金国赢得河北、山东。由于与南宋有了小部分的土地接壤，二者产生了零星的冲突。

双方大规模的军事冲突则是在蒙古与南宋联合灭金之后。由于蒙古人口少，制度落后，无力在已经征服地区维持稳定的政权，在灭金之后，大军撤回北方，在黄河一带留下了大量的空城。

南宋与蒙古联合灭金后，获得了湖北西北部和河南西南部的唐州、邓州地区，但南宋念念不忘的三京都在蒙古人的掌握中。南宋决定乘蒙古人北归之机袭取三京，却遭遇惨败。蒙古人于是以此为借口，对南宋大举征伐。

南宋端平二年（公元 1235 年），即灭金的第二年，窝阔台大汗征伐南宋。当时蒙古与南宋交界处主要有三条通道，分别是西部陕西与四川交界的蜀道、中部河南与湖北交界的南襄隘道以及东部江淮地区通道。

窝阔台派次子阔端经过蜀道攻打四川，三子阔出走襄阳，大将口温不花和史天泽进攻江淮。

在三路大军中，阔端率军从大散关进入汉中，击溃了宋军的重重抵抗，直入四川盆地。在接下来的几年内，四川遭受了蒙古军队的大范围蹂躏。蒙古人甚至直达长江口，进逼湖北。只是由于蒙古人没有能力建立稳定政权，四川才能在蒙古人过境后，重新被南宋控制。

中路军在攻克襄阳之后，被南宋大将孟珙阻挡。随后，孟珙发动反击，取得了在中路的主动权。

东路军在江淮地区烧杀掳掠，造成社会经济的极端凋敝，后被名将杜杲阻挡，无法渡江。

南宋淳祐元年（公元 1241 年），随着大汗窝阔台的死亡，蒙古人对南宋进攻的第一阶段宣告结束。虽然南宋在对辽、金的战争中表现得极其糟糕，在对蒙古战争的初期却表现出极高的军事技巧。四川在名将余玠的镇守下，在关键地带建立一系列城堡，利用步步防守来牵制蒙古人的进攻；荆州地区则在孟珙的领导下，建立了完备的防御体系。在众位名将的主持下，南宋成为蒙古人最难啃的一块骨头。

大汗蒙哥继位后，采用将领郭宝玉几十年前提出的计策，选择实施远程攻击。他们利用吐蕃提供的信息进攻大理，再从大理、陕西、湖北、江淮等地对南宋实行多重夹击。

于是就有了本书楔子中的那一幕。南宋宝祐元年（公元 1253 年），忽必烈大军兵分三路平定大理。平定大理后，忽必烈北归，留下大将兀良合台征服了云南全境，并以云南为基地，向南进攻安南，迫使安南国王称臣。

在取得西南地区之后，蒙哥命令南北夹击，组织新一轮征宋行动。这一次征宋本应该成功，却由于蒙哥在钓鱼城下突然亡故，南宋又逃过一劫。

蒙哥离世时，蒙古人的凝聚力已远不如第一代、第二代大汗时期，各个支系都争着回去选举大汗，联合攻宋计划也随之被放弃。

从战略上讲，蒙宋战争的战略高峰是这次蒙哥的进攻。他利用了整个中国的宽度，从陕西到大理，再到安南、广西、湖南，加上常规路线的配合，这是中国古代军事战略史上的一个巅峰，却功亏一篑。

但这次进攻所造成的冲击力让南宋王朝的统治也到了尾声。为了应对蒙古人的进攻，首先垮掉的是南宋的财政。为了筹集军事款项，南宋滥发纸币，纸币已经形同废纸。南宋朝廷又想靠土地来解决财政问题，于是进行地权改革，但改革的结果造成了整个社会的经济崩盘，到这时，朝廷再也没有钱来进行大规模作战了。

南宋咸淳三年（公元1267年），已经坐上大汗之位的忽必烈派遣大将阿术（兀良合台之子）从中路进攻两湖地区，蒙古人开始了对襄阳持续数年的围困。咸淳九年（公元1273年），蒙古人攻克襄阳，南方的大门终于被打开。

一年后，鄂州失守。又过了一年，建康失守，同年年底，南宋国都临安被围困，并于第二年元月被攻陷，南宋灭亡。

蒙古人最终以最不擅长的消耗战赢得了对南宋的胜利。

蒙古人对现代中国疆域的贡献是举足轻重的。最典型的是西南方的西藏和云南。由于宋太祖赵匡胤放弃了大渡河以外的领土，云南被排除在宋朝疆域之外。而西藏在唐宋时期也一直保留着较强的独立性。自元朝始，这两个地方正式进入中国的版图。

在宋朝，与西藏、云南类似的还有东南亚的众多国家，这些国家与大理一样属于附属国却有独立的统治权，蒙古人也试图征服这些国家，却失败了。

由于明朝继承了元朝的版图（又有缩小），清朝也以元朝为蓝本来规范版图，这使得中国的疆界逐渐确立，形成了更加稳定的归附性政治体。

元朝分崩离析时

元至正二十八年（公元1368年）八月，朱元璋的军队攻陷元大都，元顺帝率军撤往关外的上都，之后继续逃窜，撤回到故地，在那里建立了残余的北元政权。北元控制的人口只有百万左右，与元朝无法相提并论。大汗国（即元朝）这个蒙古汗王国之首，建立不过百年（从忽必烈算起）就在风雨飘摇中倒台。

在元朝倒下的十一年前，蒙古的波斯汗国已经倒下。波斯汗国在百余年间换了十六位汗王，可见其内部斗争的激烈和不稳定。当旭烈兀打下江山之后，历任汗王都眼睁睁地看着埃及人在跟前挑衅，却无法将其征服。

准确地说，在元至元元年（公元1335年），波斯汗国就解体了；许多地方政权崛起，将旭烈兀的后代变成傀儡。最后的汗王甚至在史料上已经没有记载，人们只能从后来发现的古钱上辨认他们。

位于中亚和现在我国新疆南部的察合台汗国存在的时间较久，这个汗国本有可能征服印度，但其汗王们更热衷于与北面的窝阔台汗国、西面的波斯汗国打仗，甚至与金帐汗国、元朝发生冲突。结果察合台汗国分裂了。

它曾经兼有中亚的河中地区和新疆，但随后汗国分裂成两部分，西面的河中地区突厥化，当地人自称突厥人，东面的新疆地区仍然自称察台人（即察合台人）。接着，成吉思汗之后裔突厥人帖木儿在河中兴起，扫清了波斯汗国的残余，再次将中亚统一起来。

在帖木儿之后，一个从血缘上是帖木儿（父系）和成吉思汗（母系）双重后代的人——巴布尔——终于挥兵印度，将这颗璀璨的明珠收入囊中，建立了莫卧儿帝国。莫卧儿帝国对印度影响深远，直到英国人进入印度才逐渐消亡。

察合台的东部汗国存续到明穆宗隆庆四年（公元1570年），被同属于察合台世系的叶尔羌汗国所灭。蒙古人仍然是新疆的主宰，直到他们被清朝的军队击败。

金帐汗国存在了两百多年。俄罗斯的王公们先是服从于蒙古人,再逐渐积攒力量,到了伊凡雷帝时代击败蒙古人。金帐汗国分裂成为喀山、阿斯特拉罕、克里米亚几个小汗国,这些汗国有的直到18世纪晚期才被俄罗斯人并吞。

蒙古人建立的王朝之所以解体和消失,缘于蒙古人口稀少,社会和制度落后。这样的民族占领了更加先进的地区后,只有两条路可以走:第一,保持传统,却无法保持对占领地的控制力,最后由于占领地百姓的反抗而退走;第二,被同化,从而丧失原来的进攻性。

蒙古人在汉族聚集区域内的统治可谓是在两种选择之间的摇摆,一会儿希望保持传统,一会儿又不得不汉化,最终内斗和外部反抗同时摧毁了王朝政权。

所以,元朝不是突然间灭亡的,而是如同一个病人一样,身体逐渐溃烂、脱落、解体。

由于对南方的统治始终薄弱,最先脱落的地方就是南部。随着元末统治力的削弱,在山东、河南一带出现了反抗蒙古人的运动。最大的反抗则出现在原南宋统治的地域内。

从这里分裂出了许多不服从蒙古人的"小碎片",他们拥有军队武装,驱赶蒙古人。他们分分合合,互相竞争,试图取代蒙古人。由于无力派军南下,蒙古人只能眼睁睁地看着这些碎片互相并吞直至壮大。

其中最强大的几个碎片都位于长江流域。在上游的四川、重庆地区,明玉珍定都重庆,建立大夏。中游的江州(现江西九江)和武昌,是陈友谅的天下，他建立了大汉。明玉珍和陈友谅原本都隶属于红巾军徐寿辉的部队。

在陈友谅的下游，是朱元璋的地盘。朱元璋在集庆（后来的应天府，现江苏南京）建立大吴（朱吴）。朱元璋曾经隶属于郭子兴，于郭子兴死后独立。他眼光独到，认准了南京这个古都，并以此为基地开始向外扩张。

但在朱元璋刚刚定都南京时，因其地理位置并不是特别有利，遭受了来自长江中游和下游两个方面的压力，中游就是陈友谅的大汉，在下游占据现苏州、杭州、上海一带的是另一个与朱吴同名的政权——张士诚建立的大吴（张吴）。

在张士诚南面的浙江南部，还有一个军阀叫方国珍。

在方国珍的南面（现福建一带）是军阀陈友定，在现在的广东地区则是军阀何真控制的地方。这两个军阀忠于元朝，却无法左右政局。

真正的竞争出现在长江中下游的陈友谅、朱元璋、张士诚和方国珍之间。特别是陈友谅和朱元璋，二人都胸怀大志，任何一个击败了另一个都会北伐中原，取代元朝。而次级军阀张士诚、方国珍、明玉珍，更多地采取了割据的做法，无力统一全国，却又不想被统一。

这是中国古代历史上唯一一次由南到北完成统一的战争。朱元璋之所以能够做到逆规律而行，其原因更多是元朝势力的薄弱。如果北方政权足够强大，朱元璋并没有机会完成统一大业。

朱元璋统一的战略有以下五步。

第一，统一长江中下游地区，首先要解决的是盘踞在江西和两湖的陈友谅，之后则是盘踞苏杭一带的张士诚。得到这两个地方，就拥有了粮仓。

第五部 元明清时代

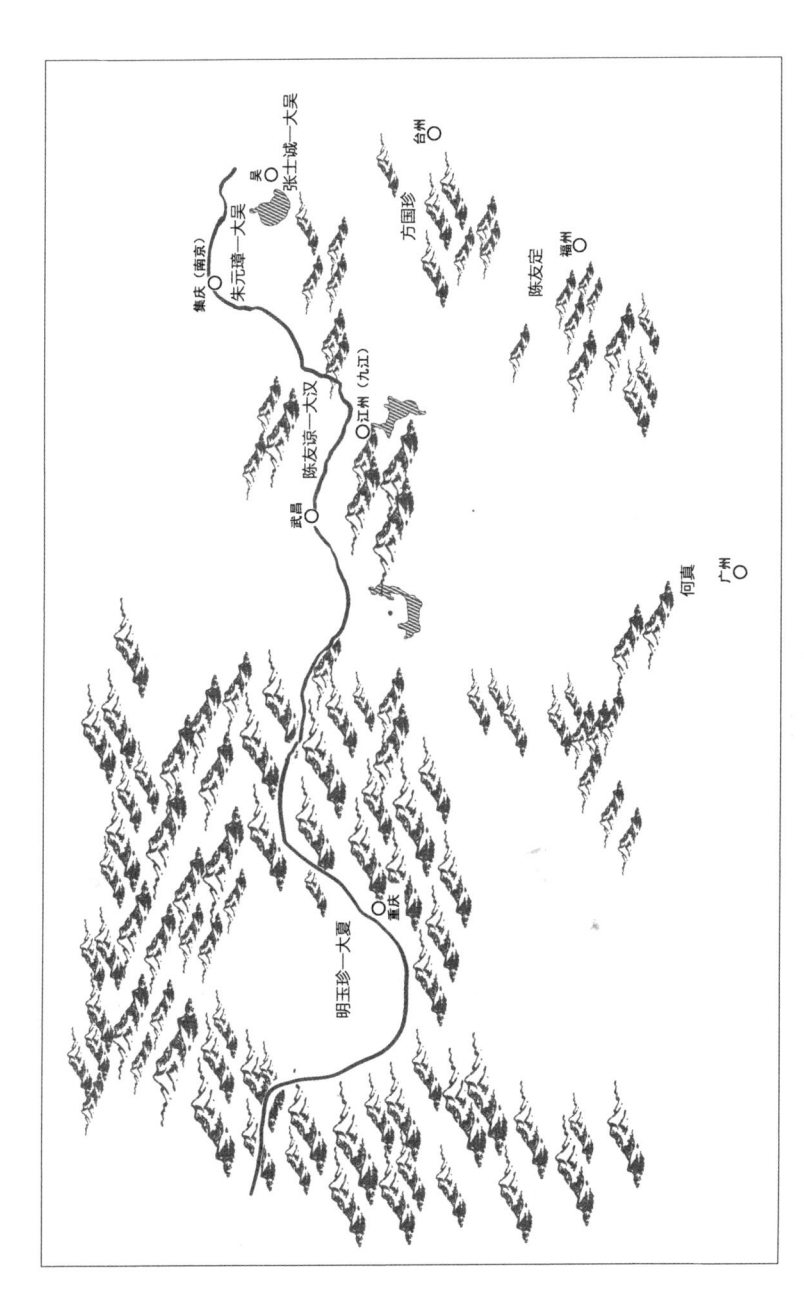

图 17 元末军阀分布

第二，完成第一步之后，朱元璋再通过地理优势压迫浙江南部的方国珍、福建的陈友定和广东的何真，将南方掌握在手中。到这时，整个南方只有四川的明玉珍和云南的元朝残余势力仍然在控制之外，不过，这两处并不影响统一的大局。

第三，掌握南方后，再进行北伐。北伐从与江苏接壤的山东开始，由山东进入河南。占领这两个地区，也就获得了进攻元朝国都以及河北的基地。

第四，北上进攻元朝国都，将河北收入囊中。一旦完成了将蒙古人赶出大都的任务，把守住燕山关口，元朝就象征性地落幕了。这时，再派军队扫荡其他地区。

第五，扫荡其他省份的步骤是：从河北进入山西，从山西进攻陕西，从陕西和湖北两个方向进入四川，再从湖南和四川（重庆）两个方向进入云南，完成最后的统一。

如果不是蒙古人的分崩离析，朱元璋要想反攻北方，会在华北平原遭到来自山西的压迫。从南方进攻北方，暂时性获得平原并不难，但北方只要不放弃山西、豫西和北京以北的高地，就可以利用暂时性的撤退加大南方进攻的臂长，当他们疲惫时就是反攻的时机。

但蒙古人早已不似当年，既缺乏战斗力，又得不到统治区的拥护，这才让朱元璋完成了近代之前唯一一次从南到北的统一。

土木堡：蒙古人旁支的逆袭

在现河北怀来县城东面十公里的地方，有一个不起眼的小村子叫土木堡。这里曾经耸立着一座城堡建筑，如今所有的防御设施都已荡然无存。

经过仔细打听，我们可以找到一个电信发射塔下的小院，是个卫生所。小院的角上有一座小庙，庙门紧锁，水泥的门楣上写着"显忠祠"。整个建筑小到让人无法相信它曾是一个重要历史事件的发生地。

由于有了公路，从北京到土木堡只需要坐两个小时的汽车。向北出北京城，经过居庸关，一过官厅水库就到达了土木堡，公路距离不到一百公里。但这在明朝却是一位皇帝无法走完的行程。

明正统十四年（公元1449年），在大太监王振的怂恿之下，明英宗御驾亲征，与属于蒙古人远支的瓦剌人作战。二十万明军在太原附近与瓦剌人一接触，就连忙向北京撤退。

在北京的西方和北方，自古以来有两条路沟通了北京与北方草原，其中最著名的一条从北京向北经过居庸关到达河北的怀来、张家口；另一条属于太行八陉之一，从北京西面的易县翻越紫荆关前往蔚县（也就是战国时期的代地）和大同。

明英宗从居庸关出兵去往大同，却在回师时犹豫不决。当皇帝最终选择了居庸关一线时，已经晚了。大军撤退到土木堡，被瓦剌人团团围住。此时，明军距离居庸关只有百里之遥。

土木堡处于高地之上，水资源缺乏，掘地两丈都找不到水，明军饥渴难忍。瓦剌人的首领也先佯装撤退，明英宗中计，以为是逃跑的机会。当明军放弃防守，拔营向南撤退时，也先杀了个回马枪，二十万明军在瞬间消失。大太监王振、英国公张辅等死难。

明英宗在太监喜宁的陪同下向也先投降。这就是历史上令人震惊的土木堡之变，也是蒙古人对中原王朝的又一次打击。

自从朱元璋赶走蒙古人，明朝的历代皇帝都很重视如何防止蒙古人卷土重来。明太祖和明成祖进行了多次得不偿失的北伐，以消灭蒙古人的残余势力为目标。

真正让元朝衰落的，不是明朝的进攻，而是其内部的纷争。由于成吉思汗的后代们（即所谓"黄金家族"）不断内斗，沉浸在光荣的过去中无法跳出，因此蒙古人的一个旁支瓦剌人得以壮大。

瓦剌人最早生活在贝加尔湖一带，在成吉思汗统一蒙古之前，他们就是广义蒙古的一支重要力量，那时候他们被称为斡亦剌。蒙古人居住在草原，而瓦剌人住的地方属于森林，瓦剌就是"林木中人"的意思。

草原上的居民已经进入畜牧业时期，森林中的人们仍然以打猎为生，生活方式落后。成吉思汗统一蒙古的过程中，瓦剌人并非主角，却先后参与了札木合的大联盟以及乃蛮人塔阳汗的联盟对抗成吉思汗，都遭败绩。

当成吉思汗将塔塔儿、克烈部、乃蛮人一一击破，瓦剌人终于顺应潮流，承认成吉思汗的领袖地位，瓦剌人因此成了蒙古人的一支。由于他们很配合，成吉思汗及其子孙们对瓦剌人也格外优待。在蒙古人的各个汗国中，瓦剌人出了不少皇后和妃子，也出了不少驸马。比如，早期瓦剌的首领就娶了成吉思汗的一个女儿和术赤的一个女儿，他的女儿也嫁给了成吉思汗的孙子贵由。当贵由成为第三任大汗时，这个女人就成为地位显赫的皇后。

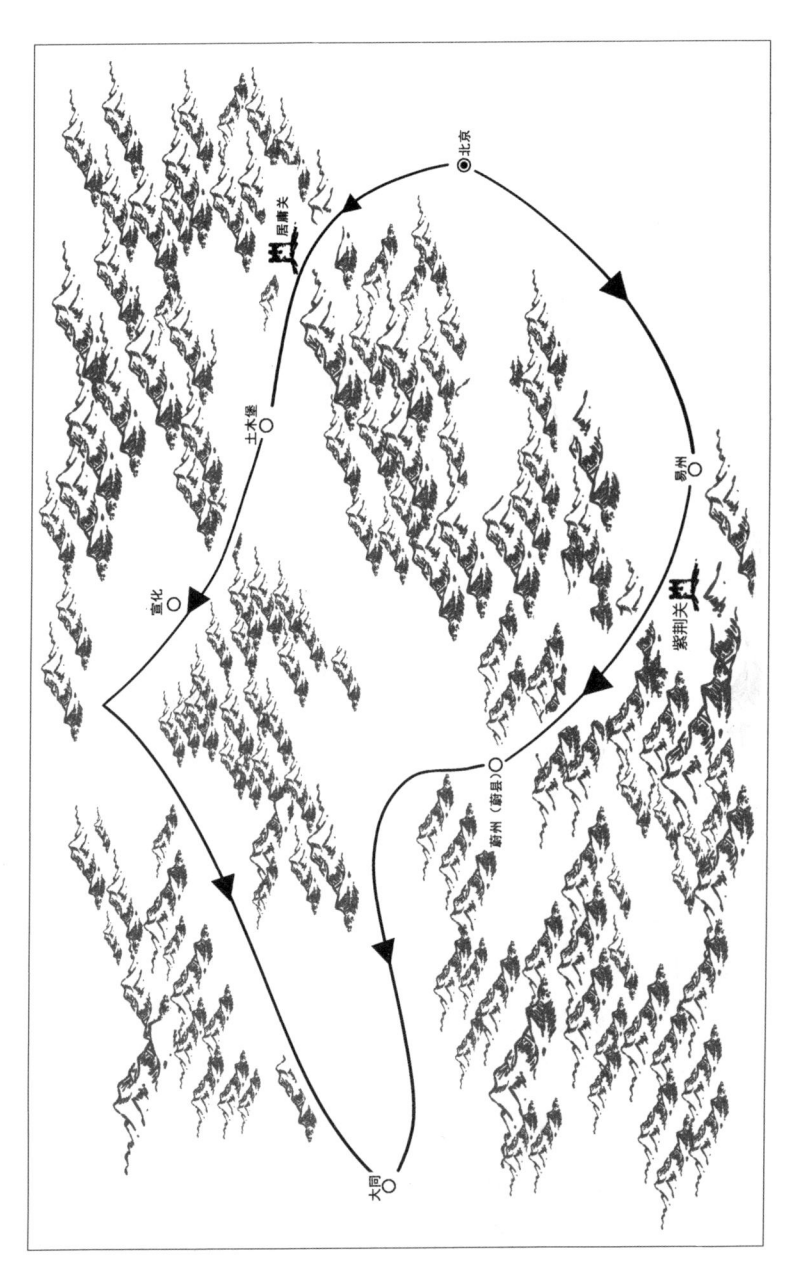

图 18 沟通北京和大同的两条路

由于扩大领地的需要，瓦剌人从贝加尔湖湖岸的森林中走了出来，向西迁移到蒙古高原的西北以及邻近的俄罗斯，居住在萨彦岭和唐努乌梁海一带，那儿有条大河叫叶尼塞河。这里也是重要的交通枢纽，各大汗国扩张时，瓦剌人成为各个汗国拉拢的对象。瓦剌人也在各个汗国之中服务着，不时地帮助这个攻打那个，又帮助那个对抗这个。

元朝灭亡时，位于中亚和现中国新疆境内的察合台汗国也处于衰落之中。明朝的军队不够强大，无法占据关外的广大地域，只能用长城锁链死守中原。瓦剌人乘机扩张，占据新疆北部和俄罗斯、哈萨克的一部分，变得愈加强盛。

为了应对蒙古人，明廷采取了合纵连横的方式。东蒙古强大的时候就支持瓦剌，瓦剌强大的时候就支持东蒙古。由于东蒙古从地理位置上夹在瓦剌和明朝之间，在三者的博弈中逐渐处于下风，地域广大的瓦剌越战越勇，大有统一蒙古之势。

明永乐十六年（公元1418年），脱欢统一瓦剌各部。明宣德九年（公元1434年），脱欢又战胜并杀死东蒙古的首领阿鲁台，统一东、西蒙古。这是北元衰亡后蒙古本部第一次统一。只是权力已经不掌握在成吉思汗的黄金家族手上。

为了遵从黄金家族成员才能称大汗的传统，脱欢并没有称大汗，他把黄金家族成员脱脱不花扶上汗位，自己则满足于太师之位。

脱欢死后，其子也先继承太师之位。也先南征北战，瓦剌人的势力从朝鲜半岛起，联合东北的女真人，横跨整个蒙古，包含中国新疆北部地区、甘肃的北半部、内蒙古的长城以北，直达中亚的楚河、塔拉斯河一带。

从地域上看，瓦剌人建立的大汗国足以和匈奴、突厥、柔然以及蒙古汗国早期相媲美，一个新的游牧民族政权正在崛起。

最不愿看到这一幕的是明朝皇帝，他们惴惴不安地望着北方日益狰狞的邻居。但在如何对抗瓦剌的策略上，明朝政府采取了自伤和掩耳盗铃的做法。

一方面，明朝知道瓦剌的强大，为了遏制他们，朝廷关闭了与瓦剌的边贸，采取闭关锁国的方法。在明朝，各个边境城镇出于税收和繁荣经济的目的是乐于设立集市的，但朝廷认为，如果贸易过于繁荣，瓦剌人从中原得到更多的物资，会变得更加强大，从而威胁明朝的安全。于是下令限制与瓦剌人做生意，除了武器、金属等战略物资之外，甚至茶叶等生活物资也不准买卖。

明朝没有意识到，贸易永远是对双方都有利的，限制对方的同时也限制了己方的发展。正因如此，明朝的边关永远只是不发达的边关，以军事目的为主，军人们生活艰苦，谁也不愿意长久待下去。

明朝的做法逼迫瓦剌转向西方和南方，从西方获得金属和武器，从南方直接获得茶叶，将贸易链条绕开明朝控制的区域。

瓦剌绕开明朝的做法，又让明朝感到不安。他们不得不在禁止贸易的同时，开辟新的口子采取怀柔政策，这就是所谓的进贡制度。

在明朝，进贡对于外藩来说是一件有利可图的买卖。每次对方进贡时，朝廷给他们的赏赐总是要超过其进贡的价值。外藩进贡越多，获得的回报也就越丰厚。由于明朝禁止中外贸易，进贡就成了外国人和明朝做买卖的唯一机会,而且是有利可图的大机会。所以,外藩都抢着进贡,而朝廷则要限制外藩进贡的规模和次数。

比如,资源贫乏的日本为了获得明朝的奢侈品,就接二连三地向明朝皇帝进贡工艺品、木材、刀具等并不需要的东西。由于进贡太频繁,来人太多,皇帝只好对日本做出限制:一方面对日本的贡品大幅度压价,甚至只给到日本人希望价格的六分之一;另一方面规定日本人不得频繁地进贡,每十年进贡一次,每次只允许两艘船带两百人。

结果,上述限制令日本人的贸易需求无法被满足,于是他们开始了海盗行动,这就是倭寇。[4] 倭寇,在某种程度上是明朝政府限制贸易的结果,这导致明朝许多沿海居民与日本人勾结起来,以对抗朝廷的贸易政策。

与日本人一样,瓦剌人也发现进贡可以赚钱。瓦剌的进贡队伍也越来越庞大,最初一次前去进贡的只有几十人,后来达到几百人,最后有数千人之众。蒙古人还在进贡次数上做文章,以前是一年一次,后来则一年两次、多次。每次来人,一路上各个地方衙门就要出人出力提供马匹车辆、楼堂馆所,令地方政府叫苦不迭。朝廷在赏赐上的花费也越来越高,即便富甲天下的皇帝也承受不了,只得变相地允许蒙古人在边境做少量贸易,不用把所有的贡品都带往北京。即便如此,还是有大量的人涌入。而且随着瓦剌的强大,局面越来越失控。

明正统十三年(公元1448年),当也先又派了一个号称三千五百人

---

[4] 见《明史·食货志》:"嘉靖二年,日本使宗设、宋素卿分道入贡,互争真伪,市舶中官赖恩纳素卿贿,右素卿,宗设遂大掠宁波。给事中夏言言倭患起于市舶。遂罢。市舶既罢,日本海贾往来自如。海上奸豪与之交通,法禁无所施,转为寇贼。"

的大型朝贡团前往进贡时，明英宗终于忍无可忍。他一面叫人严格核对人数，发现朝贡团实际上只有两千人；一面叫人按照实际人数以及瓦剌人希望价格的五分之一付账。

明英宗的做法激怒了也先，第二年他派出大规模的骑兵队伍攻打明朝。明英宗在宦官王振的怂恿下决定亲征，这才有了土木堡之变。

土木堡之变后，也先乘机进攻北京，被于谦挫败。

这时，瓦剌人的势力达到了高峰，甚至人们担心它会开启另一个朝代。就在这时，情况却发生逆转。黄金家族的汗王脱脱不花不再甘心受人摆布，他开始反抗也先，也先杀死他，自己登上汗位。

根据蒙古人的规矩，只有黄金家族的人能担任大汗，于是也先遭到部下的反对，被杀死。

也先离世后的瓦剌保持了一段时间的威慑力，但没有人能够再统一蒙古。黄金家族的人再次被拥立为汗王，却并不掌握实权。直到属于黄金家族的达延汗继位后，形势才有了改观。

达延汗统一了漠南蒙古和漠北蒙古，将瓦剌人赶出蒙古的东部和中部。从此，瓦剌人定居在现在的新疆北部。只是，达延汗可以统一大漠南北，却无力再向中原扩张。蒙古人的时代过去了。

第二十章　清朝的新疆域[1]

山海关不是明长城的终点。明朝为了防范女真人，还修建了一道以山海关为起点，向东北到鸭绿江边的辽北边墙。因此，长城的终点在丹东东北虎山南麓鸭绿江畔。

清朝之所以能够牢牢控制漠南蒙古，是因为它建立了一套政治制度，将蒙古人分成八旗二十四部，这些旗部互相合作又互相监督。就这样，漠南蒙古的游牧民族被中央集权化了，无力挣脱中央政府的控制。而由于在漠北喀尔喀蒙古无法实施强有力的控制，清朝只好仍然采取招抚模式。

清朝初期，蒙古人已经分成漠南蒙古、漠北喀尔喀蒙古和漠西厄鲁特蒙古三部分。其中漠西厄鲁特蒙古属于卫拉特人，也是清朝的劲敌。清初的历史也可以看作清和准噶尔的碰撞史，且只能有一个赢家。

噶尔丹从新疆出发，攻克漠北喀尔喀蒙古，并由此借道进攻北京，被康熙皇帝击败。在噶尔丹之前，漠北喀尔喀蒙古不愿归顺清朝；但在

---

[1] 本章涉及的时间范围是公元 1618—1911 年。

噶尔丹的逼迫下，他们不得不依靠清朝对抗噶尔丹。清朝降伏喀尔喀蒙古，可以说得到了噶尔丹的"帮助"。

准噶尔人为了进攻西藏，翻越昆仑山，纵穿了西藏北部的羌塘无人区。这个无人区至今仍然是中国最大的无人区，也是生命的禁区。

清朝击败准噶尔人，设立了驻藏大臣，获得对西藏的全面统治权。又是准噶尔人"帮助"了清朝。

乾隆皇帝下令平定准噶尔，使得这个割据势力除了留下一个名字，其余什么都没有。清朝由此得到北疆地区（准噶尔盆地）。

清军征服南疆，除了运用军事手段，还运用了经济和政治手段：在征服地区使用当地人，进行怀柔统治；在未征服地区，以贸易的形式，用布匹换取当地的马匹和粮食，从而削弱了大、小和卓的反叛力量。

清朝的改土归流运动，将许多少数民族地区彻底并入中央集权之下。

大、小金川之战后，清朝在当时的地理和经济、科技条件下已经达到了被允许的最大边界。

西方人到来之前，中国古代的战争战略主要包含两个方面。第一，对陆地地形的把握。只要掌握了山川地理，就可以依据地理条件进行防御或者攻击。第二，注重战略，不注重武器。千百年来，中国古代战争武器的进步非常有限，很难有一方在武器上拥有绝对优势。

西方人的到来打破了这两个战略，他们从海上发起进攻，并利用坚船利炮获得速胜。海权时代到来了。

明万历四十六年（公元1618年），万历皇帝仍然沉浸在太平盛世的美梦中，在东北，女真人努尔哈赤发出了进攻明朝的宣言。

这份宣言列举了所谓"七大恨"[2]，表明努尔哈赤遭受明朝的七重伤害。实际上，宣言中所指的只有第一条（明军杀死了努尔哈赤的祖父）对努尔哈赤而言的确是巨大的伤害，其余的只能称为边境上的小冲突。关于明军杀死其祖父（和父亲）还属于误伤，事实上，二人与明朝的关系很不错，他们是在给明军带路时被误伤的。

所谓"七大恨"带有很强的拼凑痕迹，与其说是双方已经陷入不可原谅的仇恨之中，不如说只是一种战争的借口。

发表檄文后，兵强马壮的努尔哈赤在战争中屡屡获胜，明军陷入被动。明朝在辽东的疆域主要在现辽宁。我们常以为明长城是从西面的嘉峪关到东面的山海关，实际上，为了防范东北的女真人，明朝还从山海关出发，向北方和东方修建了一道长城，起于现辽宁绥中县境内的锥子山，历经葫芦岛、锦州、阜新、盘锦、鞍山、辽阳、沈阳、铁岭、抚顺、本溪等地，直达丹东东北虎山南麓鸭绿江畔。这道长城还有另外一个名字——辽北边墙。明朝的疆域就在这道边墙之内，墙外是女真

---

2 见《清太祖高皇帝实录》："我之祖父，未尝损明边一草寸土，明无端起衅边陲，害我祖父，此恨一也；明虽起衅，我尚修好，设碑立誓，凡满汉人等，无越疆土，敢有越者，见即诛之，勿而顾纵，殃及纵者，讵明复逾誓言，逞兵越界，卫助叶赫，此恨二也；明人于清河以南，江岸以北，每岁窃逾疆场，肆其攘夺，我遵誓行诛，明负前盟，责我擅杀，拘我广宁使臣纲古里方吉纳，胁取十人，杀之边境，此恨三也；明越境以兵助叶赫，俾我已聘之女，改适蒙古，此恨四也；柴河三岔抚安三路，我累世分守，疆土之众，耕田艺谷，明不容留获，遣兵驱逐，此恨五也；边外叶赫，获罪于天，明乃偏信其言，特遣使遗书诟言，肆行凌辱，此恨六也；昔哈达助叶赫二次来侵，我自报之，天既授我哈达之人矣，明又挡之，胁我还其国，己以哈达之人，数被叶赫侵掠，夫列国之相征伐也，顺天心者胜而存，逆天意者败而亡，岂能使死于兵者更生，得其人者更还乎？天建大国之君，即为天下共主，何独构怨于我国也？今助天谴之叶赫，抗天意，倒置是非，妄为剖断，此恨七也！"

人的居住地。

努尔哈赤先是征服了墙外如今黑龙江、吉林和辽宁的广大地区，然后进攻墙内的抚顺和铁岭一带。他在抚顺以东的边墙外（现辽宁抚顺新宾县）建立了国都兴京，随后以兴京为基地，在萨尔浒挫败了明朝的围剿。

明、清相交之际，从北京前往辽宁地区的主要通道是山海关。这条路靠近海边，一面是松岭—黑山山链，另一面是大海，只有一条狭窄的通道连接辽宁的沈阳与北京，称为辽西走廊。在更遥远的古代，这里曾经是海边的烂泥地；唐宋时期，随着海退，人们开始利用这条通道；明朝时已经形成了坚实的土地，成为连接关内外最重要的通道。

努尔哈赤经过几次胜仗已经接近辽西走廊，却在这里与明朝锦州、宁远、山海关的守军对峙，无法前进。

努尔哈赤去世后，继位的皇太极数次绕道进攻北京。当时要进军北京，除了山海关的辽西走廊之外，还可以走河北的喜峰口、古北口等地，穿越燕山中的长城，到达河北和北京。这条路是山路，不便于进军。皇太极入关后只能打骚扰战，劫掠一番就撤回关外，无法占领北京。

皇太极进攻北京虽然失败了，却已经造成蝴蝶效应，产生了意料不到的后果，让明朝内部先行崩塌。

要阻止清军的入侵，还要动用更多的军队，但明朝的财政已经捉襟见肘。明朝只能靠加税来筹集军费，民间的税负普遍增加了一倍，经济的垮塌制造了大量的流民。

为了减轻财政负担，明朝甚至裁撤了驿站人员（驿卒），走投无路的驿卒后来变成了起义军的一部分。士兵们由于兵饷不足也频繁闹事。

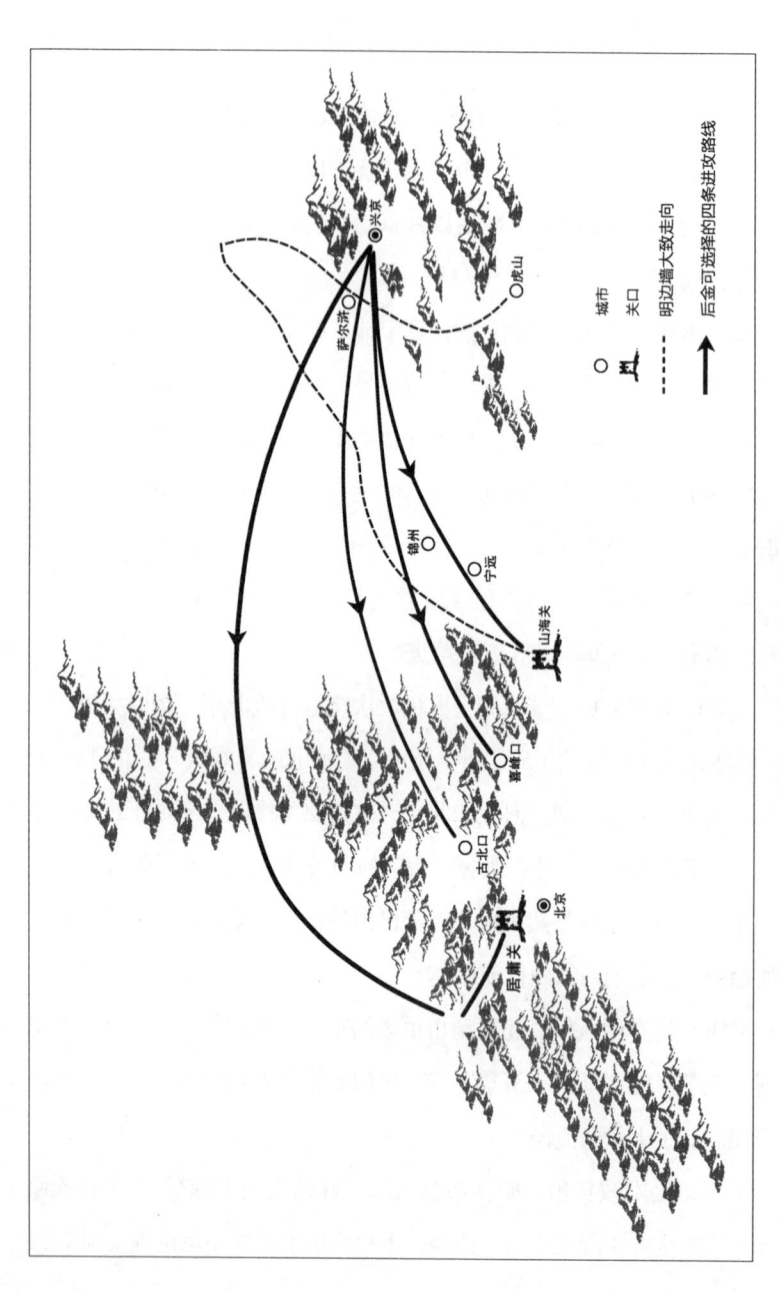

图 19 后金进攻北京路线

更意想不到的是，当清军进攻北京与河北时，从各地来的勤王军也纷纷造反。与清军作战的明军被打败后，逃兵们也加入了劫掠的队伍。

明朝就这样被大大小小的反叛吞噬了。

经过多次整合之后，反叛者形成两支起义武装，首领分别是李自成和张献忠。张献忠进攻四川建立了政权，而李自成从陕西进入山西，最后进攻北京得手，明朝灭亡。

李自成进入北京后，明朝山海关总兵吴三桂随即投降清军，清军获得了辽西走廊的控制权。对清军而言，天险得来全不费功夫。

对于历史学家而言，一个值得玩味的问题是：金灭北宋之后，北宋皇室随即在南方建立了南宋政权，并存在了一百多年，为什么明朝灭亡、清兵入关后，在南方却无法形成一个稳定的南明政权呢？

这同样和明朝坍塌的形式有关。北宋虽被灭，社会结构仍然存在。即便在北方地区，也有着大量的自治势力组织民众与金人对抗；在南方，也形成了坚强的抵抗核心，并不时地有北伐的举措。

明朝的坍塌却来自内部。由于王朝过于集权化，当清军入侵后，随着民间反叛的兴起，集权式政府就彻底失灵了，又导致了社会的崩塌。清军占领北京后，整个北方地区竟然没有成形的反抗力量。

另外，由于明朝的集权化过于严重，官僚们的能动性更小，不敢自己当家作主，没有了主子就要赶快再找一个主子。许多地方不仅不反抗，反而在等待清军的南下和占领。他们没有反抗意识，更没有表现出对明朝的忠诚和对清朝的愤恨。

在南方，虽然明朝的宗室也建立了南明政权，但内部的不协调与纷争摧毁了南明政权的抵抗能力。结果，清军南下势如破竹，各个击破，南明的残余势力兵败如山倒，只能一次次地南逃，从江淮地区撤到浙江、江西，再继续退往广东、福建、云南；清军压境云南时，又只能从云南撤往缅甸。南明最后一个皇帝永历被缅甸人交给吴三桂并杀害后，明朝宗室领导的抗清活动就彻底消失了。[3]

在元朝，元政府在南方没有建立起有效的行政和税收机构，导致南方分崩离析。在清朝，皇帝对汉族区域的控制要比元朝彻底得多，也造就了清朝两百多年的江山。清朝采取了经济上宽容民间，但政治和思想上强力控制的方式，保持对社会的牢牢掌控，却又有一定的灵活性。

清朝的统治给现代中国也留下了一份重要的遗产：我们现在的地理基础就是清朝打下的。明朝是一个内敛的国家，其有效疆域大都限于中原地区；清朝则将西藏、新疆、内蒙古、川西的广大地区纳入了王朝的直接统治，这些区域占现代中国国土面积的一半以上。

作为本书的结尾章，我们不去追究清军在中原的作战，因为它利用的山川地理已经在前面的章节中无数次涉及。本章只对清军在中原之外的军事行动进行回顾。

黄金家族的黄昏

清朝对后世最有影响的是对外围地区的控制，这些地区人口稀少，

---

[3] 清朝建立后发生了三藩反叛，以吴三桂为首的三藩号召北伐。但这次北伐更多是削藩引起的官僚阶层的反抗，与对明朝的忠贞无关。由于吴三桂选择从四川、陕西进军（类似于蜀汉的诸葛亮北伐），道路遥远，对华北地区没有形成有效威胁，反叛很快就失败了。三藩反叛的结束，更帮助清政府有效地控制了国土南部。

却拥有很高的地理价值。在孱弱的朝代,它们成为一个个小国,虽然向中央王朝称臣,却保持着一定的独立。

清朝不仅控制了这些地区,还通过改土归流将许多地方变为由朝廷直接控制,在其余地区也派了驻军,使得它们再也无法从中央王朝分离出去。

在所有的地区中,最早被清政府征服的是如今的内蒙古地区。

明朝时元朝皇室后裔回到漠北,传承数代,被瓦剌人脱欢和也先所取代。也先强盛过后,成吉思汗的后代达延汗成为蒙古人的首领。达延汗死后,蒙古本部被划分成漠南和漠北两部分。漠南继承了大部分的人马,由达延的长子统治,而漠北则被留给其小儿子。

瓦剌人衰落后,向西方逃窜,进入现在的新疆北部地区和青海,成为漠西厄鲁特蒙古。

之后漠南蒙古又分为察哈尔部、科尔沁部和喀尔喀部。察哈尔部就是达延汗的后代,是漠南蒙古的主体;科尔沁部靠近东北地区,是比达延汗更早的移民;喀尔喀部则是元朝大臣的后裔,位于科尔沁部和察哈尔部之间。此外,还有满族人的扈伦诸部(杂有蒙古人血统),包括叶赫、哈达、辉发、乌拉等部族。

漠北喀尔喀蒙古分成三个部分,从东到西分别是车臣汗部、土谢图汗部、札萨克图汗部。清招降漠北喀尔喀蒙古时又增加了三音诺颜部,至此构成了漠北喀尔喀蒙古四部。

在漠西厄鲁特蒙古,瓦剌人也分成了四部,分别是准噶尔部、杜尔伯特部、土尔扈特部与和硕特部。和硕特部占据了如今的新疆乌鲁木齐一带,随着准噶尔部的崛起又被排挤到了青海。土尔扈特最初在新疆塔城一带,后来被准噶尔人排挤迁往欧亚边界的伏尔加河地区。杜尔伯特部在北疆的额尔齐斯河流域。准噶尔部最初在新疆伊犁河流域,后来通过扩张征服了杜尔伯特部,赶走土尔扈特部,将和硕特部逼往青海,并征服了南疆的维吾尔人,成为新疆地区的霸主。

努尔哈赤和皇太极除了进攻明朝、降伏朝鲜之外,大部分精力都花在了这些蒙古部族上。最先被收服的是同属于满洲人的扈伦诸部,其次轮到了漠南蒙古的科尔沁部。

科尔沁部与满洲人关系密切。虽然二者之间曾发生过战争,可是,当从正统的察哈尔部诞生了一个野心勃勃的林丹汗时,情况发生了变化。科尔沁人发现,为了获得更大的自由度,与其接受林丹汗的统治,不如与满洲人结盟对抗林丹汗。这样,蒙古科尔沁部就成为满洲人最早和最忠实的盟友,在之后历次作战时都能看到科尔沁人的身影。

收服科尔沁部之后,满洲人要应对的是漠南蒙古的喀尔喀部。后金天命五年(公元1620年),在努尔哈赤与明朝作战时,喀尔喀部的首领参与了纷争,被努尔哈赤擒获。

这次失败并没有让喀尔喀部完全臣服,它不时地反叛。但这部分蒙古人夹在几大势力之中,一面是察哈尔部的林丹汗,一面是满洲与科尔沁联合体,另一面则是南方的明朝,在三方势力的压迫下,喀尔喀部最终投向了努尔哈赤。

到此时,蒙古境内只有强大的林丹汗能够与努尔哈赤对抗了。林丹汗的统治中心在元上都、忽必烈当年所建的开平。努尔哈赤去世后,皇太极率领科尔沁、喀尔喀联军向林丹汗进军。林丹汗的暴虐导致内部反叛，更削弱了他的力量。他被赶出了蒙古故地，在向青海境内逃窜的路上死亡。

清朝之所以能够把漠南蒙古牢牢控制，是因为它在蒙古建立了一整套政治制度。历代王朝总是无法将中央集权制度推行至少数民族区域，只能满足于对方的臣服，将行政权留下。一旦中央政府控制力下降，对方就会寻机反叛。

清廷却在漠南蒙古推行了一套与满族部落类似的旗人制度，将蒙古人分成八旗二十四部，这些旗部之间互相合作又互相监督。就这样，漠南蒙古的游牧民族就被中央集权化了，无力挣脱中央政府的控制。

但这套制度在漠北喀尔喀蒙古实行得却并不彻底。清朝在征服了漠南之后，漠北的喀尔喀蒙古顺势归顺。清朝对漠北喀尔喀蒙古仍然停留在传统的招抚上。漠北喀尔喀蒙古的三大部表面上归顺，行政权却相对独立，清政府的控制并不牢靠。

直到漠西厄鲁特蒙古的准噶尔被打败之后，漠北喀尔喀蒙古才彻底归顺，但其独立性仍然大于漠南蒙古，融合的时间又不够长。清朝灭亡时，漠北喀尔喀蒙古在外国势力的介入下分离了出去。

清朝取代了明朝，又征服了漠南蒙古，收服了漠北喀尔喀蒙古之后，有一个人突然登上了历史舞台。他自认为是又一个成吉思汗，拥有建立新帝国的野心，与清政府对抗了一辈子。但他的努力最终付诸东流。更令人感到不可思议的是，正是他"帮助"清朝赢得了新疆、青海、西藏，并迫使漠北喀尔喀蒙古彻底投靠清朝。

这个人就是准噶尔人噶尔丹。

准噶尔：最后的蒙古汗国

在现蒙古国西部，阿尔泰山和杭爱山之间有个科布多盆地，盆地的中央至今留存着一座数百年前的兵营废墟。

废墟在现科布多城的北面，有一圈残破的泥土城墙。城墙的残高不超过三米，处处豁口，虽然有些墙体已经夷平不见，但整体还能看出是个方形。

城墙里的建筑一概不剩，只是偶尔能在地面上看出一点点隆起，那可能是当初的官衙。根据记载，城区曾经有一座官衙和七座寺庙，现在都不见了踪影。另外还有一些几何形的土垄，那或许是建筑残存的墙体，或许是菜地的痕迹，而直线形的凹陷就可能是水渠。

曾经熙熙攘攘的城门也变成了一片土堆，在这里生活过的士兵们早已成了尘土。城墙里残存的大树或许是当年的中国人种的，它已经存在了数百年。树下，牛在吃草，孩子们在玩耍，一切和平安详。

整个古城区除了北部的数顶帐篷之外，没有任何持久性的建筑。在北面的城墙外，紧挨着城墙，当地居民建设了一批房屋，低矮、破旧，建造房屋的泥土可能就取自城墙。

城北是巍峨的红羊山，整座山体都是红色的，形状奇特，令人心生敬畏。

这座城市在民国时期被一个叫假喇嘛的军阀焚毁，当地居民在古城的南部又建起了大片的建筑，这就是现科布多城。

如今的科布多城属于穆斯林和佛教徒的混住区。这里有哈萨克人，也有卫拉特蒙古人。距离古城不远处是一座带着金顶的清真寺，对面有一座不起眼的佛教寺院。

科布多的市中心耸立着一座小型的剧院，旁边是俄式的政府大楼。大楼的前面耸立着两座雕像，其中一座雕像基座上写着"噶尔丹，1644—1697"。

噶尔丹是最后一个蒙古汗国的建立者。他属于卫拉特人中的准噶尔部。

科布多曾经是一座准噶尔人的城市，现在这里住的却不是准噶尔人。清乾隆皇帝平定了准噶尔割据势力后，把卫拉特人的另一支，杜尔伯特部迁到这里，科布多就变成了杜尔伯特人的大本营。

不过，杜尔伯特人仍然记得噶尔丹，他们建造了这座雕像来纪念他。

在清朝征服漠南蒙古和漠北蒙古时，新疆地区还有一个足以与清朝掰手腕的漠西厄鲁特蒙古政权。漠西厄鲁特蒙古属于曾发动土木堡之变的瓦剌人。

在土木堡之变后，瓦剌衰落了，从漠北蒙古迁移到新疆北部并分成了四部，分别是准噶尔部、杜尔伯特部、土尔扈特部与和硕特部。起初和硕特部最强盛，但随后被准噶尔部取代。准噶尔部逼走土尔扈特部，降伏了杜尔伯特部，并将和硕特部赶到现青海境内。随后，准噶尔人又征服了南疆的维吾尔人，将整个新疆置于他们的控制之下，其影响力直达中亚。

准噶尔和清朝分别占据了北方的东、西两端，都雄心勃勃地希望建立更大的国家。最终清朝获得了胜利。

噶尔丹年轻时曾经在西藏学习佛法，他的同学桑结嘉措后来当上了西藏的第悉（执掌西藏事务的官员），噶尔丹本人也获得达赖喇嘛的封赏，形成了准政教合一的体制。他拥有蒙古人的身份，又占据了新疆，持有西藏的信仰，这种背景很可能让他建成一个横跨蒙古、新疆、西藏的大王国，并向中原和中亚扩张。

清朝征服漠南蒙古和中原，并让漠北蒙古臣服之时，恰好也是噶尔丹扩张的高峰时期。作为蒙古人，统一新疆之后的噶尔丹首先想到的是继续统一蒙古各部。噶尔丹最魂牵梦萦的就是成吉思汗发源的漠北蒙古地区。

噶尔丹的大军从新疆进入蒙古西部，横扫漠北蒙古四部，获得了对漠北蒙古的控制权。

漠北蒙古的喀尔喀人属于黄金家族，并不想接受支系的噶尔丹统治，他们宁愿向清朝求救。漠北蒙古的求救给了清朝机会。四部与清朝原本只有松散的宗主关系，清朝想插手他们的内部事务定会遭到反对。但噶尔丹入侵后，四部已成丧家之犬，只好彻底臣服于清朝，让清朝拥有了干预行政的权力和驻军权。

获得漠北蒙古后，一个新的计划也在噶尔丹的头脑中形成：借道漠北蒙古，从漠北蒙古东部进入清朝所辖的东北地区，再南下进攻北京。如果这个计划成功，意味着准噶尔人将建立新的王朝。

清康熙二十九年（公元1690年），噶尔丹借口清剿喀尔喀人，从漠北蒙古东部到达呼伦湖，从呼伦湖南进，越过贝尔湖，进入察哈尔部的属地。他击溃了漠南蒙古的部落联军，向北京进军。

为了抵御噶尔丹，康熙皇帝派遣大军从喜峰口和古北口北进迎击噶尔丹，双方相遇在如今赤峰附近的乌兰布通。

两个处于扩张期的游牧民族战斗力都很强，最终双方的火力水平决定了战争的成败。

在与明军交战时，清军的武器已经火器化了，有了专门的火炮部队，使用的是威力巨大的红衣大炮。噶尔丹由于地处内陆,仍然以传统的骑兵为主,他赖以扬名的是大量的骆驼组成的驼兵部队。

在与其他部族交战时,骆驼兵的快速行进和吃苦耐劳成了准噶尔胜利的保障。但噶尔丹的骆驼兵碰到清军的红衣大炮时,立刻处于劣势。在炮兵营的轰击下,骆驼阵崩溃了。噶尔丹沿着来时的路退回漠北蒙古。

在噶尔丹进攻漠北蒙古和清朝时,在其老巢新疆,他的侄子策妄阿拉布坦发动针对他的反叛,并控制了新疆地区。策妄阿拉布坦为了与叔叔对抗,立刻承认了清政府的权威。

当噶尔丹退回漠北蒙古时,发现已经无法回到新疆了。他试图以武力进攻策妄阿拉布坦,却以失败告终——他野心勃勃拼尽一生,却发现无家可归了,于是盘踞在漠北蒙古西面的科布多城等待机会。

康熙皇帝为了打击噶尔丹,决定御驾亲征。双方在乌兰巴托南面的昭莫多遭遇并展开大战。这次仍然是清军的火器决定了成败,准噶尔人留下如山的尸堆逃走了。噶尔丹失去了最后的根据地。

离开漠北蒙古后,噶尔丹试图回新疆哈密地区,却被拦截。他南窜宁夏,试图经过青海,回到他曾经求学的西藏。这一次,他又被清军所阻。走投无路的他选择了自杀。

噶尔丹死后,策妄阿拉布坦却继承了他的野心,准噶尔人的战乱仍然没有结束。

西藏归入王朝疆域

在明朝,西藏与中央政府的关系是归顺、附属关系,中央是西藏的宗主，但实际的行政管辖权却有限。到了清朝，最初中央政府也仅仅保留了象征性权力。

当准噶尔人把和硕特部赶到青海之后，和硕特部与西藏的关系密切起来。西藏正处于教派的内斗时期，达赖喇嘛经过几次转世，仍然只是众多的活佛之一，并没有掌握西藏的行政大权。

五世达赖喇嘛为了控制西藏，邀请和硕特部的固始汗从青海前来，帮助他统一西藏。

和硕特蒙古由此和西藏形成了一种特殊的关联。从理论上，达赖喇嘛是军事和民事的最高领袖，但实际上是由和硕特部的汗王派出军队保卫西藏，而西藏的民事则掌握在达赖喇嘛任命的第悉的手中。通过这种安排，和硕特部就在西藏拥有了极高的地位。

桑结嘉措当上第悉，勾结噶尔丹杀掉和硕特部的车臣达延汗（固始汗的儿子）。这时，拥有极高威望和权力的五世达赖喇嘛也去世了。桑结嘉措为了继续掌握权力，故意隐瞒了五世达赖喇嘛去世的消息。

噶尔丹死后，和硕特部的拉藏汗见桑结嘉措没有了靠山，乘机从青海进入西藏，杀掉桑结嘉措。和硕特部再次拥有西藏的控制权。

取代噶尔丹的策妄阿拉布坦同样野心勃勃，妄图建立庞大的国家。由于蒙古人信仰藏传佛教，他首先征服的目标就是西藏。

策妄阿拉布坦组织了一次极端大胆的攻击。[4] 在清初，从外界进入西藏的常用道路只有三条，分别是从四川进入西藏的炉藏官道、从青海进入西藏的元朝大道以及从尼泊尔进入西藏的蕃尼古道。

---

4 这次战争成为本书作者的小说《告别香巴拉》的历史背景之一。

炉藏官道从四川西部的打箭炉（现四川康定）折向北方，经过道孚、炉霍、德格、昌都、洛隆、边坝、嘉黎，最后到达拉萨，大略相当于从康定折向川藏北线，在昌都再走人烟稀少的川藏中线到达拉萨。元朝大道则由蒙古人开辟，从青海西宁出发，向南到达玉树地区，再折向西南，经过黑河（现西藏那曲）到达拉萨。和硕特部进攻西藏，大都走元朝大道。

除了上述三条人们常走的道路，在西部的阿里地区还有一条与新疆喀什连接的克里雅商道，由于过于艰险，很少有人行走。在克里雅商道与元朝大道之间是一千多公里长的羌塘无人区，以昆仑山为界，山南是西藏高原的羌塘，山北则进入新疆塔里木盆地。在历史上，羌塘无人区是令人谈之色变的死亡地带，有进无回。

策妄阿拉布坦派出大将策凌敦多布进攻西藏，恰恰选择了这条不可能的路线。策凌敦多布先是跨越了塔克拉玛干沙漠到达南疆，再翻越海拔五千多米的昆仑山进入羌塘无人区，一路向南到达拉萨。由于他选择的道路过于惊世骇俗，拉藏汗根本没有想到他会出现，因而战败被杀。准噶尔人占据了拉萨。

策凌敦多布占领拉萨的消息传到北京。康熙五十七年（公元1718年），康熙皇帝派遣大军一万三千人从青海（走元朝大道）进入西藏，援助西藏人驱赶准噶尔人。大军进到藏北的那曲地区，与准噶尔人遭遇。由于地处高寒，粮运困难，加上地形不熟，清军被准噶尔人袭击了粮道，粮尽援绝，支撑了百余日之后全军覆没。这是清军在西藏地区的最大损失。

康熙皇帝听说大军失败，决定再次起兵。他吸取了前次的教训，决定从四川和青海同时进军。大将岳钟琪率军从四川沿炉藏官道直扑拉萨，与此同时，大将延信的军队从元朝大道也到达那曲地区。

准噶尔人由于在拉萨无法建立稳定的社会秩序，遭到西藏人的反对。他们立足不稳，在岳钟琪的打击下向北逃窜，在那曲地区又被延信击溃，狼狈逃走。

赶走了准噶尔人之后，清朝乘机在西藏建立统治基础，设立驻藏大臣。虽然日常行政工作仍然由当地政府负责，但驻藏大臣拥有否决权和重大事务决定权。同时，清政府扶持另一个大喇嘛班禅额尔德尼并将后藏的部分地区划给他，试图在达赖与班禅之间建立平衡。

经过改造的西藏虽然仍然有很大的独立性，却已经嵌入清政府的制度框架之中，形成有效管理，与其他更遥远的属国区分开来。

西藏归附后，准噶尔人或叛或附，仍然是清政府最大的敌人。康熙皇帝之后，雍正皇帝和乾隆皇帝都曾经为征服青海和新疆的蒙古人殚精竭虑。

直到乾隆二十二年（公元 1757 年），清政府才最终平定了准噶尔。此时距离清朝建国已经一百多年，用了几代人的时间才最终将西部和北部的巨大疆土纳入中央政府的控制之中。

南疆的臣服

在准噶尔与清朝的战争中，现在南疆的维吾尔人所在地区最初从属于准噶尔人，当清朝获胜时又成为后者的附庸。

维吾尔人在唐朝前期被称为回纥人，居住在蒙古。回纥人先是臣服于突厥人，随着突厥帝国的崩溃，回纥人占据了突厥人的领地。在唐中期，回纥人（公元788年改名回鹘人）又被吉尔吉斯人击败，逃往河西走廊地区和新疆东部。随着蒙古人的兴起，回鹘人继续南迁来到了现在的南疆地区，居住在塔里木盆地的各个绿洲上，并选择伊斯兰教作为其信仰。

当北疆的准噶尔帝国扩张时，维吾尔地区由于信奉了伊斯兰教的不同支派，分成白山派和黑山派两大势力。由于黑山派占据上风，噶尔丹以支持白山派为借口入侵南疆，扶持白山派的首领建立傀儡政权。

随着准噶尔的灭亡，南疆表面上臣服于清朝。领导南疆的是兄弟俩——布罗尼特和霍集占，当地人尊称他们为大和卓、小和卓。出于对独立的渴望，他们发兵对抗清朝，爆发大、小和卓之乱。

大和卓的基地在喀什，小和卓的根据地在叶尔羌（现新疆叶城县）。兄弟二人从南疆起兵出发，沿塔里木盆地的西北沿向中部重镇库车进军，被清军击败后，围困在库车城内。由于清军将领的疏忽，他们又逃回南疆。

大、小和卓出兵失败，就轮到清军出击了。为了彻底征服大、小和卓，清朝将军兆惠率军向二人的老巢进军。兆惠首先进攻叶尔羌，结果被围困在叶尔羌，情况危急。

三个月后，清朝才发兵解救了兆惠并撤回到库车。

经过此次围困，兆惠等人意识到，由于地理广阔，仅仅依靠战争是不可能得到南疆的。

由于大、小和卓在战争筹款时对当地人进行严苛的压榨，加上用人不当，已经激起当地人的不满，于是兆惠展开了政治战和经济战。

一方面，在已征服地区减税，并任用当地人担任首领；另一方面，将南疆奇缺的物资如布匹运送来，与当地人交换粮食和马匹。南疆虽然缺少布匹，但布匹并不是必需的军事物资，而粮食和马匹却是战争最不可或缺的。清朝利用这种隐蔽的措施，逐渐削减了大、小和卓的军事优势。

兆惠再次发兵时，大、小和卓已经很难抵抗清军。他们逃往巴达克山（现阿富汗境内），被当地人杀死后送给清军。

大、小和卓的灭亡，让清朝获得了南疆，也是新疆地区最富裕之所在，彻底统一了新疆。

作为最后一块被征服的土地，新疆仍然是不稳定的。清朝后期，新疆还发动了一系列的反叛，但每次反叛都成为契机——增强了中央政府的控制权。即便在俄国手中丢失了部分领土，但作为主体的新疆最终保持了下来。

大、小金川：疆土的极限到了

除了新疆、西藏、蒙古等地区新获得的领土外，清政府在一些内属的领土上也收获了巨大的成果。

在中国历代的历史上，中央政府对许多地方并不是直接管辖。比如，秦朝已经在广东地区建立了郡级行政单位，但实际上秦朝只能直接控制广州等城市周边很小的区域，而出了城市，进入广大山区之后，山区居民并不归秦直接管辖，秦朝也不熟悉山区的地形和社会结构。那时广东虽然名义上属于中央政府，却仍是化外之地。

明朝，在南方和西方各地仍然存在大量的化外之地，比如湖南、湖北西部和贵州、广西、云南的山区以及四川西部。这些地区的民众不需要服从中央政府的直接领导，仍然过着近乎独立的生活。

中央政府为了显示自己的控制力，往往满足于给部落首领加封一个官职，委托他进行统治，实际的行政权仍然由首领们单独行使，中央政府无权干涉。首领死后，其权力归他们的子女，不能由中央政府撤换。这些首领就是所谓"土官（或者土司）"。

清朝是对这些山区部落征剿最激烈的朝代，基本上将位于湖南、湖北、广西等地山区部落土司制度废除，设立行政区划，派遣外地的官员前来管理，这些官员就是所谓"流官"。

即便在贵州、云南等更加偏远的地区，改土归流运动也在进行之中。这是中央政府希望将这些地区整合到中央集权统治管理的框架之下。

在清朝发动的所有的合并行动中，平定四川的大、小金川反叛是规模最大的两次。

在现北京西北方向，颐和园通往香山的路上，路的北面是一排连绵的小山，这些小山北邻百望山，东临香山，南面则是玉泉山。许多小山上有成为废墟的石头堡垒。堡垒的墙壁异常高大，体格巨大的房屋带着如同城垛的牙豁。这些堡垒已经存在了两百多年。

而在四川西部的金川、小金和丹巴县境内则有众多的碉楼，这些碉楼是石头所砌，高达几十米，三五成群地屹立在群山之中。

人们很难想象，北京的废堡垒与四川的碉楼实际上有着密切的联系。虽然二者长得不怎么相像，但北京的堡垒确实是四川碉楼的仿制品。当年乾隆皇帝在攻打四川西部大、小金川失利后，知道当地的碉楼是清军行动的最大障碍，特别在北京仿造了碉堡用来练兵。

在现四川西部有一条重要的长江支流叫大渡河。大渡河上游，在丹巴县附近由两条河汇聚而成，分别是东面的小金川与西北面的大金川。四川现在有两座县城——金川县和小金县——分别坐落在这两条支流上。

大、小金川总人口只有几万人，但从大金川第一次反叛，到第二次被征服改土归流，一共经历三十年（乾隆十二年—四十一年，公元1747—1776年），其中热战时期也有十三年。

乾隆十二年（公元1747年），大金川土司莎罗奔在当地表现强势，欺凌周边。清朝派遣川陕总督张广泗前往镇压。由于大金川位于川西的崇山峻岭之中，易守难攻，加上碉楼的保护，张广泗吃了败仗，被乾隆皇帝斩首。

乾隆皇帝再次派遣名将岳钟琪前往，大金川才投降。这次战争历经三年，以莎罗奔投降、皇帝赦免而告终。虽然只是一个小土司，清朝却一共花费了白银两千多万两（相当于鸦片战争的赔款额）才镇压下去。

乾隆三十一年（公元1766年），乾隆皇帝再次下令联合当地九名土司征讨大金川。这次征讨让当地土司们意识到：如果自己不团结，朝廷会将他们一一击破，土司未来的权力只会更小。于是，经过时断时续的战争状态后，原本与朝廷结盟的小金川加入了大金川的反叛。

这次反叛直到乾隆四十一年（公元1776年）才告平定。清军动用了六十万人，花费七千万两白银。由于地域狭小，具体的战争并不复杂，大多数时候是清军对堡垒的围困，却无法攻克。

大、小金川之役以当地的改土归流而告结束，却预示着中央政权的边界已经扩大到极致。由于地理的限制，清朝哪怕想再往外扩展，都由于群山的阻隔，必须付出惨重的代价。

从那时开始，清朝从扩张转换成内敛，在当时的地理和经济、科技条件下已经达到了被允许的最大边界。它拥有着更大的野心，却服从了客观条件的限制。乾隆皇帝不知道的是，随着技术的进步，一场天翻地覆的变化正在到来。

海权时代的来临

咸丰十年（公元1860年），在通州与北京之间的八里桥，发生了一场改变中国战争观念的血战。

通州是古运河的终点站，漕粮从南方运到通州后，再经过一条细小的河流（通惠河）运往北京城。八里桥就在现在通州区与朝阳区交界的通惠河上。

当年，骁勇善战的蒙古亲王僧格林沁率领三万骑兵和两三万步兵在八里桥一带布防，迎战从海上来到的英法联军。

在之前一年，僧格林沁在天津的大沽口打败了英法联军，击毁击沉了英国四艘舰船，打死打伤英法士兵五百多人。

卷土重来的英法联军依靠计策从大沽口北面的北塘登陆，绕到大沽口炮台的后面进行攻击。因为炮台的大炮都是固定的，只能对海上射击，无法覆盖后方的陆地。英法联军于是攻克大沽口，占领了天津。

随后，英法联军向通州挺进，接近清朝的国都北京城。在八里桥作战三天前，僧格林沁已经在通州的张家湾与英法联军发生了一次遭遇战，以清军撤退告终。

英法联军的进攻之路是一条全新的、看上去充满了风险的路。在中国古代历史上，多数的战争都依靠陆地，借助山川之胜进行防守。以北京为例，自古以来，北京的威胁大都来自北方和西方的游牧区域。在游牧区域与北京之间，隔着燕山山脉和太行山脉，只要把守好燕山和太行山上的几条通道，就基本上保证了北京的安全。

有时候北京也会受到南方的威胁。北京之南是华北平原，千里平原不容易防守，必须借助平地上的几条小河，在保定到沧州之间建立防御型的城寨，驻扎大量军队，依靠军队的机动性进行防御。

如果北方、南方、西方的兵力部署得当，就可以保证北京安全无虞。在古代的军事家看来，最不可能出事的是北京的东南方。原因很简单：北京东南方的天津面朝大海，而海洋对古人来说就是一面无限高度的墙，没有人会从海上进攻北京。因此，这里是不用设防的。

西方人的到来终于打破了这条铁律，他们第一次从海上进攻中国。但清朝将领们似乎并不担心英法联军的到来。海上进攻看起来是出其不意，但船只的运输能力是有限的，英法联军能够运送上岸的不超过一万人。北京和天津之间是一马平川，缺乏战略地形，进攻部队即便上了岸也是背水而战，没有退路，而且很可能被拥有优势兵力的防守方消灭。

僧格林沁为了准备八里桥歼灭战可谓下足了功夫。张家湾之战虽然是清军撤退，但这只是大战的前奏；战后，清军的主力不仅还在，甚至还得到了加强。

在八里桥布防时，僧格林沁投入了华北地区最精锐的部队，包括蒙古科尔沁、察哈尔部的野战骑兵。在清朝，除了与太平天国打仗的湘军、淮军之外，蒙古骑兵是最骁勇善战的部队。

英法联军士兵总数不超过一万人，僧格林沁用六倍的兵力进行决战，似乎拥有必胜的把握。

英法联军的士兵们并没有意识到清军已经做了埋伏。早上七点左右，他们从村子里出来列队上路，显得很随意。就在这时，突然从树林里冲出了许多蒙古骑兵，他们有两个目标：第一，从正面冲击敌人；第二，绕到侧翼冲击敌人的后方。另外他们还布置了二十多门大炮，对英法联军阵地进行轰击。

一方是准备充分，另一方是仓皇上阵，谁胜谁负是可以预期的。

但战争的过程超出了清军的理解。侧翼的包抄确实让英国军队中的印度部队乱了阵脚，一度清军距离敌人只有二三十米。但就是这短短的几十米却成了无法突破的障碍。蒙古人还没有把马刀落到敌人的脖颈上就被枪炮撂倒，无法前进。

正面冲击也同样无法奏效。英勇的蒙古人一茬一茬地倒下，又一茬一茬地从不知什么地方冒出来。英法联军一次次装填子弹并射击。

战斗结束时，蒙古骑兵部队已经不存在了。他们有的死亡，有的溃散。通往北京的大门敞开了。咸丰皇帝听说了战斗的结局，逃往热河避难，留下北京城被联军劫掠。

西方人的到来，彻底改变了中国古代的战争哲学。在这之前的战争战略主要有两个方面：第一，对陆地地形的把握。只要掌握了山川地理，就可以依据地理条件来进行防御或者攻击。第二，注重战略，不注重武器。千百年来中国古代战争武器的进步非常有限，很难有一方在武器上有绝对优势。

西方人到来后所展现的是另一种战争的可能性：依靠科学技术，跨越地理障碍，从原本不可能的方向发动袭击；利用先进武器，可以达到以一当百甚至当千的作用。僧格林沁的战术没有问题，但落后的武器装备却让任何战术都无法奏效。所谓战术，必须在双方武器基本对等的前提下才有可能施展。

以前的战争规则都失效了，海洋不再是屏障，反而成为最危险之所在，武器的差距之大让军事家失业了。这意味着，敌人可以从海岸的任何地方实施打击，并且都能获胜。清末的主战场已经从秦岭、太行山这些地理要素转移到了广州、天津、大连这些海滨地区。

海权时代到来了。

直到清朝灭亡，整个国家都没有从海权冲击的休克中缓过神来。

但是，海权时代的到来，是否就意味着中国古代战争的经验都可以作废呢？答案也是否定的。一旦再次获得武器均势，一旦防守方将海防也纳入了战争考量，以往的经验会再次复活。

未来的战争如果在海外发生，制空权与制海权依然是最重要因素。可战争一旦回到本土，或者到了占领土地与建立政权的阶段，很大一部分的决定性因素仍然是那千年不变的山川地理。

附 录 全国战略要地简述

附表1 全国战略要地简述

地　名	地理位置	重要性描述	战　例
关中平原	现陕西以西安为核心的渭河平原	秦汉以前,关中平原是中国兼具形胜和富饶的核心区域。它北面有北山山系和陕北高原,西面是六盘山和陇山,南面是秦岭,东面是崤山和黄河。著名的关中四塞保护着它的安全。如果同时拥有关中、汉中和四川,就有了从上游统一全国的资本。但东汉以后,随着中原更加富裕,以及对长江流域的开发,关中的重要性降低。唐朝是最后一个立足于关中的统一王朝	秦借助关中统一全国、刘邦以关中为基地击败项羽、唐朝从山西攻克关中后建国
洛阳盆地	洛阳周围,伊河与洛河形成的小平原	秦汉以前,洛阳的重要性仅次于关中,它西有崤山、北有邙山、东有恒山、南有龙门,也是个典型的四塞之地。洛阳盆地虽然不大,却与中原腹地联系紧密,可以借助中原粮仓。同时,它比中原又拥有更多的地理优势。在水路交通上,可以通过洛河和黄河与中原相连接。东汉以后,关中衰落,洛阳更是成为军事中心;直到宋朝,这里仍然是最具价值的战略要地。宋朝以后,由于北方游牧民族成为中原王朝最大的威胁,洛阳的地位被北京取代	光武帝先取洛阳,再入关中;隋末李密与王世充在洛阳鏖战

（续表）

地 名	地理位置	重要性描述	战 例
函谷关	河南灵宝境内，位于关中到洛阳的古代大道上	秦汉时期崤山以西，连接关中与洛阳的必经之路。关口在群山中的一个谷地里，行在其中如同行在箱子里。函谷关是关中与中原的必争之地，哪一方占据了这里，就封死了对方的进军通道。汉朝之后，人们在函谷关以西发现了另一个更加有利防守的地方（潼关），函谷关逐渐被废弃	秦统一六国、刘邦出兵中原
武关	陕西丹凤县境内，从关中穿秦岭直达襄阳地区的道路上	连接关中与湖北的关口。战国时期秦楚交界地带。自古以来，从湖北进攻关中，或者从关中进攻湖北，武关是最佳路线。至今仍然是连接湖北和陕西的关键通道	刘邦进军秦朝关中地区
大散关	陕西宝鸡境内，散关以南就是关中通往汉中的陈仓道（故道）	大散关一直是关中通往汉中的最常用通道，从汉中可以继续前往四川。守住大散关，就守住了南方的进攻线路，保证了关中地区的安全	刘邦明修栈道暗度陈仓
萧关	宁夏固原以南的泾河上，连接陕西与西北的重要通道	要从西北方进攻关中，最便捷的通道是先到达固原盆地，再翻越萧关和六盘山，沿泾河进入关中盆地。这条路是西北游牧民族最常用的道路，也是关中四塞里防卫西北的关口	西夏进攻北宋
潼关	陕西潼关县老潼关	秦汉之后，函谷关的重要性让位于更靠西的潼关。潼关位于一座平顶的小高地上，北临黄河，南面是一条巨大的天然冲沟（禁沟），形成难以逾越的屏障。直到近代，潼关都是关中的门户和天险，在每一次战争中都发挥了重要作用	在安史之乱中哥舒翰守潼关

附　录　全国战略要地简述

（续表）

地　名	地理位置	重要性描述	战　例
汉中盆地	夹在四川盆地和关中平原之间的关键性盆地，汉江的上游	汉中是连接四川与陕西的关键地点。在历史上，陕西和四川谁得到了汉中，谁就拥有了军事优势。秦汉时期，如果能同时拥有关中、汉中和四川，就有了统一全国的资本。即便到了后来，汉中仍然是历代王朝在西方争夺的关键性地点之一	秦灭蜀、刘邦从汉中起家、张鲁经略汉中、刘备和曹操争夺汉中、蒙古借道汉中灭金
金牛道	从汉中前往四川成都的通道，古人所说"蜀道"就指这里	从汉中经过剑阁进入四川的通道，在秦汉时期是关中（乃至中原）唯一进入四川的通道。金牛道极其险阻，由此获得了"蜀道难"的称号。直到三国时期，由于新路的开发，以及长江通航，进入四川才有了其他道路。但金牛道始终是关中进入四川的第一选择	秦夺取四川、刘备进攻汉中、唐玄宗入蜀
米仓道	从汉中翻越南面米仓山进入重庆的通道	米仓道的名气比金牛道小，却是一条不经过金牛道和成都，直接向南进入重庆地区的通道	张鲁从汉中退入四川盆地、蒙古人进攻重庆
阴平道	从甘肃南部的文县翻越摩天岭直达四川盆地	三国之前，人们认为进入四川只有走金牛道。但三国之后，金牛道以西的若干条道路都被开发出来，其中最著名的就是阴平道。阴平道等道路被开发出来后，进入四川就有了多种选择	邓艾灭蜀
子午道	从长安向南经过子午谷进入汉中的道路	子午道是进入汉中的捷径，却是最难走的一条路。由于靠东，经过它既可以去汉中，也可以去安康	刘邦入关中烧毁的就是子午道
傥骆道	从长安经过傥谷和骆谷进入汉中的道路	与褒斜道和陈仓道比起来，傥骆道由于险峻也并不经常被使用，却始终是进入汉中的选择之一	钟会入关中的道路之一

（续表）

地　名	地理位置	重要性描述	战　例
褒斜道	从长安经过褒谷和斜谷进入汉中的道路	除了陈仓道之外，从关中进入汉中最常用的道路。秦朝时的伐蜀通道，三国时期魏蜀相攻的主要道路之一	秦灭蜀、诸葛亮进军五丈原
陈仓道（故道、散关道）	从长安经过大散关，进入汉中的道路	陈仓道是从关中进入汉中最常用的道路。这条路最远，却最容易通过，自从开通，就是入蜀的首选通道	刘邦暗度陈仓
祁山道（街亭）	从汉中经过甘肃天水，翻越陇山进入关中的通道	祁山道是连接关中与汉中最西面的道路。事实上，它可以分为两部分：一部分是从关中翻越陇山进入天水的陇山道，另一部分是从天水经过祁山前往汉中的祁山道。前者是从西方打击关中的主要通道，后者是从天水监控汉中的最佳通道	光武帝、隗嚣之战，诸葛亮出祁山，马谡失街亭
汉江通道	从汉中顺汉江直下湖北的通道	由于汉江沿岸过于艰险，历史上利用汉江通道的时候并不多。但这条通道也是唯一一条直接沟通汉中与湖北的通道，如果利用得当，会有出其不意的效果。三国时蜀国曾经想利用这条通道沟通荆州与汉中，被魏国挫败。蒙古利用汉江通道包抄金军，则是成功的案例	诸葛亮"隆中对"、蒙古灭金
固原盆地	宁夏固原所在的盆地	要想从西北方保卫关中，必须守住萧关。要想守住萧关，必须占领萧关以北的固原。一旦固原丢失，萧关必然是守不住的。固原也是连接关中和西北的最重要道路，是游牧民族进入中原的第一站。在战国秦时，固原是秦国的边境。在北宋时，固原是宋夏战争的主要战场	宋夏战争

（续表）

地 名	地理位置	重要性描述	战 例
太行山	山西与河北、河南的界山	太行山是中国历史上最重要的山脉，其重要程度超过了秦岭。山的一侧是河北平原，这里是中国古代最大的粮食基地之一；另一侧是山西高地，是整个华北地区的脊梁，俯瞰河北、河南。同时占据山的两侧，就拥有了帝王的开基资本。北方民族打击中原，也必须在山两侧同时进军才具有最大的威慑力	光武中兴、刘渊起兵、李唐开国、金灭北宋
太行八陉	沟通太行山两侧的八条通道	八陉分别是轵关陉、太行陉、白陉、滏口陉、井陉、飞狐陉、蒲阴陉、军都陉。由于太行山的重要性，这八条路沟通了山的内外两侧，成为兵家必须吃透的最重要地形	（见下面六条）
天井关	位于太行陉上，在山西与河南交界以北的太行山中	从洛阳渡过黄河后，翻越太行山前往上党高地和山西北方的重要通道被称为太行陉，天井关是太行陉最险要的所在，自古及今都是沟通河南与山西的最重要通道	光武帝遏制山西进攻洛阳
滏口陉	连接山西上党与河北邯郸的通道	从山西进攻邯郸，最便捷的通道是滏口陉。滏口陉是仅次于井陉的、沟通太行山东西（河北与山西）的通道	秦赵战争
井陉	连接山西太原与河北石家庄的通道	井陉是沟通太行山两侧最重要的通道，也是山西下高原进攻河北的最佳路线，为历代军事家所重视	韩信背水阵
紫荆关	河北易县西，在太行八陉的蒲阴陉上	从北京到大同的重要通道。宋朝称金坡关。除了蒲阴陉，也控制着飞狐陉	成吉思汗第一次进攻金国、土木堡之变的辅助路线

（续表）

地　名	地理位置	重要性描述	战　例
居庸关	北京北面，军都陉上	防卫北京最重要的关口	金灭辽、土木堡之变
山海关	沟通北京与东北地区的主要通道	由于海退，山海关在唐宋之后才具有重要意义。北宋末年，已经成了宋、金连接的最主要地点。到明、清时期，是连接关内外的最重要通道	吴三桂引清兵进关
燕云十六州	位于燕山南北和句注山以北的居住地	由后晋的石敬瑭割让给契丹人，包括：幽州（现北京）、檀州（现北京密云区）、顺州（现北京顺义区）、儒州（现北京延庆区）、蓟州（现天津蓟州区）、瀛州（现河北河间）、莫州（现河北任丘）、涿州、新州（现河北涿鹿县）、妫州（现河北怀来县东南）、武州（现河北宣化）、蔚州（现河北蔚县）、云州（现山西大同）、应州（现山西应县）、寰州（现山西朔州马邑）、朔州（现山西右玉县） 后周收复了瀛州和莫州。后人将景州（现河北遵化）和易州（现河北易县）加入，仍然是十六州 十六州又以燕山为界，分成山前诸州（幽、顺、檀、蓟、涿、景、易）和山后诸州。山前州在燕山以南，更是河北的巨大威胁	宋辽战争
北京	北京	防守燕山的锁钥，北方游牧民族进攻中原的第一站。在燕山和太行山的保护下，面向北方易守难攻。一旦失去北京，就意味着无法守住华北。但北京无法抵御来自南方的攻击。	宋金战争、李自成起义、清军入关
大同	山西大同	北方游牧民族从山西方向进攻中原的第一站。也是燕云十六州之云州所在地，山后诸州的中枢	宋金战争

(续表)

地 名	地理位置	重要性描述	战 例
营、平、滦三州	营州（现河北昌黎县）、平州（现河北卢龙县）和滦州（现河北滦州）	契丹人从刘仁恭手中获得的三州。不属于燕云十六州，但同样处于燕山山脉以南，位于河北的东部。金军灭辽后，获得了三州，也获得了从燕山以南出兵直接打击中原的基地	宋金战争
雁门关	大同与太原之间的关口	从大同盆地进入太原盆地，必须经过雁门关。这里就成了守卫山西的兵家必争之地	宋辽战争、宋金战争
太原盆地	太原所在的盆地	华北脊梁上的枢纽。北从雁门通大同，东过井陉去往河北，西走汾河谷地去往陕西，南向上党去往河南。得到太原，就得到了山西最重要的基地，拥有四通八达的打击途径	李唐开国、后晋起家、宋金战争
汾河谷地	从太原去往陕西的最便捷通道	不管是从陕西进攻山西，还是从山西进攻陕西，汾河谷地都是首选通道。从太原沿汾河而下，经过临汾，到达侯马之后，可以有若干条分线路：最北方继续沿汾河，从龙门附近渡过黄河；经过运城，在蒲坂过黄河；向南经过茅津渡，在三门峡附近过黄河。后一条路还可以进入河南	北齐与北周大战、李唐开国、李自成灭明
玉壁城	山西稷山县南白家庄附近	位于控制汾河谷地的一个制高点上。关中的部队占据这里，就卡住了从山西去往关中的道路，是一个易守难攻的理想堡垒	北齐与北周大战
（黄）河内地区	黄河最后一笔大拐弯内侧，山西与河南、陕西交界地带	河内地区曾经是战国魏的国都，也是河南、山西、陕西交界地带。它南有中条山和黄河，西有黄河，北有汾河，东有太行山、王屋山，经济上有供应整个北方食盐的盐池。占据了河内，就控制了三省通道	秦晋崤之战、秦魏战争、韩信灭魏、李唐起兵

（续表）

地　名	地理位置	重要性描述	战　例
上党	山西南部的太行山北侧。以现长治为中心的高地	作为一个突出部，上党南可以出天井关控制河南地区，东可以出滏口陉下太行进攻邯郸，是山西南部最重要的地理特征，也是历来兵家必争之地	长平之战
虎牢关	郑州西北黄河边的汜水镇	虎牢以东是大平原，以西则进入山地。北面过黄河，就是通往天井关和上党的大路。虎牢关地形如同牢笼，是防守从平原来的敌军的重要堡垒	李世民大战窦建德
河阳三城	洛阳东北黄河中，跨黄河南北两岸与河中岛上建立的三座城市	在东魏、西魏时期，河阳三城是沟通南北的重要通道，不管是防止从洛阳来的军队，还是抵抗从山西来的军队，三城都可以通过调整防务起到关键性作用	东魏与西魏大战、隋末战争
荥阳	在郑州与虎牢关之间	虎牢关建立之前的秦汉时期，荥阳是防守东面军队的最佳位置之一。在楚汉战争中，刘邦守住荥阳，是防止项羽西进的关键	楚汉战争、七国之乱
鸿沟	位于荥阳	魏国修建的沟通黄河与淮河的人工河，后来成为楚汉的边境线。实际上，从这里划分边境对楚国极其不利，因为楚国占据的鸿沟以东无险可守，而汉国占据的鸿沟以西却处处是险	楚汉战争
嘉峪关	关口在甘肃嘉峪关市西	敦煌控制的丝路南道逐渐不通后，是从西域北道进入中国的最重要关口。明长城的起点	
凉州	甘肃武威	汉武帝所建武威郡。河西走廊的中心，历代地方政权割据的都城	十六国时期诸凉王朝割据
大斗拔谷	祁连山扁都口	沟通青海西宁与甘肃张掖的翻越祁连山的通道。沟通河西走廊与羌藏地带的捷径	隋炀帝西征

附　录　全国战略要地简述

（续表）

地　名	地理位置	重要性描述	战　例
南襄隘道（方城隘道）	河南南阳、湖北襄阳	地理中心，也是古代沟通中国南北的正道。在中部，由于秦岭到大别山一系列山脉的阻隔，被分成南北两部分，这两部分之间只有三条通道 其中，从河南方城县有一条隘道进入南阳盆地，再向南过襄阳，进入两湖盆地的范围。是为三条道路的中道 南襄隘道的南面是荆州，共同构成了这条中华的中轴线	光武起兵、三国荆州之战、襄阳保卫战
荆州	湖北荆州	地理中轴线的南端。荆州上可连河南，下可进湖南，东西连接了从四川到江南的广大地区，是不折不扣的连接点	赤壁之战
长江三峡	湖北、重庆交界	在东汉之前，由于水势太险，三峡很少成为交通通道。从东汉开始，三峡成了沟通四川与湖北的要道。到了三国时期，人们围绕着三峡摸索出了一系列战术。东晋南朝时，三峡已经成为通衢	吴蜀猇亭之战、晋灭吴之战
南京	江苏南京	除了南宋之外，历代南方王朝的首选都城。南京面向长江，三面皆山，是南方不可多得的都城选项。南京的地理劣势在于纵深不足，一旦敌人渡过长江，南京就很难守住。要守住长江和南京，必须守住淮河 南京的左右拱卫是镇江和马鞍山，一般是从这两个地方渡过长江进攻南京	晋灭吴、东晋南朝内战、太平天国起义
扬州、镇江	江苏扬州、镇江	扬州、镇江隔江相望，所谓"京口瓜洲一水间"。这里是防守南京的东面通道。从淮河经过大运河可以直达扬州，再渡江进攻京口，就可以包抄南京了	宋金战争

（续表）

地 名	地理位置	重要性描述	战 例
邗沟	大运河	春秋时期吴国修建的人工运河。隋朝将其纳入大运河的一部分，即现在的扬州段。大运河长期以来成为沟通南北的重要通道	金兀术长途奔袭扬州
寿春	安徽寿县	位于巢淝通道的中心位置。巢淝通道是连接江淮的最重要通道之一，通过巢湖可以直达长江和县一带	曹魏屯田、淝水之战
马鞍山	安徽马鞍山	经过巢淝通道到达长江后，江对岸就是马鞍山和当涂。作为防卫长江的重要城市之一，当涂在历代南北对峙中都起到了关键作用	晋吴战争、东晋南朝内战
湘江谷地	湖南境内	湖南东西两侧皆山，南侧是南岭，只有一条湘江从南向北汇入长江，形成长长的谷地。肥沃的湘江谷地还是从中原进入两广地区的最主要通道。顺湘江直上，经过灵渠转入漓江，进入两广	太平天国进军湖南
灵渠	广西北部	秦朝开凿的人工河，连接湘江与漓江，是沟通湖南与广西的连接点。由于水路运输载重量大而成为军事要道	南北朝内战、黄巢起义、太平天国起义
赣江谷地	江西境内	与湖南地形类似，江西的地形也是东西两面皆山，南面高，北面临长江，中间一条赣江从南向北汇入长江。赣江还是另一条连接中原与两广的通道	南北朝内战
梅关	江西大余	从赣江向南，在梅关翻越南岭，进入广东南雄境内。这条路在明清时期成为入广东的主道	
仙霞岭	福建与浙江之间的古道	从浙江进入福建的主道	黄巢起义

后　记

为了写作本书，我花了很多时间在国内游走，去访问历史上的战略要地。我认为，只有通过亲自观察，才能了解一个地方为什么会成为战场，它的地理逻辑在哪里。

写作时，许多访问时的场景总是在眼前闪现，其中最难忘的有以下三个。

第一个场景发生在我走访燕国故地时，看到满地古代战士的头颅遗骨。

河北易县，是著名的燕下都所在。县城之南，当年的都城还有迹可循。最令人感慨的还是燕下都南面的几座高大土冢。这些土冢在一个不起眼的小村子旁边，两千多年来没有人在意，直到有一天人们发现土冢之下埋葬着数万颗人类的头骨。

在中国古代，人们有利用战败者的头颅垒金字塔的传统，号称"京观"。河北易县的土冢可能是现今国内保存完整的京观之一。这些头骨的主人属于战国时期的燕国，已经有两千多年的历史。

不幸的是，我来到现场时，这些土冢都已被盗掘。在土冢的周围，散布着大量的人类头骨碎片。由于年代久远，这些碎片变成软绵绵的一团，用手一碰就会粉碎。

对于盗墓者而言，最没用的物品也许就是人类本身。一枚箭头、一把剑，甚至一块陶片都比一具骸骨更有价值。人头骨与牙齿被掘出后随即扔在了地上，任由其消失。对于考古工作者而言，数量庞大的骸骨也没有什么价值，他们只采集样本，剩下的就任它自生自灭了。

感慨万千的我随手捡了一排牙齿，从磨损程度看，它们都来自二十岁左右的年轻人。这些人在战争中死去，被当作战利品埋葬在这里。

第二个场景发生在另一座古战场。

当我到达山西汾河岸边的玉壁古城遗址时，在一片黄土台地上，当地人给我指了万人坑。

玉壁古城是中国保留比较完整、没有受到过多扰动的古城。这座城专门为了打仗而建。在当年东魏与西魏的战争中，西魏为了封锁东魏的汾河进攻路线，在汾河南岸的台地上修建了玉壁城。战争结束后，玉壁城也就慢慢荒废了。由于没有大规模居住才保留到现在。

从地貌上看，玉壁城如同一座天然的巨大平台，高高耸立着，三面是悬崖，只有一面较为平坦，守军在这一面修建了城墙进行防卫。在城内，还能看到当年攻城者挖掘的地道痕迹。

在断崖上，人类、马匹的尸骨俯首可拾。

所谓万人坑，实际上是在悬崖上一个密布着人类骸骨的地层。人骨之密集，令人毛骨悚然。

后 记

最后一个场景在宁夏固原的好水川古战场。这个古战场属于北宋与西夏战争时期。

战场在一座红色的小山坡侧面。同样由于地处偏僻，在近千年后还几乎保持着刚刚打完仗的样貌。唯一的不同是，当年裸露在外的将士尸骨都被岁月埋在了浅浅的地下，只要稍一留意，就会发现它们。

在一个断层处，我发现了一个破碎的陶罐，看上去像是士兵煮粥用的。在陶罐里有许多非常轻的黑色物质，经过辨认，应该是小米粥干掉、炭化之后的痕迹。也许在那天，北宋的士兵们刚刚做好饭，还没有来得及吃，就遭遇了灭顶之灾。

在我发现陶罐的不远处，有一个人类的头盖骨。再远一点，断层里星星点点地露出几片白色的痕迹。我用手指轻轻一抠，发现竟然是人体的第一到第四节颈椎骨。

除了上述三个场景，还有许多都能让我立刻穿越到过去的场景出现。它们共同陪伴我写完了书稿。每一次我的思路停顿时，那一幕幕鲜明的记忆总会涌现，诅咒着该死的战争。

但战争就是人类的一部分，隔一段时间，总会有野心家冒出来，希望通过战争来满足其私欲。战争和税，是人类社会无法避免的两种事物。和平时期，决定人类社会演化的最根本力量是经济和财政，到了混乱时期，决定演化的则是战争。

想研究人类社会的发展，战争是不可避免的课题。

我们谴责战争的残酷，就必须了解战争不会远去，要做好理论上的准备。

本书追寻从秦统一到清末这两千多年的战争逻辑，以地理要素为中心逐步展开，叙述了各个朝代的大战略。

在秦统一时，地理还局限在关中地区、洛阳盆地、华北、淮河、两湖地区、四川这几个单元，到了清朝，已经扩张到新疆、西藏、云南、蒙古等地区。随着地图的打开，以及经济重心的转移，中国的军事战略也发生着一定的变化。但变化中又有着持久的要素，因为地理是不变的。

读者读完本书，可以理解中国疆域的形成以及历次战争背后的逻辑，从而更加热爱现在的和平与繁荣。

在写作过程中，我脑海中不时地需要将我游走观察的现场图景与历史中的记载相印证。比如，当我叙述蒙古人进攻大理时，想到的是滔滔的大渡河水、白龙江两侧高耸的山脉以及壤土广阔的草原图景；只有这样，才能确定蒙古人策划了一次多么大胆的行动。

本书是"密码三部曲"之一，另外两部是《财政密码》《哲学密码》。

关于地图，读者可以参考谭其骧主编的《中国历史地图集》以及中信出版社出版的《中国历代战争史》地图册部分。两种图册各有特色，还可以准备一张现代的全国地图，最好是带地形的，这会对理解本书内容非常有帮助。

在体例上，本书和《财政密码》《哲学密码》有所不同。两书大都附有详细的注释文字，而本书的内容主要出自中国的史书，我都视之为常规文献，因此，不再一一注明出处。这些书籍也是我目前还在研读的材料，其中一部分并没有在本书中得到反映，却是我长期计划中不可分割的一部分。

本书的特点是注重对实际地理的考证。

后 记

本书的写作还有一个副产品。在写作到宋朝时，我突然意识到，北宋与辽、金的交往是一个很好的范例，展现了中国古代军事、政治、经济、外交的最佳融合，于是将这部分抽出，又查阅了上百种宋人文献，形成另一本书——《汴京之围》。在未来，时机合适时，我可能还会对明末清初、清末、民国等各个时代进行类似的考察。

感谢文学锋的帮助，我曾经在广州，你的家中住了一年，本书的写作计划就是在那时形成的。

感谢周杭君，大学里的友谊已经保持了二十多年，并必将持续终生。进入中年，我们是仅剩不多仍在为理想拼搏的同学。除了拼劲十足之外，周同学还保持着最活跃的思维——她在她的饭店的外卖袋上免费印上了我的新书广告，让它成为世界上第一本在外卖袋上打广告的历史书。所有订她饭店外卖的人都知道有一个叫郭建龙的人能写一些王朝兴衰。

感谢我的编辑雷戎、董曦阳所领导的整个团队，如果没有你们的鼓励，我很难将写作坚持下来，我们一直是配合最好的团队，本书是我们共同完成的。

感谢秦旭东、张赋宇、王力，我在写作过程中始终得到了你们的鼓励。

感谢我的祖父母，他们将"理想"这个词深深地注入我的灵魂。我多希望他们的在天之灵随时都能看到，我仍然为了理想而不肯妥协。

感谢梦舞君的陪伴，让枯燥的写作充满了温馨。

此外，本书完成后，豆瓣网友麟狩提出了非常专业的意见，指出了本书的几处错误。他特别从古地理的角度对本书陈仓道的叙述提出意见

（见三国部分），在汉初以前，古汉水流经陈仓故道，可以溯水而上直抵陈仓。但汉初武都大地震后，汉水不再流经陈仓道，断绝水路后的陈仓道军事运力比韩信时代大打折扣。这是诸葛亮不选择陈仓而选择祁山道的主因（祁山道相对平坦，可以依托西汉水向陇西运粮）。我将他的话附于此处，便于读者理解。

  本书构思于广州锋子居。本书的初稿写于大理才村走青春客栈。本书修改于云龙梦君庐。本书的终稿完成于大理凤吼居。

再版后记

可以毫不客气地说，我是国内"特种兵旅行"的较早践行者。不去说那些更早的骑行和徒步经历，只说2015年，当我决定考察中国重要的关隘和古战场以便写作这本书时，我就进行了一次精心策划的特种兵旅行。

特种兵旅行路线

当时，我借住在朋友文学锋的房子里，因此整个行程以广州这个中国历史上的南方贸易中心为起点。我先做了一次短途旅行，首先去看了看古代通往两广的道路。从广州过桂林，我去了灵渠所在的兴安县。灵渠依然在，但恐怕已经没有多少人了解它的历史意义了——它曾经是从中国北方前往岭南的最重要的通道。而从兴安县回程，要经过另一个陆路关口：严关。

回到广州后，我又做了另一次短途旅行：前往位于粤赣交界处的梅关，也是所谓"五岭地区最重要的关口"。从长江流域逆赣江而上，走到水路的尽头登陆,就是梅关,过了梅关,就进入珠江水系,可以顺水直达广州了。

两次短途旅行之后,我从广州沿海北上,开始了第一次长途旅行。我先考察了客家的土楼,这些当年逃难人群的发明是如此壮观,令人感慨。经过厦门,我见证了南方贸易港泉州,并从福州向着北方山区前进,那里藏着一个著名的关口:仙霞关,也就是当年黄巢南下的路线所在。之后,我游览了浙江的许多城市,这些地方我也多次去过,包括我祖父曾经居住的舟山。

从杭州北上,一路经过苏州、无锡、常州,就来到了镇江,也就是著名的京口。从镇江坐船过长江,就到了扬州,当年,宋高宗正是沿着这条路反向逃往江南的。

扬州之后,我折向南京,又前往马鞍山去看采石矶。再次渡过长江,经过合肥、淮南,来到寿县,也就是魏晋南北朝时期的兵家必争之地寿春——淝水之战的发生地。我去时恰逢大雨,整个江淮地区都在发大水,就连寿州城墙都有被倒灌的风险。其实,一千多年来,这里的水系正是其成为战略要地的原因之一。

我从寿县经过一系列城市北上徐州,见证了这个曾属于西楚霸王的城市。之后,我经商丘,过开封,再经过郑州去了虎牢关,再前往曹魏的基地许昌。回到郑州,前往洛阳、三门峡,见证了诸多的历史遗迹,这里发生的最著名的战役,莫过于安史之乱初期的洛阳和长安保卫战。

见到函谷关和潼关(在这里,我理解了禁沟在防卫上的重要性)之后,我抵达了西安,并去往咸阳。回到西安,我折向南方的武关蓝田道,这条道路是秦楚的交界点,也是刘邦偷袭关中的胜负手。穿过武关和秦岭，就进入湖北地区。

在湖北，最著名的战略要地莫过于南襄隘道，这也是诸葛亮隆中对策略所倚重的地利。我转遍了南阳、襄阳、荆门等地，再前往武汉，北上驻马店，考察义阳三关。

接着，我向西前往荆州，这个关羽和诸葛亮的伤心之地。经过宜昌前往重庆，见证了重庆的抗元遗迹后，再北上巴中，那儿有一条直接翻山前往汉中的蜀道岔道，如果真的有所谓"荔枝道"，这条最短的道路就是可能性最大的那条路。之后，我再次从绵阳走剑阁、广元前往汉中，这就是蜀道之所在。

从汉中地区顺流而下，到达安康，再翻越秦岭，我第二次到达西安。参观了西安众多的古迹之后，我回到了河南、河北一带，经过安阳、邯郸、邢台、石家庄，去寻找太行山的几条通道，最著名的是石家庄旁边的井陉，那儿还保留着不少当年的城墙遗迹。

保定下属的易县给了我很大的惊喜，这里有着两千多年前的京观遗址，位于燕下都以南。从这里进入北京后，我的第一段长途旅行结束。

当年的下半年，我陪着后来的妻子梦舞君游遍了新疆。为了去新疆与她会合，我走了河西走廊上几个著名城市。和她旅行结束，在张掖分手之后，我乘坐汽车翻越祁连山，经过扁都口到达西宁——在一千多年前，这里叫作大斗拔谷，曾经让隋炀帝损兵折将。

从西宁去往兰州后，我又前往平凉参观了固关，之后前往固原，在固原看到了秦长城，并考察了宋夏战争的古战场。在好水川战场，依然看得见当年留下的累累白骨。

固原之后，我经中卫、吴忠等地前往银川，去看了西夏王朝的遗迹。

再从银川出发前往包头，这里是秦直道的终点，同时有着赵长城和秦长城，也是面向塞外的重要据点。离开包头，前往呼和浩特和大同，进入山右地区。山右地区一直是我写作的重点，不管是《汴京之围》还是《盛世的崩塌》，里面都有大段对山西地形重要性的描写。这里有众多的小盆地、长城和关隘，我在大同、朔州、宁武、代县、忻州、太原诸地停留之后，又前往长治、晋城等地。长治就是著名的上党，我也看到了天井关以及赵括留下的遗骨坑。

从上党，我经过垣曲、侯马等地前往稷山县，那里有玉壁城，以及东西魏战争时期留下的遗骨坑。运城的盐湖同样令人难忘，在很长时间里，这个盐湖为中国北方供应食盐。

从这里，我再次经过三门峡，进入西安。从西安，我经过周至、眉县等地前往宝鸡，这里也是历史遗迹最丰富的地区之一。

从宝鸡北上陇县，从陇县向西进入陇山山脉，这里有古代的大震关，以及让诸葛亮挥泪斩马谡的街亭。我经过张家川前往天水，再去向陇南，并经过舟曲到达迭部，这里是蒙古人南征大理的起点。之后我顺着川西的古道，一路上经过了若尔盖、红原、金川、丹巴等地，这里曾是乾隆皇帝征大、小金川时的重要地点，至今碉楼密布。到达泸定后，我去往西昌，再折向盐源、木里等地，最后从泸沽湖、丽江去大理，与梦舞君会合。

也是从这时开始，我正式到大理定居，梦舞君与我再也没有分开。

围绕《军事密码》的考察主要来自这一次，但在创作此书前后，我都一直对地理有着浓厚的兴趣，我多次在中国的西藏、新疆，后来还有蒙古国、东南亚、中亚地区考察，有的在成书之前，有的在成书之后。可以说，正是长期的积累加上一次主要考察，成就了本书。

一本书的延展性

《军事密码》对中国古代的军事地理进行了详细剖析，分析了每个朝代战争中最关键的地点，以及这些地点是如何在战争中发挥作用的。

这本书最大的意义，不仅是帮助读者弄懂了中国古代的军事地理，还帮助我本人一劳永逸地获得了对古代地理的认知。

我的写作有一个特点，就是每本书都来自我的实际困惑。当我对一个问题有兴趣却不知道答案时，就会去亲自寻找答案，并将寻找的过程记录下来写成一本书。

比如，我的世界观察系列已经写过了印度、东南亚、蒙古国、中亚、中东、非洲等地，最早也只是因为我的好奇心，希望了解那一片土地才开始动笔。当我真的走在那片土地之上，用自己的眼睛和心去体会它的历史和人文时，就将其记录下来。

我走过了这些地方，写了书之后，接下来就找到了一个新问题的答案：世界上这么多国家中为什么只有少数能够变成发达国家？这个问题连带着答案，就成了《被遗弃的世界》这本书。

《军事密码》也是一本为自己解惑的书。在写作之前，我对于古代中国的地理充满困惑，于是用脚步将国内的战略要地都走了一遍，从而对祖国的山川获得全面认知，加上阅读历史书籍，就形成了中国军事地理的写作逻辑。

但《军事密码》又和其他书不同。一般来说，一本书的写作完成后，我的兴趣得到了满足，也就将它扔到一边，在出版之前，就已经不再对其感兴趣了。我既不愿意做活动又不愿意参与推广，因为那对我来说实在太浪费时间,也学不到新知识。但《军事密码》中的知识一直在我脑海中,没有被抛弃,反而从中又孵化出几本新书。以下这几本书也可以视为对《军事密码》的扩展和补充。

《汴京之围》:一本写靖康之变前后的书,尝试从政治、外交、军事、经济等角度完成对于一个历史事件的考察。

《盛世的崩塌》:考察了唐朝开天(开元天宝)盛世的起步、发展直至最后崩塌的整个过程,综合政治、经济、军事、文化等多重视角,而其中对于战争的描写,在很大程度上继承自《军事密码》。

《元朝理财记:从成吉思汗的崛起到元朝的衰亡》:这本尚未出版的新书对于元朝的军事行动也有所展开。

《失去的三百年》(暂定名):同样尚未出版,书中对于清朝与准噶尔的军事地理的描写及其思路,也出自本书。

除了这些有关国内的书籍之外,我的一些写国外的书籍也可以看作对《军事密码》的展开。

《丝绸之路大历史》:这本书追踪了中国与海外交往的历史,但在很大程度上,这种交往是基于地理的,涉及中国与海外的地理知识。除了在中国,我在海外世界特别是"一带一路"地区的游历,都给这本书提供了比较扎实的基础。

我正在写作的小说《似曾相识于花剌子模》同样是一本与地理有关的书。为了写作这本书,我再一次专门前往中亚,去探察那些历史角落中的古老城堡和战场,寻找闻名的废墟,这次探察的结果,是我将整个中亚的地理吃透了。

在坐车从苦盏前往伊斯塔拉夫尚时,汽车行驶在锡尔河的左岸,除了公路和偶尔在路边闪现的电线杆之外，那里的地理环境与千年前几乎毫无差别。一瞬间，我仿佛穿越了历史，看到了这片土地的前世今生。在我面前好像出现了一个书架，它的高低层是按照时间排列的，随便抽出上面的一本书，就能看到历史的一个切片。

我想到了当初斯坦因站在和田的佛塔废墟之上，他突然感觉自己拥有了玄奘的眼睛，他的视野内，是和玄奘同样的景象……

学习历史最大的好处，就是给了人们一双"立体"的眼睛，虽然身处现代，却可以看到同一片土地上不同时代里发生的故事，从而形成一个维度更多的坐标系。

由于《军事密码》基于地理，本书可以成为一切历史阅读的基础。而我在不经意间成了《军事密码》的第一个受益人，这或许是我考察和写作时都没有想到的。